四川省志

Sichuan Shengzhi

出入境检验检疫志

1986—2005

【第三十八卷】

四川省地方志编纂委员会 编

方志出版社
Publishing House of Local Records

图书在版编目（CIP）数据

四川省志. 出入境检验检疫志：1986—2005 / 四川省地方志编纂委员会编. — 北京 ：方志出版社，2020.6
ISBN 978-7-5144-4238-0

Ⅰ. ①四… Ⅱ. ①四… Ⅲ. ①四川—地方志 ②国境检疫—卫生检疫—概况—四川— 1986—2005 Ⅳ. ①K297.1

中国版本图书馆CIP数据核字(2020)第112863号

四川省志·出入境检验检疫志（1986—2005）

编　　者：四川省地方志编纂委员会
责任编辑：王海荣

出 版 者：方志出版社
地址　北京市朝阳区潘家园东里9号（国家方志馆4层）
邮编　100021
网址　http://www.zgfzcb.cn
发　　行：方志出版社发行中心
电话（010）67110500
经　　销：各地新华书店
印　　刷：成都市前智印务有限责任公司
设计制作：成都怡生网络文化传播有限公司

开　　本：889×1194　1/16
彩插印张：1.75
正文印张：20.5
字　　数：535千字
版　　次：2020年6月第1版　2020年6月第1次印刷
印　　数：0001～2000 册

ISBN 978-7-5144-4238-0　定价：273.00 元

亲切关怀 QINQIE GUANHUAI

1986年4月，国家商检局局长王久安（主席台左二）到四川考察。图为王久安出席四川商检局全体职工大会

1992年8月，卫生部部长陈敏章（左）听取成都卫生检疫局局长周志贤关于卫生检疫工作的汇报

1994年12月7日，中共四川省委书记、四川省人大常委会主任谢世杰（前排左一）在成都市会见国家商检局局长田润之（前排右二）。四川商检局局长梁世鹏（前排左二）、副局长赵英豪（前排右一）陪同

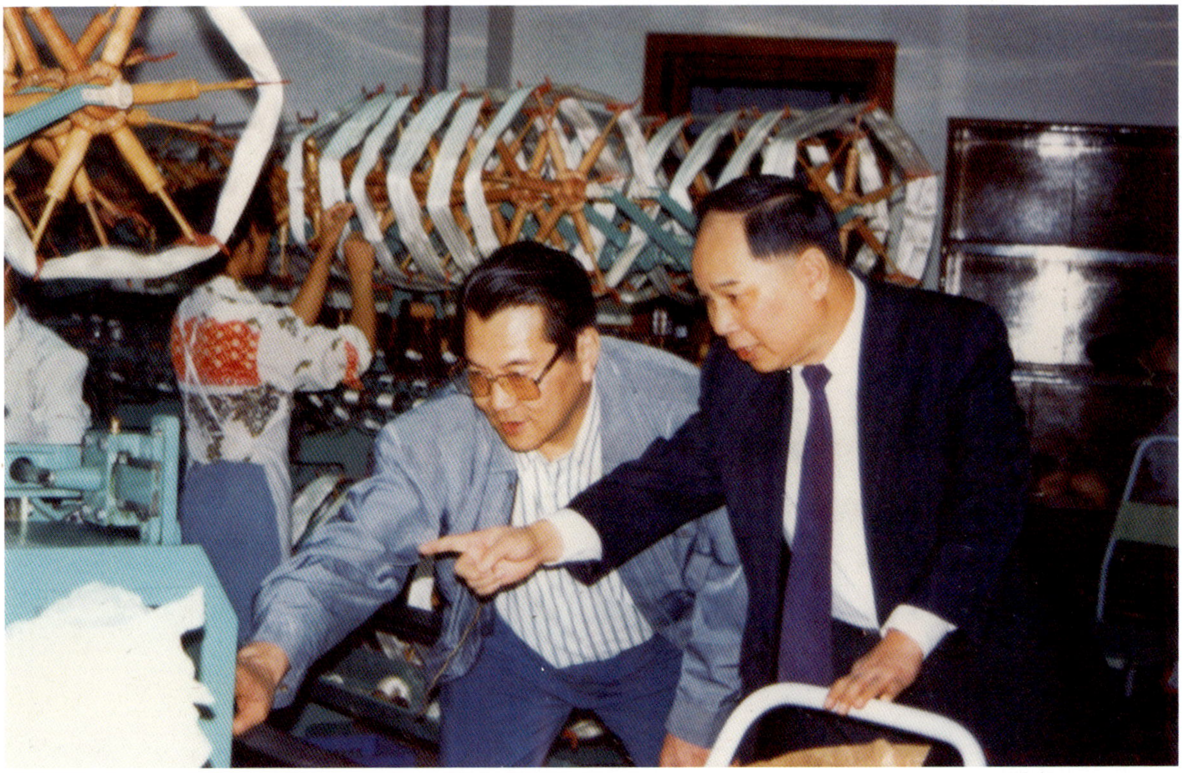

1995年5月，中国驻新加坡商务参赞、国家商检局原局长朱震元（右一）到四川商检局考察实验室

1996年7月，卫生部副部长殷大奎（中）考察成都卫生检疫局，并与干部合影

1996年12月，国家动植物检疫局局长于大海（中）在成都动植物检疫局调研工作。图为于大海与成都动植物检疫局局长张禹安（左）、副局长蔡邦裕（右）合影

2000年5月，国家出入境检验检疫总局党组书记、局长李长江（一排中）与四川出入境检验检疫局处以上干部合影留念

2001年，四川省人民政府副省长王恒丰（前排左二）在“3·15”活动现场看望四川检验检疫局工作人员

2003年6月25日，国家质检总局党组成员、国家认监委主任王凤清（左一）在四川检验检疫局评审中心指导工作

2004年4月，国家质检总局副局长王秦平（左二）到四川出入境检验检疫局检查指导工作

2005年7月6日，国家质检总局党组成员、副局长葛志荣（左三）调研四川检验检疫工作

重大活动 ZHONGDA HUODONG

1996年5月，四川国际旅行卫生保健协会成立。图为协会首届领导班子留影

1996年12月，四川召开成都动植物检疫局成立暨《进出境动植物检疫法实施条例》新闻发布会

1999年8月10日，四川出入境检验检疫局成立，并举行揭牌仪式

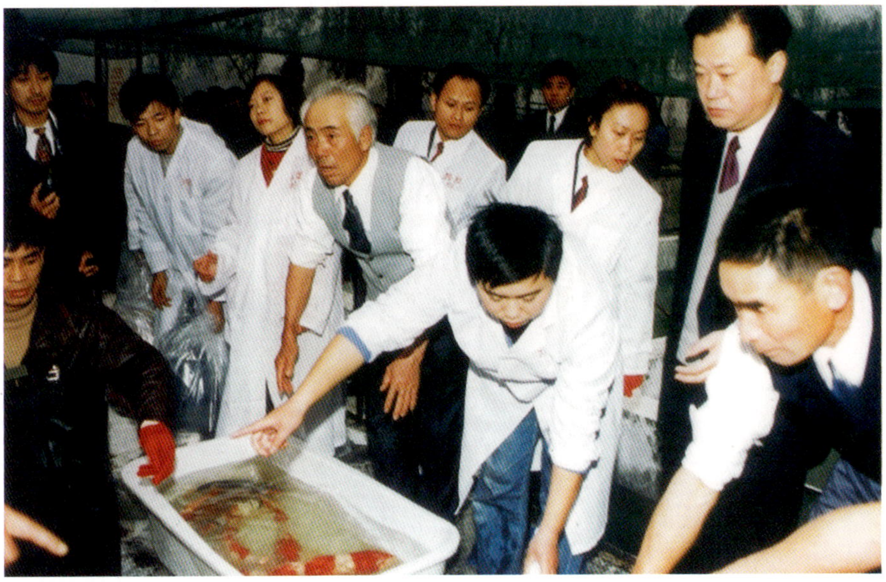

1997年11月，为纪念中日邦交正常化25周年，日本友好访问团向四川赠送锦鲤100尾赠送活动在成都市郫县中日锦鲤园举行。四川省人民政府副省长张中伟（右二）出席赠送活动。成都动植物检疫局实施现场检疫

2001年12月，四川出入境检验检疫局举行冻猪肉出口新加坡空运首发仪式

2003年1月，四川出入境检验检疫局在绵阳市召开四川检验检疫工作会议

检验检疫 JIANYAN JIANYI

2001年，四川出入境检验检疫局工作人员在成都大熊猫基地对出境大熊猫进行检疫

2003年5月，防治非典型肺炎期间，四川出入境检验检疫局工作人员对入境旅客进行体温检测

2005年，四川出入境检验检疫局工作人员在东方电机厂对出口产品进行检验

2005年，四川出入境检验检疫局工作人员对出口钢管进行检验

2005年，四川出入境检验检疫局工作人员对出口生丝进行检验

2005年，四川出入境检验检疫局工作人员在国际邮检现场截获非法邮寄入境的植物种子

2005年，四川出入境检验检疫局工作人员销毁进口过期奶粉

分支机构监管 FENZHI JIGOU JIANGUAN

2005年，南充检验检疫局工作人员对进口水果进行查验

2005年，内江检验检疫局工作人员对出口生丝进行检验

2005年，达州检验检疫局工作人员对进口食品进行检验

2005年，绵阳检验检疫局工作人员对电子产品进行检验

2005年，攀枝花检验检疫局工作人员对出口危包进行检验

2005年，乐山检验检疫局工作人员在出口种植基地进行监管检验

2005年，四川检验检疫局宜宾办事处工作人员在出口加工企业进行监管

2000年，泸州检验检疫局工作人员对出口食品进行检验

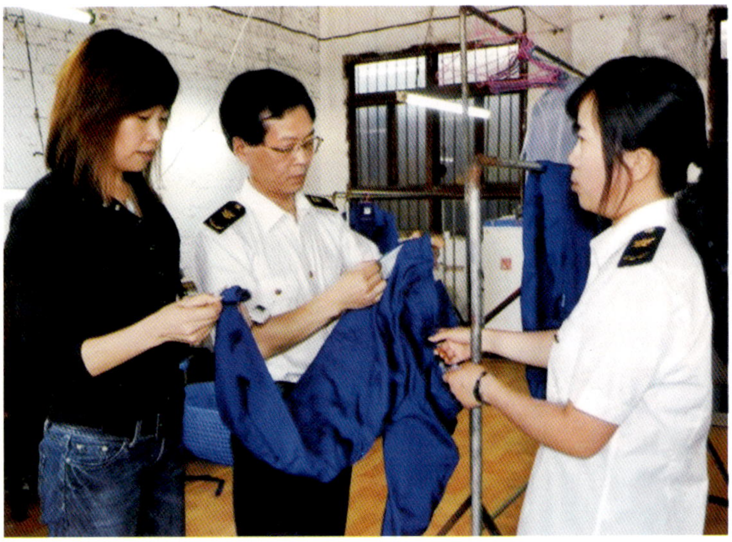

2005年，广元检验检疫局工作人员对出口服装进行检验

设施设备 SHESHI SHEBEI

1999—2005年，四川出入境检验检疫局办公楼

显微镜室

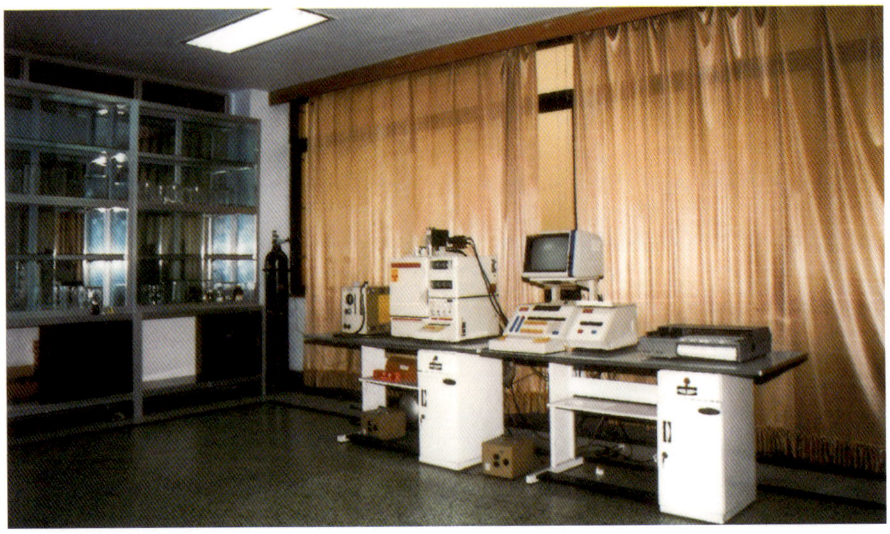

气相色谱仪实验室

生丝切断试验室

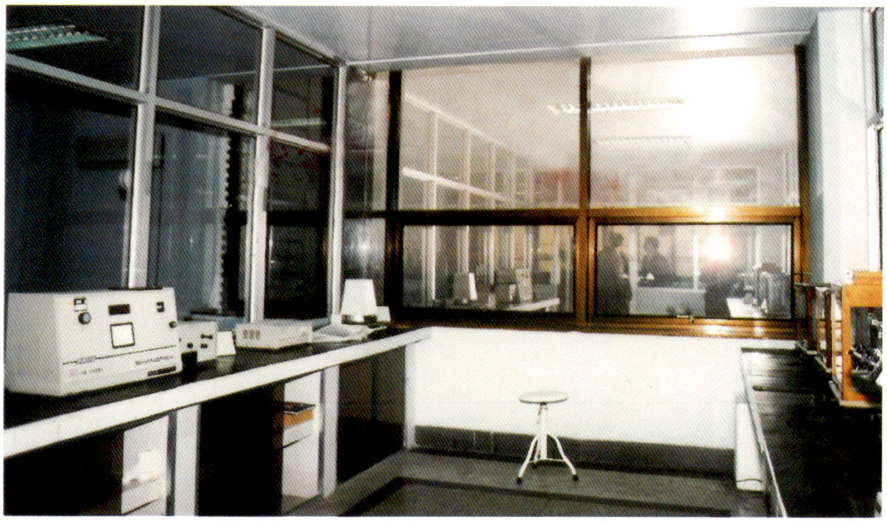

分光光度计实验室

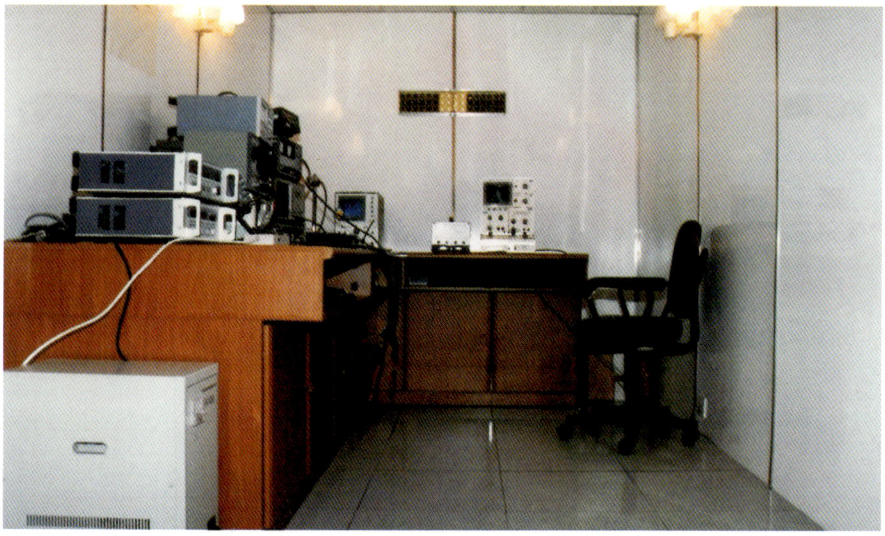

家用电器试验室

包装实验室

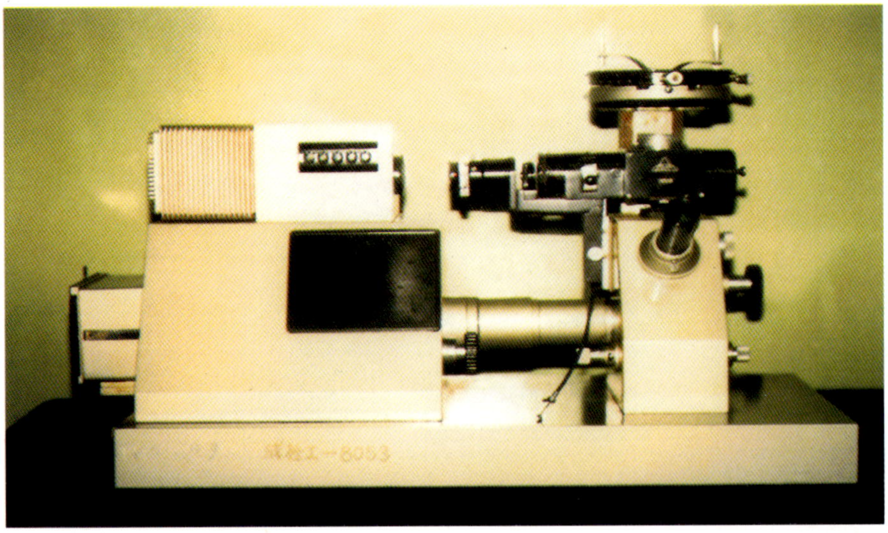

XIJ-1型金相显微镜

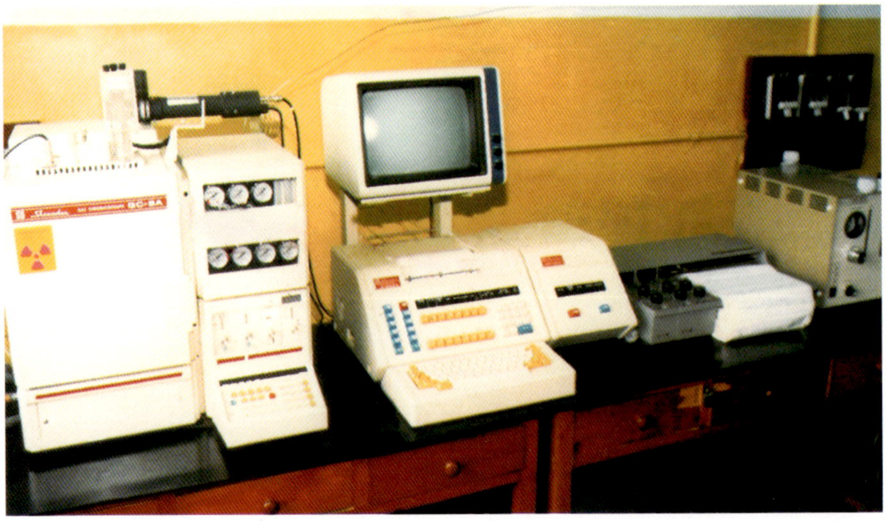

GC-9A型气相色谱仪

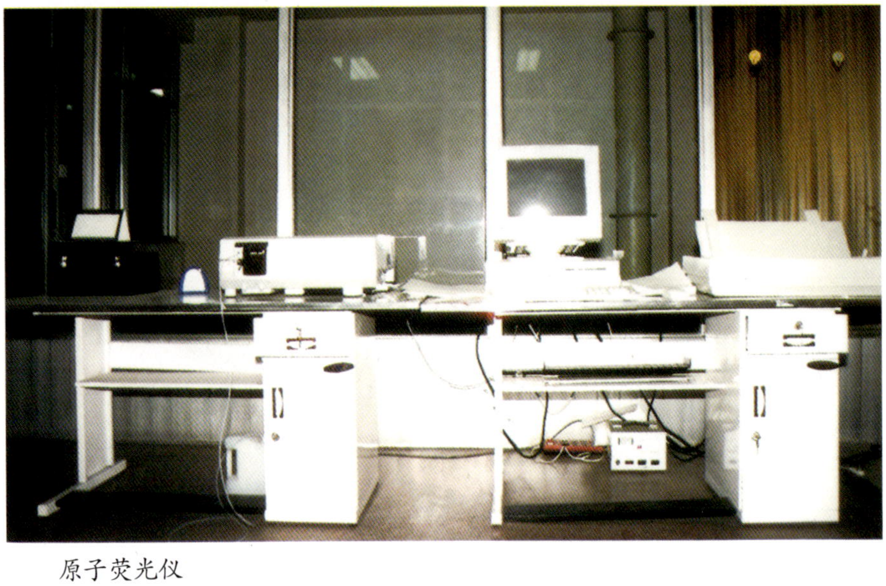

原子荧光仪

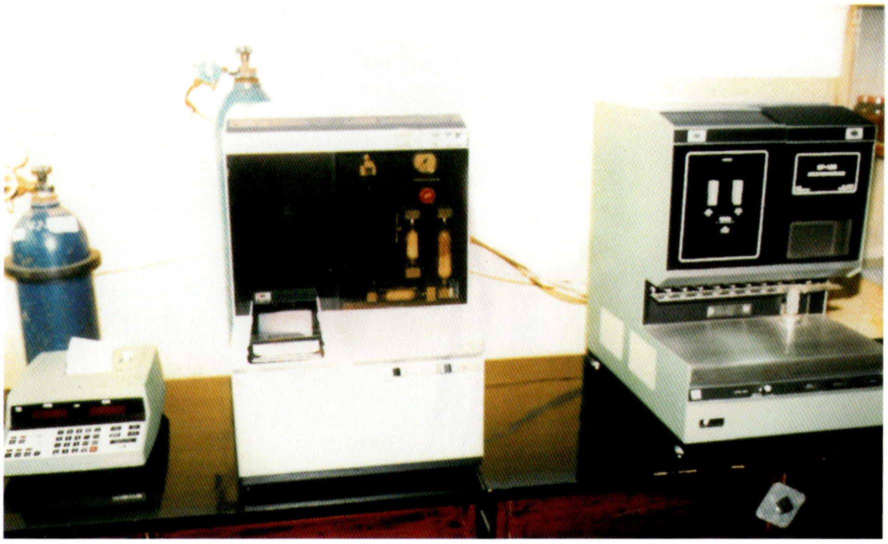

碳硫测定仪

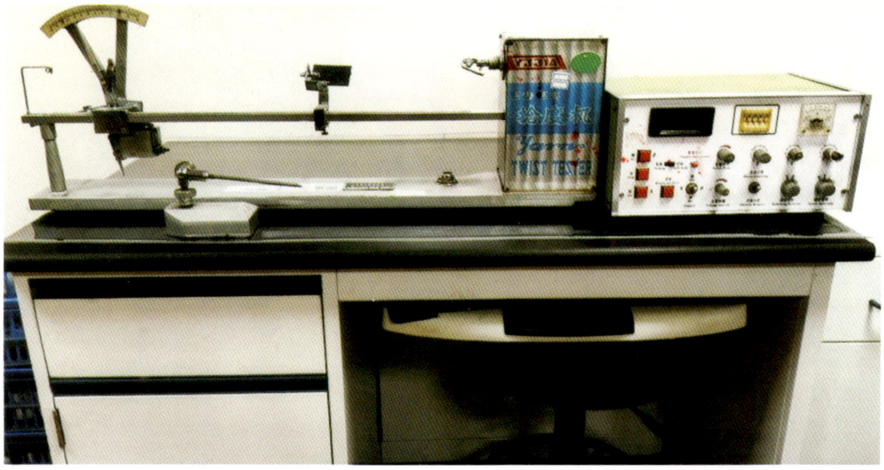

Y331A型捻度机

10T型万能材料试验机

荣誉榜录 RONGYU BANGLU

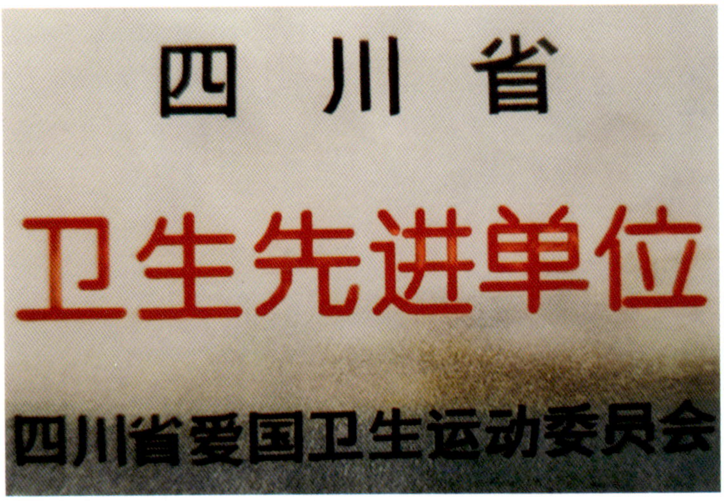

1993年，四川省爱国卫生运动委员会授予四川商检局四川省卫生“先进单位”称号

1993年10月，中共成都市委、成都市人民政府分别授予四川商检局、成都卫生检疫局成都市创建国家卫生城市“先进单位”称号

1997年6月，中共四川省直机关工委授予四川商检局党组领导班子开展“四好”活动“成绩显著”称号

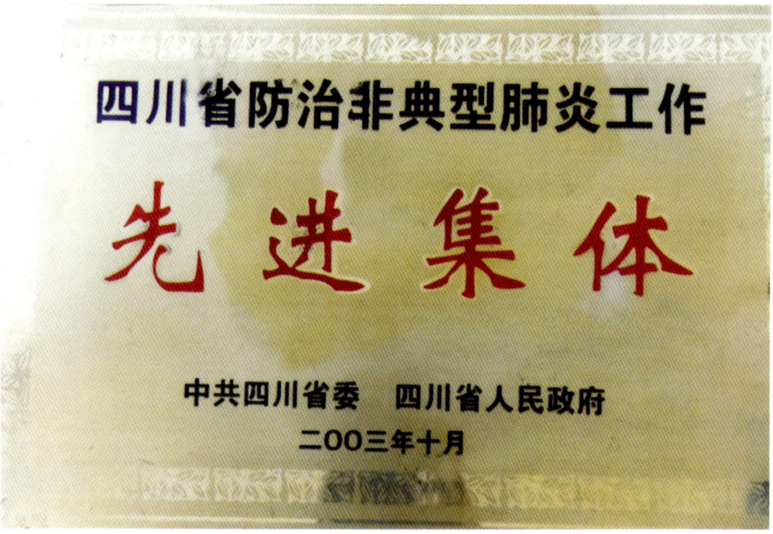

2003年10月，中共四川省委、四川省人民政府授予四川出入境检验检疫局防治非典型肺炎工作“先进集体”称号

2004年，国家质量监督检验检疫总局授予四川出入境检验检疫局全国质量监督检验检疫工作“先进单位”称号

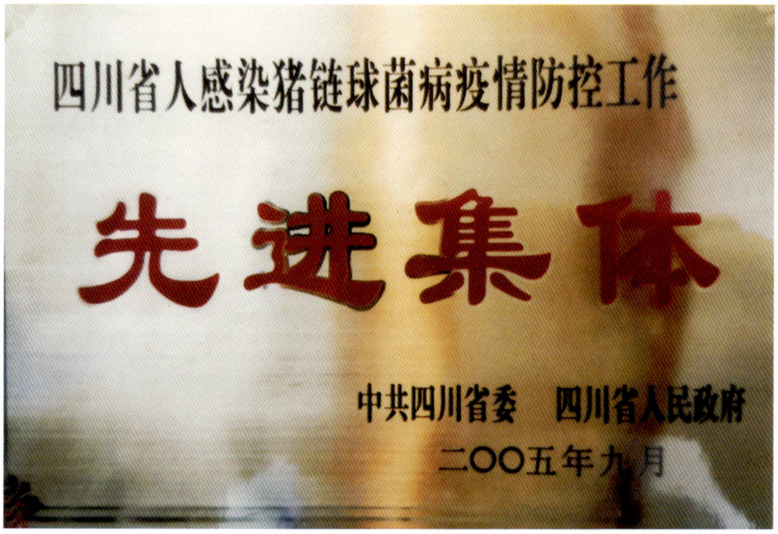

2005年9月，中共四川省委、四川省人民政府授予四川出入境检验检疫局四川省人感染猪链球菌病疫情防控工作“先进集体”称号

修志剪影 XIUZHI JIANYING

2018年5月11日，四川出入境检验检疫局召开修志工作会。四川出入境检验检疫局副局长陈洪波（左排中）、四川省地方志工作办公室副主任赵行（右排中）出席会议

2019年3月22日，成都海关副关长蔡文彪（中）组织召开《四川省志·海关志（1986–2005）》《四川省志·出入境检验检疫志（1986—2005）》编纂工作推进会

2019年8月，《四川省志·出入境检验检疫志（1986—2005）》编辑室集体讨论初审稿

2019年8月，《四川省志·出入境检验检疫志（1986—2005）》编辑室成员集中修改志稿

2019年9月19日，成都海关召开《四川省志·海关志（1986—2005）》《四川省志·出入境检验检疫志（1986—2005）》初评审核会。图为成都海关关长王文喜（左四），四川省地方志工作办公室副主任赵行（左五）、机关党委书记邓瑜（左三）等参加会议

2019年9月19日，成都海关关长王文喜在初评审核会上讲话

2019年12月16日，《四川省志（1986—2005）》第四十一次终审会终审验收《四川省志·出入境检验检疫志（1986-2005）》

2019年12月16日，成都海关党委委员、缉私局局长虞阳在终审会上汇报《四川省志·出入境检验检疫志（1986—2005）》编纂情况

2020年2月28日，成都海关关志办根据终审意见，对《四川省志·出入境检验检疫志（1986—2005）》进行修改

2020年6月16日，《四川省志·出入境检验检疫志（1986—2005）》编纂委员会主任、成都海关关长冉辉审阅《四川省志·出入境检验检疫志（1986—2005）》(终审稿修改稿)

《四川省志（1986—2005）》审核委员会

主　　任	王　宁			
副 主 任	蔡　竞			
委　　员	马小彬	冯宝运	何晓平	胡品生
	王孝平	谭继和	陈世松	陈廷湘

《四川省志（1986—2005）》总编、副总编

总　　编　陈建春

副 总 编　赵　行　邓　瑜　陶利辉　熊　倩

张兆法　高伟明　朱艳林　牛　淼

《四川省志·出入境检验检疫志（1986—2005）》责任总编、责任编辑

责任总编　赵　行

责任编辑　冯国梅

《四川省志·出入境检验检疫志（1986—2005）》编纂委员会成员

（2020 年 5 月至）

《四川省志·出入境检验检疫志（1986—2005）》编纂委员会办公室

名誉主任	肖　力			
主　　任	蔡文彪			
副 主 任	陈洪波	尹　亮	史晓锦	
成　　员	王志杰	王鲁川	王瑞英	毛宏飞
	卢　冬	朱　军	伍晓航	庄忆田
	孙永和	李大海	李　磊	李维华
	杨　皓	杨　磊	何　纬	何洪江
	汪道钦	张　炬	张　勇	张蕴涵
	陈　红	陈　雷	易欢芝	周　励
	赵建军	姜　伟	贺　平	袁　康
	徐多云	郭　萍	郭　静	曹宗君
	董　伟	程　民	曾　健	雷　率
	潘旭东			

《四川省志·出入境检验检疫志（1986—2005）》编纂委员会

（2019年2月至2020年5月）

《四川省志·出入境检验检疫志（1986—2005）》编纂委员会

（2018年4月至2019年2月）

主　　任	孙颖杰			
副 主 任	陈洪波	叶卫翔	李宣彤	敖必强
	龙　泉			
成　　员	刘海华	郭　静	邓志清	曹宗君
	王志杰	严玉宝	朱　军	张　勇
	杨　诚	曹跃武	栗晓昆	刘　伟
	李大海	宁光辉	徐红兵	杨　昊
	何万兴	赵敬何	张蕴涵	董　伟
	何　纬	贺　平	李小林	姜　伟
	陈　海	李建平	傅　强	杜长安
	奉向东	潘　斌	李　锐	李　跃
	郑跃鸣	何龙海	潘旭东	刘　旭

《四川省志·出入境检验检疫志（1986—2005）》
初评审核小组

主　　任	王文喜			
副 主 任	蔡文彪	杨泽军	续效东	陈　光
	虞　阳	叶卫翔	李宣彤	李海帆
	赵　飞			
成　　员	陈洪波	刘海华	詹　放	尹　亮
	曹宗君	雷　率	谢　娟	王志杰
	朱　军	张　勇	易欢芝	潘旭东
	徐多云	林　伟	鲜学政	姜　伟
	陈　越	王鲁川	郭　静	李大海
	李维华	何万兴	杨　昊	侯文波
	肖　平	陶　毅	陈　海	杨万黎
	薛尤仲	詹　柯	潘　斌	付现民
	刘　旭	杨　诚	傅　强	宁光辉
	于　勇	伍　剑	胡　涛	周　敏
	梁　陶	冯　伟	董　伟	何　纬
	贺　平	李福生	魏继成	何天江
	罗　健	孙　苑		

《四川省志·出入境检验检疫志（1986—2005）》
编纂委员会办公室

名誉主任 肖　力

主　　任 蔡文彪

副 主 任 刘海华　尹　亮　史晓锦　刘育禾

成　　员（以姓氏笔画为序）

王志杰　王鲁川　王瑞英　毛宏飞
卢　冬　朱　军　伍晓航　庄忆田
孙永和　李大海　李　磊　李维华
杨　皓　杨　磊　何　纬　何洪江
汪道钦　张　炬　张　勇　张蕴涵
陈　红　陈　雷　易欢芝　周　励
赵建军　姜　伟　贺　平　袁　康
徐多云　郭　萍　郭　静　曹宗君
董　伟　程　民　曾　健　雷　率
潘旭东

《四川省志·出入境检验检疫志（1986—2005）》
编辑室

主　　编	蔡文彪			
副 主 编	刘海华	尹　亮	刘育禾	
总　　纂	曾发明			
编　　审（以姓氏笔画为序）				
	王志杰	王瑞英	朱　军	李大海
	杨　磊	何　纬	张　勇	张蕴涵
	姜　伟	贺　平	袁　康	郭　萍
	郭　静	曹宗君	董　伟	曾　健
	潘旭东			
初稿编写	谭　玲	李丹明	范京安	田　劲
英文编辑	詹　放	黄宛舒		
档案资料	彭　讷			

《四川省志（1986—2005）》

凡　　例

一、本书编纂工作以马克思列宁主义、毛泽东思想、邓小平理论和“三个代表”重要思想、科学发展观、习近平新时代中国特色社会主义思想为指导，坚持辩证唯物主义和历史唯物主义的立场、观点和方法，全面客观地记述四川省行政区域内自然、政治、经济、文化和社会的历史与现状。

二、本书系中华人民共和国成立后首部《四川省志》续编，总名《四川省志（1986—2005）》，由总类、大事纪述、专志、人物、市（州）概况、附录共92卷构成。各分卷名称为《四川省志·××志（1986—2005）》或《四川省志·××志》（后者为特色志志名），设中英文目录。

三、本书上限一般起自1986年，下限一般截至2005年。对前志未设之分卷或篇章从事物发端写起；对前志漏载、误载的某些事项进行补载、更正；对前志记载后变化不大的某些事项进行简要复载；升格详载具有地方特色的某些事项。

四、本书记述的地域范围以1986—2005年四川省行政区划为准。

五、本书采用述、记、志、传、图、表、录等体裁，以志为主。

六、本书总类卷设序言、凡例、总述、卷目等，为各卷之首，全书之纲。关于自然环境、建置沿革、经济与社会历史发展状况等基本省情在总述中作简要复载或反映。各专志（分卷）根据社会分工和学科分类的实际，按“以类相从”或“突出地方特色”的原则设立，以篇、章、节横分类别，节、目以下纵述史实，立足反映四川省行政区域某一事物（事业、行业）断限期内历史与现状的全貌。人物志卷采用传、录、表诸种表述形式，坚持“生不立传”原则，在世人物的突出事迹以事系人载入相关分卷。人物传统一收入人物志。本书大事记以编年体为主，辅以纪事本末体。为完整记述一些重要事物，保存有价值史料，有些分卷设置了专记。

七、本书使用规范的现代语体文记述，行文严谨、朴实、简洁、流畅。使用规范汉字，用词概念准确，符合现代汉语语法规范。使用的标点符号、数字、计量单位等均按国家规定的统一标准书写。

八、本书使用公元纪年，各卷正文（除引文外）采用第三人称表述；行文涉及机构、会议、文件、职衔、地名等，均按当时称谓；除涉及人名、地名、纪年和简称等项采用括注外，其余采用页下脚注。

九、本书资料来源于文献、档案、报刊、书摘、口碑及实地调查等，所用资料均经各修志部门考证、核实。各分卷数据一般采用省统计局公布的数据，省统计局缺乏的，采用有关部门正式提供的数据。

十、各分卷图片分为前置图片和随文插图，随文插图和表格均以篇为单位依次排序编号；所用地图均以省测绘局审定的为准。

十一、各分卷需要特别说明的事项，均在各分卷的《编辑说明》中注明。

《四川省志·出入境检验检疫志（1986—2005）》
编辑说明

一、本志为《四川省志（1986—2005）》所设分卷。

二、四川出入境检验检疫为首次修志（除商检部分内容外），故记述时间上限基本追溯到历史源头，下限为2005年。记述的地域范围以四川行政区划为准，个别内容延伸至省外相关区域，以反映其发展变化全貌。其中1997年3月重庆市设为中央直辖市后，其检验检疫史事不再记入本志。

三、鉴于四川出入境检验检疫工作在1986—2005年中出现“三检”分设和“三检”合一而形成2段历史、4个机构形式，且各自业务工作有差异有重点的情况，章节的结构分为4个机构板块和按事类划分立章节的基本模式，便于记事叙述。故全志正文设4篇19章66节。

四、随着改革开放的深入，四川国际间的交往日益增多，口岸出入境人数不断上升。尤其2000年以后，世界各地口蹄疫、炭疽病、非典型肺炎、猪链球菌病、禽流感等突发病情频繁发生，按照《中华人民共和国卫生检疫法》规定，必须对出入境人员、交通工具、运输设备以及可能传播传染病的行李、货物、邮包等物品实施国境口岸卫生检疫，确保人体健康；“三检”合并以后，从中央到地方检验检疫机关都把工作重点转向加强涉及健康、卫生、安全、环保以及与国计民生关系密切的重点对象的监管上，国境口岸查验和卫生检疫即成为工作重点之一。鉴于此，志书章节在检验检疫记事中，把国境口岸检验检疫内容升格设专章，以凸显国境口岸查验的重要史实和重大意义。

五、根据“纵述史实把握事物发端、变化和现状，不缺失主要事物、事物的主要方向和事物发展的重要阶段”的要求，本志记事基本按其机构变化和业务工作开展情况分为1992年以前、1993年至1999年7月、1999年8月至2005年3个重要阶段展开记事叙述，如实反映四川检验检疫工作史实的发展变化情况。

六、根据国家法规的提法、志书体例的要求和四川出入境检验检疫史料实际，规范标题，题文相符：“进出口商品检验”“进出境动植物检疫”“国境卫生检疫”“出入境检验检疫”提法分别依据国家《中华人民共和国进出口商品检验法》《中华人民共和国进出境动植物检疫法》《中华人民共和国国境卫生检疫法》《中国出入境检验检疫志》等。统一称谓：四川出入境检验检疫局不称“四川局”，表述时称“四川出入境检验检疫局”。按照国家检验检疫部门的习惯，商品在进出境口岸时，称“进出境”，离开口岸后，称“进出口”。“三检”合并以后，进出口商品称为“产品”，口岸检疫时称为“货物”或“物品”。

七、本志史料来源于《四川省志·商检志》《四川商检局年鉴（1993.1—1999.7）》《四川出入境检验检疫十年回顾（1999—2008）》《中国出入境检验检疫志》及相关文件。在编纂组合时，注重了原始资料的使用。彩照和插图照片，均由四川出入境检验检疫局资料室提供。

目　录

第三篇 检验检疫综合管理

第四篇　机构与队伍建设

附 录

Contents

概 述

中华人民共和国四川出入境检验检疫局（简称四川出入境检验检疫局）由原四川进出口商品检验局、原成都动植物检疫局、原成都卫生检疫局合并组建。

四川最早的商检机构始于1930年。1939年3月，重庆商品检验局（四川进出口商品检验局前身）成立，至1949年一直负责四川外销商品的检验。1949年后历经多次机构、辖区、局址变迁，到1999年8月前，隶属于国家进出口商品检验局的四川商检局负责四川进出口商品检验工作。隶属于农业部的成都动植物检疫机构始于1965年。隶属于卫生部的成都卫生检疫机构始于1981年。1992年3月成都卫生检疫局（以下简称成都卫检局）成立，负责四川口岸卫生检疫查验、疾病监测、卫生监督、卫生处理和进口食品卫生监督检验工作。1996年12月成都动植物检疫局（以下简称成都动植检局）成立，负责对四川进出境动植物及其产品和包装检疫，运输工具、旅客携带物及邮寄物检疫。

1999年6月，国务院批准国家出入境检验检疫局关于《全国各地出入境检验检疫机构组建方案》，各地“三检”机构（进出口商品检验局、动植物检疫局、卫生检疫局）改革启动。按照国家出入境检验检疫局成立“三检”临时协调领导小组的要求，1998年5月，四川“三检”临时协调小组成立，统一协调、研究、布置“三检”各单位贯彻落实国家出入境检验检疫局机构改革各项工作。1999年8月，四川出入境检验检疫局正式对外挂牌。同年11—12月，8个分支机构相继组建完毕。四川出入境检验检疫局为国家出入境检验检疫局的直属机构，实行国家出入境检验检疫局直接领导的垂直管理体制，履行国家赋予的出入境卫生检疫、动植物检疫、进出口商品检验和国境口岸检验检疫等职能职责。

纵观1986—2005年四川出入境检验检疫20年历史，随着改革开放和对外贸易的发展，检验检疫机构从小到大，从单一到齐全，基本形成水、陆、空立体交叉，覆盖全川的出入境检验检疫网络；检验检疫业务由过去单纯的检验检疫拓展到检验检疫、认证和监督管理等多项行政执法工作。四川进出口商品检验、进出境动植物检疫和国境卫生检疫，都以改革开放而兴，以改革开放而盛，以改革开放而荣。

一

四川出入境检验检疫曾由“三检”分设4个机构形式到“三检”合一为1个机构形式而形成两段历史。无论是分设还是合并，四川出入境检验检疫人都在严把国门、履职监管路上留下踏石有痕的脚印，创造出不可磨灭的业绩。

中华人民共和国成立后，尤其是中共十一届三中全会召开以来，随着对外经济贸易的发展，四川商检工作步入正轨，逐步壮大。仅1993—1999年的7年期间，全省共检验进出口商品28.09万批，价值86.54亿美元；每年检验进出口商品4.01万批，价值12.36亿美元。

1992年3月成都卫生检疫局成立后，在口岸加强卫生检疫查验、疾病监测、卫生监督、卫生处理和开展进口食品卫生监督检验工作。1992年至1999年7月，检疫出入境飞机7000余架次，出入境旅客7万人次；预防接种12万余人次，卫生监督检验进口食品3000多吨。

1996年12月成都动植物检疫局成立后，1997—1999年实施进出境检验检疫的植物及其产品主要有植物繁殖材料、粮食类、竹木制品类、植物饲料类、鲜菜类、冰冻蔬菜类、干菜类、盐渍菜类和中药材类9个大类；实施进出境检验检疫的动物及其产品主要有肉类、种畜、种禽、肠衣、皮张、动物性饲料、骨胶、海鲜、动物性中药材、羽毛类。

1999年8月成立的四川出入境检验检疫局承担原“三检”机构合并的职能，强化四川出入境检验检疫机构的执法监督，加强对涉及健康、卫生、安全、环保、反欺诈以及与国计民生关系密切的重要对象的监管工作。创新检验检疫监管模式，按“寓监管于服务中，服务中体现监管”的要求，推行“六个一次”，即“六个一”工程（一次报检、一次抽样、一次检验检疫、一次卫生除害处理、一次收费、一次发证放行）；深化业务改革，实行“先报检、后报关”通关模式，规范电子报检、产地电子签证、电子转单管理，加快进出口货物通关速度；严把国门，狠抓源头，加强进境货物的检验检疫和口岸卫生检验监管；推行出口企业分类管理制度和“绿色通道”制度，为出口提供便利条件；大力推进“大通关”工程，检验监管模式逐步由批批检验向分类管理、商品免验、前期抽查和后期监督抽查相结合的模式转变。2004年，四川省实行电子申报、电子放行、电子监管出口企业达700余家，食品、农产品出口取得多项突破，当年出口猪肉15万余吨，跃居全国第一，显示出监管模式创新的成果。坚持问题导向，高度整合检测资源，使技术力量人尽其才，查验设施物尽其用。创造性地出台“优化服务，缩短审核周期，实施分类管理，加快绿色通道建设，扩大快速核放系统应用范围，加大执法稽查工作力度”等措施，将把关与服务结合，加强检、贸、企三方的联通合作，促进了外贸出口。认真履行国家赋予的职责，不断完善、规范口岸卫生检疫查验、传染病监测、卫生监督、卫生处理工作，全力构建四川口岸突发公共卫生及核与辐射的应急体系，成功应对炭疽、“非典”“禽流感”“猪链球菌病”等重大传染疫情。完成出入境人员传染病监测体检16.59万人次，检出病例2.11万人次，检验检疫进出口货物43.93万批次，总货值290.60亿元；在口岸截获23类动植物疫情，为人民生命财产和四川对外经济的发展构筑起安全屏障。

二

四川出入境检验检疫实施科技兴检，不断提升技术保障支撑能力。大力营造尊重知识、尊重人才的氛围，调动专业技术人员的积极性；全面加强实验室建设，优化科研环境；狠抓科研攻关，促进科研制标能力大提高。经过锲而不舍的开拓创新，四川检验检疫科技工作取得累累成果。1951—1992年，四川商检科技人员在全国商检学术刊物上发表论文302篇，制订标准35项，发表专著27种、译著5篇；1982—1992年，获得专业科研成果78项，其中省部级奖励14项，国家实用新型专利11项；1993年至1997年7月，完成科研课题13项，制（修）订标准21项，论文103篇，其中获国家商检局科技进步一等奖6项，四川省科技进步奖1项，国家商检局论文三等奖3篇。成都动植物检疫局将检疫科研与检疫工作相结合，制定《出口柑橘检疫规程》等7个地方标准，完成《马铃薯癌病的调查研究》等21个农业部和四川省重点攻关项目，先后获农业部全国农牧渔业丰收二等奖1项、科技进步三等奖1项，国家中医药局科技进步一等奖1项，四川省人民政府科技进步二等奖6项、三等奖4项、四等奖1项，四川省农业厅农牧科技一等奖1项、二等奖1项、三等奖1项；在国内外学报、杂志刊物上发表论文和论著200余篇（部）。成都卫生检疫局先后选送30余人参加各种学术交流活动，发表论文48篇，获得中国人民解放军成都军区科学技术进步三等奖1项，中国人民解放军总后勤部科学技术进步二等奖1项。自“三检”合并以来，四川出入境检验检疫局修订完善15个科技工作管理制度，明确科技项目、成果、经费管理和奖励办法；累计64个科研项目、55个标准获得立项，完成科研项目34项、标准52项，其中获国家质检总局“科技兴检”三等奖42项、优秀科技论文奖5篇；科研情报工作从手工查阅纸质文献资料发展为信息系统电子检索为主、纸质材料补充的新阶段，建立了一套可供全川检验检疫系统查询使用、基本完备的科技文献、标准查询系统，为科研工作提供了便捷的信息查询服务。

实验检测实力持续增强。1999年7月，全省拥有商检仪器设备1141台，配备了原子吸收、气相色谱、液相色谱、红外碳酸测定仪、冷冻离心机、乌斯特仪、荧光显微镜等大型精密仪器，原值2217万元；配备了卫生检疫气相色谱仪、500毫安X光机、进口台式B超仪、心电图机、酶标仪、荧光显微镜等先进医疗仪器设备。“三检”合并后，四川出入境检验检疫局先后投入资金7794万元建起以生丝、猪肉、酒类产品3家国家级重点实验室，及以保健中心实验室为龙头，6家区域性中心实验室为骨干，15家检验检疫常规实验室为基础的技术支撑体系。实验室配备检测仪器设备1400余台套，原值9000余万元，经认可注册的检测项目573项，实验室建设具有特色化、品牌化、体系化。信息化建设获得长足发展。以1999年CIQ 2000综合业务管理系统的应用为标志，手工签单、纸质办公逐渐向单机出证、联网办公过渡，在2004年建成覆盖全川所有办事机构，实现检务工作电子化、检验检疫监管信息化、行政办公自动化的广域服务网络。

科技兴检，人才是关键。在专业技术队伍建设中，四川出入境检验检疫局本着“用好现有人才，稳定骨干人才，引进急需人才，培养未来人才”的原则，建立充满生机与活力的用人机制，形成吸引人才、留住人才、人尽其才、人才辈出的良好局面。制定《四川出入境检验检疫局中青年专家选拔管理办法》《四川出入境检验检疫局学科带头人选拔使用管理办法》《四川出入境检验检疫局人才引进管理办法》等制度，推动专业技术队伍建设。从2000年起，按国家出入境检验检疫局的统一安排，四川实行每年进行一次专业技术人员职称评审制度。截至2005年12月，四川出入境检验检疫系统共有专业技术岗位人员270人，其中高级技术职务20人，中级技术职务148人。整个专业技术队伍学历结构、专业技术职务层次更趋合理，专业技术队伍综合素质显著提高。

三

四川出入境检验检疫部门在倾力服务中奉献，紧密结合四川经济社会发展大局，促进贸易便利化，有效地服务四川外贸持续稳定增长，成为推动四川开放型经济发展的重要力量。

强化措施，全方位扩大外贸出口。在西部大开发中，四川出入境检验检疫局出台6条措施支持外贸发展，主要有：扩大外贸企业分类管理和认证管理，帮助企业提高技术和管理水平；帮助四川发展创汇农业，扩大农产品出口；支持四川出口企业利用普惠制扩大出口；充分发挥检验检疫技术、信息、人才优势，为企业提供多方面服务。从四川实际出发，先后制定《促进四川外贸持续发展措施》《加快发展民营企业扩大出口的有关措施》《防治“非典”和支持外贸出口的措施》等扶持措施，扶持国有大中型出口企业，对出口民营企业实行国民待遇；加强协调，巩固四川传统的日韩、欧美出口市场，开拓俄罗斯、中东、北非、中亚、拉美等新兴市场。以国家质检总局与四川省人民政府签署《关于促进四川省农副产品出口合作备忘录》为契机，制定《出口肉用猪养殖场检验检疫管理办法》《出口食品检验检疫工作七项措施》《出口肉用猪基地管理规定》等措施，推行“公司+基地+标准”的生产模式建设基地；对出口食品和农产品质量安全工作实施“一把手工程”，建立长效机制，推动四川省食品、农产品扩大出口。

创新机制，促进贸易便利化。四川出入境检验检疫局充分运用信息、技术手段，帮助出口企业有效突破国外技术壁垒，先后帮助企业克服出口干制蔬菜、中药材中二氧化硫残留量超标、山葵农残超标等困难，突破了国外技术壁垒，扩大了四川农产品出口。大力推进电子申报、电子放行、电子监管（以下简称“三电”工程），方便企业加快通关速度，实现全省电子申报率100%，原产地电子签证率100%，电子转单率80%。努力做好“快速核放”①，推进出境货物电子审单快速核算系统试点应用，从报检制证、计费到取证仅需30分钟，为企业提供了快速通关便利。扩大分类管理，使检验监管模式逐步由批批检验向分类管理、商品免检、前期抽查和后期监督抽查相结合的模式转变，2004年一类企业的数量达33家，二类企业达24家。改革签证模式，制定签证新流程，使新的模式达到“高效、简便、监管”的目的。细化查验制度，推广“5天上班、2天值班、7天服务、24小时预约报检”的服务承诺，做到不分节假日，随叫随到，确保企业产品及时出口。

优化服务，为出口企业排忧解难。在中共四川省委、四川省人民政府“千方百计扩大出口”的精神指导下，四川出入境检验检疫局主动与外贸企业、生产厂家沟通，加强检、贸、企三方合作。利用优势帮助企业加快产品升级换代，四川和协食品、东誉食品、东亿食品、南方食品等生产盐渍产品的加工企业引进先进设备和技术，市场竞争力得到提高。1999年，四川国有大中型企业之一的成都成量集团公司出口出现滑坡，检验检疫部门及时与企业一道制定对策，促使企业出口出现良好发展势头。采取急事急办帮助新出口企业通威饲料集团将第一批产品送到韩国客户手中，填补了中国在该产品上的空白。中国加入世界贸易组织后，四川外贸格局发生很大变化，四川出入境检验检疫局通过调研，制定了企业优化资源配置、集中力量做大优势农产品、强化对特色企业服务的具体措施，为出口企业带来实实在在的利益。四川名小吃产品具有广阔的国际市场，为提高白家粉丝出口产品质量，帮助四川雅士食品有限公司在内部推行HACCP认证，建立绿色红薯种植基地，使产品质量得到保障，出口创汇同比增长380%。配合长虹集团公司积极开拓海外市场，绵阳出入境检验检疫局对长虹集团公司产品实施分类管理，为其提供全天候、无节假日的全方位服务，确保产品顺利出口。乐山出入境检验检疫局特事特办，尽全力支持建陶企业产品走出国门，使乐山的瓷砖陶瓷企业成为四川新的出口增长点。丝类商品是四川传统的大宗创汇商品，四川出入境检验检疫局将四川

① 快速核放：检验检疫机构对质量管理水平高、质量稳定的企业的部分出口货物在有监督的前提下，在监管有效期内的出口货物实施自动比对的快速验放做法。经快速核放的出境货物，从报检、制证、计费到取证仅需30分钟。

省出口大户省丝绸公司作为重点支持企业，采取集中抽样、实行专用注册编号货物证书、上门技术服务等方式，帮助该公司创名牌、增信誉、解难题，提高管理水平；并把四川丝绸公司各地的所有出口商品检验工作调整为由四川局统一负责办理，简化手续，节约成本，促进丝绸出口企业发展。

四

干部人事制度改革催生出新机制。四川出入境检验检疫局从“上”和“下”两方面入手，建立正常的竞争和激励机制。以干部年轻化为着力点，腾岗挪位为年轻干部尽快走上领导岗位创造条件；克服“官本位”陈旧意识，动真格打通瓶颈，疏通“出口”渠道。建立科学的选人用人机制，制定干部管理配套措施，推行双向选择方式将“公开、平等、竞争、择优”原则引入竞争机制。根据行业特点和岗位要求，多渠道、多角度、有重点、有计划地强化干部交流工作，加快干部队伍管理水平、协调能力、业务知识、专业技能等综合能力的提升。积极探索和完善领导班子和领导干部的考核办法，建立健全科学的干部政绩考核指标评价体系。根据干部管理权限，四川出入境检验检疫局局级干部由国家质检总局管理，处级及以下干部由四川出入境检验检疫局管理。结合四川实际，四川出入境检验检疫局加强干部队伍建设，先后制定《四川出入境检验检疫局选拔任用领导干部民主推荐与考察工作管理办法》《四川出入境检验检疫局科级领导干部任用管理规定》等规范性文件，建立健全干部管理制度。坚持客观公正、民主公开、注意实绩的原则，高度重视干部队伍德、能、勤、绩、廉为主要内容的考核工作，保证年度考核工作更加科学化、制度化和规范化。严格落实领导干部重要情况通报和报告、民主生活会、述职述廉、个人重大事项报告、个人收入申报和离任审计等制度，加强干部监督工作机制建设，使干部监督工作稳步推进。

组织机构调整适应四川外经贸事业发展。1999 年 11 月，根据国家出入境检验检疫局对四川出入境检验检疫局职能配置内设机构和人员编制的规定，四川出入境检验检疫局内设职能处室 13 个，并设立机关党委办公室（政工处）、监察审计室、离退休干部处；分支机构 9 个，均为正处级；事业单位 4 个，企业单位 1 个。机构组建后，将原“三检”机构承担的职能合并，由新组建的四川出入境检验检疫局承担；将原“三检”机构承担的理化、微生物、生丝实验室工作以及检疫风险分析、传染病监测体检、国际旅行预防接种、技术开发、机关后勤服务等，交由新组建的四川出入境检验检疫局技术中心等事业单位承担；非法定检验、鉴定和委托检验、鉴定、涉外资产评估、检疫处理等职能交由企业承担。2004 年 4 月，国家质检总局批准成立四川出入境检验检疫协会；2005 年 9 月，国家质检总局批准设立成都陆运口岸办事处，并将科技与认证处分设为科技处和认证监管处；2005 年 10 月，国家质检总局批准设立四川出入境检验检疫局稽查处；2005 年 12 月，国家质检总局批准设立四川出入境检验检疫局宜宾办事处，机构规格为正处级。截至 2005 年 12 月，四川出入境检验检疫局有内设职能处室 18 个，事业单位 4 个，协会 1 个，企业单位 1 个；四川“三检”在四川境内拥有 1 个国家一类口岸和 6 个国家二类口岸，设置了 11 个分支机构。

设施设备配置符合四川出入境检验检疫工作的要求。至 2005 年，四川出入境检验检疫系统国有资产总值 2.72 亿元；房屋建筑物 6.98 万平方米，原值 1.02 亿元；固定资产 2.04 亿元，流动资产 6579 万元；各类设备仪器 4111 台套，原值 1.03 亿元；交通工具 76 辆，原值 299 万元。

1986—2005 年，四川出入境检验检疫事业获得长足发展，依法行政意识增强，检验监管能力提升，科技实力提高，干部队伍结构改善，为四川外贸进出口跨越式发展作出了突出贡献。在客观总结成绩的同时，还须清楚地看到工作中存在的主要问题：一是驾驭全局、把握大局的能力还需进一步提高，特别要规划好分支机构的布局和实验室的布局，以适应外向型经济的发展；二是服务外贸经济发展的举措和手段需要进一步创新、拓展；三是干部队伍综合素质和战斗力同发展的形势要求还有差距，应谋求新举措、新方式提高干部队伍和执法队伍的素质和能力。随着改革的深入和检验检疫事业的发展，四川出入境检验检疫工作任重而道远。

第一篇　检验检疫业务

1986—2005年，以进出口商品检验、进出境动植物检疫、卫生检疫和国境口岸检验检疫为主体的四川出入境检验检疫业务不断发展壮大。1986—1999年，进口商品严格依法施检，提高检验及出证质量，强化口岸查证，开展流通领域进口商品的检验监督，严禁假冒伪劣商品流入国内市场；以大宗、传统、敏感和涉及安全、卫生、环保的出口商品为重点，按标准、合同、信用证要求严格检验出口商品。1999—2005年，强化口岸进口商品检验查证，严把进口商品质量关，防范外来有害生物传入；采取“六个一次”规范业务管理、实施“绿色通关”制度、开展“大通关”建设等措施，促进四川出口产品质量水平不断提高。四川动植物检疫业务工作，从20世纪70年代的负责出境柑橘和援外人员携带种苗的检疫，发展到20世纪80年代开展对进出境贸易性、非贸易性动植物及产品和运输工具实施检疫；1991—2005年，四川的进出境动植物检疫工作进入法治化轨道，健康运行。根据《中华人民共和国国境卫生检疫法》及其实施细则，严格对出入境人员、交通工具、运输设备以及可能传播检疫传染病的行李、货物、邮包等物品实施国境卫生检疫，防止传染病由国外传入或由国内传出，保护人体健康。

第一章 进出口商品检验

按国际惯例和国家有关法规，进口商品一般应在口岸或合同规定的到达地检验。在检验中，四川商检局以实事求是、公正准确的原则对外进行出证工作。进入20世纪80年代以后，随着四川对外贸易的不断发展，出口商品的质量和档次较大提高，种类和数量大幅度增加。1993—1999年，每年检验进出口商品4.01万批，价值13.36亿美元。

第一节 进口商品检验

四川进口商品检验始于1955年首批进口棉花重量鉴定。20世纪60年代开始，进口检验鉴定业务有了初步的发展，1963年随着全国各地内迁四川省的工厂大量从国外进口大型设备、精密仪器，进口检验主要依靠科研单位、大专院校、工厂的技术力量，商检工作着重抓商检方针政策的宣传和不合格商品对外索赔的检验出证工作。从1971年起，进口检验鉴定有了较大的发展，检验的主要进口商品有机械设备、电子仪器、机动车辆、大中型成套设备、钢材。1974—1978年，对4家工厂引进的大型成套设备进行检验并出证对国外索赔，共为国家挽回经济损失247万美元。4套大型成套设备是四川化工厂引进的日本年产30万吨合成氨和48万吨尿素成套设备，四川泸州天然气化工厂引进的美国1000吨/日产合成氨和荷兰1620吨/日产尿素成套设备，四川维尼纶厂引进的法国年产9000吨醋酸乙烯和日本年产45000吨聚乙烯醇成套设备，四川石油管理局引进的美国和法国8套压裂酸化设备和1套油气田液氮应用特种设备。20世纪80年代以后，四川商检局逐步增强自身检测力量，同时通过实验室认证、认可制度的实施，进一步加强对进口商品的检验管理。以进口钢材检验为例，1975年四川商检局建立金属材料检验室，提高了自验能力，适应了当时四川省进口钢材大幅度增加的需要。1979年检验30.22万吨，1985年检验59.49万吨，1986年检验72.74万吨。1987年，四川省进口钢材检验率按重量计算超过90%。以进口机动车辆检验为例，1975—1991年共办理登记检验37912辆，对外出证索赔712辆。20世纪90年代开始，四川省进口机电仪设备、机动车辆、成套设备、大型电站设备大幅度增加，化矿产品和轻工产品进口也有所增加，进口钢材下降。随着进口检验业务骤增，四川商检局加大对进口商品质量管理，严禁假冒伪劣商品流入国内市场。主要措施有强化口岸检验，开展国内流通领域进口商品检验管理，加强进口成套设备现场监管检验，对合格进口商品加贴商检标志和封识，实行进口商品口岸登记报验员制度等。在对二滩水电工程进口永久性机电设备检验中，形成一套对大型重点工程进口设备实施检验、鉴定和监管的规范性做法，做到机构、人员、制度三落实，为国家和四川省重点工程的顺利建成投产，提供了有力保障。

1955—1992 年四川进口商品到货及检验情况统计表

表 1－1　　　　单位：批

年　份	商品到货数	检　验　数	出证索赔数
1955	—	6	6
1956	—	3	3
1960	—	6	6
1961	—	2	2
1963	—	13	13
1964	—	35	35
1965	—	166	166
1966	—	198	198
1967	—	48	48
1970	—	81	81
1971	1191	152	86
1972	1346	311	129
1973	1739	345	276
1974	1773	766	62
1975	2076	1431	123
1976	1917	1612	89
1977	1957	178	55
1978	1915	234	73
1979	3210	701	134
1980	2250	695	216
1981	3009	1604	181
1982	1819	153	92
1983	2746	369	151
1984	5213	718	186
1985	6355	1159	266
1986	8865	1774	511
1987	4943	1634	602
1988	—	1466	606
1989	—	2093	501
1990	—	609	327
1991	—	544	327
1992	—	768	402

1993 年至 1999 年 7 月，全省共检验进口商品 7502 批，货值 25.73 亿美元，检出不合格商品 1769 批，货值 7856.2 万美元。对外出具索赔证书，为企业挽回经济损失 200 多万美元。

1993 年至 1999 年 7 月四川商检局进口商品检验情况统计表

表 1－2

时　间	检　验		不合格		不合格占比（%）	
	批	货值（万美元）	批	货值（万美元）	批	货值（万美元）
1993 年	642	46078.00	166	1117.20	25.86	2.42
1994 年	1146	53230.64	242	817.00	21.11	1.53
1995 年	1366	39750.70	400	1295.00	29.28	3.26
1996 年	1078	34471.00	382	2519.00	35.43	7.31
1997 年	1448	28733.00	273	1051.00	18.85	3.66
1998 年	1132	38273.00	181	771.00	15.99	2.01
1999 年 1—7 月	690	16715.00	125	286.00	18.12	1.71
合　计	7502	257251.34	1769	7856.20	23.58	3.05

1999 年 7 月至 2005 年，四川检验检疫部门狠抓涉及安全、卫生、健康、环保、反欺诈和关系国计民生等重点敏感产品的检验监管，强化口岸检疫查验，防范外来有害生物传入，提高不合格产品的截获率和检出率，严把进口产品质量关，有效维护国家利益和人民群众生命健康安全。1999—2005 年，共检验检疫进口产品 1.8 万批，货值 42.9 万美元；检出不合格进口机电仪产品出证索赔 1218 批次，货值 4283.4 万美元。四川各类进口产品检验检疫情况如下：

动物产品　四川传统进口动物产品主要是牛皮，来自美国和爱尔兰。对进口的动物原皮进行批批检验检疫。2005 年从美国和爱尔兰进口 5 批，330.2 吨，货值 57.5 万美元。

植物产品　四川进口植物产品主要是水果。2000 年，四川出入境检验检疫局首次查验来自美国的水果 4 批，作为一般贸易进口经检验合格后放行。2003 年 7 月后，按照国家质检总局《关于加强进境水果检验检疫工作的通知》，四川对进口水果进行农残、重金属检测。2000—2005 年共检验 41 批，18.04 吨，货值 5.52 万美元，未发现不合格产品。

食品　四川进口食品主要有食品添加剂、酒类、糖果类。2000—2005 年，进口添加剂共检验 46 批，重量 51.5 吨，货值 104.7 万美元；共检验进口酒类 104 批，重量 1012.42 万升，货值 221.4 万美元；共检验进口糖果 24 批，重量 5.8 吨，货值 3.2 万美元。2001—2005 年，从成都口岸进口糖果大部分为参展样品。

机电仪产品　1999—2005 年，四川检验进口的机电仪产品共 1.59 万批，总值 39.34 亿美元。其中不合格出证索赔 1218 批，索赔货值 4283.9 万美元。进口机电仪产品有成套设备、机床、特种设备、机动车辆、医疗器械、工程机械、轻工纺织印染机械、农牧机械、动力设备、焊接设备、信息设备、视听设备、小型家用及类似用途电器、大型家用及类似用途电器、仪器及检验检测器具和其他机电仪产品。不合格原因主要有机械安全、电气安全、安全防护和安全标志不符合国家技术规范的强制性要求；原发货数量短少、规格型号不符合、品质缺陷；原包装不良造成损坏、锈蚀；运输途中意外产生的残损、灭失等。

金属材料　四川进口的金属材料主要有锅炉用钢管、钢板、铝卷板、冷轧卷板、石油套管等。2000—2005 年，共进口检验金属材料 1004 批，重量 24.54 万吨，货值 2.79 亿美元。

化矿产品　四川进口的化矿产品主要有涂料（以乳胶漆、聚酯漆、清漆、光导纤维涂和其他油漆为主）、塑料（以聚乙烯、聚丙烯、ABG、环氧树脂、聚酯切片为主）。2000—2005 年，四川进口检验涂料 65 批，重量 893 吨，货值 161.4 万元；进口检验塑料 802 批，重量 6.36 万吨，货值 6501.4 万元。

纺织品　四川进口的纺织品主要是棉花。1989 年，四川开始大量进口棉花，并由四川商检局实施品质、重量检验。开验时上海商检局派出专家做技术培训和指导。2003 年后，四川出入境检验检疫局开始对进口棉花实施检验监管。2003—2005 年，共进口棉花检验 12 批，重量 3336.5 吨，货值 621.84 万美元。

轻工产品　四川进口检验的轻工产品主要有家具、餐具、玩具、皮革和电池。从 2004 年 2 月 1 日起，对进口人造板及其制品中的甲醛进行检测。2004—2005 年，共进口检验家具 1 批，货值 0.1 万美元。全省进口餐具始于 2005 年，按照国家质检总局有关规定对进口餐具实施批批检验。四川进口玩具始于 2001 年，主要是成都宜家商场进口。按照国家质检总局的规定对进口玩具实施批批检验。2001—2005 年，共进口检验 6 批，货值 2.7 万美元。四川进口皮革主要用于出口皮革生产。从 2002 年开始少量进口，2005 年起逐步增加。2002—2005 年，共进口检验 15 批，重量 5.4 吨，货值 17.8 万美元。从 2001 年起，对进口电池汞含量实施备案管理。2002—2005 年，四川共进口检验电池 17 批，货值 17.5 万美元。

1999 年 8 月至 2005 年四川进口产品检验情况统计表

表 1－3

时　间	合　格		不合格索赔	
	批	货值（万美元）	批	货值（万美元）
1999 年 8—12 月	853	20307.80	124	274.10
2000 年	869	19730.40	140	418.00
2001 年	2483	48542.70	164	474.10
2002 年	3001	77925.80	232	1108.40
2003 年	3669	103717.00	252	495.70
2004 年	3523	85592.90	180	828.60
2005 年	3610	73209.30	126	684.50
合　计	18008	429025.90	1218	4283.40

第二节 出口商品检验

中华人民共和国成立后，四川出口商品检验鉴定进入一个新时期，尤其从1980年起出口商品的品种、数量、规模都逐年扩大，呈现出由农副土畜等原料型产品向工业品发展的趋势。20世纪50—80年代，四川商检局共检验主要出口商品7大类153个品种，检验大宗出口商品有农副土特产品（茶叶、柑橘、烟叶、榨菜等）；食品（罐头、冻肉产品、蛋品等）；畜产品（肠衣、猪鬃、羽毛绒、革皮等）；纺织品（生丝、棉布、绸缎、服装等）；轻工产品（皮鞋、革皮服装、自行车、电池、闹钟等）；机电产品（机床、锻压设备、电机、工具、柴油机、电线电缆、轴承等）；化矿金属材料产品（硫磺、水银、石棉、硼砂、糠醛、樟脑、工业用盐、高锰酸钾、钨锑锰矿石、铁合金、钢材、钢锭、钢坯等）。在此期间，从1974年起四川商检局开始普查四川省出口食品、农副土特产品中农药残留量，先后普查了10大种类、24个品种的出口商品。从1990年开始，随着四川省对外贸易的持续发展和对外开放的逐步深入，四川商检局除保持对原有七大类绝大多数出口商品实施检验外，七大类的出口商品品种增加到748个。

1993年至1997年7月，四川出口商品以大宗、传统、敏感和涉及安全、卫生、环保的商品为重点，将严格检验把关与管理渗透到生产过程中，把大量检验不合格商品堵于国门之内，提高了四川出口商品在国际市场上的美誉度和竞争力，取得巨大的社会效益和经济效益。检验的大宗出口商品有农副产品（冻肉产品、罐头、肠衣、腌渍蔬菜、松茸野生菌、水煮干制冷冻蔬菜、烟叶卷烟、粮杂干果等）；畜产品（羽毛绒及制品、猪鬃等）；纺织品（生丝、服装、布类产品、纱线等）；矿产品（盐、稀土金属矿、矿砂及精矿、铁合金、磷酸、磷酸盐、硅和其他化工产品等）；金属材料（钢坯、管材、钢轨等）；机电产品（大中型成套火电、水电设备、锅炉、压力容器、内燃机、发电机等）；轻工产品（革皮服装、皮鞋等），同时对出口商品实施包装检验。

1993年至1999年7月，全省共检验出口商品27.43万批，货值61.1亿美元，发现不合格商品837批，货值2402.99万美元。

图1-1 1993年，机场进行出口货物检验

在1993年至1999年7月的出口商品的检验中，四川主要出口的农产品有茶叶，水煮、干制、冷冻蔬菜，盐渍菜，烟叶、烟卷，水果，粮杂、干果，中药材，中成药，调味品等，主要输往欧洲、日本、韩国、澳大利亚、美国、肯尼亚、东南亚、俄罗斯和中国香港、澳门、台湾等国家和地区。共检验1.12万批，货值2.77亿美元。其中，检验茶叶480批，7800.47吨，货值415.08万美元；蔬菜类7683批，8.06万吨，货值1.42亿美元；烟叶与卷烟644/117批，货值5781.73万/1058.51万美元；水果1509批，2.53万吨，货值746.76万美元；粮杂干果138批，5733.30吨，货值3496.39万美元；中药材278批，数量2709件，1449.87吨，货值1296.94万美元；中成药211批，3.36万件，货值608.10万美元；调味品105批，233.02吨，货值40.85万美元。检出不合格324批，货值215.27万美元。

四川出口的大宗食品为肉品、罐头、肠衣、酒、蜂产品等，共检验1.18万批，货值7.6亿美元，主要输往欧洲、俄罗斯、日本、巴西和中国香港等国家和地区。其中检验肉品5870批，24.64万吨，货值4.85亿美元；罐头4092批，8.11万吨，货值1.13亿美元；肠衣1326批，18.28万吨，货值1.54亿美元；酒类390批次，4449.54吨，货值4091.60万美元；蜂产品103批次，3144.20吨，货值480.51万美元。检出不合格140批，货值574.09万美元。

图1-2　1993年，检验出口罐头

四川出口的畜产品主要是猪鬃和羽毛绒及制品，共检验4637批，货值19.37亿美元，主要输往北美、欧洲、印度、日本、巴西和中国香港、台湾、澳门等国家和地区。其中检验猪鬃823批，2.36万箱，货值6138.44万美元；羽毛绒及制品分别为2428批和1346批，2.15万吨、276.13万件，货值分别为15.48亿美元和3.28亿美元。检出不合格13批，货值108.3万美元。

四川出口的丝类商品分为生丝、绢丝、捻线丝、双宫丝、优级土丝。共检验20.65万批，重量6.26万吨，主要输往印度、日本、欧洲、东南亚和中国香港、澳门等国家和地区。其中，检验生丝17.95万批，5.39万吨；绢丝3931批，1731.83吨；捻线丝4220批，1238.50吨；双宫丝1.67万批，5027.37吨；优级土丝2123批，642.24吨。

四川出口的服装纺织品有服装、布类产品、绸缎、纱线。共检验1.19万批，货值4.3亿美元，主要输往北美、欧洲、日本、南非、澳大利亚、韩国和中国香港等国家和地区。其中，检验出口服装品6389批，1.22亿件，货值2.23亿美元；绸缎1297批，1400.26万米，纱线977批，1.98吨，货值5047.86万美元；布类产品3271批，货值1.56亿美元。检出不合格243批，货值873.04万美元。

四川主要出口的轻工产品为皮鞋、革皮服装、陶瓷及电池。主要输往俄罗斯及周边国家、北美、英国、德国、日本、丹麦、澳大利亚、非洲和中国香港、台湾等国家和地区。共检验4626批，货值2.01亿美元。其中，检验出口皮鞋1111批，523.21万双，货值5029.79万美元；革皮服装3249批，391.40万套件，货值1.45亿美元；陶瓷97批，0.89万件，货值60.38万美元；电池169批，0.34万打，货值502.04万美元。检出不合格181批，货值327.61万美元。

四川出口机电产品主要生产企业有东方锅炉厂、东方电机厂、东方汽轮机厂、内江峨眉柴油机厂、绵阳新华内燃机厂、夹江水工厂、简阳空分厂、宁江机床厂、长征机床厂、成都飞机工业公司、四川航空液压机械厂、五冶钢瓶厂、成都机床厂、成都轴承厂、广汉东方轴承厂等。1993年至1999年7月，四川共检验出口电机产品8766批，货值3.84亿美元。出口的机电产品主要有锅炉及辅助设备、压力容器、机械设备、机床、内燃机、电机、水电设备、火电设备、空气分离设备、电器、电动工具、轴承、千斤顶、运输车辆等。产品主要输往日本、韩国、美国、加拿大、澳大利亚和东南亚国家、部分欧洲国家及中东地区。其中，检验锅炉及压力容器814批，1.42亿美元；内燃机及发电机623批，25.76万台，货值4776万美元；机床335批，2484台，货值1504.4万美元；量具937批，390.16万个，货值1096万美元，刃具744批，货值1258万美元；千斤顶900批，21.5万台，货值1512万美元；轴承1812批，3666.94万套，货值2374万美元。检出不合格15批，货值82万美元。

四川出口的成套设备因设备生产、出口检验周期长，涉及范围广、检验项目多，给出口成套设备的检验及监管带来一定困难。1993年至1999年7月，四川共检验出口成套设备17套，货值4.55亿美元。设备主要输往叙利亚、孟加拉国、巴基斯坦、伊朗。

1993年至1999年7月，四川共检验出口化矿产品5496批，59.24万吨，货值4.86亿美元。主要有矿产品、铁合金、化工产品等，主要输往美国、日本、韩国和东南亚及欧洲国家。其中，化工产品2777批，10.29万吨，货值1.65亿美元；矿产品753批，4.59万吨，货值5437万美元；铁合金1966批，44.37万吨，2.67亿美元。检出不合格19批，货值84.34万美元。共检验出口金属材料1973批、2139万吨，货值6.47亿美元。主要有钢坯、钢轨、圆钢、管材、板材、型材等，主要输往日本、韩国、澳大利亚和东南亚、欧美、中东地区。其中，钢坯385批，174.23万吨，货值3.44亿美元；钢轨26

图1-3　1997年，检验出口化矿产品

批，14.22万吨，货值5069万美元；圆钢77批，10.37万吨，货值1931万美元；管材1121批24.56万吨，货值1.31亿美元；板材35批，5.15万吨，1497万美元；型材100批，5.1万吨，货值2461万美元；其他金属材料229批，5.3万吨，货值6267万美元。检出不合格金属材料4批，471吨，货值39万美元。其他产品检验609批，货值1869万美元，检出不合格9批，货值15万美元。

1997年至1999年7月，四川共检验出口商品包装1.90万批，2558.5万件。其中普通包装1.66万批，2233.3万件；危险包装2389批，32.5万件。

1999—2005年，四川不断深化业务改革，强化出口产品的源头管理和后续监管，实施出口企业分类管理、“三电工程”、出口免检、“绿色通道”制度，人力开展“大通关”建设，适时出台方便出口、扩大出口的帮扶措施，促进四川出口产品质量水平不断提高。7年中，共对24.57万批、货值62.93亿美元的出口产品进行检验检疫。

检验的出口动物产品包括冻猪肉、盐渍猪肠衣、饲料添加剂和非食用动物产品等，主要输往欧洲、亚洲和北美洲。共检验检疫9385批，48.12万吨，货值8.9亿元。

出口的植物产品主要有蔬菜、水果、粮杂香辛调料等四大类，主要输往日本、新加坡、俄罗斯、哈萨克斯坦、欧盟、东南亚和中国香港、台湾等国家和地区。共检验1.06万批，11.02万吨，货值1.83亿美元。其中，蔬菜9929批、10.66万吨，货值1.78亿美元；水果237批、2001.45吨，货值227.89万美元；粮杂12批、110.05吨，货值12.06万美元；香辛调料440批、1558.74吨，货值324.95万美元。

出口的食品种类达12种，其中货值超过千万美元的种类依次为酒类、罐头类、食品添加剂类、蜂产品类等四大类。食品主要输往欧盟、北美、日本、澳大利亚、俄罗斯、东南亚、中东、非洲和中国香港、澳门等国家和地区。共检验8933批，1764.45万吨，货值4.62亿美元。其中，酒类1431批、1674.46万升，货值2.79亿美元；罐头5118批、6.7万吨，货值1.07亿美元；食品添加剂699批、1.4万吨，货值2281.1万美元；蜂产品494批、2.08万吨，货值2851.5万美元；调味品670批、3.9万吨，货值390.2万美元；烘炒食品269批、2764.1吨，货值587.4万美元；茶叶175批、6121.3吨，货值485万美元；饮料类166批、744.6万吨，货值215.2万美元；熟肉制品48批、452.4吨，货值1331.1万美元；油脂类60批、609.9吨，货值98.3万美元；糖果类160批、779.2吨，144.8万美元；保健品103批、1181.3吨，货值146.4万美元。

出口的化妆品主要包括面膜、洗面奶、日霜和晚霜等，生产企业为四川可采化妆品有限公司，主要出口新加坡。四川化妆品自2005年开始出口，共检验18批、23.1吨，货值11万美元。

卷烟主要出口澳大利亚、新加坡、马来西亚等国家，共检验102批、46930支，货值1181.7万美元。

丝类商品为四川省传统大宗出口产品，主要输往印度、日本、韩国、意大利等国家，检验15.56万批。

服装纺织品系四川省传统出口产品，包括纺织服装、皮革服装、绸缎等，主要输往欧盟、美国、日本、埃及、南非、巴拿马、阿曼、印度、俄罗斯和中国香港等国家和地区。共出口检验1.91批，3.22亿件，货值8.26亿美元。其中，纺织服装3652批、2683.12万件，货值1.14亿美元；皮革服装10855批、9848.6万件，货值4.45亿美元；绸缎4545批、1.96亿米，货值2.67亿美元。

轻工产品有皮鞋、家具、地板、电池、日用陶瓷、皮革等，主要输往俄罗斯、澳大利亚、韩国、欧盟、中东、北美、南美等国家和地区。共检验4593批、货值1.6亿美元。其中，出口鞋类共3279批，1799.10万双，货值1.42亿美元；家具168批、2.67万件，货值200.3万美元；地板724批、4.49万吨，货值3.07亿美元；电池230批、504.75万件，货值610.3万美元；日用陶瓷65批、4721.6吨，货值165.9万美元；皮革129批、517.5吨，货值735.8万美元。

机电产品为四川省传统出口产品，分为机械产品、机动车辆、锅炉压力容器、机床设备、电气设备、家用电器、灯具、电工产品等。主要输往印度、欧洲、北美、南美、东南亚、中亚、中东、非洲等国家和地区。1999年8月至2005年，共检验出口机电产品2.34万批次，货值22.82亿美元。其中，机械产品7231批，货值1.57亿美元；机动车辆555批，货值2936万美元；锅炉压力容器245批，货值6488万美元；机床设备817批，货值3535万美元；电气设备946批，货值4939万美元；家用电器9735批，货值18.41亿美元；灯具400批，货值763万美元；电工产品电工663批，货值1604万美元。

四川金属材料出口主要有黑色金属（钢管、钢棒、钢坯、钢轨）和有色金属（铝锭和锌锭）。2002—2005年，共检验2078批、76.62万吨，货值6.01亿美元。其中，钢管1270批、17.91万吨，货值1.59亿美元；钢棒106批、9726吨，货值670万美元；钢坯73批、29.25万吨，货值7235万美元；钢轨41批、5.41万吨，货值2411万美元；锌锭170批、5.54万吨，货值5222万美元；铝锭为四川出口的大宗有色金属产品，2005年出口达5.83万吨，货值1.07亿美元。

检验的出口化矿类产品主要产品有铁合金、电解锰、工业硅、稀土、石榴石、钛白粉、橡胶轮胎、化工原料等，主要输往日本、韩国、美国、欧盟、非洲南美、东南亚、中东等国家和地区。共检1.11万批、158.84万吨，货值8.4亿美元。其中，铁合金3375批、123.63万吨，货值4.06亿美元；电解金属锰520批、3.04万吨，货值3296.89万美元；金属硅1028批、7.03万吨，货值6544.9万美元；稀土化合物788批、1.71万吨，货值2620.9万美元；石榴石354批、1.76万吨，货值664.1万美元；钛白粉1121批、3.17万吨，货值4990.2万美元；橡胶轮胎226批、40.06万吨，货值814万美元；已焙烧钼精矿132批、2427吨，2533.4万美元；化工产品4152批、20.02万吨，货值2.35亿美元。货物包装包括出口产品运输包装、出口危险货物包装、进出口食品包装及接触材料，1999—2005年共检验出口货物包装1.72万批次，5181.68万件。

1999—2005年四川出口产品检验情况统计表

表1-4

项目 年份	合格		不合格	
	批	货值（万美元）	批	货值（万美元）
1999	19912	15293.27	481	320.90
2000	24118	13517.02	626	436.60
2001	31232	50907.44	129	200.00
2002	39872	113887.20	28	50.00
2003	41897	133930.50	—	—
2004	43876	149708.60	114	286.00
2005	44827	149006.10	130	610.00

第三节　外商投资财产鉴定

1993年底，四川商检依照《中华人民共和国进出品商品检验法》的规定，开始开展外商投资财产鉴定。

外商投资财产鉴定，根据财产的现状、新旧程度、性能指标、技术参数及其重置成本和获利能力等，采用规定的鉴定方法及有关规定进行鉴定。外商投资财产鉴定方法，现行规定有现场勘查法、技术检测法、价值鉴定法。外商投资财产鉴定进行程序，主要由申请人提出鉴定申请、鉴定机构初审资料接受申请、鉴定人员拟制计划、审核申请人的单证和资料并进行国内外市场调查、现场查勘、选择适宜的鉴定方法进行鉴定、出具鉴定证书。

1996年，以色列NBA企业有限公司与四川眉山优质农产品公司共同投资兴办四川眉山中意果品有限公司，投资总额为200万美元，注册资本为200万美元。其中，以色列NBA企业有限公司出资160万美元，占注册资本的80%，四川眉山优质农产品公司出资40万美元，占注册资本20%。1996年合资公司组建后进行了试生产。以色列NBA企业有限公司特向四川商检局申请价值鉴定，其申请鉴定范围有商标、专有技术、顾客名单及销售网络，申请价值为15万美元。四川商检局外商投资财产鉴定中心经过深入的调查取证，在取得各种有关资料及证明材料的基础上，对申请鉴定的无形资产进行了确认，明确了在该申报中能够作为无形资产进行评估的范围。按照评估理论，选取适当的鉴定方法，对该无形资产带来的超额利润进行测算。在分析调查、综合考虑评估理论及国际惯例的基础上，确定该无形资产剩余经济寿命期和折现率。最后，综合评定出该无形资产在其价值基准日的价值为17.24万美元，并于1998年8月17日正式出具了价值报告，中外合资双方一同认可，该次无形资产鉴定获得成功。

1999年8月“三检”合并以后，11月，四川商检局外商投资财产鉴定中心撤销，外商投资财产鉴定业务划入四川出入境检验检疫局机电检验监管处。

由四川出入境检验检疫局直接管理外商投资财产鉴定业务后，稳妥地处理了在价值鉴定工作中的3件重大案例。

由台湾万安机械制造有限公司投资创办的台湾独资企业成都上圆塑料有限公司，其投资总额为400万美元，注册资本为340万美元，主要生产塑料管材、板材及其设备和其他塑料制品。2000年3月，投资方以20万美元现汇和价值320万美元的设备投入。申请鉴定台湾生产的3套不同口径的PVC管押出机及其辅助设备，设备总额167.40万美元。正值此时，有对成都上圆塑料有限公司“以劣质设备混过商检骗取银行巨额贷款”的情况反映，引起四川出入境检验检疫局高度重视，立即派出技术骨干进行现场检验。经过多方调查核实比较，四川出入境检验检疫局得出该批设备的公平市场价格为79.73万美元，降值87.67万美元，降值率达53.37%，使案例获得公正的处理结果。

由香港精钻科技有限公司投资创办的香港独资企业精钻科技（成都）有限公司投资总额286万美元，注册资本200万美元。投资方以200万美元的设备及现汇投入。生产高级运动模型的精密机械电子产品。2001年，申请鉴定财产为航模发动机生产设备等，申请总额为280.69万美元，由美国、德国、意大利生产，部分为旧设备。四川出入境检验检疫局根据市场状况和成本法规进行综合分析、计算，鉴定出该批设备的公平市场价值为235.16万美元，降值45.53万美元，降值率为16.22%。

台湾合资企业四川锦荣竹木制品有限公司由四川省长宁县万岭楠竹经营所和台湾锦坤兴业股份有限公司共同投资创办。投资总额和注册资本均为71万美元，中外双方比例分别为48%和52%。2002年，申请鉴定的财产为合资外方从中国台湾运进的竹木地板加工设备，共19项25台，合同金额65.33万美元。该批设备为台湾锦荣机器厂制造的CTM系列的全新设备，试生产情况正常，产品质量达到合同规定的品质。四川出入境检验检疫局经过比较分析，鉴定出该批设备的公平市场价值为57.5万美元，降值7.83万美元，降值率11.98%。

四川外商投资财产价值鉴定工作自1993年底开展到2003年，共出具价值鉴定证书461份，申报总金额3亿美元，鉴定额2.7亿美元，总降值2994.58万美元，总降值率9.98%。各年度外商投资财产价值鉴定情况见表1－5所示。

1994—2003年四川出入境检验检疫局外商投资财产鉴定统计表

表1－5　　单位:批、万美元

年度	合计					低价高报					高价低报				
	批次	合同金额	鉴定额	总降值额	降值率（%）	批次	合同金额	鉴定额	降值额	降值率（%）	批次	合同金额	鉴定额	升值额	升值率（%）
1994	93	2826.52	2201.15	625.37	22.13	53	2269.80	1633.77	636.03	28.02	10	185.05	195.72	10.67	5.77
1995	83	3876.91	3141.27	735.64	18.97	37	2888.65	2149.50	739.15	25.59	3	20.31	23.81	3.50	17.23
1996	65	5443.98	4965.75	478.23	8.78	33	4220.98	3743.55	477.43	11.31	1	82.14	82.15	0.01	0.005
1997	28	2811.02	2539.29	271.73	9.67	13	629.99	358.27	271.72	43.13	1	7.02	7.02	0.01	—
1998	34	1302.49	1207.24	95.25	7.31	11	581.74	455.79	125.95	21.65	2	104.00	134.64	30.64	29.46
1999	43	2720.00	2708.65	11.35	0.42	6	276.66	262.42	14.24	5.15	1	48.17	45.28	2.89	6.00
2000	42	3600.11	3521.73	78.38	2.18	6	349.48	271.10	78.38	22.43	—	—	—	—	—
2001	34	4004.90	3661.06	343.84	8.59	6	2030.91	1687.07	343.84	16.93	—	—	—	—	—
2002	21	2603.55	2273.71	329.84	12.67	10	2197.79	1867.95	329.84	15.01	—	—	—	—	—
2003	18	809.02	784.07	24.95	3.08	3	97.27	70.52	26.75	27.50	1	22.60	24.41	1.81	8.01
合计	461	29998.50	27003.92	2994.58	9.98	178	15543.27	12499.94	3043.33	19.58	19	466.40	513.91	47.51	10.19

第四节　表外鉴定业务与委托检验

一、表外鉴定业务

对外贸易公证鉴定工作是商检任务之一。按照外贸部颁布的《现行实施检验商品种类表》（以下简称《种类表》）要求，《种类表》内的出口商品鉴定（如残损鉴定、价值评估鉴定等）与商品出口检验一并进行，《种类表》外的出口商品鉴定业务由商检公司实施。商检公司开展的鉴定业务范围包括进出口商品质量、数量、重量、包装鉴定、海损鉴定、集装箱检验、残损鉴定、出口商品装运技术鉴定、货载衡量、产地证明、价值证明以及其他业务。

1955 年，四川商检局的前身重庆商品检验局首次开展残损鉴定。1974 年，重庆商品检验局对外索赔出证 33 批，其中残损出证索赔 20 批，主要有机床、仪器、汽车及零配件。1974—1980 年，四川从罗马尼亚进口石油钻机 40 余套，检验中发现残损缺陷和重量短少，四川商检部门出证索赔。1979 年，四川进口钢材 1996 批 30.22 万吨，出证索赔 67 批 2.08 万吨。其中重量短少、残损出证 36 批，占索赔批的 53%。1986 年，进口钢材到货 3761 批 7.27 万吨，经 1981 年 1 月成立的中国进出口商品检验总公司四川商检分公司（简称四川商检分公司）鉴定，出证索赔 60 批，其中重量短少、残损 22 批，占索赔批的 36%。进入 20 世纪 90 年代，四川商检分公司对进口商品到货重量短缺、残损均有鉴定，并认真做好对外出证索赔工作。

2002 年，四川商检分公司适应新的形势，大力拓展新业务，新设置认证业务部，从事拓展 CCIS 认证中心的体系认证业务，改变了公司原有仅从事检验业务的单一格局。该年完成保险财产残损鉴定 53 批；签订认证合同 153 个，发放证书 68 份。

2004 年，四川商检分公司完成改制工作，更名为“中国检验认证（集团）四川有限公司”，稳步发展检验鉴定业务，并利用人力资源优势超速发展认证业务。全年共完成保险残损鉴定 30 余批次，签约业务 76 批次，检验鉴定收入 300 万元人民币。

2005 年，根据四川检验鉴定市场的特点，中国检验认证（集团）四川有限公司建立更多的业务来源渠道，稳定发展检验鉴定业务。在 2004 年的基础上，建立“过程管理制度”，力求质量与数量并重。共完成保险残损鉴定 20 批次，签约业务 30 余批次，检验鉴定收入 287 万元人民币。

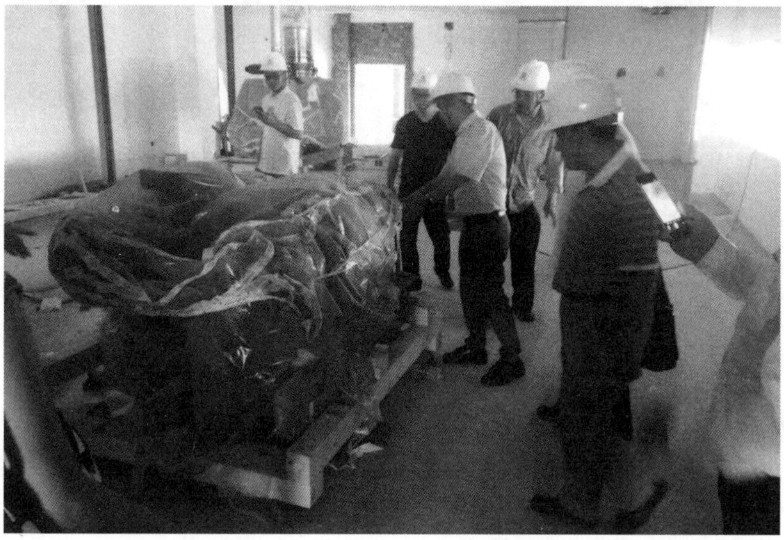

图 1-4　2005 年 6 月，检验检疫人员对进口货物残损进行鉴定

二、委托检验

1978 年 7 月，中国进口商品检验总公司经国务院批准设立。1981 年 1 月，“中国进出口商品检验总公司四川省分公司”（以下简称四川商检分公司）正式成立。四川商检分公司在商检总公司的业务指导下，通过商检总公司同国外检验机构的合作关系，与国外检验、鉴定公司之间的相互委托和代理检验业务逐步发展，成为出口委托检验的主要形式。1984 年 10 月，国家商检局批准商检总公司

和各地的分公司为指定的检验机构。1985 年，重庆商检开始受理 OMIC 的委托，开展出口到尼日利亚“进口全面监管方案”业务。以后此委托检验业务逐渐扩大到非洲和南美国家，成为四川商检分公司出口委托检验的主要形式。委托检验的主要出口商品有西药品、摩托车、机电产品、化工品和轻工业品。1989 年 11 月，四川商检分公司经与日内瓦通用鉴定公司（SGS）建立了较为密切的业务合作关系。至此，四川商检公司在国外检验机构委托检验的数量逐渐增加。

1989 年，四川商检分公司共受理国外委托业务（包括 CISS 业务）33 批，收取外汇 1.85 万美元；其中四川商检分公司收取外汇 1.65 万美元，重庆商检分公司收取外汇 2000 美元。

1989—1995 年，四川商检分公司多次受理从美国、新西兰进口后分配到重庆棉防企业的进口棉花的委托检验。

1990 年，四川商检分公司受理委托检验业务 187 批，商品总值 2147 万美元。

1991 年，四川商检分公司共受理进出口商品委托检验 709 批，商品总值 5416 万美元。其中国外委托 458 批，国内委托 251 批。

1995—1997 年，四川商检分公司分别多次受理南非金田公司和香港励氏公证行的委托，对重庆冶炼厂和重庆平和铜业有限公司进口的粗铜进行检验；受理日中商品检验株式会社的委托，对日川洋浦鑫江实业有限公司进口的铬矿进行鉴定检验。

图 1-5　2004 年 6 月，中国检验认证（集团）四川有限公司受理委托检验业务，检验检疫人员对进口货物进行检验

图 1-6　2004 年 6 月，中国检验认证（集团）四川有限公司受理委托检验业务，检验检疫人员对进口化工品进行检测

2002 年，四川商检分公司共完成国内委托检验 1438 批（其中技术中心完成委托检验 1100 批），海外委托检验 98 批。2004 年，四川商检分公司改制后更名为“中国检验认证（集团）四川有限公司”，年底共完成委托检验 500 余批，业务与 2003 年相比有较大的增长。2005 年，中国检验认证（集团）四川有限公司共完成委托鉴定 500 余批，并为自主发展检验鉴定业务探索出了一条新路子。

第二章　进出境动植物检疫

1939—1976年，四川动植物检疫工作主要负责四川出境柑橘和援外人员携带种苗的检疫；1977—1990年，主要开展对进出境贸易性、非贸易性动植物、动植物产品及其运载工具实施检疫、监督管理和检疫处理；1991—2005年，国家先后颁布实施《中华人民共和国进出境动植物检疫法》《中华人民共和国进出境动植物检疫法实施条例》，四川的进出境动植物检疫工作进入法治化轨道。

第一节　进出境动物及产品检疫

一、出境动物及产品检疫

（一）出境动物

1982—2000年，四川出境检疫大熊猫29只，其他野生动物80只，野生禽鸟类1749只。1997年，出境检疫山羊259只，海狸鼠400只。1999年10月，成都国际小母牛项目办公室向朝鲜人民共和国赠送400只种兔，以援助其畜牧业发展。四川出入境检验检疫局接到检疫任务后，经与朝方磋商确定检疫项目，在短期内达成共识，确保了出境兔种安全出境。同时，检疫出境黄鳝1.05吨。1998—1999年，出境检疫实验动物100只。

2001—2005年，四川出境动物品种包括种用动物、野生动物、实验动物、伴侣动物等，输往国家主要有美国、日本、西班牙、泰国、朝鲜等。出境检疫的种用动物自2001年起，均以援助形式出境。出口商为国际小母牛项目组织，其利用从世界各地募集的资金在中国购买品种优良的种畜，出口到朝鲜、泰国等国家，帮助当地农民发展养殖业增加收入。种猪、种羊、种兔、种鸽均按中华人民共和国与输出国签订的双边检疫条约要求采集血样进行检测检疫。出境检疫7批次种用动物，其中种猪3批，报检数521头，隔离检疫淘汰182头；种用奶山羊2批，报检数273只，隔离检疫淘汰109只；种兔、种鸽出境检疫各1批次，隔离检疫淘汰情况较差的7只种兔、13只种鸽。最终出境种猪339头，奶山羊164头，种兔120只，种鸽1000只，货值62万美元。出境的野生动物品种有大熊猫、小熊猫、猕猴、虎、狮子、凹甲龟等，主要用于科学研究、国际交往。出境的实验动物为输往美国的猕猴，共3批、326只，货值37万美元。出境的伴侣动物共212只，主要输往美国、欧盟、日本、新加坡等。

（二）出境动物产品

1986—1995年，四川出境检疫动物标本969个；1991—1994年，四川出境检疫盐渍生皮8.24万张；1991—2000 年，四川出境检疫骨胶类 407.67 吨；1993—1999 年，四川出境的动物产品检疫冻肉 16.89 万吨，肠衣 1703.60 吨；1995—2000 年，四川出境检疫动物性中药材 162.38 吨，出境检疫鬃毛类 420.94 吨；1997—1999 年，四川出境检疫鸭肉 862.80 吨，蜂蜜、蜂王浆 2450.70 吨，出境检疫蓝湿（干）皮 1.38 万吨，出境检疫羽毛类 2376.67 吨；1997—2000 年，出境检疫生化制品 239.30 吨。其中 1992—1997 年，四川出境的动物产品种类、批次、数量及到达国家和地区如表 1 - 6 所示。

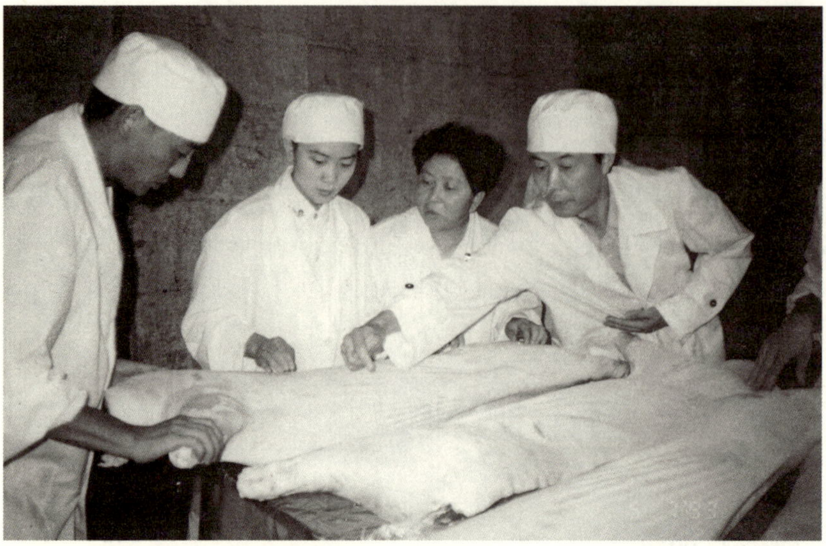

图 1 - 7　1993 年，成都动物检疫所在绵阳肉联厂对出境俄罗斯的猪肉进行检疫

1992—1997 年四川出境动物产品检疫统计表

表 1 - 6

年　份	品种名称	批	数　量	到达国家和地区
1992 年	动物产品	1	0.20 吨	泰国、意大利、加拿大、日本、美国、中国台湾
	猪皮	1	2.00 万张	泰国、意大利、加拿大、日本、美国、中国台湾
	羽毛	1	26.00 吨	泰国、意大利、加拿大、日本、美国、中国台湾
	动物标本	1	146.00 件	泰国、意大利、加拿大、日本、美国、中国台湾
1993 年	动物标本	3	114.00 件	西班牙、美国、印度
	肉类	44	8207.60 吨	俄罗斯、哈萨克斯坦、古巴、中国香港
	猪皮	1	4000.00 张	中国香港
	肠衣	8	264.00 吨	法国、美国、荷兰
	其他动物产品	13	10.50 吨	日本、新加坡、意大利、中国香港
1994 年	肉类及肉类罐头	160	24335.10 吨	俄罗斯、阿根廷、哈萨克斯坦
	猪副产品	15	463.00 吨	美国、德国、俄罗斯、中国香港
	皮张及制品	7	82400.00 张	泰国、俄罗斯
	羽毛	6	5.27 吨	美国、日本

续表 1－6

年　份	品种名称	批	数　量	到达国家和地区
1994	动物性药材	23	3.08 吨	意大利、德国、中国香港
	尤鱼粉	10	2.67 吨	新加坡
	干蚕粉	2	14.00 吨	中国香港
	其他动物产品	4	6.99 吨	日本、中国香港
1995 年	肉类	218	44566.00 吨	俄罗斯、哈萨克斯坦
	罐头	27	1193.30 吨	俄罗斯
	毛类	33	90.50 吨	日本、美国、中国香港
	肠衣	36	580.90 吨	法国、日本、美国、俄罗斯
	动物药材	56	8.91 吨	法国、意大利、中国香港
	干蚕粉	2	14.00 吨	中国香港
	尤鱼粉	1	0.54 吨	新加坡
	标本	2	15.00 只	新加坡、日本
1996 年	肉类	216	31167.00 吨	俄罗斯、哈萨克斯坦、泰国
	罐头	9	412.20 吨	俄罗斯
	毛绒类	71	301.80 吨	日本、荷兰、英国
	动物性药材	50	6.40 吨	法国、瑞士
	肠衣	6	77.30 吨	荷兰、美国、法国
	蹄筋	7	8.00 吨	日本
	骨制品	2	180.00 吨	日本
	鱼粉	3	0.30 吨	新加坡
	鸭肉	1	0.82 吨	日本
	爬行动物标本	1	66.00 条	日本
1997 年	肉脏及制品类	195	28558.60 吨	俄罗斯、荷兰、德国、克罗地亚、文莱、日本、中国香港
	动物粉类	1	10.00 公斤	美国
	皮张类	6	8177.50 公斤	英国、巴西、日本、泰国、中国台湾
	骨蹄角类	37	19.45 吨	美国、荷兰、瑞士、南朝鲜、中国香港
	鬃毛类	76	295.58 吨	美国、荷兰、日本、南朝鲜、俄罗斯、中国香港
	其他动物产品类	100	16.08 吨	美国、法国、意大利、日本、德国、中国香港

1999—2005 年，四川出境检疫的动物产品种类有冻肉类、盐渍猪肠衣、羽毛、猪鬃、饲料添加剂以及动物源性生化物品和血液制品等，主要输往俄罗斯、新加坡、东欧、欧盟、美国和中国香港等国家和地区。

动物源性生化制品　主要品种有氨基酸类产品、硫酸软骨素、胰脏提取物等。主要贸易国和地区有美国、加拿大、印度、德国、韩国、日本、瑞士、英国、比利时、阿根廷、乌拉圭、西班牙、新西兰和中国台湾、香港等。1999—2005 年，四川共检疫动物源性生化制品 592 批，2966.96 吨，货值 2887.46 万美元。

动物血液及其制品 主要品种有大鼠血清样品、大鼠血浆样品、大鼠细胞因子样品、大鼠骨髓样品等。1999—2005 年，四川共检疫 6 批，0.004 吨，均用于科学研究，出口样品大多无商业价值。主要贸易国有美国、瑞士等。

冻猪肉 四川是生猪养殖大省，猪肉出口位于全国前列。1999—2005 年，共检疫 6230 批，44.73 万吨，货值 6.54 亿美元。输往俄罗斯、朝鲜、吉尔吉斯坦、哈萨克斯坦、阿尔巴尼亚和新加坡和中国香港、澳门等 42 个国家和地区。检出不合格 9 批次 1002 吨，不合格原因主要是检出违禁药物、兽药残留超标和致病菌。

盐渍猪肠衣 1999—2005 年，四川共检疫 1110 批，1.47 万吨，货值 8060.55 万美元。主要输往欧盟、美国等国家和地区。检出不合格 5 批，货值 81.38 万美元，不合格原因为检出违禁药物。

饲料添加剂 产品主要为动物饲料及饲料级磷酸氢钙、预混料、香味剂、酸化剂等。主要输往日本、越南、韩国、印度尼西亚和中国香港、台湾等国家和地区。1999—2005 年，四川共检疫 61 批，重量 519.43 吨，货值 71.23 万美元。

非食用性动物产品（羽毛、猪鬃、骨粒骨粉等） 主要品种有羽毛绒、猪鬃、骨粒骨粉等。1999—2005 年，四川共检疫 1984 批，1.77 万吨，货值 1.61 亿美元。质量稳定，无不合格批次。主要输往欧盟、美国、东南亚等国家和地区。羽毛绒主要品种有白鹅绒、白鸭绒、灰鸭绒以及水洗白鹅绒、水洗白鸭绒、水洗灰鸭绒。猪鬃品种有水煮及水洗猪鬃，其中“重庆水煮猪鬃”品牌是四川省出口猪鬃的主要品种，占四川省出口猪鬃的 90%。

二、进境动物及产品检疫

（一）进境动物

1980—2000 年，四川进境检疫动物主要有种禽（鸡苗、鸭苗）、禽类、种兔、山羊、牛、野生动物、水生动物和猫犬，其中 1980—1986 年进境检疫牛 588 头；1981—2000 年进境检疫猫、犬 237 只；1982—1983 年进境检疫山羊 161 只；1983—2000 年进境检疫禽类 282 只；1985—2000 年进境检疫种鸡苗、种鸭苗 41.69 万羽；1990—1999 年进境检疫种兔 226 只；1992—1999 年进境检疫野生动物 1184 只；1999—2000 年，进境检疫水生动物 121 吨。

图 1－8 1992 年，成都动物检疫所检疫人员在四川省冻精站对从新西兰进境的奶牛进行检疫

1999 年 8 月至 2005 年 12 月，四川进境动物有种用动物、野生动物、水生动物、伴侣动物。种用动物主要有种鸭、种鸡和种鹅，其中种鸭品种主要是奥白星祖代、樱桃

图 1－9 1995 年，成都动物检疫所检疫人员检疫从美国进境的驼鸟

谷祖代、父母代，种鸡品种主要是法国伊莎、匈牙利特佳的祖代及父母代，种鹅品种为朗德父母代。共进境检疫 27 批，按照双边检疫协议和条款进行检疫。2004 年以来，由于高致病性禽流感在世界各地频发，对所有进境家禽增加高致病性禽流感病毒 H5、H7 的检测，隔离检疫期间未检出相关动物疫病。进境野生动物除大熊猫、小熊猫（另述）外，还有亚洲象、长颈鹿、猎豹、河马、白犀牛、白虎、东北虎、非洲狮、浣熊、斑马等 40 多个品种。所有进境野生动物均要进行 30 天的隔禽检疫，检测结核变态反应、沙门氏菌、志贺氏菌、致病性大肠杆菌、B 病毒、细小病毒等动物疫病。隔离期间野生动物未检出相关动物疫病。进境水生动物主要有种用、食用和观赏性水生动物三类。种用进境水生动物品种为鲟鱼、鳟鱼苗、鳄鱼等，共进境检疫 59 批；食用进境水生动物品种为活黑蟹、草虾等，共进境检疫 189 批；观赏类进境水生动物主要有金龙鱼、鲨鱼、沙园鳗等，共进境检疫 8 批。随着对外交流的人员增加，来自美国、加拿大、欧盟、俄罗斯等国家的伴侣动物进境数量增大，1999—2005 年共进境检疫伴侣动物 126 只。2003 年，四川出入境检验检疫系统共检疫进境种禽 1.9 万余只，检验进境种羊、种乳牛胚胎 600 余头份。2005 年 11 月，在世界较大范围爆发高致病性禽流感疫情的压力下，四川出入境检验检疫局制定完善检测防控预案，经过严格审批、消毒处理、实验室血清检测、隔离检疫等多环节的扎实工作，确保从法国引进的 4463 只种鸭落户成都，保护了养殖业生产安全。

（二）进境动物产品

1986—2000 年，四川进境的动物产品检疫的品种、数量等，详见表 1－7。

1986—2000 年四川入境动物产品检疫情况统计表

表 1－7

品　种	单　位	数量/重量	统　计	
			年　数	年　份
种蛋	枚	49100.00	2	1986—1987
原皮	张	363236.00	8	1993—2000
毛类	吨	2591.85	15	1986—2000
鱼卵	尾	220000.00	4	1997—2000
冻肉类	吨	1356.80	10	1988—1997
冷冻水产品	吨	66.24	11	1988—1998
动物油脂	吨	263.14	13	1986—1998
奶制品	吨	66.68	7	1993—1999
动物性中药材	公斤	1550.40	3	1997—1999
蜂蜜、蜂王浆	吨	18.58	14	1986—1999
动物性饲料	吨	679.94	13	1986—1998

1999—2005 年，四川进境的动物产品主要有原皮、羽毛和羽绒、饲料添加剂、水生动物产品。其中进境原皮 623 批，实行批批检疫。进境羽毛 153 批，按照国家质检总局规定，四川出入境检验检疫局对进境羽毛、羽绒进行现场查验，批批检疫。进境饲料添加剂 762 批，主要产品为氨基酸类。四川检验检疫局严格按照有关标准和规定，对进境饲料添加剂批批采样进行实验室检验。进境的产品质量稳定，未检出不合格批次。进境的水生动物主要有挪威冰鲜大西洋鲑鱼、日本冷冻鲤鱼、鼠鲨、银大马哈鱼等，共 215 批。四川检验检疫局按照《中华人民共和国食品卫生法》等有关规定，对进境水生动物产品实施批批检验检疫，检验检疫项目有品质、致病微生物、重金属、药物残留及其他有毒有害物质。

三、进出境熊猫检疫

大熊猫是中国特产的世界珍贵动物，被誉为国宝和活化石，具有独一无二的观赏价值和科学研究价值。主要产在四川境内，由于它的繁殖力低，数量急速减少，已处濒临灭绝境地，中外专家对大熊猫的繁育进行科研合作日益增多。据 1982—2000 年统计，先后有 29 只大熊猫分别出境到美国、英国、法国、日本、朝鲜和中国香港等国家和地区。在 1982 年成都动检站成立初期，由于人员、设备等原因，大熊猫的出境检疫工作由口岸所派检疫人员到四川进行产地检疫。从 1983 年开始，成都动检站独立进行对出境大熊猫的检疫工作。

1999 年，中华人民共和国中央政府赠送两只大熊猫给香港特别行政区，两只小熊猫给澳门特别行政区；2000 年，中国与美国、新加坡合作，对 5 只大熊猫、4 只小熊猫进行科学繁殖研究。1999—2005 年，中国出境大熊猫 10 批、16 只，分别出境到美国、日本、奥地利、西班牙、泰国等。所有赠送、科学研究和出境的大熊猫、小熊猫均在动物园临时隔离场进行为期 30 天的隔离检疫工作。2003 年，四川出入境检验检疫局完成《出入境大熊猫检验检疫规程》的制标工作，更加规范了出境熊猫检疫程序。在隔离检疫中，未检出相关动物疫情，使中国国宝大熊猫、小熊猫健康走出国门，并保障了研究合作的顺利进行。

对于作为科研繁殖合作出境的大熊猫，其限期为 10 年后回归中国；大熊猫在国外所产幼仔，在 2—4 岁时返回中国。1999—2005 年，有 7 只大熊猫或其幼仔分别从日本、美国回到中国。进境大熊猫在指定的动物临时隔离场进行 30 天的隔离检疫，未检出相关疫病。

第二节　进出境植物检疫与监测

一、进境植物及产品检疫

四川进境植物产品检疫始于 1975 年，当年，鉴于西藏自治区未建立对外植物检疫机构，农业部委托成都植物检疫站派员赴西藏樟木口岸对进口尼泊尔大米实施检疫。成都植物检疫站派出张禹安等赴樟木口岸开展进口尼泊尔大米检疫工作，共计检疫大米 126.6 吨，符合检疫要求准予 44.1 吨大米进入四川。1977 年，四川再次经樟木口岸检疫进口尼泊尔大米 5826.6 吨。这是四川进境植物检疫的开端。

1976 年，首批次来自墨西哥的植物种子——7 公斤鸡豌豆经检疫进入四川。

1975—2000 年，四川依法共检疫进境植物及植物产品 613 批次、451.93 万株、594.32 吨、7.87 万公斤、6940.61 立方米。

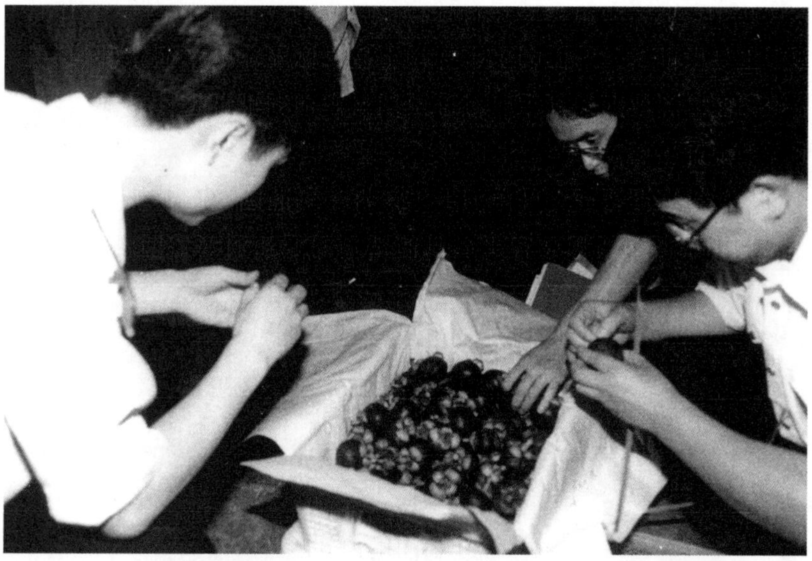

图 1－10　1997 年 7 月，成都动植物检疫局检疫人员对进境水果进行检疫监督

自 1986 年起，四川进境植物检疫的批次和数量出现逐年增加的趋势。1986 年进境的植物 22 批、1546 株，0.66 吨，全部为植物种子和种苗。1989 年，除种子苗木外，开始有植物药材进境。1995 年始，进境的植物性药材出现较大数量的增加。1997 年，进境的植物产品扩大到木材类、水果等。到 1999 年，进境植物及产品达到 106 批，植物种子及种苗 1.87 万株，0.63 吨，植物产品 5649 立方

米，2.82万吨；进境的类别由植物种子和种苗扩大到中药材、木材以及水果等。

2000年，初审报批进境水果、大豆、玉米等15批12个品种，计1.66万吨；并对从国外引进的种苗实施隔离试种观察。全年完成隔离试种观察9批，对10种进境的牧草种子、蔬菜种子、花卉、中药材和果树苗本等繁殖材料进行了隔离检疫、疫情监测和跟踪调查，并适时指导引种者进行病虫防治。重点对台商引进的山葵苗和四川英豪科技引进的花卉实施了隔离试种期的疫情监测。从进境的种苗、水果和木材中检出8种病虫害。

2001年，四川出入境系统完成进境种苗的检验检疫28批次15.05万株，224.85吨，货值38.70万美元；进境植物产品的检验检疫26批696.60立方米，50.14吨；美日进境货物木质包装的检验检疫300批1.16万个。检疫不合格的进境木质包装15批，其中实施退货处理3批，实施销毁处理12批；对检疫不合格的种苗2批，其中实施销毁处理1批，实施消毒处理1批。检出禁止进境物1批，二类检疫性有害生物——松材线虫1批，未办理入境检疫审批手续的进境种苗2批，一般病害8种、虫害3种。

2002年，四川出入境检验检疫系统完成进境植物及植物产品检验检疫货物199批，货值1407.11万美元。检出进境不合格货物6批，货值5.35万美元。对大麦、麦芽、木薯干、小麦面粉、玉米、马铃薯淀粉、烟叶等52批、17个品种、21.32万吨进口申请进行了检疫审批初审。

2003年，四川出入境检验检疫系统完成进境植物、植物产品检验检疫68批，货值277.77万美元。对9家企业申请的大豆、植物生长介质、小麦面粉等7个品种、22批、51.90万吨货物的进口检疫许可证申请的考察和初审。

2004年，四川出入境检验检疫系统完成了进境植物、植物产品的检验检疫65批，238.27万美元。

2005年，四川出入境检验检疫系统完成进境植物及产品检验检疫90批，货值181.31万美元。检出进境植物及产品不合格13批，并从进境植物及产品中检出有害生物27种。同时，对9家企业申请进境的大豆、烟叶、水果等13个品种、35批、12.82万货物的进口许可证申请进行检疫考核和初审报批。

2005年10月，第六届中国花卉博览会暨第四届中国花卉交易会在成都市温江区举行。来自美国、荷兰、日本等39个国家和地区的106家企业参展。四川成立工作领导小组和花博会检验检疫办公室，编制印发了《第六届中国花博会进境植物检疫指南》《境外参展植物检疫及其产品检验检疫管理办法》《境外参展植物检疫流程图》《第六届中国花卉博览会检验检疫专用标示》，完成了对12批、775公斤、8种进境参展植物植物生长介质（草炭、木炭、椰子壳、水苔、苔藓、蛭石、珍珠岩等）的特许检疫审批手续。先后对来自荷兰、日本、泰国等17个国家的花卉、苗木等繁殖材料及其栽培介质（如草炭、木炭、椰子壳、水苔、苔藓、蛭石、珍珠岩）计31批、2.85万株（支、盆）、1819公斤实施检疫。四川出入境检验检疫局受到四川省人民政府的通报表彰。

二、出境植物及产品检疫

1951年，中国与苏联签订了第一个柑橘、苹果贸易合同，苏联要求中国在出口前实行植物检疫，四川出口植物产品遂开始植物检疫工作。1951年首次组织柑橘出口苏联，由重庆商检局实施检疫。由于缺乏经验，货运上海中转苏联，经上海商检局查验，因腐烂多全部返工整理，出口失败。1952

年继续组织柑橘经重庆商检局检疫出口苏联，储运技术措施不当导致果蒂干枯，发霉严重，柑橘出口再次失败。

1953 年，又组织四川柑橘出口苏联，总结了前两次柑橘出口失败的经验教训，在农业部门以及航运部门的大力支持和配合下，通过制定并改进技术方案，在采果、收购、商品化处理、储运等各个环节，严格把控，400 吨柑橘试出口苏联取得成功。

1953—1978 年，四川出境的植物及其产品基本为柑橘类水果，共计出境柑橘鲜果 26.68 万吨，主要出境到苏联、蒙古、朝鲜等国家。据统计，1966—1990 年，经检疫的四川出口植物及其产品共计 8.95 万批，30.94 万吨，24.70 万株、3696 件、12480 床、49.98 立方米。其中柑橘（含鲜甜橙、红橘、夏橙、温州蜜柑、柠檬等）25.12 万吨、苹果 104.81 吨、核桃 105.76 吨、猕猴桃 9.87 吨；芸豆（含白豆、小扁豆和奶花豆、紫花豆等 12 个品种）37790.82 吨、绿豆 1519.2 吨、蚕豆 4790.39 吨、豌豆 1715.4 吨；松茸（含鲜、速冻、盐渍）516.66 吨；美味牛肝菌、羊肚菌、木耳、香菇、蘑菇等 90.84 吨；虫草 10.069 吨，杜仲、红花、党参、川芎、贝母、麦冬、天麻、白果等植物性药材 1052.61 吨；蒜苔 252.33 吨，蕨菜干 298.05 吨，魔芋粉 68 吨，芋角 27.95 吨，芦笙 128.28 吨，生姜 192.32 吨，辣椒干 351.02 吨，荞麦、花椒、茶叶等 239.70 吨；稻、麦、玉米、蔬菜、牧草等种子 42.58 吨，苗木 6651 株；花卉及观赏植物 50 余种 24.04 万株；棉花 212.62 吨，麻 1624 吨；油桔 6957 吨，木材 49.98 立方米，草席及棕垫 12480 床，草帽等 3696 件。

自 1976 年开始，除继续对大量出境的柑橘鲜果实施检疫外，由于国际交往增多，还增加了对出口花卉、蔬菜等作物少量种子等的检疫工作。1979 年，经检疫的出口农产品包括花卉（兰草）、柑橘以及植物性药材，主要输往苏联、蒙古、日本、澳大利亚、新西兰、美国、泰国、利比里亚、北也门、波兰、叙利亚、英国、加拿大和中国香港等国家和地区。

从 1985 年起，经过植物检疫的出境产品扩大到了竹木藤柳制品、蔬菜类、杂豆类等。1985—1986 年，四川植物及其产品的出口量创历史高峰，出口的柑橘鲜果最高达 1.46 万吨，种苗（兰花等）3.67 万株，竹木藤编制品 21.28 万个，杂豆（芸豆等）8812.76 吨。

1966—1990 年，检疫出境植物及其产品 8.95 万批，32.02 万吨、24.70 万株、3696 件、49.98 立方米，经检疫合格出境 30.93 万吨、24.70 万株、3696 件、49.98 立方米。其中，检疫出境柑橘（鲜）25.12 万吨、苹果 104.81 吨、核桃仁 105.76 吨、猕猴桃 9.87 吨；检疫出境芸豆、绿豆、蚕豆、豌豆等豆类 4.58 万吨；检疫出境松茸（鲜、速冻、盐渍）516.66 吨，美味牛肝菌、羊肚菌、木耳、蘑菇等菌类 90.84 吨；检疫出境虫草 10.07 吨，贝母、半夏等其他中药材 1052.61 吨；检疫出境蔬菜、调料和茶叶等 1557.65 吨；检疫出境农林种子 42.58 吨，苗木 6651 株；检疫出境花卉及观赏植物 50 余种、24.04 万株；检疫出境棉花 212.62 吨、麻 1624 吨。经检疫输往的国家和地区主要是美国、英国、法国、日本、苏联、意大利、比利时、加拿大、蒙古、朝鲜、联邦德国、新加坡和中国香港等国家和地区。

自 2000 年以后，四川出境检疫水果结构发生变化，其他出境水果替代了四川出境柑橘的优势地位。2000—2005 年，经过植物检疫的四川出境植物及产品结构进一步变化，种类扩大到蔬菜（新鲜、脱水）、水果、植物性中药材、作物种子及种苗、植物提取物、木材及木制品、兰草及制品等，每年经检疫的出口量达 1 万余批，货值超过 2 亿美元。主要输往澳大利亚、俄罗斯、欧盟、北美、南美、东南亚、中亚、中东、非洲和中国香港、台湾等国家和地区。

（一）出境种苗花卉检疫

种苗花卉是四川经检疫出境的特色产品之一。1999 年 8 月至 2005 年 12 月，四川出入境检验检疫系统共检疫出境种苗花卉 289 批，5921.56 吨，57.25 万株，1300 个茎（根）繁殖体，货值 634.03 万美元。其中检疫不合格 4 批，365 吨，1.7 万株，货值 30.81 万美元。种子苗木按产品类型分为以杂交水稻种子为代表的作物种子类，以棕竹、枇杷等观赏或种植用途的苗木类，以兰花为主的组织培养种苗类，以玫瑰、银柳等代表的切花（枝）类。主要输往越南、孟加拉、新加坡、日本、印度尼西亚等国家和地区。

杂交水稻种子是四川出口种苗花卉中的特色优势品种。1999 年 8 月至 2005 年 12 月，四川杂交水稻种子共出口 9 批次，1704 吨，货值 112.10 万美元。主要输往越南、孟加拉、印度尼西亚、印度、缅甸及非洲的少数国家。2005 年，国家质检总局进一步规范出境检疫管理，规定出境杂交水稻种子均由产地检验检疫机构实施检验检疫，当年经四川进出境检验检疫系统检疫出境的杂交水稻种子数量剧增至 1656.56 吨，货值 196.06 万美元，出口量比 2004 年增长 6 倍。

（二）出境植物性药材检疫

四川经检疫出境的植物性药材始于 1982 年，当年有 40 批次 19.26 吨植物性药材经检疫出口。从 1986 年起，经检疫的出境植物性药材的批次和数量逐年增加，1988 年，出境植物性药材达 329 批 2384.37 吨；截至 1999 年，经检疫的植物性药材 2881 批，17401.09 吨。1999 年 8 月至 2005 年 12 月，经四川进入境检验检疫系统检疫的四川出境植物性药材 3656 批，1.29 万吨，5642.23 万美元，其中检出不合格 46 批，100.49 吨，货值 23.66 万美元。

四川植物性药材主要品种有甘草、党参、生地、黄连、当归、川芎、白芍、茯苓、菊花、白术、麦冬、黄芪、云木香、枸杞子、金银花、山药、玄胡、丹皮、泽泻、桔梗、贝母、牛膝、玄参、杜仲、山茱萸、三七、厚朴、黄柏、枳壳、酸枣仁、人参、虫草、天麻、连翘、柴胡等。主要输往日本、新加坡、欧盟、马来西亚、泰国、印度、韩国、俄罗斯、法国、巴西、加拿大、美国、西班牙和中国台湾、香港等 45 个国家和地区，其中新加坡、日本、马来西亚和中国香港是四川植物性药材的主要输往的国家和地区。

（三）出境竹木草柳及制品检疫

木材及木制品检疫 经检疫的四川木材及制品出境始于 1985 年。从 1993 年开始，经检疫的木材及制品的出口量逐年递增，1993 年出口木材及制品 69 批，1998 年达 557 批。1999—2005 年，经检疫的四川木材及制品出口 11007 批，货值 12596.24 万美元。四川木材及制品出境目的地有欧盟、北美、中东、非洲、美国、俄罗斯、澳大利亚等地区和国家。

兰草制品检疫 兰草是日本榻榻米的主要生产原料。四川眉山地区的气候适应兰草种植，1991 年眉山松山镇引进兰草种植成功，之后扩大种植面积达 1.2 万亩。1994 年眉山市成立四川首家兰草制品公司——四川眉山幸达工艺品有限公司，所产产品销往日本。1999 年 8 月至 2005 年，经检疫四川共出口兰草 632 批，4549.05 吨，货值 1101.45 万美元。兰草制品有三角草席、榻榻米席、三角草鞋，主要输往日本。

植物提取物检疫 1999 年 9 月至 2005 年 12 月，四川出入境检验检疫系统共检验检疫出境植物提取物 272 批 223.67 吨，货值 367.08 万美元。

（四）出境水果检疫

柑橘（红橘和橙类）是四川早期经检疫出口的唯一植物产品。四川检疫柑橘成功出口始于1953年，当年出境检疫柑橘400吨，输往苏联和朝鲜，由重庆商品检验局所属的“植物病虫害检验组”实施检疫。1953—1964年，经检疫输往苏联、朝鲜的柑橘鲜果达12.86万吨。1965年，农林部设立重庆植物检疫站，全面负责四川的进出境植物检疫业务工作。1965—1978年，经检疫出境的四川柑橘13.82万吨，主要输往苏联、蒙古、朝鲜等国；1976年开始，部分四川柑橘输往莫桑比克、索马里、墨西哥、贝宁、斯里兰卡、利比里亚等国。1979—1985年，经植物检疫出境的四川柑橘达7.17万吨。

1953—1985年四川出境柑橘植物检疫情况统计表

表1-8

年份	柑橘鲜果（吨）	输往国家和地区
1953	400	苏联、朝鲜
1954	2000	苏联、朝鲜
1955	4000	苏联、朝鲜
1956	7300	苏联、朝鲜
1957	8343	苏联、朝鲜
1958	16400	苏联、朝鲜
1959	11240	苏联、朝鲜
1960	22100	苏联、朝鲜
1961	9683	苏联、朝鲜
1962	9224	苏联、朝鲜
1963	13095	苏联、朝鲜
1964	24825	苏联、朝鲜
1965	13423	苏联、朝鲜
1966	6319	苏联、蒙古
1967	7400	苏联、蒙古
1968	6500	苏联、蒙古
1969	13381	苏联
1970	13247	苏联
1971	7453	苏联、蒙古
1972	10308	苏联、蒙古
1973	9299	苏联、蒙古、朝鲜
1974	11443	苏联、蒙古、朝鲜
1975	11025	苏联、蒙古、朝鲜
1976	4267	苏联、朝鲜、莫桑比克、索马里、墨西哥、贝宁
1977	12082	苏联、索马里、利比里亚、贝宁
1978	12039	苏联、蒙古、斯里兰卡、利比里亚、贝宁
1979	14472	苏联、蒙古、朝鲜、加拿大、罗马利亚、贝宁

续表 1-8

年份	柑橘鲜果（吨）	输往国家和地区
1953	400	苏联、朝鲜
1980	13693	苏联、蒙古、朝鲜、莫桑比克、比利时、日本
1981	5516	苏联、蒙古、朝鲜
1982	10903	苏联、蒙古、中国香港
1983	12474	苏联、蒙古、中国香港
1984	5973	苏联、蒙古、莫桑比克、中国香港
1985	8671	苏联、蒙古、中国香港

自1986年起，四川经植物检疫出境的水果开始多样化，但仍以柑橘为主。1986—1999年，共计有7.15万吨水果经植物检疫输往国外。

1999—2000年，四川水果出境大为减少。2001年，仅有少量脐橙、柠檬等水果经检疫输往新加坡和法国。2002年，四川水蜜桃经检疫首次批量输往新加坡、猕猴桃输往中国台湾。2003年，枇杷经检疫少量输往新加坡，猕猴桃输往新加坡、马来西亚、泰国以及中国台湾。2004年，经中日水果检疫解禁谈判，猕猴桃首次批量输往日本，黄金梨输往泰国。2005年，四川出境水果1000吨。

（五）出境松茸检疫

四川省松茸储量为4000—7000吨。仅甘孜州平均年产量约3200吨。雅江、康定、九龙、理塘、稻城、乡城、巴塘为主产县，年均产量为300吨以上。其中，雅江松茸因产量高、个头大、肉质细、色泽好、味道香深受国内外青睐，雅江每年松茸采集量年均高达1000吨以上。

四川鲜松茸检疫出口始于1986年。起始阶段由于对四川松茸产区的分布不明，包装、运输和保鲜技术等尚处于探索之中，鲜松茸出鲜率较低。1986—1990年，四川出口松茸（含鲜、速冻、盐渍）516.66吨。鲜松茸出口价格每公斤80—120美元。主要出口日本和韩国。1992—1993年，四川鲜松茸产地基本明晰，包装、保鲜和运输技术不断完善。由于政府强化宏观管理，规范鲜松茸出口管理秩序，四川鲜松茸出口规模达到较高的水平。1992年，检疫出口鲜松茸790批，177.65吨；1993年，检疫出口鲜松茸约560吨，是四川出口鲜松茸的历史高点，创汇3000万美元。1994年后，四川鲜松茸出口经营公司达20家以上。1997年亚洲金融风暴过后，四川检疫出口鲜松茸的数量下滑，到1997年底，四川出口松茸由1993年的560吨降到245吨；出口单价也下滑到每公斤48美元。之后，四川松茸检疫出口数量基本在150吨左右，出口单价维持在每公斤30美元左右，年创汇金额在450万—580万美元。

1986—2005年四川松茸检疫出口情况统计表

表1-9

时　间	批　次	数量（吨）	创汇额（万美元）	备　注
1986—1990年		516. 66	—	—
1992年	790	177. 65	—	—
1993年	—	560. 00	3000. 00	—
1995年	—	444. 00	1840. 00	—
1996年	—	378. 00	1694. 00	—

续表 1－9

时　间	批　次	数量（吨）	创汇额（万美元）	备　　注
1997 年	—	245．00	1180．00	—
1998 年	—	—	—	无数据
1999 年	—	—	—	无数据
2000 年	—	—	—	—
2001 年	2	21．00	27．50	—
2002 年	536	146．00	443．30	其中冷藏松茸 7 吨
2003 年	422	161．00	437．00	—
2004 年	546	177．00	485．70	—
2005 年	607	184．00	581．00	—

1953—2005 年四川出境植物及植物产品检疫情况统计表

表 1－10

年份	植物种苗		水果类		蔬菜类		植物药材		木、竹、藤、柳草及制品		杂豆类	
	批	数/重量（株/吨）	批	数/重量（吨）	批	数/重量（公斤）	批	数/重量（吨）	批	数/重量（个/吨）	批	数/重量（吨）
1953	—	—	—	400	—	—	—	—	—	—	—	—
1954	—	—	—	2000	—	—	—	—	—	—	—	—
1955	—	—	—	4000	—	—	—	—	—	—	—	—
1956	—	—	—	7300	—	—	—	—	—	—	—	—
1957	—	—	—	8343	—	—	—	—	—	—	—	—
1958	—	—	—	16400	—	—	—	—	—	—	—	—
1959	—	—	—	11240	—	—	—	—	—	—	—	—
1960	—	—	—	22100	—	—	—	—	—	—	—	—
1961	—	—	—	9683	—	—	—	—	—	—	—	—
1962	—	—	—	9224	—	—	—	—	—	—	—	—
1963	—	—	—	13095	—	—	—	—	—	—	—	—
1964	—	—	—	24825	—	—	—	—	—	—	—	—
1965	—	—	—	13423	—	—	—	—	—	—	—	—
1966	—	—	—	6319	—	—	—	—	—	—	—	—
1967	—	—	—	7400	—	—	—	—	—	—	—	—
1968	—	—	—	6500	—	—	—	—	—	—	—	—
1969	—	—	—	13381	—	—	—	—	—	—	—	—
1970	—	—	—	13247	—	—	—	—	—	—	—	—
1971	—	—	—	7453	—	—	—	—	—	—	—	—

续表 1－10

年份	植物种苗		水果类		蔬菜类		植物药材		木、竹、藤、柳草及制品		杂豆类	
	批	数/重量（株/吨）	批	数/重量（吨）	批	数/重量（公斤）	批	数/重量（吨）	批	数/重量（个/吨）	批	数/重量（吨）
1972	—	—	—	10308.00	—	—	—	—	—	—	—	—
1973	—	—	—	9299.00	—	—	—	—	—	—	—	—
1974	—	—	—	11443.00	—	—	—	—	—	—	—	—
1975	—	—	—	11025.00	—	—	—	—	—	—	—	—
1976	20	0.2	—	4267.05	—	—	—	—	—	—	—	—
1977	148	0.05	—	12085.05	—	—	—	—	—	—	—	—
1978	—	—	—	12039.01	—	—	—	—	—	—	—	—
1979	1	10 株	—	14472.01	—	—	—	—	—	—	—	—
1980	—	—	—	13693.01	—	—	—	—	—	—	—	—
1981	—	—	—	5516.00	—	—	—	—	—	—	—	—
1982	—	10910 株	—	10995.42	—	—	40	19.26	—	—	—	—
1983	—	23213 株	—	12479.04	—	—	—	—	—	—	—	—
1984	—	20310 株	—	6003.99	—	—	1	30	—	—	—	—
1985	—	31187 株	2171	8671.78	—	—	—	—		212840 个	2	58.25
1986	79	36658 株	2625	10306.25	56	14.02	8	89.80	—	—	67	8812.76
1987	11	9325 株	3948	14092.85	29	56.02	23	105.38	—	—	117	6374.75
1988	28	48032 株	3130	12738.61	120	184.26	36	493.93	—	—	117	5831.01
1989	23	14736 株	2425	10282.46	286	311.88	44	11.89	—	—	112	7554.64
1990	11	51696 株	2660	11130.63	356	1052.73	47	225.16	8	3600 个	66	9188.69
1991	18 15	3588 株 11.88 吨	282	984.58	878	1389.20	33	236.11	—	—	51	2914.25
1992	13 31	3702 株 56.70 吨	228	1146.40	1027	4290.60	150	2135.40	42	525.5 立方米	93	4604.80
1993	4 28	2935 株 81.30 吨	201	6773.30	1954	8013.40	337	3803.40	69	7091.8 吨	58	3022.30
1994	6 27	15338 株 30.10 吨	43	1069.49	2610	5418.63	343	2134.34	175	7614.8	41	3292078
1995	2 27	100 株 30.10 吨	43	1047.07	2610	5415.46	343	2126.83	372	3100 个	41	3035.78
1996	5 27	6138 株 165.51 吨	52	1498.78	1875	823.65	370	1987.45	405	394 个	10	551.67
1997	22 30	3895 株 15.43 吨	9	138.29	1751	18658.57	457	2591.96	457	856317 个	4	184.90

续表 1-10

年份	植物种苗		水果类		蔬菜类		植物药材		木、竹、藤、柳草及制品		杂豆类	
	批	数/重量（株/吨）	批	数/重量（吨）	批	数/重量（公斤）	批	数/重量（吨）	批	数/重量（个/吨）	批	数/重量（吨）
1998	10 11	238 株 3.66 吨	22	79.79	1874	11057.59	329	2384.37	557	1044.23 吨 32 个	16	719.88
1999	2 10	850 株 24.33 吨	24	249.65	1134	7578.33	320	25.81	—	—	—	—
2000	8	103.01 吨	24	188.35	1119	78716.63	279	3513.34	346	415583 立方米	6	37.00
2001	11 13	38566 株 715 吨	4	24.00	630	206000.00	199	1647.00	707	1634 立方米	2	63.00
2002	16 11	10835 株 50 吨	29	70.00	691	28300.00	173	951.00	1109	74794 立方米	18	123.00
2003	17 10	1158 株 665 吨	15	149.00	603	285000.00	219	1408.00	1237	253634 立方米	2	15.00
2004	6 16	140981 株 302 吨	69	530.00	745	370000.00	198	1335.00	1518	21931 立方米	4	22.00
2005	18 52	381743 株 1547 吨	98	1047.00	819	504000.00	203	1563.00	1690	156133 立方米	5	50.00

三、进出境木质包装检疫

（一）进境木质包装检疫

依照《中华人民共和国进出境动植物检疫法实施条例》第十八条的规定：“动植物性包装物、铺垫材料进境时动植物检疫机关可以根据具体情况依法实施检疫”。1999 年，四川出入境检验检疫局开展对成都火车东站铁路口岸进境的木质包装的查验工作，当年现场检疫木质包装、木质铺垫材料共计 888 批。同年 5 月，四川宜宾五粮液酒厂从德国进口一批成套设备，其木质包装带有大量活虫，四川出入境检验检疫局对该批货物封存扣留后进行消毒杀虫处理，经检疫合格放行。

1999 年 11 月，国家出入境检验检疫局、海关总署、对外经济贸易合作部发布第 23 号公告，对美国、日本输华货物采取紧急检疫措施。同年 12 月，四川出入境检验检疫局、成都海关、四川对外经济合作委员会转发该公告，结合四川的实际情况，提出贯彻意见。四川出入境检验检疫系统对来自美国、日本的进境木质包装进行报验审单：审查是否使用针叶树木制作的木质包装，是否有官方检疫部门出具进行加热处理植物检疫证书证明；使用非针叶树木制作的木质包装或无木质包装的货物，出口商须出具“使用非针叶树木制作的木质包装”或“无木质包装的货物”声明，凡未提供有效植物检疫证书或有关声明的，不予受理报验。在现场查验时对照所提供的证书判定，凡不符合要求的，由进口商对货物的木质包装进行拆除处理，无法拆除的，连同货物起作除害处理，无法处理的随货物退运。从2000年5月至2002年8月，先后有四川省科林植保技术工程有限公司、四川省对外贸易运输成都转运站等4家熏蒸消毒单位通过四川出入境检验检疫局组织的登记考核。2000年，检疫查验木质包装、木质铺垫材料927批，其中，来自美国、日本的660批，发现货证不符的15批，一般性仓储害虫6批，监督销毁15批。2002年11月，为规范和加强对进境货物及木质包装检疫查验工作，四川出入境检验检疫局制定《成都铁路口岸进境货物查验及木质包装检疫程序（试行）》，建立木质包装样品扦取、保存和昆虫标本鉴定制度，对现场查验的疑似检疫性害虫样品送相关部门进行鉴定。

2002年1月、2002年6月，国家质检总局、国家林业局、海关总署、外经贸部分别发布第5号、第58号公告，决定对分别来自韩国货物的木质包装、欧盟货物木质包装，实施临时紧急检疫措施。四川出入境检验检疫局依照规定在报检审单和查验时，检查所有来自韩国和欧盟的进境木质包装在出口前是否经过加热处理、熏蒸处理或其他有效除害处理，输出国官方检疫部门出具植物检疫证书证明上述处理合格。现场查验经除害处理合格的木质包装上应有的标记，检查在标记上是否有注明除害处理的方法、地点和实施除害处理的单位或单位信息的代码等。对于无木质包装的货物，出口商须出具无木质包装声明。符合要求的签发入境货物通关单；对不符合要求的，监督进口商对木质包装作除害处理或者连同货物一起作退运处理。

2002年3月，国际植物保护公约组织公布的《国际贸易中的木质包装材料管理准则》，要求货物使用的木质包装应在出境前进行除害处理，并加施IPPC确定的专用标识。2005年1月国家质检总局、海关总署、商务部、国家林业局要求进境货物使用的木质包装应当由输出国家或地区政府植物检疫机构认可的企业按中国确认的检疫除害处理方法处理，并加施政府植物检疫机构批准的IPPC专用标识。进境货物使用木质包装的，货物或其代理人应当向出入境检验检疫机构报检，并配合出入境检验检疫机构实施检疫。对未报检的，出入境检验检疫机构依照有关法律规定进行处罚。

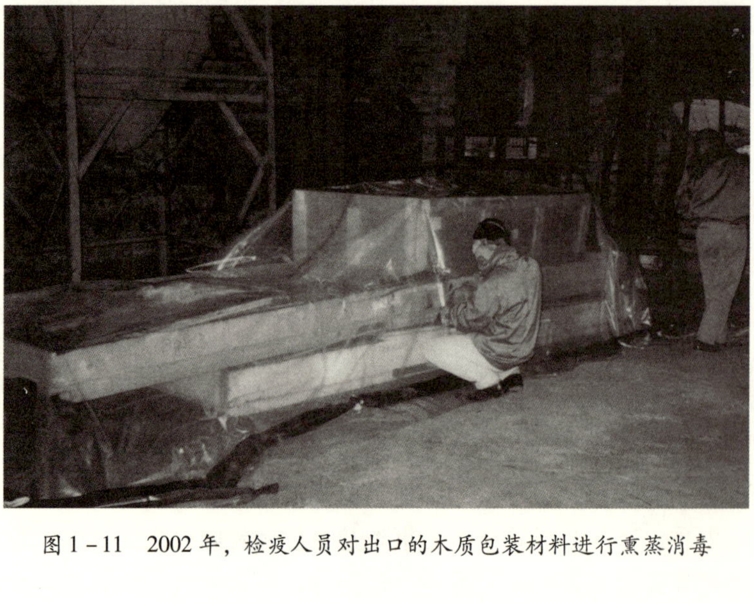

图1-11　2002年，检疫人员对出口的木质包装材料进行熏蒸消毒

（二）出境木质包装检疫

四川出境包装箱检疫工作始于 1982 年，当年有 432 个包装箱经过检疫输往国外。

1998 年 9 月 11 日，美国农业部部长签署一项新法令，要求所有来自中国的带有木质包装和木质铺垫材料的货物，在到达美国港口时须附有中国出入境检验检疫机关出具的检疫证书，证明木质包装在进入美国前经热处理、熏蒸处理或者防腐处理，其目的是防止光肩星天牛（Anoplophora glabripennis）等林木害虫随木质包装传入美国。随后，加拿大、英国也分别于 11 月 4 日和 12 月 22 日颁布类似美国的检疫新条例或新标准；1999 年 6 月 1 日，欧盟也对来自中国货物的木质包装提出检疫要求。为了应对美国、加拿大、欧盟等国家和组织颁布的有关法令，国家出入境检验检疫局等四部委联合而下发一系列文件，提出相应的出境货物木质包装检疫处理措施和要求。1998 年 10 月至 2001 年 3 月，国家出入境检验检疫局会同国家经贸委、海关总署、外经贸部、国家林业局等部门，先后下发《关于输美货物的木质包装进行除害处理的紧急通知》《关于输美货物的木质包装进行除害处理以及改进包装有关问题的紧急通知》《关于对输加货物的木质包装进行除害处理的紧急通知》《关于英国对我输英货物的木质包装提出新检疫标准的的紧急通知》《关于欧盟对我输欧货物木质包装实施紧急措施的紧急通知》《关于重申欧盟对我输欧货物木质包装实施紧急措施的通知》《关于对输往巴西货物木质包装进行检疫处理的紧急通知》等。

2001 年 4 月，国家质检总局会同海关总署、农业部、外经贸部、国家林业局等部门，先后下发《我输欧木质包装新的检疫要求》《关于实施 2001 年第 22 号公告有关问题的通知》等文件或公告，规定中国对美国、加拿大、欧盟和巴西等国家和地区出境货物木质包装除害处理技术指标、检疫要求等，以应对上述国家和地区的植物检疫措施。

截至 2005 年 12 月，四川经检疫处理的出境货物木质包装 1.33 万批、71.97 万个（件）。

四、外来有害生物监测

开展外来有害生物监测严防外来有害生物传入中国，是《中华人民共和国进出境动植物检疫法》赋予检验检疫部门的重要职责，以确保农林生产和生态环境安全。

2000 年 4 月 5 日，国家出入境检验检疫局下发《关于建立检疫性实蝇监测体系有关问题的通知》，要求建立和完善中国防止外来检疫性实蝇传入的预防体系。在地中海实蝇等检疫性实蝇适性地区和主要水果进境口岸设置监测器具进行监测。

2000 年，四川出入境检验检疫局分别在成都双流国际机场、国际货物陆路入境口岸集装箱堆场（东站堆场、青白江堆场）、驷马桥水果批发市场、各入境旅客旅游热点地区、主要水果蔬菜产区及出口基地等重点区域共 49 个县（市、区）设置监测点 371 个。其中地中海实蝇监测点 85 个、橘小实蝇监测点 95 个，瓜实蝇监测点 94 个，蛋白诱铒监测点 97 个。自此，以检疫性实蝇为代表的外来有害生物监测工作在四川境内正式启动。

2000 年 10 月 12 日，国家出入境检验检疫局下发《关于严防林木有害生物传入我国的通知》，要求对进境木质包装数量较大的港口、工厂的周围环境进行一次疫情调查，严防美国白蛾、松材线虫、光肩星天牛、暗褐断眼天牛等有害生物随进境木质包装传入。四川在进境口岸机场、货物堆场及进境木质包装较多的工厂周围开展了松材线虫、暗褐断眼天牛等疫情监测调查。2001 年，将检疫性实蝇的监测扩大到都江堰市猕猴桃产区。

2003年3月18日，国家质检总局下发《关于做好全国实蝇和其他外来有害生物监测工作的通知》。根据通知要求，四川加强对进口大豆、小麦、大麦等重要农产品进境后续监管工作，进境种子、种苗隔离检疫、监管及疫情追踪调查，并有针对性开展小麦矮星墨穗病、大豆疫病、假高粱、香蕉穿孔线虫等外来有害生物重大疫病疫情的监测工作，先后对进境的牧草种子、花卉、中药材等种苗和繁殖材料共13批次实施检疫监管和疫情监测。在西昌、乐山、成都、德阳、绵阳、资阳等7市13个地点，对大花惠兰、安烛（5个品种）、康乃馨、百合、玫瑰、苜蓿、黑麦草、苇状羊茅、鸭茅、马蹄金、日本当归、日本柴胡、桃、油桃、杏、李、草莓等进境种苗实施疫情监测；对进境植物产品的生产加工使用地等近30个地点开展针对香蕉穿孔线虫、小麦矮星黑穗病、大豆疫病、假高粱等重大疫情监测工作。

2000—2005年四川外来有害生物监测调查情况统计表

表1－11　　单位：个

年　份	监测点	监测地区（县/区）数
2000	371	49
2001	371	74
2002	370	46
2003	264	36
2004	264	25
2005	260	33

第三节　旅客携带物动植物检疫

四川航空口岸旅客携带物动植物检疫业务，始于1981年成都至香港包机航线开通之时。1981年8月26日，国务院批准开通成都至香港的包机航线。成都植物检疫所、成都动物检疫所分别派员入驻成都双流国际机场，执行出入境航空旅客携带物动植物检疫任务。1981年11月15日，中国民航成都—香港旅游包机首航航班，入境旅客101人。1982年，有入境旅客264人，出境旅客308人。1983年、1984年因故停飞。1985年开始复飞成都—香港的航班。1989年11月，增开一班成都—香港旅游包机，新开一班成都—拉萨—加德满都国际航线。1992年10月，开通成都—日本广岛不定期包机。1993年6月，新开成都—新加坡、成都—曼谷国际航线。1995年8月，开通成都—吉隆坡包机。1996年10月28日，成都至香港、曼谷包机转为正式航班。

1985—2000年，共有1.17万个进出境航班，217.78万名旅客出入成都双流国际机场，进出境旅客携带物动植物检疫情况统计见表1－12。

1985—2005年四川进出境旅客携带物动植物检疫情况统计表

表1－12

年份	进出境航班数（个）	进出境旅客人数（人）	受检人数	截获物（含禁止进境物）	截获物来源地
1985	63	5846	5846	4批苹果、橙、枇杷	中国香港、台湾
1986	100	9009	9009	水果（5批）	中国香港、台湾
1987	131	10243	10243	—	
1988	179	18878	18878	17批水果（苹、橙、梨、桃）	中国香港、台湾
1989	244	20617	20617	24批水果、苗木、花卉、粉虱、牛蝇	土耳其，中国香港、台湾
1990	270	26388	26388	21批水果、苗木（桃、橘、石榴、橙、兰草、树苗）	中国香港、台湾
1991	500	44570	44570	—	—
1992	671	61000	61000	—	—
1993	962	87000	87000	21批水果：寡毛实蝇害虫1批；	泰国，中国香港、台湾
1994	1125	89605	89605	橘小实蝇1批	新加坡，泰国，日本，中国香港、台湾
1995	1183	1056019	1056019	107批水果（26品种） 寡毛实蝇害虫1批	泰国，日本，新加坡，中国香港、台湾
1996	1265	119881	119881	112批水果、苗木（56品种）	泰国，日本，新加坡，中国香港、台湾
1997	1468	148267	148267	211批水果、苗木等44品种	泰国，日本，新加坡，中国香港、台湾
1998	841	158000	158000	—	泰国，日本，新加坡，中国香港、台湾
1999	1050	185269	185269	56批水果、苗木等	泰国，俄罗斯，新加坡，中国香港、台湾
2000	1668	137172	137172	119批水果、苗木等，柑橘溃疡病	泰国，俄罗斯，新加坡，中国香港、台湾
2001	2989	183374	183374	108批动植物及产品	—
2002	3886	381174	381174	136批动植物及产品	—
2003	3104	323380	323380	57批动植物及产品	—
2004	4512	520403	520403	155批动植物及产品	—
2005	4804	590356	590356	390批动植物及产品	—

1985年，成都至香港包机航线复飞，当年执行63个航班，5846名旅客出入成都双流国际机场。截获禁止进境物苹果、橙、枇杷等水果4批。截获24批水果、苗木、花卉等禁止进境植物产品，检出粉虱、牛蝇昆虫。

1993年，为强化旅客携带物植物检疫工作，成都植物检疫所制定《进出境旅客植物检疫管理办法》。同年，检疫成都至香港、新加坡、泰国曼谷直航包机962架次，进出境旅客8.7万人次，截获国家禁止入境水果21批79公斤，海鲜4批97公斤，猪肉1批15公斤、狗2批11只；截获无证携带出境的兰草4批180株；从截获的10公斤柚子中检出国家二类检疫性有害生物寡毛实蝇1批，做销毁处理。

1995年，为适应成都双流机场航空口岸国际航班数量增加和空运进出境动植物货物增多的新形势，成都植物检疫所设立机场办事处，专司旅客携带物植物检疫工作。当年，对成都至香港、新加坡、泰国、日本广岛的旅游直航包机和国际航班1183架次、1.06万名旅客携带物实施动植物检疫，截获旅客携带的水果、茄科蔬菜、种苗和动物及动物产品107批、26个品种。从旅客携带的莲雾水果中检出二类检疫性有害生物——寡毛实蝇害虫1批，做销毁处理；查获旅客携带无证出境兰草1批。

1997年，根据《中华人民共和国进出境动植物检疫法》和《中华人民共和国进出境动植物检疫法实施条理》及农业部、国家动植物检疫局的有关规定，成都动植物检疫局自1997年8月1日开始，对成都航空口岸的进出境飞机实施动植物检疫消毒和除害处理，对抵达成都双流机场的来自动植物疫区的进境飞机的货仓、食品仓等场所实施消毒、杀虫等检疫除害和防疫处理，对装载动植物、动植物产品和其他检疫物的出境飞机，实施检疫除害处理。同年，检疫截留旅客携带进境动植物及其产品有44个品种，221批，471.2公斤，202株（苗、枝）。

2001年，四川出入境检验检疫系统的机场办、卫检、动植检和保健中心相关部门协调配合，针对国际国内疫情疫病流行动态，加强对进境旅客携带物的查验，做到人、物必验必查，防止有害疫病混入境内。

2005年，四川出入境检验检疫人员从旅检现场截获国家禁止入境的旅客携带物332批、1185公斤；烧毁一批从巴基斯坦进口的混杂大量泥土和铅含量超标的“垃圾羊肚菌”。

第四节　动植物检疫处理

一、植物检疫处理

依照《中华人民共和国进出境动植物检疫法》第十七条规定，对输入植物和植物产品经检疫发现有植物危险性病、虫、杂草的，由口岸动植物检疫机关通知货主或其代理人作除害、退回或销毁处理。

1981年，日中柑橘科技交流团带入的柑橘苗患有溃疡病接穗，在四川省井研县周坡区果园成年果树399株、苗木400株均因此感染发病；同时，日本柑橘科技交流团赠送成都科协的樱花也带入根癌病。对这两起染病树种，成都植检部门全部作销毁处理。同年11月，国务院批转农业部关于严防从地中海实蝇传入国内的167号紧急通告。四川省立即由农业、外贸、供销、民航、外事等单位联合转发此通告至各地。成都植物检疫站严格履行植检职责，自1981年11月至1982年2月，对香港飞入的包机共364人次，其旅客随身携带的甜橙、红橘、柚子、苹果、梨等进行检疫查验。为防止检疫对象传入，按照167号通告规定，在与旅客说明情况后，全部予以没收，并将鲜果进行销毁处理。

1984年，四川省畜牧局从澳大利亚引进牧草种子94.4公斤，检疫发现绿豆象害虫危害13.7%，做检疫除害处理。同年，四川省农业科学研究院作物研究所从叙利亚引进102个蚕豆品种，因检出蚕豆染色体病毒，全部做销毁处理。

1985年，四川进境来自日本的樱花1900株，经检疫发现带有根头癌肿病，病株率55.8%，根际带泥土株35.4%，作焚毁处理1874株。

1989年，四川省广安市从进境云豆中发现进境检疫对象巴西豆象，成都植物检疫所采取扑灭措施，消除了疫情。同年，四川省遂宁粮油进出口公司从法国引进的小刀豆种，在田间生产隔离检疫中发现豆杆黑潜蝇，植物检疫部门迅速作扑灭处理消除了疫情。

1993年，成都植物检疫所检疫人员从荷兰进口的康乃馨种苗中检验出中国尚无记载的香石竹萎焉病，对进口的3万株康乃馨苗进行销毁处理，防止疫情扩散；在机场旅检中，从来自台湾旅客携带的10公斤柚子中，首次检出国家进境植检二类危险性昆虫寡毛实蝇属害虫，对发现的疫情的水果采取了严格的检疫处理措施。

1994年，成都植物检疫所从台湾商人带进的兰草中检验出危险性病害建兰花叶病毒和蕃茄环斑病毒；在台湾旅客携带的莲雾水果中，截获植物检疫性害虫橘小寡鬃蝇。对这两批带疫病兰草和水果，按检疫规定进行销毁处理。

1995年，四川从日本进境樱花1900株，检疫发现其根部带有癌肿病的病株占55.8%，成都植检部门将其1874株病株作烧毁处理。

1997年12月，四川嘉里粮油工业有限公司从蛇口口岸调入1万吨带疫情的美国大豆。成都动植物检疫局对该批带疫情的大豆卸车、转运、存放、加工的全过程实施了检疫监管，并对调入四川的带疫情大豆全部进行了加工处理。是年，共退运带有禁止进境物且检疫手续不全的自泰国进境的兰花苗5000株；检疫除害处理来自荷兰、新加坡和中国台湾入境的20万株山蔡苗、2.5万粒花毛茛种、100公斤党参。

1998年10月，四川嘉里粮油工业有限公司从北海入境加拿大油菜籽3.15万吨，该批货物带有检疫三类危险性杂草田蓟、苍耳、野燕麦等10多种。为有效防止有害杂草传入四川，成都动植物检疫局提出以下处理意见：装运该批油菜的车辆必须密封，不能将油菜籽丢失或散落在运输途中；进货的公司派专人负责该批油菜籽的装卸、储存和加工处理并作好记录；该批油菜籽只能用于加工食用品油，严禁作种子销售；运输及加工过程中产生的脚料，必须袋装定期焚烧，不得随意弃置；成都动植物检疫局对装卸、运输、储存、加工过程实施检疫监管。

四川出入境植物检疫除害处理，始于1998年10月出口货物木质包装检疫熏蒸处理。自1998年10月以来，经检验检疫系统监管作薰蒸处理的木质包装出口的批次和数量逐年呈上升趋势。据统计，1998年10月至2005年12月累计达13319批次，71.97万个（件）。

2001年，四川植检工作抓好源头，严把“两关”。检疫出不合格的进境木质包装15批次，实行退货处理3批，销毁处理12批；检疫出不合格的种苗2批，实行销毁处理1批，消毒处理1批；对检疫出境的5批货物实施检疫除害处理，并对检验不合格的24批货物全部做返工处理。

2002年4月，德阳一家企业提出进口3万吨木薯干的申请。经现场考核，发现该企业的仓储能力和加工能力达不到进口量要求，于是按规定只准许进口1万吨。对不符合规定进口的制酒原料啤酒花、大麦麦芽作退货处理。同年，四川燎原草业公司从美国、德国进口的4批黑麦草和高羊茅牧草种子属国家通报的传带腥黑粉菌的预警范围，经过实验室检验，4批种子均带有网腥黑穗病菌孢子Tilletia caries。对带病菌的所有进口牧草种子实施了检疫除害处理，防止了有害生物的传入。

2003年，检疫出不合格的241批进境木质包装，其中有害生物16批；截获禁止进境物57批，总重量484公斤；检疫出禁止进境邮寄物品78件、207公斤，均按规定作出处理，防止有害生物和疫病疫情传入。

2004年10月，检疫查证并处理了有害生物45批，其中有中国未见分布的云杉粗鞘黑天牛1批，光胸断眼沟天牛1批，四川从未发现的日本双齿长蠹1批，芒果果核象甲7批13只，蝇类20批数十万只，有效阻止了外来有害生物入境。同年，四川省农科院植保所承担中欧合作课题，从荷兰引进茄子种子20克。在隔离试种期间发现烟草环斑病毒（TRSV），立即对携带疫情的该批种苗作了销毁处理，防止了疫情扩散。

2005年上半年，四川植检工作对四川丰源食品有限公司、川粮益海（四川）工业有限公司2批从美国进境的4100吨带有假高粱（二类检疫性杂草）、豚草和三裂叶豚草（三类检疫性杂草）疫情大豆的生产加工使用过程的检疫加强监管。帮助企业建立健全防止疫情扩散的管理制度和岗位责任制。对带疫情进境大豆的加工使用过程严密监控，将监管重点放在卸货场地、仓贮和下角料及杂质的处理等环节，并监督企业用除草剂对加工厂周围生长的杂草作检疫除害处理，防止外来有害生物传入和疫情扩散蔓延。同年，检疫并处理了65批不合格木质包装，旅检现场截获并处理332批1185公斤国家禁止入境的旅客携带物，多次检出穿刺短体线虫、根结线虫等有害生物。

二、动物检疫处理

1985—1991年，成都动物检疫所严格检疫把关，共向英国、美国、澳大利亚出具6起检疫索赔证书，提出索赔种鸡苗和种鸭蛋14107羽（枚），为国家挽回经济损失29.39万元。

1996年10月，成都正大有公司从国外引进一批种鸭蛋免费赠予广安县和西昌市畜牧局。该批货物从泰国曼谷进口，以空运方式运至成都。由于未办理审批手续，违反国家动植物检疫不准从泰国进口种鸭蛋的规定，10月26日，成都正大有限公司接受了成都动物检疫所的处理，由成都动物检疫所派员分别赴广安、西昌销毁该批种鸭蛋，并消毒处理孵化场地。

1997年1月，海南驻成都的某公司在事先未办理进口动物检疫审批手续的情况下，从泰国进口200只水鱼和500尾草虾，计25箱200公斤，通过泰国至成都的直航飞机运抵成都双流机场。机场动检人员发现后，立即扣留了该批水生动物。随即将其查封并通过货主按规定接受了成都动植物检疫局的处理：将其中5箱500尾25公斤因滞留缺氧死亡的草虾就地销毁；将其中20箱200只175公斤的水鱼原包装监管退回；对在成都海关监管的存放该批水生动物的仓贮地实施消毒。同年，成都动物检疫人员销毁未办理审批手续自美国进境的鳟鱼卵一批计5万枚。同年，成都动植物检疫局动检人员在进境动物产品中检出沙门氏菌。

2001年，按照国家质检总局《关于对肉品冷库进行全面检查的紧急通知》，四川省出入境检验检疫局与省技监、工商、卫生等部门组织联合执法队，重点对成都北郊肉联厂冷库、成都南郊肉联厂冷库、成都市粮油食品外贸冷库、神仙树冻库等进境动物产品集散地进行突击检查，查获来自阿根廷、巴西、欧盟等疫区国家的牛肉和其他动物产品共8批、128件、3.08吨，全部进行销毁处理。

8月，攀枝花检验检疫局与攀枝花质量技术监督局联合对攀枝花市8个肉品冻库及2家宾馆冻库进行检查，查封来自美国、加拿大、巴西、荷兰、泰国、越南等8个国家的非法进口肉品及水产品13个品种，共9700公斤。对其中来自疫区巴西生产鸡翅共510公斤和荷兰生产猪副产品90公斤签发“来自境外的不合格肉品”销毁处罚通知书，全部作销毁处理。同年，从英国进境的221只种鸭苗和从乌兹别克斯坦进口的4只狗，因运输时间过长、失水、天气寒冷而死亡；碧峰峡进口的1只海狮因适应突然改变的新环境及饲养管理不当而死亡，成都野生动物世界从荷兰的13只黑颈天鹅因不适应突然改变的新环境及饲养管理不当，感染致病性杆菌而死亡。四川检验检疫动物检疫人员对死亡的动物及污染的包垫料、排泄物等都进行焚烧处理。

2004年1月30日，四川出入境检验检疫局检疫人员在成都双流国际机场口岸，查处一名来自高致病性禽流感疫区旅客随身携带3只烟熏鸭，对其实施销毁处理。

2004年，四川出入境检验检疫局多次对成都市肉类批发市场进行突击检查。依法查处1批、36吨不按规定销售的禽肉，对1批2085公斤非法入境的来自阿根廷的牛蹄筋进行销毁处理。

第三章　国境卫生检疫

1986年，成都卫生检疫所将工作重点放在对口岸出入境人员的传染病监测与控制、出入境交通工具、机场涉外宾馆、餐厅、饭店及食品、饮用水生产企业的卫生监督上；1992年，对出入境交通工具、货场等实施消毒、杀虫、灭鼠等卫生处理业务。1996年，成都卫检局设立国际旅行卫生保健机构，为口岸传染病监测和出入境的国际旅行者提供卫生保健及技术服务。四川出入境检验检疫系统贯彻《中华人民共和国国境卫生检疫法》及其实施细则，对出入境的人员、交通工具、运输设备以及可能传播检疫传染病的行李、货物、邮包等物品实施国境卫生检疫，防止传染病由国外传入或由国内传出，保护人体健康。

第一节　卫生检疫查验

1981—1987年，成都卫生检疫站（所）查验出入境飞机294架次，出入境旅客2.51万人次，机组人员4277人次。

1988—1999年，成都卫生检疫所（局）共检疫查验出入境飞机1.11万架次，出入境旅客125.68万人次，机员4.92万人次；检疫出入境货物1.60万批，9901.5吨；检疫查验集装箱1.24万标箱，废旧物品4198公斤；检疫尸体、棺柩、骨灰22个，签发骨灰出入境许可证23份，人体组织等特殊物品审批单55份。

1988—1999年四川出入境交通工具、人员卫生检疫查验情况统计表

表1-13

年份	入境检疫		出境检疫		机员（人次）
	飞机（架次）	人员（人次）	飞机（架次）	人员（人次）	
1988	92	10802	91	10803	—
1990	269	13985	131	11860	2967
1991	261	23040	261	23040	5027
1992	339	30539	339	30538	8876
1993	488	46332	487	45388	9305

续表 1－13

年　份	入境检疫		出境检疫		机员（人次）
	飞机（架次）	人员（人次）	飞机（架次）	人员（人次）	
1994	606	46084	614	46085	12075
1995	594	51970	598	51970	10998
1996	615	124360	615	124360	—
1997	654	75000	654	75000	—
1998	728	89358	727	89357	—
1999	961	118481	960	118480	—
合计	5607	629951	5477	626881	49248

1999—2005 年，成都双流国际机场开通中国香港、加德满都、大阪、首尔、阿姆斯特丹、中国澳门、新加坡、卡拉奇、东京、曼谷等航线。检疫查验进出境航班 22831 架次，其中出境 11418 架次，入境 11413 架次；现场查验出入境旅客 261. 32 万人次，其中出境 138. 13 万人次，入境 123. 19 万人次；查验货物 1684 批，木质包装 3238 批。2001—2005 年，四川出入境检验检疫系统检疫查验进出境邮寄物品邮包 12. 88 万件，检出进境违规物 363 批，违规重量 686 公斤。

第二节　疾病监测与防制

一、监测防制

1981—1983 年，从事卫生检疫工作的卫生检疫人员均为成都市卫生防疫站抽调的兼职技术人员，即除了完成成都—香港包机卫生检疫、出境人员预防接种办理黄皮书任务外，还兼管成都市霍乱、流脑、白喉、流感、猩红热、百日咳等呼吸道传染病防治。

1982 年，全国空港卫生检疫工作会议要求把卫生检疫工作重点转移到口岸地区及旅游网点疾病监测、卫生监督上来，成都卫生检疫站在双流机场和锦江宾馆两个涉外单位开展来往霍乱疫区人员的医学观察、预防服药工作。

1983 年，成都卫生检疫站开展流脑多糖体菌苗预防接种反应及其效果观察。与成都市外宾就诊医院和接待宾馆建立联系，通报疫情、指导建立外宾就诊登记，以便及时了解掌握疫情和调查处理。1982—1983 年，对 1186 名出国人员进行了预防接种，其中霍乱菌苗 1169 人次、黄热疫苗 492 人次、种痘 56 人次。

1984 年，四川省卫生厅明确规定成都卫生检疫站负责指导和协助川西、川北开放旅游地区卫生防疫部门共同搞好入境人员的疾病监测工作。完成 1649 人次预防接种、签发黄皮书 1042 本，处理疫情 3 起。对到川的港、澳、台侨胞及外国人 3 万多人进行疾病监测。

1986 年，成都卫生检疫所对 111 名归国人员（在国外患恶性疟疾 22 人、13 人患登革热、归国后2人患恶性疟疾）进行流行病学调查和抽检血片。调查成都口岸地区淋病患者70人，提出防治措施；处理病毒性腹泻、伤寒、疑似霍乱疫情5起。对华西医大第一附属医院、锦江宾馆康复中心门诊部来自33个国家和地区的就诊外宾情况作统计分析，就诊283人，住院38人、死亡1人。开展对出入境人员艾滋病监测工作。

1987年，成都卫生检疫所统计分析川西川北开放县（市）1950—1986年法定传染病。调查回国人员487人，其中在国外患疟疾33人，回国后发病3人，查血片113人，发现带疟原虫1人，预防服药48人，在国外患伤寒1人。对进入内地的港澳台人员、外籍人员进行疾病监测，其中就诊1772人，发现传染病11种计41例。

1988年，成都卫生检疫所狠抓出入境一年以上人员的疾病监测，计监测入出境旅客2.16万人，当年体检出入境人员2619人、国境口岸从业人员1498人。发现疟疾患者5例、红眼病1例、痢疾5例、伤寒带菌1例、疟疾带菌2例、肝炎带毒1例、疟疾带虫者5例，防止了疾病传播。1989年，成都卫生检疫所前往四川省旅游、外事、公安等部分经省旅游局审批涉外宾馆计51个进行卫生检疫调查。为口岸服务的宾馆、旅游车队、导游881人进行了Anti－HIV检测。

1995年，成都卫生检疫局查出27例梅毒感染者，其中3例是外籍人员。在鼠疫疫情期间，对来自疫区的4名入境人员采取劝回，对2名来自印度疫区的外籍人员采取隔离留验10天，并对机场及留验场所作了全面的消毒、灭鼠、除虫处理。

1998年，全年监测体检11942人，共查出各种疾患736例；口岸从业体验1453人，查出乙肝带毒、结核、肠道致病携带者67人；

1999年，成都卫生检疫局制定《关于认真抓好1999年口岸传染病检疫检测工作的意见》，建立健全岗位责任制，制定三级负责制。据统计，1988—2000年，成都卫生检疫局对出入境人员进行传染病监测体检共计14.55万人次，其中国境口岸服务行业从业人员1.96万人次。监测中查出艾滋病病毒携带者〔Anti－HIV（+）〕6例（1例已发病死亡），梅毒247例，其他传染病5760例，非传染病2653例；预防接种29.38万人次，其中霍乱28.39万人次，黄热病5905人次，甲、乙肝1480人次，麻疹、风疹、腮腺炎1448人次，百白破445人次，流脑308人次，水痘183人次，脊灰68人次，其他17人次，儿童换证2.76万人次，免于接种1.38万人次。

2001年，国家出入境检验检疫局下发《关于印发〈出入境人员传染病疫情报告管理规定〉的通知》。同年，四川出入境检验检疫局先后出台相关文件，规范防制鼠疫、霍乱的工作。

2002年10月，四川出入境检验检疫局与四川省对外贸易经济合作厅、四川省人民政府外事办公室联合下发《关于加强归国劳务人员健康监测管理工作的通知》。5月，发现遂宁地区一例回国劳务人员有可疑病症后，对其进行了详细的流行病学调查，并作了血液抽样检查，最后排除了患有传染病的可能。同年，国家质检总局下发《卫生检疫风险预警及快速反应管理实施细则》，四川出入境检验检疫局按要求进一步规范传染病报告对象、时限、方式和报表格式，落实相关部门、分支机构疫情报告责任人及其职责，明确对检疫、监测传染病快速反应措施，11月，正式启用“卫生检疫风险预警及快速反应网络系统”上报传染病监测数据。

2003年，四川出入境检验检疫系统在传染性非典型肺炎（简称“非典”）流行扩散期间，加强疾病监测工作，全年检疫出入境飞机3031架次，出入境旅客32.34万人次，体温监测16.80万人次，现场排查发热病人24人，送医院排查3例，处理“非典”疑似病人1例；完成出入境人员疾病监测体检 1.31 万人次；疾病监测体检口岸饮食饮水从业人员 1955 人次，无一例“非典”病人。并对 21.3 万名出入境人员进行艾滋病监测，发现艾滋病病毒感染者 8 例，均为中国籍出国回国人员。

2004 年，国内外发生严重高致病性禽流感疫情，四川及时组建疫情处置小组，落实各项防制措施。截至 10 月底，共检疫查验出入境人员 45.35 万人次，筛查发热病人 30 例；查验出入境航空器 3728 架次；完成出入境人员传染病监测健康体检 1.23 万人，体检查出梅毒带毒 43 例、肺结核 7 例、艾滋病病毒携带者 1 例、乙肝带毒 91 例、丙肝抗体阳性 7 例；完成出入境人员预防接种 1.36 万人次；配合公安部门依法遣返梅毒带毒者 2 人、艾滋病感染者 1 人，指导和配合相关单位按规定妥善处理一例四川籍感染艾滋病的劳务人员。再次在回国劳务人员中发现 1 例艾滋病感染者，首次在外籍来华人员中发现 1 例艾滋病病毒感染者。在热带病防控方面，2004 年 2 月，国家质检总局发文《关于同意调整南方五省登革热卫生检疫联防组名称及联防病种和范围的批复》，同意联防组改名为“南方七省热带病卫生检疫联防组”，成员单位为广东、广西、福建、云南、海南、四川、贵州、重庆、深圳、珠海、厦门局。主要工作任务是开展登革热、疟疾、西尼罗热、裂骨热和黄热病等热带传染病的传入风险分析、快速检测诊断、科学有效的控制措施等方面的工作。8 月，卫生部通报国家质检总局“四川发生输入性疟疾疫情”，四川出入境检验检疫局参加总局组织的中缅边境地区输入性疟疾疫情调查工作，与南方八省热带病联防组专家一起制定《四川地区输入性疟疾疫情的调查方案》，摸清了四川省输入性疟疾的真实发病情况及相关流行病学资料。提交了专题调查报告；参加南方八省热带病卫生检疫联防组会议，审议了登革热、疟疫、西尼罗热、日本脑炎卫生检疫联防方案。四川出入境检验检疫系统建立疟疾检测实验室，配备全自动酶免系统和自动免疫印迹仪等先进的仪器设备，建立较完善的质量管理体系；对双流国际机场区域内蚊类进行监测，每旬监测一次，每月 8 日、18 日、28 日进行成蚊监测和幼蚊监测，汇总全月蚊类测监数据，以及月气象情况形成口岸疟疾、登革热媒介监测信息报告报国家质检总局。

2005 年 6—8 月，四川发生较为严重猪链球菌病疫情，四川出入境检验检疫局密切跟踪，有效应对，联合设立直报点。口岸检疫查验部门按照处置要求、技术规程，随时调整和确定出国传染病监测体检筛查重点对象，对机场口岸区域内的食品企业负责采购、运输、加工人员的健康状况进行分类管理。对来自全省各地的 1099 名外派劳务人员进行出国体检，未发现可疑病人；共检疫查验出境人员 4.48 万人次、出境航班 393 架次，未发现可疑病人。全年，办理签发国际旅行健康检查证明书 15282 份、艾滋病报告单 1082 份、国际旅行预防接种证明 19601 份、预防接种禁忌证明 269 份、境外人员体格检查记录证明 1676 份，为留学人员填制各类专用外文健康体检、预防接种表格 403 份，并配合公安部门依法遣返境外梅毒患者 1 人。

二、宣传培训

1984 年，成都卫生检疫站按照要求完成《中国国境口岸地区检疫传染病病史》的编写，该技术报告在 1983 年度成都卫生防疫站举办的学术交流会上作大会交流；完成《检疫检测传染病管理》的编印 1000 份，全书计近 4 万字；整理世界各地霍乱、鼠疫、疟疾等传染病情资料，翻印《疫情月刊》4 期计 150 份，分送各疾病监测点；受全国省会、市站流行病协作组委托，举办卫生统计、科研设计、设文写作学习班 1 期，学员 61 人，学时为 1.5 个月；举办旅行卫生讲习班 1 期，培训口岸涉外单位有关人员 460 人；对双流机场、锦江宾馆、省旅游局、省外事办、旅行车队的服务员 380 人进行防病知识的培训，为512人做健康状况调查；向成都市乡、街道办事处以上医疗卫生单位、县（区）以上的党政部门、区属以上的工厂、中专以上的学校共615个单位分发《国境卫生检疫问答》《祝您健康》等宣传材料4314份。

1985年，成都卫生检疫站召开国境卫生检疫座谈会，与省市外办，各涉外单位、卫生局、防疫站共44家单位建立业务联系。举办川西北开放市县旅行卫生讲习班1期，学员17人。截至1985年底，疾病监测8万人次。

1986年，成都卫生检疫所对成都市内外宾就诊、食宿单位的医务、涉外人员普及检疫、监测传染病防治知识，讲课18次，听众1155人。按照四川省卫生厅关于川西北开放市（县）旅游区疾病监测要求，组织召开川西北开放的17个市（县）卫生局、防疫站、劳务输出、联检等涉外单位和省市卫生厅局、省旅游局等48个单位参加的卫生检疫工作座谈会，落实开放旅游区的疾病监测网的建设，并与眉山、峨嵋、乐山、灌县、新都、松潘、南坪、成都、广元、南充、德阳等开放市县建立疫情交换关系，全年分送《世界疫情》月刊、周刊58期计1152份。

1989年，成都卫生检疫所向省内各区（市、县）医疗卫生单位以及机场联检部门分发《中华人民共和国国境卫生检疫法》上千本。编印《检疫、检测传染病》《艾滋病防治》《出国人员须知》等学习宣传材料上万份；培训口岸以及为口岸服务的宾馆和川西、川北地区饮食、食品、饮用水从业人员、导游等上万人次。

图1－12　1995年，成都卫生检疫局人员在街头宣传《中华人民共和国国境卫生检疫法》

2003年，国家质检总局印发《关于加强出入境口岸传染病监测和预防工作的紧急通知》，同年，四川出入境检验检疫局就“三检合一”以来对《中华人民共和国传染病防治法》的贯彻实施情况向四川省人大常委会进行专题汇报。与省卫生厅合作在双流国际机场出境口岸通过展板、宣传手册、计划生育工具开展了对出境人员性病、艾滋病的卫生宣传教育；在局保健中心体检大厅通过电视、宣传图片、手册开展对出国人员艾滋病防治知识讲座和旅行卫生保健知识宣传。

2004年，四川出入境检验检疫局召开“四川出入境人员艾滋病防治工作暨加强保健中心管理工作会议”，进一步提高了对加强艾滋病卫生检疫工作重要性的认识；在保健中心设立咨询电话、旅行卫生保健触摸屏查询系统，候诊大厅滚动播放艾滋病防治宣传片，使体检的出入境人员及口岸从业人员了解艾滋病防治知识及相关法律法规。同时与四川华西医学院合作开展来华国际旅行者艾滋病预防知识情况问卷调查及干预研究和出国劳务人员艾滋病预防知识及艾滋病感染情况调查活动，对1.08万人次出国劳务人员进行宣传教育和咨询。

2005年，四川出入境检验检疫系统按照党中央、国务院、国家质检总局关于加强艾滋病防控工作的要求，与地方卫生部门建立出入境人员艾滋病宣传的长效机制。在出入境口岸设置艾滋病防治知识宣传专栏，发放艾滋病防治的宣传手册、图片、卡片。积极组织参加“世界艾滋病日”宣传活动，制作宣传展板18个，接受各界群众咨询358人次，发放宣传资料3000余份。

第三节　卫生监督

1981年10月至1990年，成都卫生检疫站卫生监督出入境航空器1000架次，查出不符合卫生条件出入境飞机36架次；不合格饮料16次、食品2次。

1981年，成都卫生检疫站开展对出入境交通工具、行李、货物的卫生监督工作。

1982年，成都卫生检疫站贯彻落实国务院批准卫生部、铁道部、交通部和民航总局联合制定的《中华人民共和国国境口岸卫生监督办法》，对机场和供应国际航班上冷饮、食品、饮用水的卫生检查、抽样检验。

1983年，成都卫生检疫站贯彻实施《中华人民共和国国境口岸卫生监督办法》，对外宾住宿的锦江宾馆的食品卫生、环境卫生督促检查，督导双流机场垃圾、污水、污物的处理。完成双流机场运输服务公司餐饮、食品、饮用水从业人员健康检查65人，对不合格人员督促其调离工作岗位。

1984年，成都卫生检疫站体检机场运输服务公司餐饮、食品、饮用水从业人员211人，检出肺结核1例、痢疾1例、乙肝表面抗原阳性11人，对不合格人员督促其调离工作岗位；对机场旅客餐厅、飞行食堂等12个单位进行了经常性卫生监督22次。对机场饮用水、饮料、食品采样18份，对机场和油库的水源水、官网水采样7个，不合格提出改进意见。

1985年，成都卫生检疫站体检机场运输服务公司餐饮、食品、饮用水从业人员1141人，检出乙肝表面抗原阳性16人，肠道致病菌阳性5人，对不合格人员督促其调离工作岗位；对双流机场服务公司所属的旅客餐厅、配餐房、招待所和锦江宾馆所属的膳食部、客房部、商品部的卫生许可证的进行复审检查。

1986年，成都卫生检疫所卫生监督、检查出入境飞机102架次；体检机场运输服务公司、饮食、食品、饮用水从业人员1234人，检出乙肝表面抗原阳性10人，肠道致病菌阳性10人，对不合格人员督促其调离工作岗位。对机场使用的6口深水井采样，理化和细菌学检验，只有2口井水符合国家标准，要求整改；对机场内及飞行大队的自备水源11口深井水质，在枯水期、丰水期进行了理化和细菌指标检测，其中有6口井水质不符合国家卫生标准，停止使用；对机场冷饮、食品抽样检测55个，白冰、冰激凌细菌总数超标未批准生产；对机场宾馆进行经常性卫生监督38次，审发卫生许可证14个；对职工游泳池水进行首次检测，不符合卫生要求，指导采取措施；审验了机场候机楼二期工程兴建的旅客餐厅厨房；组织卫生监督员等对川西、川北开放县市旅游区的30个宾馆、饭店、招待所，19个旅游点，5所供外宾就诊的医院及冷饮店、饮食店、茶铺、干杂店等41个环境及公共卫生设施进行检查。对机场、宾馆进行经常性卫生监督38次，审发卫生许可证14个。

1987年，成都卫生检疫所体检机场运输服务公司餐饮、食品、饮用水从业人员1160人，查出乙肝表面抗原阳性11人，肠道致病菌阳性4人，对不合格人员停发口岸从业人员健康证并督促其调离工作岗位。

1988年，成都卫生检疫所体检机场运输服务公司餐饮、食品、饮用水从业人员1498人。并对机场饮用的7口深井水在枯水期、丰水期进行监测，对不达标的深水井采取集中式消毒处理后饮用。对锦江宾馆、民航宾馆、民航招待所、旅客餐厅、小食部、小卖部等9个单位审发卫生许可证20个、公共场所卫生许可证7个。处理成都至香港航班上饮用水细菌总数超标事件，责成双流机场服务部从供水各环节建立健全卫生管理制度。

1989年，成都卫生检疫所对口岸从业人员体检1545人，查出乙肝表面抗原阳性8人、尖锐湿疣1人，及时调离原工作岗位。对锦江宾馆夜总会的两个舞厅空气一氧化碳、二氧化碳、风速、照明度、细菌总数等进行检测；督导机场重新修建配餐室，使其建筑设施符合卫生要求。

1990年，成都卫生检疫所对出入境航空器的卫生监督，检查出入境飞机269架次，把成都市创建卫生城市工作纳入议事日程，落实到个人。经过3个多月的艰苦努力，使成都双流国际机场的垃圾、厕所、空气质量、食品饮用水、灭鼠等6个方面均到达规定要求，成为“花园式机场”。

1991年，成都卫生检疫所对出入境航空器的卫生监督，检查出入境飞机522架次，在全国十佳卫生城市复查中，重点加强机场口岸公共场所、饮食行业、环境卫生的监督管理。全年监督监测食品、饮料合格率达83.3%；监测餐茶具合格率达100%；对8个候机厅室内空气质量和波音737型2519号客机内空气质量进行监测，符合国家标准；对机场自备水源的11口深井水进行监测，2口水源不符合国家卫生标准停止使用。

1992年，成都卫生检疫局全年进行经常性卫生监督215次，使从业人员体检率、五病调查率、卫生许可证验证率、餐具消毒设施使用率、行政处罚建档率均达100%。

1994年11月11日，四川省政府下发《关于进一步加强我省口岸卫生检疫工作》文件，确定成都空港口岸卫生监督工作由成都卫生检疫局负责。

1995年，成都卫生检疫局对供应国际航线飞机上的食品实行“一条龙”管理，杜绝了未经检验的食品上机的漏洞，保证合格食品的供应。

1999年，成都卫生检疫局依法对所管辖宾馆、食品加工厂、食品、饮用水从业人员进行体检，合格者发给健康证上岗，不合格者发出调离通知书；对食品生产企业实行源头控制和生产过程监管，提供的食品必须持有卫生证书和检验报告书；对机场内生活饮用水和供飞机水质的检测，共进行16次、114个水样的检测，根据检测结果，及时采取消毒措施。并对机场候机楼、涉外宾馆、民航售票处等，每年设立30多个监测点进行空气监测。按照国家局要求，对双流机场进出境航空器实施《进出境航空器卫生监督评分标准》，规范了卫生执法行为。

图 1－13　1998 年，成都卫生检疫局卫检人员对西航食品公司食品库房食品进行卫生检查

2001 年，成都双流国际机场卫生监督的对象为 36 家。其中，口岸服务行业 24 家，食品生产经营单位 12 家，口岸从业人员 1531 人。至 2005 年，因创建国际卫生机场，原由机场急救中心承担卫生监管职能全部交四川出入境检验检疫局，卫生监督单位增加到 180 家，其中，口岸服务行业 126 家，食品生产经营单位 51 家，口岸储存场地 3 家，口岸从业人员增至 4798 人。

2003 年，四川出入境检验检疫系统做好机场内公共场所、宾馆等单位的“非典”防制工作，加强所辖公共场所、宾馆、餐厅的巡查，掌握进出境旅客的流动情况，为一旦发生“非典”做好应对准备。依法对所管辖宾馆、食品加工厂、食品、饮用水从业人员 1604 人进行体检，合格者发给健康证上岗，不合格者 4 人发出调离通知书。加强机场内生活饮用水和供飞机水质的检测，对 70 个食品样、95 个水样、67 个消毒效果监测样品检测，根据检测结果，及时采取整改措施。

2004 年初，中国周边一些国家和中国部分地区爆发高致病性人间禽流感以后，四川出入境检验检疫系统及时对食品生产企业的家禽货源、加工过程进行监督，从源头上遏制禽流感在口岸的发生。同年 3 月，西南航空食品有限公司新配餐大楼通过竣工验收并投入使用，2005 年 9 月，在大楼建设及 HACCP 体系建立过程中，四川出入境检验检疫系统在配餐大楼的硬件设施建设、食品加工工艺流程和房间布局设计提出卫生评价和改进意见，使食品生产流程更趋合理、科学，生产环节更符合卫生标准；在企业科学化管理方面，指导企业建立和完善 HACCP 卫生管理体系。

2005 年 7 月，国家质检总局下发《关于进一步加强猪链球菌检验检疫工作的紧急通知》。四川根据该通知要求，组织人员对 11 家饮食服务单位有针对性地现场监督，主要检查生猪肉进货渠道是否检疫，粗加工场所是否对用品、用具消毒等。要求食品加工企业严格把好进货渠道关、验收关、粗加工产品质量关，切断传染病源，杜绝疫情发生。

四川出入境检验检疫系统致力于双流国际机场创建“国际卫生机场”的工作，并积极实施卫生监督。同有关单位一起对双流国际机场候机楼、配餐食品供应厂、供水设施、废水废物处理设施等摸底调查，对存在的问题分析汇总，督促整改。2005 年 12 月，民航西南地区管理局下发《关于成立双流国际机场创建国际卫生机场领导小组办公室的通知》，领导小组办公室技术指导组下设 10 个专业技术小组。其中，四川出入境检验检疫系统负责公共场所卫生组、食品卫生组、饮用水卫生组、媒介控制组资料收集整理和卫生监督工作。

2001—2005 年成都双流国际机场食品、公共场所、饮用水从业人员健康体检和卫生知识培训情况统计表

表 1－14　　单位：人、%

年　份	体检人员（人）	健康人数（人）	患病人数（人）	患病调离率（%）	卫生知识培训率（%）	培训合格率（%）
2001	1531	1483	48	100	100	100
2003	1604	1600	4	100	100	100
2004	2035	2021	14	100	100	100
2005	2230	2216	14	100	100	100

说明：2002 年数据缺失

2001—2005 年成都双流国际机场食品、饮用水、微小气候、消毒效果检测数据统计表

表 1－15　　单位：个、%

年　份	样品类别	检测数量（个）	合格数（个）	合格率（%）
2001	食品	44	40	90. 91
	水样	99	79	79. 80
	空气质量监测	31	31	100. 00
	消毒效果	63	50	79. 37
2003	食品	70	69	98. 57
	水样	95	83	87. 37
	空气质量监测	—	—	—
	消毒效果	67	57	76. 12
2004	食品	326	320	98. 16
	水样	134	127	94. 78
	空气质量监测	—	—	—
	消毒效果	2245	2172	96. 75
2005	食品	183	183	100. 00
	水样	125	114	91. 20
	空气质量监测	96	96	100. 00
	消毒效果	3468	3421	98. 64

说明：2002 年数据缺失

第四节　卫生处理

根据1984—1988年卫生部、海关总署、外经贸部等部委文件精神，成都卫生检疫站对入境航空器运载货物、旅客托运、携带行李进行严格查验。口岸上发现旧服装，一律收缴，销毁处理；对在成都市场上销售的旧服装，收缴以后进行严格的消毒杀虫等卫生处理或焚烧，共处理进口旧服装3.57万件，发消毒合格证2.87万个，销毁进口旧衣服1.12万件。

1986年，在成都市卫生防疫站指导下，双流机场修建焚烧炉解决了多年未解决的飞机上垃圾污物处理问题，减少疾病传播的可能性。

1987年，成都卫生检疫所处理了双流机场西南航空公司B－707，2410号4113航班发生搬运氯敌鼠母粉中毒事件。

1989年，成都卫生检疫所消毒处理疑似副霍乱病人污染及污染嫌疑的外环境、行李、物品，计消毒面积2500平方米。采用不定期检查方式加强机场垃圾、污水、污物、粪便的处理的监督，处理违反规章制度的工作人员两次。

1990年，成都卫生检疫所对双流机场垃圾乱倒提出警告，并要求撤换垃圾处理不负责的工人；督促机场建成水冲式厕所，封闭了无法改造的公厕。6月，卫生检疫总所下发《关于下发〈国境卫生检疫卫生管理规程〉（试行）》《国境卫生检疫卫生处理办法》的通知，要求对废旧物品、集装箱、货物等物品的卫生处理管理工作科学化、程序化、标准化。

1991—1999年，共消毒出入境飞机3584架次，消毒货场3万平方米以上，消毒出境尸体棺柩47具，卫生处理集装箱1000个标箱以上。

1991年，成都卫生检疫所完成入出境集装箱卫生处理50个，办理入出境集装箱处理证明50份。

1992年，成都卫生检疫所抽检13架次飞机的消毒除虫工作。

1995年，成都卫生检疫局开展机场3个国际货场出入境货物的杀虫及国际航班回程时厕所、垃圾的消毒，计约200航班次；卫生处理集装箱166批，664个，配合成都市政府收缴进口旧服装1035件，全部予以焚烧销毁。

1996年，成都卫生检疫局消毒处理出入境飞机450架次；消毒货场面积1.4万平方米，出境尸体棺柩5具。

1997年，按照《进口废旧物品卫生检疫管理规程》和《进口废旧物品卫生规程》的要求，成都卫生检疫局清毒处理入境飞机760架次；消毒货场1000平方米，尸体棺柩3具。

1998年，成都卫生检疫局消毒处理出入境飞机731架次；消毒货场面积2000平方米，尸体棺柩1具。

1999年上半年，成都卫生检疫局消毒处理出入境飞机498架次，消毒尸体棺柩1具。

2000年，卫生处理工作交由四川检验检疫机关服务中心承担，四川卫生检验检疫系统的卫生处理工作严格执行质检总局关于卫生处理的各项规定，规范卫生除害处理机构，做好处理药械筛选，对卫生处理从业人员培训、考核；对处理效果进行评估。

2003年“非典”期间，对1118架次出入境飞机进行空气消毒。并在机场涉外宾馆、餐厅、卫生间、报验大厅、保健中心门诊部，每天消毒2次，消毒面积达122.59万平方米。

2004年，按照质检总局的有关规定，四川出入境检验检疫系统加强对卫生处理企业的监督、管理及指导，派员深入企业帮助查找问题，从人员管理、制度建设、安全操作、规范用药、药械储存等方面给予指导和监督。

2005年，四川出入境检验检疫局对从事口岸卫生处理单位进行年审，不符合要求的卫生处理单位提出限期整改的意见。

第五节　国际旅行卫生保健

1982年，成都卫生检疫站开展对出国人员的预防接种工作。

1988年，成都卫生检疫所开展对出入境人员健康体检工作。

1990年，成都卫生检疫所派出医生为青川县、广汉市、渡口市和贵州遵义市等地的出入境人员进行健康体检和预防接种。共体检各类人员1.67万人，其中，交通员工从业人员8332人，出国人员5530人、回国人员2538人、来华外国人268人。通过监测发现有肺结核、痢疾、伤寒、梅毒、乙肝、肠道带菌、疟疾等206例。

1991年，成都卫生检疫所组织医技人员前往川西、川北地区十余县市，完成出国人员传染病健康体检15次，计1300余人。

1995年4月，国家卫生检疫总所《关于深化改革国境卫生检疫工作的方案》要求各省市成立中国国际旅行卫生保健协会服务中心。1996年2月，经成都市机构编制委员会批准同意成都卫生检疫局成立中国国际旅行卫生保健协会成都服务中心，主要任务是负责出入境人员的健康体检、预防接种、卫生保健、卫生处理、传染病保险。

1997年4月，按照政事、政企分开的要求，经四川国际旅行卫生保健协会批准，成立“四川国际旅行保健协会门诊部”，成都市卫生局颁发“医疗机构执业许可证”。该门诊部属地方全民卫生事业单位，设置内科、外科、妇科、五官科等8个科目诊疗科室，服务对象为出入境的国际旅行者，主管单位四川省国际旅行卫生保健协会。同时接受中国国际旅行卫生保健协会的行业管理。

1998年，四川国际旅行保健协会门诊部完成监测体检1.19万人次，预防接种3.32万人次，查出各种疾患736例。拓展业务开展霍乱、黄热、甲、乙肝、麻风腮、百白破、流脑、脊髓灰质炎、水痘等其他预防接种及结核菌素试验计400多人次，新增检验项目尿八联、尿妊娠、血常规15项3分类、外斐—肥达氏实验113人、便培养志贺氏菌1622人，霍乱菌113人检查，进口食品微生物检测，0—157溶血性大肠菌检测。

1999年8月“三检合一”以后，四川国际旅行保健协会门诊部更名为四川国际旅行卫生保健中心（简称“保健中心”）。主要承担四川出入境人员健康体验、预防接种、国际旅行健康咨询及宣传等，是为国境口岸卫生检疫工作履行传染病监测、防止传染病传入传出等执法提供技术保障支撑的单位，同时是独立面向出入境人员和社会开展多种医疗卫生服务的医疗机构。

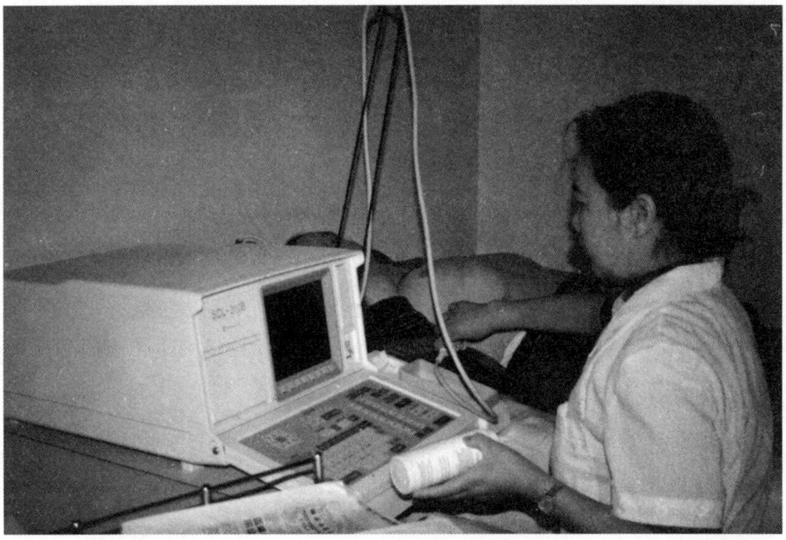

图 1－14 1997 年，国际旅行卫生保健协会门诊部为外出劳务人员体检（B 超检查）

2000 年，对成都口岸出入境人员健康 2590 人次，查出梅毒带毒者 14 例、乙肝带毒 62 例。

2001 年 7 月，四川检验检疫局为保健中心在四川省事业单位登记管理局办理事业单位法人登记，2001 年经国际旅行者救助协会考核后授予定点体验门诊。主要进行传染病监测和诊治，开设有内科、外科、妇科、五官科、口腔科、临床检验、技术诊断（B 超、心电图、X 线）等科室。

2001 年，保健中心确定“规范管理，加强服务，拓展业务，努力创收”的近期目标和“内强机制，外树形象，平稳过渡，持续发展”的长期目标，使保健中心的工作做到第一年打基础，第二年上台阶，第三年迈大步，第四年大发展。

2001 年 10 月，国际旅行者救助协会主席 Marcolongo 受中国国际旅行卫生保健协会的邀请考察四川保健中心，对中心的概况、人员结构、科室设置、设备等情况做详细的调研。经过考核，保健中心被国际旅行者救助协会授为定点体验门诊。

2002 年，从事出入境人员传染病监测体检和预防接种的医护人员均在当地卫生行政部门办理职业证书，并进行注册登记。至此，保健中心具有法人登记证、机构代码证、非盈利性医疗机构职业许可证、收费许可证及其他相关证照。

2002—2003 年，四川出入境检验检疫系统开展“三下企业”活动，为川南、川北地区贫困地区农民工出国体检及预防接种。两年共出诊体检 30 次，为 2512 名出国劳务人员提供上门服务。

2003 年 5 月，保健中心成立“非典”防治工作小组，下发《四川国际旅行卫生保健中心关于做好非典防范工作的通知》，制定《保健中心“非典”防治工作现场处理实施方案》及工作流程图，确定发热主检医生，开展体温检测。购买一台血球计数仪和一台 X 光自动冲片机，增强“非典”辅助诊断的能力，为“非典”检测工作提供技术支持，积极为出入境人员进行“非典”健康体检和办理无“非典”体征健康证明手续。

2004 年历时 6 个月，四川出入境检验检疫局对保健中心用房投入约 120 余万元从标志、颜色、科室布局以及周围环境等方面进行统一规划和装修改造，按照“以体检者为中心，体现人性化服务”的原则，完成改造、装修工程及周围配套设施以及环境绿化工作。在中国国际旅行卫生保健协会的推动下，同年 12 月，保健中心安装对外咨询服务系统、语音自动应答系统和多媒体触摸屏，在体检、预防接种、实验室各有关岗位配置并投入运行。这套系统的使用，方便出入境人员的健康体检，预防接种，有关政策查阅和咨询，成为西部地区第一个开展信息化建设的保健中心。

2004 年起，四川出入境检验检疫系统开展面向社会服务，当年为社会及社区人员开展体检和预防接种 997 人次，方便社区人员医疗服务 1300 人次。

2005 年初，四川出入境检验检疫局向省政务服务中心提交《四川国际旅行卫生保健中心新建 FY51－3 医用 X 线机机房放射防护控制效果评价报告表》《四川省辐射环境监测报告》等 12 种情况报告表后，经过近半年的努力和考核，于 2005 年 6 月保健中心取得射线装置工作许可证，解决了多年来 X 光室无射线装置工作许可证的问题。同时承担双流国际机场霍乱疫情的采样、病原菌分离鉴定，为口岸疫情防制提供科学依据。

1999—2005 年成都口岸出入境人员健康体检及传染病监测情况统计表

表 1－16

年份	体检人数（人）	体检发现病例数（例）					
		乙型肝炎表面抗原阳性	梅毒	丙肝	艾滋病病毒感染者	肺结核	疟疾
1999	9170	41	12	—	—	—	—
2000	12590	62	14	—	—	—	—
2001	12085	65	10	—	—	—	—
2002	12936	49	17	—	—	—	—
2003	17422	605	31	—	1	5	—
2004	18719	1035	99	7	1	7	—
2005	19279	1158	125	252	4	7	—
合计	102201	3025	308	259	6	19	—

第四章　国境口岸检验检疫

随着世界经济的发展，四川与国际间的交往日益增多。同时，2000 年以来，世界各地炭疽、非典型肺炎、猪链球菌病、禽流感等突发疫情频繁发生。“三检”合并以后，从中央到地方都把检验检疫工作的重点转向加强涉及健康、卫生、安全、环保、反欺诈以及国计民生关系密切的重要对象的监管工作上，国境口岸查验和卫生检疫监管成为全局工作的重点之一。四川出入境检验检疫局紧跟问题导向，高度整合检测资源，使技术力量、查验措施等充分地在国境口岸检验检疫重点中发挥出来，为人民生命财产和四川对外经贸的发展构筑起安全屏障。

第一节　口岸建设

1978 年，党和国家工作重点转移到经济建设以来，四川省的对外开放取得长足发展。至 1995 年底，全省同 133 个国家和地区建立经济、科技、贸易、务实合作关系，与 20 多个国家建立 38 对友好城市关系。经国务院批准，四川省的成都、重庆、万县、涪陵 4 个市享受沿海开放城市政策。省所辖 22 个市、地、州中，成都、重庆等 11 个市、地全境对外开放，其余市、地、州亦大部分对外开放。全省拥有成都、重庆、绵阳、自贡 4 个国家级高新技术开发区及 54 个省级开发区。同时，全省获得对外贸易进出口权的外贸专业公司和生产企业有 170 家，在海外 40 个国家和地区组建了 166 个企业（或机构）；全省共兴办外商投资企业 6800 多家，1995 年度外贸进出口总额达 40.4 亿美元。因此，在全省建设口岸、开放口岸十分重要而迫切。在四川省 20 世纪 80 年代即拥有成都双流机场空运口岸、重庆江北机场空运口岸和重庆港水运口岸为国家一类开放口岸的基础上，为适应进一步扩大开放的需要，1994—1997 年，四川省人民政府分别行文批准设立攀枝花铁路口岸、成都公路口岸、绵阳铁路口岸和成都市青白江铁路口岸 4 个二类开放口岸。按照报批程序，省政府又向国务院上报开放西昌青山机场空运口岸的报告，向国家口岸主管部门上报至 2000 年开放省内 3 个空运口岸的意见。全省基本形成水、陆、空并举的开放格局，为四川出入境检验检疫事业的发展壮大筑建了宽广的平台。

1999 年 8 月“三检”合并后，四川出入境检验检疫局在口岸建设与监管中，突出地抓口岸内涵建设，提高口岸业务质量和成效。在成都双流国际机场、成都火车东站集装箱堆场、青白江华铁堆场、成铁集装箱运输中心堆场和市外贸运贸输转运站等实施“六个一”工程。一方面，将原民航部门须向卫检、动植检部门办理货物申报、查验、处理、放行手续简化为向机场办一个部门统一办理；将原来由卫检、动植检两个部门分别执行登机查验、检疫处理、验放任务简化为由机场办统一执行，加快旅检现场飞机、旅客、货物的通关速度，创新口岸业务建设。另一方面，机场办、卫检、动植检及保健中心等有关部门加强配合，把口岸查验和卫生检疫监管作为重点工作，针对国际国内疫情疫病流行动态，扎紧口子，严防疫情疫病传入传出；不断完善口岸联防联控长效机制，齐抓共管构筑四川口岸安全屏障。发挥主导作用，帮助成都双流国际机场创建国际卫生机场。2004 年，成都双流国际机场提出创建国际卫生机构申请。四川出入境检验检疫局积极发挥主导作用，在创建中承担了关键性的技术指导工作，帮助双流国际机场在生活饮用水、公共场所卫生、固体和液体废弃物处理等 8 个方面取得质的突破，并在建立医学隔离区、实施飞机环保无害化处理程序和运用航空废水密封排放、快速分离固体成分技术。经过 3 年的创建，成都双流国际机场顺利通过世界卫生组织的评审，成为国内第七家、西部第一家国际卫生机场，有效提升了成都、四川对外开放的形象。至 2004 年，四川省辖区内共有一类口岸 1 个，二类口岸 6 个及 1 个国际邮件处理中心。其中：

图 1－15　1992 年，检验检疫人员对水运口岸进行装船监督

一类航空口岸成都双流国际机场，每年验放国际直航航班 6800 架次，直航国际航班的旅客约 85 万人次，验放进出境货物 1.9 万吨。

二类口岸成都火车东站铁路口岸，年均进境集装箱 6800 标准箱，年均出境集装箱 1.3 万标准箱，进出境货物 24 万吨。

二类口岸成都青白江铁路口岸，进出口物资为 43 万吨，国际集装箱 3.57 万标准箱。

二类口岸绵阳铁路口岸，年均进出口集装箱 4927 标准箱，货物量 3.9 万吨。

二类口岸乐山铁路口岸，设计能力 200 万吨，该口岸尚未开展业务。

二类口岸成都公路口岸，年均进境集装箱 2900 标准箱，年均出境集装箱 600 标准箱，进出境货物 4.3 万吨。

四川出入境检验检疫局在成都铁路口岸、成都公路口岸分别设置一个查验科，设立报检窗口，在口岸一次性完成报检、计收费、检疫查验、签订通关等工作。两口岸均有现场检疫除害处理，并具备口岸进境货物的放射性检测能力。

二类口岸泸州水运口岸，2005 年初口岸进出境箱量为 1026 标准箱。泸州检验检疫局口岸监管科于 2005 年 11 月正式入驻水运口岸。口岸监管科对水运口岸的检验检疫监管步入正轨，在对进出境集装箱及货物在疫情风险分析基础上，确定了重点查验的进出口来源地区、企业和货物种类，有针对性地开展检疫查验工作；与海关密切协作，建立了通关前进出境集装箱检验检疫查验与海关查验同时进行的检验监管模式，提高了水运口岸进出境集装箱及货物的报检通关速度。

2001 年，四川出入境检验检疫局在成都国际邮件互换局设邮检科，年查验国际邮件总包 6.8 万袋，国际邮件 134 万件。

第二节　口岸检验检疫

一、航空口岸

（一）进出境旅客与航空器检疫

1992—1995 年，四川口岸检疫检验机构在成都空运口岸检疫查验进出境航班 4126 架次，出境旅客 35.36 万人次；在重庆空运口岸检疫查验进出境航班 1858 架次，进出境旅客 14.31 万人次。1997 年 7 月，成都动植物检疫局向西南航空公司、港龙航空公司、四川航空公司、成都双流国际机场及有关单位发出《关于对成都空运口岸进出境飞机实施动植物防疫消毒处理的通知》，为防止动物传染病、寄生虫病和植物危险性病、虫、杂草以及其他有害生物传入中国，保护农、林、牧、渔业生产和人体健康，从 1997 年 8 月 1 日起，对成都空运口岸的进出境飞机实施动植物防疫消毒和除害处理。对来自动植物疫区的进境飞机抵达成都双流国际机场，经检疫人员实施检疫后，对货舱、食品舱等场所分别使用国际动植物检疫局规定的消毒药剂和杀虫剂进行消毒、杀虫等检疫除害和防疫处理；对装载动植物、动植物产品和其他检疫物的出境飞机，在装载货物前实施检疫查验。对符合动植物检疫和防疫规定的，准于装载货物；对不符合规定的，必须经检疫除害处理合格后，方能装载货物。对不执行国家检疫规定的，将依法予以处罚。四川出入境检验检疫局成立以后，把口岸的检验检疫和卫生检疫监管作为重点工作。机场办、卫检、动植检及保健中心等有关部门协调配合，针对国际

图 1－16　1992 年，在成都空运口岸检验检疫人员对进出境人员和航空器进行检疫

国内疫情疫病流行动态，扎紧口子，严防疫情疫病的传入传出。针对欧洲流行的口蹄疫情、美国发生的炭疽热事件，加大对动物产品和动物饲料的口岸查验力度，加强对入境旅客携带物、国际航线快递物品、国际邮寄物的查验和检验检疫。认真做好出国人员的疾病监测，为出国旅行者提供传染病预防保健。针对四川劳务输出人员多的实际，多方协调，加强了对回国劳务人员疾病检查和监测。同时，加强各项检验检疫制度建设，在成都双流国际机场旅检现场，完善出入境健康申报、体温检测、医学巡查、病人控制、通风消毒、信息报告、自身防护、宣传教育等八项制度；严格检疫操作规程，在出入境人员卫生检疫过程中，坚持“五个到位”，即检疫人员首先登机、红外测温仪测量进出境人员体温、收取填写完整的出入境旅客健康申报卡、实施现场医学巡查和发现可疑病人立即转送。

2000 年 4 月，四川出入境检验检疫局检疫人员在成都双流国际机场口岸首次从来自泰国旅客携带的芒果中，截获中国禁止入境的二类危险性害虫——芒果果实象甲，并对该批水果及时进行销毁处理。

2003 年 5 月 8 日，检疫人员发现香港至成都的 CA411 航空上一名旅客体温为 37.7℃，有疑似非典症状。当即对 33 名密切接触者测量体温，核实、登记后移送至双流国际机场留验站进行隔离留验。在四川省、成都市卫生行政部门认确解除疫情后，为其办理入境手续。

2004 年“五一”期间，在检疫成都至曼谷的 TG619 航班的旅客时，发现一名韩国籍旅客体温超过 38℃，经诊断为间日疟病，依照有关规定劝阻其出境并采取了相应措施，待病人体温正常病情稳定后才予离境。

2005 年 2 月 1 日，国航西南公司向四川出入境检验检疫局机场办事处报告，由卡拉奇返程的朝觐包机 CA11946 航班上一名 74 岁的男性乘客突然死亡。经现场检疫人员、机场急救中心医生共同排查，排除传染病的可能。随后检疫人员对尸体及航空器进行消毒处理并对随机食品抽样送检。

1999—2005 年四川出入境旅客及截获违禁动植物及产品统计表

表 1－17

年　份	出境人数（人次）	入境人数（人次）	截获违禁动植物及其产品（批）
1999	126838	121101	114
2000	135098	131450	111
2001	92423	90951	108
2002	194805	186369	136
2003	162988	160392	57
2004	263831	256572	155
2005	305279	285077	390
合　计	1281262	1221912	1071

1999—2005 年四川出境航空器检疫统计表

表 1－18　　　　单位：架次

项目＼年份	1999	2000	2001	2002	2003	2004	2005	合计
出境航班	1042	1069	953	1882	1522	2199	2751	11418
入境航班	1047	1083	958	1842	1509	2226	2748	11413

（二）进出境邮寄物品检疫

2001 年 6 月，国家质检总局、国家邮政局联合下发《关于印发〈进出境邮寄物检疫管理办法〉的通知》。同年 9 月，四川局与四川省邮政局联合下发《关于转发〈进出境邮寄物检疫管理办法〉的通知》，制定四川进出境邮寄物品检验检疫工作的具体措施。

2001 年 10 月，四川出入境检验检疫局成立驻成都国际邮件互换局邮寄物品检疫科。四川出入境检验检疫局邮检科隶属于机场办事处，对外名为中华人民共和国四川出入境检验检疫局驻邮局办事处。

2001 年，美国发生“9・11”恐怖袭击事件，同年 10 月，美国发现炭疽邮件。国家质检总局与国家邮政局联合下发《关于严防炭疽传入中国加强进境邮寄物、快件和旅客携带物检验检疫的紧急通知》，四川出入境检验检疫局与四川省邮政局联合转发国家质检总局、国家邮政局的紧急通知。为防控炭疽传入，四川省出入境检验检疫局派员对联检现场人员进行防控知识的培训和讲解，要求对美国、中东地区的邮件采取重点查验。同年 11 月，四川出入境检验检疫系统正式开展进出境邮寄物品的检疫查验。2001 年 11 月至 2002 年 12 月查验进境邮件 1.78 万件，开包 787 件，查出违规邮寄物品 147 件，查出物重 305.47 公斤。

2002 年，四川出入境检验检疫局与成都海关、国际邮件互换局在暂扣销毁违规进境物品的移交工作上达成共识，制定《邮寄物品检疫操作程序》《四川局邮检现场证书、印章、发票管理办法》《截留物品管理办法》等工作制度。

2004 年 1 月，国务院办公厅下发《关于加强高致病性禽流感防治工作的紧急通知》。同年 2 月，国家质检总局、国家邮政局联合下发《关于加强出入境邮寄、速递物品检验检疫工作的紧急通知》，要求检验检疫机构严把进口检疫关，密切关注高致病性禽流感疫情发展趋势，防止高致病性禽流感随邮寄、速递所传入传出，3 月，四川出入境检验检疫局查获来自疫病国家的鸡肉加工制品 17 批 23.70 公斤。

2005 年 3 月，为防止林木有害生物随进境货物木质包装传入中国，国家质检总局要求进境木质包装应在输出国家或地区进行检疫除害处理，并加施国际植物保护公约组织（IPPC）专用标识。四川出入境检验检疫局邮检现场随即开展对邮寄物品木质包装加施专用标识的查验。9 月，四川出入境检验检疫局成立成都陆运口岸办事处。邮寄物品检疫科隶属于成都陆运口岸办事处。

2002—2005 年四川查获违规邮寄植物种子统计表

表 1－19

年　份	批　　次	重　量（公斤）
2002	5	20.56
2003	6	34.74
2004	6	4.60
2005	7	8.29
合　计	24	68.19

2001—2005 年四川查验进出境邮寄物品结果统计表

表 1－20

年份	查验邮包数（件）	开包数（件）	检出进境违规物（批）	检出违规物重量（公斤）
2001	2956	79	15	14.90
2002	17755	147	147	305.50
2003	17816	540	66	166.28
2004	35746	661	63	97.50
20005	54547	482	72	101.20
合　计	128820	1909	363	685.38

2001—2005 年四川查验违禁进出境邮寄物品分类结果统计表

表 1－21

年　份	动物产品（批）	植物产品、种子（批）
2001	15	0
2002	141	6
2003	58	8
2004	57	6
2005	62	10
合　计	333	30

（三）鲜活产品检验检疫

1999 年，四川检验检疫局将空运的部分鲜活产品的检验检疫职能划归机场办，主要产品为松茸、紫苏和山葵，销往日本和韩国。因为松茸通常以重量计价，不法企业在松茸中插入铁钉、铁丝、小铁棒、竹签等异物增加重量的情况十分严重，国外反响强烈。为加强过程控制，建立溯源体系，四川出入境检验检疫局要求出口企业建立种植、采摘、收购、运输、加工的溯源管理体系，绘制溯源管理措施网络图并备案，一经在检验检疫、口岸查验、外方反馈情况等过程中发现问题，进行溯源查找。为加强农残控制，强化检验把关，四川出入境检验检疫局确定重点检测项目，实行批批检测，对出口鲜松茸采取“滚动式”验放方式，实行动态管理。

为加强企业自控，增强诚信意识，四川出入境检验检疫局根据国家质检总局《出口食品厂库卫生要求》和《出口食品厂库卫生注册细则》，以及《出口商品质量许可、出口食品卫生注册登记管理办法（试行）》，要求企业鲜松茸加工冻库进行食品卫生厂库注册登记，按时对登记证到期的加工厂进行复查考核，并要求企业配备 X 光机对夹杂异物进行逐箱检查，对违规企业加大处罚力度，切实做到“源头能控制、过程可追溯、质量有保证”。

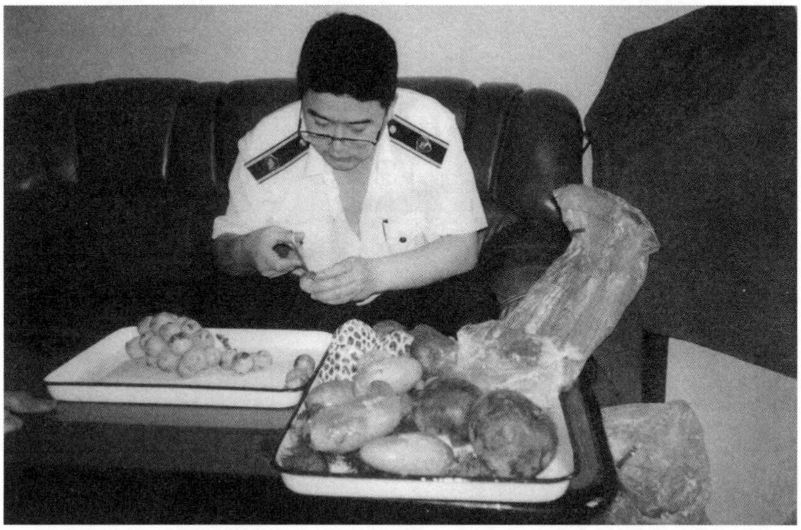

图 1－17　1998 年，成都动植物检疫人员对出境鲜松茸实施检疫

（四）进境木质包装查验

1998 年以来，中国多次从来自美国、日本、韩国、欧盟货物的木质包装中截获中国禁止入境的危险性有害生物松材线虫。国家出入境检验检疫局于 1999 年、2000 年分别发出号令，要求对来自美国、日本、韩国、欧盟的木质包装加大监管力度。

2000 年，经成都双流国际机场出人境的货物为 1.33 万批。其中，检疫木质包装及铺垫材料 339 批；鲜活商品 146 批，货值 33.9 万美元；松茸 765 批，货值 698 万美元；销毁人境无检疫证牛肉 1 批、山葵 1 批 8000 株，不合格木质包装 2 批。

2001 年，经成都双流国际机场出人境的货物为 7928 批。其中，检疫入境木质包装及铺垫材料 360 批次，检验检疫出人境鲜活商品 773 批，出具各类证单 5018 份，销毁进境木质包装 5 批及无检疫证书植物产品 1 批。

2003 年，经成都双流国际机场出入境的货物为 14730 批。其中，检疫人境木质包装 868 批，对其中 53 批无检疫证书的人境木质包装进行除害处理。出具各类证单 9154 份。

2004 年，经成都双流国际机场出人境的货物为 1.93 万批。其中，检疫入境木质包装 1130 批，对其中 93 批无检疫证书的入境木质包装进行除害处理。出具各类证单 1.12 万份。

2005 年，经成都双流国际机场出入境的货物为 9845 批。其中，检疫人境木质包装 481 批，对其中 32 批无检疫证书的人境木质包装进行除害处理。出具各类证单 4540 份。同年，国家质检总局、海关总署、商务部、国家林业局联合下发第 11 号公告，发布进境货物木质包装检疫新规定，要求所有进境货物木质包装加施IPPC标识。四川出入境检验检疫局货检现场加强对入境木质包装的查验检疫力度，并与熏蒸公司建立联系，实施《木质包装处理回执制度》，要求熏蒸公司及时将处理意见方法通过回执备案。

1999—2005年共查验木质包装3178批，不合格186批。

1999—2005年四川航空口岸入境木质包装检疫查验情况一览表

表1-22

年份\项目	查验批	不合格批	处理方式
1999	—	—	—
2000	339	2	销毁
2001	360	5	销毁
2002	—	—	—
2003	868	53	卫生除害处理
2004	1130	93	卫生除害处理
2005	481	32	卫生除害处理

二、陆运口岸

（一）进出境货物查验

1999年11月，四川出入境检验检疫局的机场办事处陆运科承担成都火车东站、成都公路口岸进出境货物及集装箱、木质包装的检疫查验。

2000年前，四川出入境检验检疫局陆运现场开展非法检、法检进口货物的登记和查验年平均仅为500批。2000年，四川出入境检验检疫局陆运现场共接受报验1376批，货值25.52亿美元；签发进口货物通关单1281份。

2000年1月，全国检验检疫系统实行新的通关模式，整合原“三检”各自开展查验进口货物的程序。2000年铁路部门先后开通成都至青岛、成都至上海的班列，从成都通过铁路运输的进出境货物采取一次申报、一次查验、一次放行。同年，四川出入境检验检疫局局陆运现场开通CIQ 2000证书管理系统，将进出境商品的报验、收费、签证、检验检疫等各个环节纳人计算机系统化管理。

2003年，为加强现场查验的科学性，提高检出率，四川出入境检验检疫局局陆运现场要求报验窗口严格审单，杜绝不符合报检要求的货物进人下一个工作程序，对需要现场查验核实情况的货物及时通报；对现场发现的不合格情况，认真做好不合格原因、处理方式等的进行登记并照相取证，货主签字后确认，进入微机管理。

2005年9月，四川出入境检验检疫局设立成都陆运口岸办事处，将原机场办陆运科承担的职能划归陆运办事处。

2000—2005 年四川陆运口岸进出境货物查验情况统计表

表 1－23　　单位：批、万美元

年　份	批　次	货　值
2000	1376	36451.14
2001	1411	23592.30
2002	1969	32461.49
2003	2395	41111.00
2004	2758	51985.00
2005	2371	21137.20
总　计	12280	206737.93

（二）进出境集装箱检疫

1988 年 4 月 7 日，卫生部下发《入境、出境集装箱卫生管理规定》，明确出入境集装箱卫生管理的范畴和实施内容。

1989 年，成都卫生检疫所受理出入境集装箱的申报，重点审查货物的种类、数量、来自国家或地区，是否来自疫区、包装、有无易腐败变质的货物，是否装载废旧物品、食品、特殊物品，是否采取过任何卫生处理。有下列情形的集装箱必须进行卫生处理：携带有医学媒介生物和其他医学生物，载有腐败变质货物、食品、废旧物品，有碍公共卫生物品、被传染病污染或有污染嫌疑、途径检疫传染病或监测传染病疫区时启封、装卸过货物的，输出国要求有熏蒸证书或卫生处理证书的，国家法律、行政法规或国际条例规定必须作卫生除害处理的。

1990 年，成都卫生检疫所与成都海关联合发出《关于开展入境、出境集装货货物卫生检疫管理的通知》，开展出入境集装箱卫生检疫 101 箱。

1994 年 11 月，成都铁路口岸卫生检疫办事处设立，加强铁路出入境物资的卫生检疫管理工作。

1995 年 1 月，成都卫生检疫局同昆明卫生检疫局、贵阳卫生检疫局与成都铁路局、昆明铁路局、贵阳铁路局联合发文加强铁路物资的卫生检疫，实施货物的卫生监督和卫生处理，现场报关出证。

1996 年，全年处理违法案件 3 起，罚款 300 元人民币。

成都铁路局集装箱运输中心国际堆场和成都华铁国际储运有限公司集装箱堆场，分别位于成都市区和成都市青白江区。成铁堆场吞吐量占总箱数的四分之三，华铁堆场吞吐量占总数的四分之一。2000 年 1 月，国家出入境检验检疫局发布《进出境集装箱检验检疫管理办法》，将原“三检”有关集装箱检验、检疫规章融合，统一对进出境集装箱的检验检疫实施管理。

2000 年 3 月，四川出入境检验检疫系统开展集装箱的卫生检疫、动植物检疫、装运出口易腐易烂变质食品、冷冻品的集装箱适载性检验和检疫除害处理工作。检验检疫进境集装箱 911 个，出境集装箱 743 个，发现箱体不清洁，门缝、门扣损坏，有活虫、粪便、虫卵等不合格集装箱 81 个，占检验检疫总数的 4.7%。

2001 年 7 月，国家质检总局印发《进出境集装箱场站登记细则》和《关于贯彻落实〈进出境集装箱场站登记细则〉有关问题的通知》。同年 12 月，四川出入境检验检疫局下发《关于进出境集装箱场站进行登记管理的通知》，要求有关企业提交进出境集装箱场站登记申请表及相关资料进行考核，成铁堆场和华铁堆场取得进出境集装箱场站登记证。

2001 年 8 月，四川出入境检验检疫系统将集装箱报验、收费、签证、检验检疫等各个环节纳入 CIQ 2000 的系统管理。

2002 年 3 月，国家质检总局发布《进出境集装箱检验检疫操作规程》，于同年 9 月起施行。四川出入境检验检疫局对出境集装箱的检验检疫在货物装箱前进行，对进境集装箱的检疫与进境货物的查验同时进行，严格按照标准所规定的操作程序检验检疫。及时向各分支机构通报火车东站原装转关集装箱情况，要求集装箱两堆场每日传真通报进出境集装箱和货物到达信息。同年 12 月，四川出入境检验检疫局系统在香港进境装运包装设备的集装箱中，截获医学媒介美洲大蠊和有害生物蜥蜴。

2003 年 1 月，四川出入境检验检疫系统从中国台湾进入大陆装运的羽毛集装箱中截获仓储有害生物白腹皮蠹等，对集装箱采取药物熏蒸处理。

2004 年 2 月，四川出入境检验检疫系统在一批来自德国装运成套设备的集装箱内发现 2 头活体天牛幼虫、1 头天牛成虫和 4 头幼虫。经鉴定，成虫为胸断眼天牛 Tetropiumcastneum（L，1758），幼虫为沟胫天牛亚科 Lamiinae，墨天牛属 Monochamus，疑为与云杉大墨天牛 Monochamus urussovii（Fabricius，1787）。该年从查验的出入境集装箱 7345 标箱中，先后 22 次截获 5 个属种的蝇类近 20 万余只，美洲蠊 4 只。

2005 年 9 月，四川出入境检验检疫局将成都公路口岸集装箱、货物查验职能划归成都陆运口岸办事处，利于加强成都公路口岸国际集装箱堆场进出口商品、进出境动植物产品的检验检疫和监管。

1990—2005 年四川出入境集装箱卫生检疫统计表

表 1 - 24

年　份	入境数（个）	出境数（个）	不合格数（个）
1990	101		101
1991	50		50
1992	40		—
1993	—		—
1994	—		—
1995	664		—
1996	449		—
1997	211		—
1998	34		—
1999	—		—
2000	911	743	81
2001	2527	714	4
2002	3595	547	55
2003	4582	570	312
2004	5786	257	264
2005	4739	407	186

说明：1990—1999 年出入境数据未分开统计

三、水运口岸

重庆港水运口岸为国务院批准的国家一类开放口岸，1992—1995 年，每年的外贸货运检疫查验量均在 10 万吨以上。泸州港作为全国 28 个内河主要港口之一，四川第一个二类水运开放口岸，其国际集装箱码头一期工程于 2002 年建设完工。2004 年 4 月，水运口岸一期工程正式开港营运，港口进出港集装箱量逐年增加。重庆海运、四川民生、重庆长航、四川中远、太平洋等船舶公司首次开行泸州至上海集装箱班轮内河支线；在泸州港中转的有丹麦马士基、法国达飞、台湾万海、东方海外和中国远洋、中国海运、中国外运等 18 家世界级海船公司的海运集装箱；从泸州水运口岸进出口货物主要有日本丰田、神钢挖掘机、龙蟒集团、银鸽纸业、泸州老窖等企业。

依据《中华人民共和国进出境动植物检疫法》《中华人民共和国国境卫生检疫法》《中华人民共和国进出口商品检验法》《中华人民共和国食品卫生法》，泸州出入境检验检疫局对运输集装箱、木质包装及铺垫材料检疫监管，防止有害生物传入传出；对出入境交通工具、运输集装箱及及其可能传播检疫传染病的货物实施国境卫生检疫和口岸卫生监督，防止疫情疫病传入传出。2005 年，泸州水运口岸共检验检疫放行进出境集装箱 47 批，1026 标准箱。其中入境检疫 18 批，711 标准箱，出境检疫 29 批，315 标准箱；入境查验 21 批，247 标准箱，出境查验 8 批，89 标准箱。不合格 1 批，1 标准箱，其原因为木质包装未正确申报。

图 1－18　2004 年 4 月，正式开港营运进出境集装箱的水运口岸泸州港

第二篇　检验检疫监管

检验检疫监督管理为检验检疫机关重要的职能。四川出入境检验检疫监督管理工作按照“寓监管于服务中，服务中体现监管”的定位要求，努力实现监管与服务的有机统一。

监督管理工作包括质量许可制度、卫生注册登记、出口商品分类管理、对外注册、封识标签管理、认证认可、进境检疫审批、风险分析及分类管理、残留监控、疫情应急管理、企业注册监管、出境检疫监管、医学媒介生物监测防制、进口食品卫生监督、特殊物品监管、绿色通道、出口免检、检务管理等多方面的内容。四川检验检疫监督管理工作坚持制度创新，先行先试、逐步推行的原则，结合四川出口企业的实际需要，提高工作效率，降低出口成本。2001 年 6 月，四川出入境检验检疫系统在调查研究的基础上，制定《四川出口商品生产企业分类管理办法试行》，对符合分类管理条件、质量管理规范、产品质量稳定、诚实守信的出口企业实施分类管理，使监管工作卓有成效。

第一章　进出口商品监督管理

对进出口商品生产经营企业、收用货单位和认可检测机构以及与进出口商品检验有关的工作实施监督管理，是《中华人民共和国进出口商品检验法》赋予四川检验检疫机关的重要职责。随着外贸经济的不断发展，进出口商品的监督管理从形式到内涵上都有较大的扩展。自1989年8月1日正式施行《中华人民共和国进出口商品检验法》以后，明确规定监督管理为商检工作的三大任务之一。从此，四川进出口商品监督管理工作全面进入法治建设的轨道。

第一节　质量许可证制度

一、出口质量许可

对重要出口商品实行质量许可证制度，是通过对出口企业的生产条件进行审查及对其出口产品进行抽样检测，审查是否建立健全出口商品质量保证体系。通过对技术工艺、检测设备、均衡生产、文明生产、人员素质等全方位对质量管理基础进行考核，经过生产、经营和商检三方联合考核后，对符合条件的厂，授予出口商品质量许可证，允许生产出口产品。外贸单位凭生产厂获得的出口商品质量许可证安排收购，商检才受理报验。对获得出口商品质量许可证生产厂的监督管理，采取不定期地抽查或到期复查的方法，视出口商品质量情况实施分级管理，并对检查发现的严重问题，限期改进或吊销其出口商品质量许可证。出口商品质量许可证制度是强化出口商品监督管理的一项主要措施。

1983年，国家商检局和机械工业部规定对普通车床、开式压力机、麻花钻头、百分表、磨料5种出口产品实行质量许可证制度。为此，四川商检局专门召开会议进行部署，广泛宣传。对生产企业摸底排队，并组织力量按规定对申请出口商品质量许可证的企业逐一进行考核。成都量具刃具厂、重庆工具厂等4家企业的7个出口商品获得国家商检局颁发的出口商品质量许可证。

1984年，国务院发布《中华人民共和国进出口商品检验条例》（以下简称《商检条例》）。国家商检局根据《商检条例》于同年6月1日发布《中华人民共和国进出口商品检验条例实施细则》（以下简称《实施细则》）。《实施细则》第三十四条规定对重点出口商品实行质量许可证制度。9月17日，四川省人民政府召开四川省贯彻实施《商检条例》及《实施细则》会议。会议讨论通过《四川省关于实施〈中华人民共和国进出口商品检验条例〉的规定》，强化出口商品质量许可证制度及检验把关工作。

1986年，四川商检局依据国家商检局、对外经济贸易部、轻工部和中国丝绸公司联合发布的《出口服装质量监督管理办法》《出口纺织品质量管理办法》和国务院机电产品办公室、国家经委、国家商检局联合制定的《出口机电产品质量许可证管理试行条例》规定的精神，对生产出口服装、纺织品、机电产品的企业，实行质量许可证制度。制定并印发《四川出口商品认可登记证核查试行办法》。该办法规定对四川省的出口商品一律实行认可登记，其监督管理工作由四川商检局统一负责。还规定四川省出口商品生产企业务必向商检机构申报生产条件、品种、数量、检验机构、检测设施、检验制度、检验标准及方法和质量管理等情况，经商检考核符合条件者，发给出口商品认可登记证，有效期为两年；核查不合格者，待其整改后予以复查，仍不合格者，外贸不再下达出口生产计划。

1987年4月29日，国务院办公厅转发国家经委、经贸部和国家商检局关于加强出口商品质量管理工作意见的通知，要求商检加大对重要出口商品发放出口商品质量许可证的工作力度，凡是实行出口商品质量许可证的商品，未取得出口商品质量许可证的，经贸主管部门不得签发出口许可证。同年11月25日，国家商检局发布的《出口商品质量许可证管理办法》规定："商检机构对所属业务片区的重要出口商品生产加工单位的产品和质量保证能力负责考核，经考核并获得出口商品质量许可证的商品，经贸主管部门方可签发出口许可证，外贸经营单位方准收购和出口，商检方予检验放行。"《出口商品质量许可证管理办法》还把大宗传统出口商品、品质不稳定的出口商品、涉及卫生及安全的出口商品和有发展前景的商品均规定为重要出口商品。同时，对获得质量许可证的条件、申请、考核及其管理也作了明确规定。结合机械、电子产品实际情况，国家商检局、机械工业委员会、电子工业部于1987年相应制定《机电出口产品质量许可证暂行管理办法》，同时规定金属切削机床、锻压机械、机床附件和中小电机等5类11种出口商品实行质量许可证制度。四川商检局按照上述规定，及时采取对质量许可证实施编号代码等办法，使全省出口商品质量许可证制度朝着规范化、制度化方向推进。同年12月9日，制定印发的《四川省出口丝绸产品质量监督管理实施细则》（以下简称《出口丝绸质量细则》）规定，直接生产出口丝、绢、绸的企业（包括种类表内和种类表外的生产企业）经商检编号注册，并经考核合格取得出口丝类产品生产许可证、出口丝织品生产许可证、出口纺织品质量许可证以后，方准生产出口产品，外贸经营部门方可收购，商检机关方可受理报验。考核发证由四川商检局与四川省丝绸公司组成质量许可证审查考核小组负责，经考核审查合格，由四川商检局颁发质量许可证。同时，对获得质量许可证的条件、申请、考核和颁证及管理也作出规定。

1988—1989年，四川商检在继续抓好机电产品、服装等出口商品质量许可证的贯彻实施和全省出口丝绸质量许可证制度的贯彻落实工作同时，重点加强对获得生丝质量许可证企业的后续管理，采取对监管人员实行定人、定任务、定目标、分片包干，每月定时下厂检查，定期目光校对等制度，较好地把住了质量关。

1990年8月15日和12月17日，根据国家商检局《出口商品运输包装检验管理办法》《关于对出口商品包装厂考核和发放质量许可证的通知》精神，四川商检局分别向全省厅级机关、省包装协会、保险公司、乡镇企业局、包装运输公司、成都海关、各地市州工业局、外贸局、出口商品包装厂和各地区局印发《四川商检局贯彻国家商检局关于对出口商品包装厂考核和发放质量许可证的通知的意见》（以下简称《贯彻意见》）和《四川商检局关于实施出口商品运输包装检验的通知》（以下简称《包装检验通知》）。《贯彻意见》和《包装检验通知》决定从1991年1月1日起，对出口商品运输包装进行检验，对全省所有出口商品包装实施质量许可证制度，并按照国家商检局制定的《出口商品包装质量许可证考核办法》严格考核。凡未经考核并取得商检局颁发的出口包装质量许可证的包装产品，有关单位不得用于出口商品包装，外贸部门不予收购，商检局不予受理报验。同年10月11日，根据外贸部、轻工业部和国家商检局联合发出的《关于加强出口陶瓷镉溶出量控制问题的通知》精神，四川商检局向四川省轻工厅轻工进出口公司、各出口陶瓷生产企业、各地区商检局印发《关于对出口陶瓷厂考核和发放质量许可证的通知》，决定对全省所有出口陶瓷产品实行出口商品质量许可证制度，从1991年7月1日起，未取得出口商品质量许可证的陶瓷产品，商检机关不受理报验。

1991年，根据根据商检局《关于加强出口陶瓷镉溶出量开展问题的通知》《关于执行〈出口陶瓷质量监督管理办法〉的通知》精神，四川商检局印发《关于对出口陶瓷厂考核和发放质量许可证的通知》，组织人力对全省出口陶瓷企业进行考核。同年8月29—31日，四川商检局在成都召开有各外贸公司、各有关部门及工厂等单位共150人参加的四川省出口包装工作会议，广泛听取和收集包装企业和有关部门的意见，成立由商检、外贸、生产主管部门组成的出口商品包装质量许可证考核小组，负责全省出口包装厂质量许可证考核工作。针对普通货物包装刚刚开验，四川申请质量许可证的包装四川企业加工技术水平和管理都较差的情况，四川商检局及时派出技术人员集中帮促，年底100多家出口包装四川企业大多获得质量许可证。同时，四川商检局根据纺织品、丝绸、服装、机电和轻工产品类生产企业质量许可证有效期临近的情况，下发《关于办理下一期出口纺织品、丝、绸及服装产品质量许可证转接手续的通知》《关于做好出口纺织品、丝、绸及服装生产企业质量许可证到期复查考核工作的通知》，安排部署几类产品质量许可证到期转接、复查考核等工作。机电仪及轻工类产品的质量许可证换发工作则按1991年8月27日国家商检局和机电部联合下发的《出口机械产品质量许可证管理办法》相关规定执行。

图2－1　1992年，四川商检局召开出口企业管理工作会

1992 年，四川商检局初步完成对出口商品质量许可证的考核工作，工作重心转移到对获证企业的监督管理和质量许可证到期转接复查考核工作上来。截至 1992 年底，全省实施出口商品质量许可证制度的商品达 257 种，获的质量许可证的出口企业达 855 家。

1993 年以来，国家商检局会同有关部门分别制（修）订出口电子、轻工机电、危险包装、冶金轧辊等产品的质量许可证管理办法。四川商检局制订《出口商品质量许可、出口食品卫生注册登记管理办法》，成立“两证”（许可证、卫生注册登记证）评审员资格评定委员会，举办四川商检局第一期“两证”评审员培训班。

1996 年国家商检局、外经贸部、机械工业部、电子部、和冶金部联合下发《“九五”期间实施出口质量许可证产品目录》，取消服装、纺织品、丝类商品的出口许可证制度，加之部分企业停产、关闭、重组，全川取得出口商品质量许可证的企业由 500 余家减少到不足 200 家。

1997 年，四川商检局制订《出口商品包装用纸监督管理规定》《四川商检局监管工作规程》，对普通货物包装、煤炭、陶瓷、机械、电子产品生产企业实施质量许可证制度。同年 12 月，四川商检局根据国家商检局、机电办《关于加强出口机电产品质量许可证管理工作的通知》要求，对已经办理出口许可证申请手续尚未取得出口质量许可证但外商急需出口的机电产品，以及企业首次出口或新开发试销的机电产品，可办理临时质量许可证。

1999 年，四川出入境检验检疫局进一步强化质量许可证制度的监督措施，提高对许可证照的考核质量，通过考核和管理促进企业管理水平的提高。

2001 年，围绕将工作重点向涉及安全、卫生、健康、环保、反欺诈和关系国计民生重要方面转移，加强进出口商品安全质量许可证管理，完善和规范申请、考核、审批、监督管理制度，努力促进进出口商品质量提高。

2003 年，四川出入境检验检疫系统建立“两证”电子报检查询系统，收集 120 家企业出口商品质量许可证信息，强化了管理。

2004 年 10 月，国家质检总局《关于公布出口危险货物包装容器质量许可管理有关事项的通知》，对出口危险货物包装容器质量许可的申请受理、考核细则和审批发证都做出明确的规定，四川检验检疫系统严格按程序办理出口危险货物包装容器质量许可的申请、考核和上报，当年由国家质检总局审批发证 34 份。

2005 年 12 月，《中华人民共和国进出口商品检验法实施条例》规定，对出入境检验检疫机构涉及人身财产安全、健康的重要出口商品实施出口商品注册登记管理，用出口商品注册登记管理制度代替传统的出口商品的质量许可制度。

二、进口商品质量许可

1987 年 9 月 8 日，国家商检局和国家对外经济委员会、对外经济贸易部、海关总署联合颁发《进口商品质量监督管理办法》规定，凡涉及安全、卫生、环境保护、劳动保护和检疫的商品，实行进口商品质量许可制度，并由商检机关和有关监督、检验机构公布实施质量许可制度的进口商品目录及按有关法规和标准进行检验、考核与注册或办法进口商品质量许可证。

1989 年 2 月，《中华人民共和国进出口商品检验法》进一步强化进口商品质量许可制度，同年 7 月 28 日，国家商检局发布《进口商品质量许可制度目录》，将汽车、摩托车摩托车发动机、电冰箱

（包括食品冷藏箱）、电冰箱压缩机、空调器、空调器压缩机、电视机（包括黑白机彩色电视机）和显像管等9种进口商品列入实施监管的目录。同年5月25日，国家商检局发布《进口商品安全质量许可制度实施细则》，进一步完善质量许可制度。自《进口商品质量监督管理办法》发布后，四川商检局召开进出口公司和进口企业人员会议，印发法规广泛宣传贯彻进口许可制度。到1992年底，对规定的9种进口商品全面实施进口许可。

1996年12月，四川商检局成立"进口商品质量安全质量许可制度四川审查部（简称审查部）"，为国家商检局批准的全国9个办理进口安全质量许可证的审查部门之一。其业务工作由国家商检局认证监管司和中国进出口商品质量认证中心领导。

1997年3月，四川商检局完成日本大阪变压器公司（DAIHEN Corporation）进口商品质量许可申请的资料审查、样品检测工作，并派员参加国家商检局和电焊机认可实验室组成的工作组，赴日本对该公司进行实地审查。

1998年，四川商检局审查部完成对日本松下公司的进口商品质量许可申请的资料审查、单元划分、计费、样品通关及检测工作。

1999年，审查部完成日本松下公司的电焊机样机检测和报批发证工作，完成美国斯马特公司、米勒公司、林肯公司对进口质量安全许可证的咨询工作。

2001年上半年，中国质量认证中心审查组对审查部开展内部审核工作。年内审查部派员参加国家商检局组织的对5家欧洲企业申请的进口质量许可证考核。全年，审查部共处理国外申请11家，报批发证2家。

利用强制性产品认证制度作为产品市场准入的手段，是国际通行的作法。为兑现中国加入世界贸易组织（WTO）的承诺，2001年12月3日，国家质检总局、国家认监委发布《第一批实施强制性产品认证的目录》（共19类，132种），将《进口商品质量许可制度目录》内商品全部纳入强制性产品认证范围，以强制性产品认证制度作为进口产品市场准入。对列入目录内的商品，从2002年5月1日受理申请，自2003年5月1日起，未获得强制性产品认证证书和未加施中国强制性认证标志的产品不得出厂、出口、销售。

2002年上半年，四川商检局参加国家质检总局组织对美国、加拿大4家申请进口质量许可证企业进行考核，并处理国外申请10家，报批发证8家（共37个申请单元）。

三、许可证发放

1983年，国家商检局和机械工业部规定对普通车床、开式压力机、麻花钻头、百分表、磨料等5种出口产品实行质量许可证制度。经考核，成都量具刀具厂、重庆工具厂、重庆锻压机床厂、内江锻压机床厂4个厂的7个出口商品获得国家商检局颁发的出口商品质量许可证。

1986年，四川商检局向全省20个市（地、州）的700多家出口商品生产企业发出出口商品认可登记通知，691家企业按照要求向商检机构申报了被认可登记情况。通过考核审查，126家出口商品生产企业获得出口商品质量认可登记，分别在重庆、成都、南充、万县召开出口商品认可登记颁证大会。同时，全省8家出口商品生产企业的17种产品经申报考核，获得出口质量许可证。

截至1987年，全省重庆衬衫厂、重庆服装厂、重庆嘉陵服装厂、重庆服装二厂、重庆童装厂、重庆川渝服装厂、重庆服装四厂、合川服装厂的34种产品、42家纺织企业的59种产品、25家农畜产品企业的26种产品，经申报考核合格，获得商检机关颁发的质量许可证。

1988年，四川商检局会同工贸部门，实行统一考核标准、分片包干的办法，重点抓全省传统的大宗出口丝绸质量许可证制度的实施工作。全年共考核颁发各类出口商品质量许可证198个。1983—1988年，四川商检局向全省22家企业的43种产品颁发了出口机电产品质量许可证，向64家企业的64种商品颁发了出口服装质量许可证，向140家企业的155种产品颁发了出口丝绸商品质量许可证，向42家企业的59种产品颁发了出口纺织品质量许可证，向25家企业的26种产品颁发了出口畜产品质量许可证，向1家企业的1个农产品颁发了质量许可证。共计有294家企业的348个商品获得了出口商品质量许可证。

1989年，四川商检局向143个商品颁发出口商品质量许可证。其中：机电产品62个，生丝产品7个，丝织品2个，纺织品49个，服装22个，包装1个。

1990年，四川商检局向出口企业颁发出口商品质量许可证195个。其中：畜产品证10个，烟草证1个，机电仪及轻工产品证82个，丝绢类证23个，服装证31个，纺织品证20个，绸缎证28个。同时，对全省8家出口服装企业质量许可证到期的生产、质量和管理情况进行复查考核，换发了新证；对核查合格的7家出口商品企业颁发出口商品质量认可登记证；对8个化工出口商品质量认可登记证到期复查合格换发了新证。至此，全省有518家企业向商检机关申报出口商品质量许可证，有637种商品获得商检机关颁发的出口商品质量许可证。其中：畜产品类（含烟草）53种，机电仪及轻工产品类185种，丝绢类158种，服装类101种，纺织品类80种，绸缎类60种。

1991年，四川商检局会同外贸及企业主管部门共同制定考核方案和考核程序，对申请办理质量许可证的企业进行考核，共向全省出口企业共颁发质量许可证163个。其中：畜产品2个，丝类5个，丝织品类17个，服装类10个，纺织品类11个，包装类101个，机电仪及轻工类17个。

1992年，四川商检局向全省出口企业颁发出口商品质量许可证53个。截至年底，四川省实施出口商品质量许可证制度的商品达257种，获证出口企业达855家。

1998年，四川商检局成立出口商品质量许可证专家评定组，负责对新申请的评审员进行专业资格评定。由于1996年后国家商检局会同国家外经贸委、机械工业部、电子部、冶金部取销了服装、纺织品、丝类商品的出口质量许可证制度，加之部份企业停产、关闭、重组等原因，故1999年7月年获证企业降至161家。各年度获质量许可证数见表2-1。

1993年至1999年7月四川各年度出口商品质量许可证办理情况统计表

表2-1　　单位：家

项目＼时间	1993年	1994年	1995年	1996年	1997年	1998年	1999年1—7月
复查	80	15	23	29	14	51	10
新办	72	107	20	52	28	14	3
总有效数	587	533	543	186	202	161	174

1999年9月，四川出入境检验检疫局承担出口质量许可证（含临时许可证）申请受理、企业考核、审批发证等工作。截至年底，四川出入境检验检疫局共向47家出口企业颁发出口质量许可证（含临时许可证）。

2001年，四川出入境检验检疫局考核发放证出口质量许可证共47家，其中：新办理13家（1家陶瓷企业和1家煤炭企业为四川省唯一获得该类产品出口食品许可证的企业），复查33家（主要为出口包装企业），发放出口机电产品临时质量许可证3个。

2002年，四川出入境检验检疫局共发放出口质量许可证49家，其中：新办24家，复查22家，发放出口机电产品临时质量许可证3个。

2003年，四川出入境检验检疫局受理出口商品质量许可证申请23家。

2004年10月，国家质检总局下发《关于公布出口危险货物包装容器质量许可管理有关事项的通知》，对出口危险货物包装容器实行质量许可制度。经四川出入境检验检疫局办理和上报，由国家质检总局审批发证34个。同年，受理出口商品质量许可证申请19家。

2005年12月，《中华人民共和国进出口商品检验法实施条例》规定，对出人境检验检疫机构涉及人身财产安全、健康的重要出口商品，实施注册登记管理制度。四川出入境检验检疫局对8家出口企业进行注册登记。全年共受理出口商品质量许可证申请10家，考核发证10家。

第二节　出口食品厂（库）卫生注册登记

1984年，第五届全国人大第二十五次会议通过的《中华人民共和国食品卫生法（试行）》明确规定："出口食品由国家进出口商品检验部门进行卫生监督、检验。"国家商检局和卫生部于1984年7月16日联合发布《中华人民共和国出口食品卫生管理办法（试行）》规定，凡在中国领域内从事出口食品加工的工厂、屠宰场、冷库、仓库（简称厂、库）必须按照国家商检局的规定向所在地商检机关申请注册；申请注册的出口食品厂、库必须符合国家商检局公布的出口食品厂、库最低卫生要求的规定；未取得注册和批准编号的出口食品厂、库不得加工、生产或贮存出口食品。同年10月，国家商检局发布《出口食品厂、库最低卫生要求（试行）》和《出口食品厂、库注册细则（试行）》，并下发《出口食品厂、库分批分期注册试行意见》，按产品类别将出口食品厂、库分四批进行先后注册。11月15日，四川商检局向全省出口食品厂、库转发国家商检局相关文件，结合四川省实际，对申请注册的食品厂、库的环境卫生、车间卫生设施、加工卫生、原辅料卫生、加工人员卫生、包装储运卫生及卫生检验管理等方面进行考核。同时，派出技术人员深入厂、库进行技术帮促，督促企业达到注册条件。考核合格的厂、库报经国家商检局注册备案，允许其加工、贮存、出口食品。到年底，全省有11家食品厂、库获得出口食品卫生注册。

1985年1月，《中华人民共和国出口食品卫生管理办法（试行）》实施后，四川商检局按要求发文规定，对当年6月30日前未取的出口食品卫生注册和批准编号的厂、库，不得加工、生产、贮存出口食品。并对厂、库现场检查、指导及督促，促使全省集资1653万元，对工厂环境、厂房设备、工艺及加工卫生条件进行办较大规模的改造，初步改变省内出口食品厂设备陈旧、厂房简陋、工艺落后、卫生条件差的状况。截至年底，申请注册的24家出口食品厂、库，有23家经考核合格获得出口食品卫生注册。

1986年，四川商检局对已注册的出口食品厂、库进行全面复查，帮助整改，8家新申请的食品厂、库通过注册考核。到1987年，全省有37家出口食品厂、库获得出口食品卫生注册。其中：罐头厂12家，冷冻厂、库19家，糖果食品厂2家，肠衣厂1家，食品仓库3家。

1988年，四川商检局会同省食品公司、粮油进出口公司有计划地对什邡、蓬溪、潼南、荣昌、宜宾和涪陵等6家肉联厂进行技术指导，严格考核验收，使之实现当年搞技改、当年获得出口食品卫生注册及批准编号。同年，四川商检机关与省出口食品企业主管部门和外贸部门组成卫生注册复查小组，分川东（重庆、南充、万县）和川西（成都）两个片区，交叉进行卫生注册复查摸底，督促工厂制定整改措施。其中有8家大中型罐头厂安装高频电阻焊空罐制造线，部分肉联厂建立同步检验线及传送分割台，所有罐头厂购置空听检验设备，安装了杂菌温度自动记录装置。全省34家出口食品企业全部复查合格，重新获得卫生注册证书和批准编号。

1989年6月，国家商检局在《国家进出口商品检验局关于进一步做好出口食品厂注册于监管工作的通知》中明确"在继续做好注册工作的同时，把对食品厂的卫生管理工作重点转移到加强监督检查，巩固、提高注册厂的卫生水平上来。"要求从1990年1月1日起，对种类表列明的出口食品加工厂，没有取得注册证书或登记的，不得加工生产或贮存出口食品。同时，规定对出口肉类、罐头、水产品、蛋制品、乳制品、速冻蔬菜、脱水蔬菜、饮料、茶叶、酒、糖、蜂蜜、肠衣和食用植物油加工厂，按照《出口食品厂、库注册细则》办理注册机编号，对第二、三、四批的其他食品加工厂、库实行卫生登记管理，由省商检机构发放登记证。四川商检局对12家新申请出口食品厂、库开展卫生注册重点帮扶，经考核合格取得注册与编号；1989年底，有13家食品厂、库获得卫生登记和批准编号。

图2-2　1992年，四川商检人员，现场指导出口企业产品生产

1990年，四川省开展第三次出口食品厂、库注册复查换证，全面完成全省53家已注册食品厂、库的复查考核工作。有94%的罐头厂采用电阻焊提高空听密封质量，盐渍菜加工厂、茶厂等卫生条件及设施也大改善。复查合格的42家厂、库均获得国家商检局准予注册和批准编号，11家新申请出口食品卫生注册的企业获得注册和批准编号。

1991年3月，四川商检局通知，要求脱水蔬菜、冷冻蔬菜、肉类、罐头、水产品、腌制品、乳制品、饮料、茶叶、酒、糖、蜂蜜、肠衣、食用植物油产品出口加工企业须经考核取得国家商检局颁发的出口食品厂、库卫生注册证书与编号后，方可加工出口商品，商检机关才予受理报验。文件发出后，四川商检局加强对上述类企业的督促指导，有21家新申请企业经国家商检局批准注册和编号。对已注册与编号的85家出口食品企业，从基本情况、资产状况、商品运输、保管、贮存、生产条件（包括技术管理、设施、卫生）质量检测、质量状况、全面质量管理、原料基地建设等方面进行全面地考核、评估和审查，报请国家商检局批准注册编号。按照国家商检局发布的《出口食品厂、库登记卫生要求（试行）》，严格对盐渍、干制和新鲜蔬菜加工企业进行考核，14家企业获得卫生登记和批准编号。

1992年，四川商检局加强对已取得卫生注册登记出口食品厂、库的后续监管。3月，召开专题会贯彻国家商检局《出口肉类、罐头、水产品注册厂问题的检查出来办法》。7月，成立食品卫生复查组赴全省36家已注册肉类和罐头厂开展复查，解决产品质量不稳定和制罐肉来源混乱等问题。同年，新申请的8家企业获得国家商检局卫生注册和编号。截至年底，全省获得出口食品厂、库卫生注册和批准编号的有106家食品企业。实施食品卫生注册的出口商品有下列15类：肉类、罐头、水产品、蛋制品、乳制品、速冻蔬菜、脱水蔬菜、饮料、茶叶、酒、糖、蜂蜜、肠衣、食用植物油、食盐。获得卫生登记和编号的企业61家，为水煮蔬菜、盐渍蔬菜、冷冻蔬菜、干制蔬菜、调味料、干果、魔芋粉等7类。

从1995年1月起，出口食品厂、库卫生注册的审批权改由四川商检局直接审批，只向国家商检局备案。该年在南充召开四川商检局贯彻国家商检局食品厂、库卫生注册监管工作会精神的会议落实此项管理要求。1996年，四川商检局制发《出口商品质量许可、出口食品卫生注册登记管理办法》《出口商品质量许可、出口食品卫生注册登记评审员管理办法》《出口商品质量许可、出口食品卫生注册登记评审资格评审委员会章程》，举办2期出口食品卫生注册评审员培训班，在德阳召开60余人参加的外贸出口食品生产企业卫生注册登记会议。从1997年起，按年度上报当年出口食品卫生注册登记总额，公布到期复查出口食品加工企业名单，使出口食品卫生注册登记及复查工作有序进行。

1993年至1999年7月四川出口食品卫生注册登记统计表

表2-2　　单位：家

项目 时间	注册登记企业总数	新办注册数	新办登记数	复查注册数	复查登记数
1993年	176	11	9	13	17
1994年	262	19	21	14	21
1995年	257	26	31	17	23
1996年	263	38	83	40	29
1997年	205	13	16	20	2
1998年	207	5	17	12	5
1999年1—7月	210	3	1	6	3

2000年，四川出入境检验检疫系统对2000年1月底前获得注册的食品生产企业进行全面清理，吊销不符合卫生注册要求及无产品出口的企业注册编号；对出口罐头生产企业卫生注册工作开展异地评审，严把出口罐头注册工作质量；停止冒用、共用或租借其他企业卫生注册编号的企业产品出口报检，吊销卫生注册编号。共清理不符合要求企业29家。其中：罐头企业1家，畜禽肉制品企业18家，肠衣企业2家，蔬菜企业2家，酒类企业3家，蜂产品企业2家，饮料企业1家。全年共办理16家企业卫生注册登记。

2001年，全年出口食品卫生注册考核发证28家。其中：新办20家，复查8家；卫生登记27家；其中：新办23家，复查4家。

2002年4月，国家质检总局发布《出口食品生产企业卫生注册登记管理规定》，原国家商检局《出口食品厂、库卫生要求》《出口食品厂、库卫生注册细则》同时作废。8月，根据国家认监委《关于印发王凤清主任在仓库食品卫生注册工作会议上的讲话的通知》要求，四川出入境检验检疫系统对全川1999年以后颁证的165家卫生注册登记企业逐一检查，发现不符合要求企业37家，6家经督促整改后合格，31家被注销编号。全年发放卫生注册证52家，其中：新办40家，复查12家；卫生登记证35家，其中：新办30家，复查5家。

2003年5—6月，根据国家认监委《关于切实加强出口食品企业安全卫生管理工作的紧急通知》《关于进一步做好卫生注册监督检查工作的通知《卫生注册登记企业“拉网式”监督检查工作要求》等文件精神，四川出入境检验检疫系统组成18个检查组，对162家出口食品生产企业进行“拉网式”监督检查。检查符合要求的66家，限期整改的74家，暂停出口报检资格的2家，吊销注册登记编号的20家。8月，又组成3个检查组，再次对全川23家肉类加工企业和14家肠衣加工企业拉网式检查，结果暂停出口报检2家，注销卫生注册编号9家。年内，建立“两证”电子报检查询系统，收集141家卫生注册企业、97家卫生登记企业相关信息，便于查询和监督管理。全年受理卫生注册50家，卫生登记20家。

2004年10—11月，四川出入境检验检疫系统组织对27家出口冻肉和16家出口罐头注册企业进行重点监督检查。全年共受理卫生注册企业申请47家，卫生登记企业申请31家。

2005年7—10月，根据国家认监委《关于开展出口肉类屠宰加工设施整改和加强出口肉类注册监管工作的通知》要求，对25家出口肉类屠宰加工企业进行检查，促进企业淘汰更换老化、损坏严重的设施设备，改造不合理的工艺流程。全年共受理卫生注册企业申请84家、卫生登记企业申请43家，经考核合格发证122家，不合格5家。截至2005年底，在已注册登记企业的复查中，取消29家条件不合格企业的卫生注册登记资格。

四川出口卫生注册企业涉及种类从最初的11类扩大到17类，在罐头、肉类等传统出口食品种类基础上增加饮料、调味品、功能食品等新的出口品种，产品线逐步延长，目标市场扩大。全省共有卫生注册企业193家，卫生登记企业86家。

1999—2005 年四川省出口食品生产企业卫生注册登记统计表

表 2－3　　　　单位：家

年份		1999	2000	2001	2002	2003	2004	2005
注册企业类别	01 罐头	8	12	13	10	19	28	40
	02 水产品	—	—	—	—	—	—	—
	03 肉类	39	37	45	32	22	32	27
	04 茶叶	4	13	8	6	8	9	9
	05 肠衣	18	5	13	12	10	15	14
	06 蜂产品	2	3	3	2	3	3	3
	07 蛋制品	—	—	—	—	—	—	—
	08 速冻脱水果蔬	1	7	24	28	11	21	20
	09 糖类	1	—	—	—	—	—	—
	10 乳制品	—	—	—	—	—	—	1
	11 饮料类	—	1	1	2	1	3	3
	12 酒类	9	9	11	11	9	10	14
	13 花生干果坚果	1	2	2	2	4	3	6
	14 果脯	—	—	—	—	—	—	—
	15 粮食面糖制品	—	2	2	5	8	12	16
	16 食用油脂	—	—	—	1	1	1	2
	17 调味品类	—	—	—	6	13	15	21
	18 速冻方便食品	—	—	—	—	—	—	1
	19 功能食品类	—	—	—	1	7	9	14
	20 食品添加剂类	—	—	—	—	1	1	1
	21 泡菜	—	—	—	—	—	—	—
	22 其他类	—	1	5	—	—	—	—
	登记类别	64	46	24	68	64	78	86
合计		147	138	151	186	181	241	279

第三节　对外注册

按照中国与进口国或地区签订的双边检疫协定（检疫协议、备忘录等），进口国对输入产品的生产、加工企业实行注册管理制度。出口俄罗斯、欧盟、新加坡、加拿大、美国等国家和地区的肉类产品还必须获得进口国注册。

1984年，德阳冻兔厂申请对外注册，四川商检局通过对其进行生产技培训、设施设备改造、建立完善质量卫生管理体系等方面的帮扶，使该厂顺利通过西德卫生当局的考核，并于1985年获批在联邦德国注册。

在出口食品卫生注册工作的推动下，全省罐头生产企业对工厂环境、厂房设备、工艺加工卫生条件进行较大规模技改。1985年，重庆市潼南罐头厂获得美国食品药品管理局（简称FDA）认可注册。1986年，全省有10家罐头厂的低酸蘑菇罐头获得FDA认可注册。

1990年，自中国与苏联缔结双边政府动物检疫协定后，国家动植物检疫机构开始负责对向前苏联出口动物及产品检疫工作。1993年国务院按照中苏双边协议和《进出境动植物检疫法》，协调出口动物产品检验检疫相关各方，明确对苏联解体后相关国家及其他与中国签订有相关动物检疫缔约国家的动物产品归属于国家动植物检疫机构负责。1994年，国家动植物检疫局与俄罗斯兽医总局共同签署对俄罗斯出口猪肉、牛肉的检疫证书。1995年6月，俄罗斯对中国出口猪肉和牛肉的生产厂进行检查，四川（原成都动物检疫所管理范围）首批通过考核并注册登记18家。

1994年，欧盟兽医官JK·萨默维尔博士和D·科林斯博士对四川省德阳冻兔厂进行注册复查。1994—1996年，四川省德阳冻兔厂两次通过欧盟卫生复查注册，注册代号为0051。

1995年6月19—29日，俄罗斯联邦农业部兽医总局派团对中国的部分对俄出口肉类加工企业进行考察。经国家动植物检疫局推荐并经俄兽医专家实地考察，中国首批有55家出口肉类加工厂家通过俄罗斯注册登记考核，其中四川注册登记的有18家出口肉类加工企业。具体是安县肉联厂、绵竹县食品公司肉联厂、四川省苍溪兔鸭肉类冷冻加工厂、四川省广元肉联厂、苍溪县食品公司肉联厂、清白江第二肉联厂、仁寿县鑫龙肉食品总厂、四川省绵阳市肉联厂、什邡肉联厂、德阳肉联厂、川仁食品综合加工厂、梓潼县畜牧食品总公司、射洪县肉联厂、广安综合食品厂、四川省遂宁市肉联厂、南充市冷冻厂、岳池县肉联厂、四川蓬溪县肉联厂。

1995年，邛崃市家禽加工厂获德国卫生注册，注册代号为5100103068。

1996年4月，欧盟盖医官考察邛崃市家禽加工厂；新加坡原产局何洪发博士和邓梅花博士考察什邡肉联厂、四川省原种猪场。同年11月，英国农渔食品部兽医官戴维尔·J·科林斯和夺杰尔·鲍尔·吉本斯先后到宜宾冻兔厂、德阳冻兔厂考察。外籍人士到川考察，促进了对外注册交流。

1996—1997年，四川商检局先后将邛崃市家禽加工厂、宜宾冻兔厂和新都肠衣总厂、四川兴达实业公司、成都欣恩肠衣有限公司、内江肠衣厂报国家商检局推荐为对欧注册企业。1997年国家商检局对欧注册检查小组对全省上报的对欧注册的宜宾冻兔厂、邛崃市家禽加工厂、新都肠衣总厂、成都欣恩肠衣有限公司、四川兴达实业公司、内江肠衣厂等进行检查，为出口食品国外注册奠定了基础。同年，四川商检局向省委、省政府递交了《加快四川出口食品对外注册迫在眉睫》的专题报告，省委、省政府领导给予了指示。1999年2月，新都肠衣总厂、四川兴达实业公司、成都欣恩肠衣有限公司、内江肠衣厂获得欧盟临时卫生注册。

1999年8月，四川“三检”合并以后，积极开展对外注册工作。指导帮助宜宾冻兔厂按欧盟指令不断完善卫生设施、质量体系，为迎接欧盟检查作了充分准备。切实做好肠衣厂的对欧注册工作，开展对欧注册技术咨询，指导企业进行技术改造和准备对欧注册资料。通过努力，辖区内3个肠衣厂获得了对欧临时注册，天府农副产品加工厂通过国家检验检疫局组织的异地评审，获得推荐对欧盟注册的资格。加强肉联厂对俄注册工作，积极帮助企业培训检验检疫人员，完善检验检疫制度，提高企业加工卫生水平和检验检疫把关能力。梓潼肉联厂获得俄罗斯官方兽医卫生注册，中江肉联厂通过了俄罗斯官方兽医卫生注册初审。绵阳肉联厂等16家出口企业对俄冻猪肉获得了俄兽医签署的发货证明。在对出口食品卫生注册企业的清理整顿中，取消1家肠衣企业对欧盟临时注册号。

2000年4月，欣恩肠衣厂接受了加拿大官方兽医的注册检查。10月，加拿大官方对其正式注册。同年，在对出口食品生产企业的清理整顿中，取消1家肠衣企业对欧盟临时注册编号。

2000年初，新加坡政府不再进口活猪屠宰，改为直接进口冻猪肉。根据四川省外贸发展的要求，四川检验检疫局会同省级有关部门对四川7个肉联厂、4个养猪场进行考察，筛选出井研、什邡肉联厂作为四川第一批拟对新加坡注册的定点企业。2000年2月，四川井研县食品有限责任公司按照新加坡的要求进行技术改造，2001年9月24日，公司获新加坡卫生注册，成为四川唯一具有向新加坡出口猪肉的企业。2000年3月，欣恩肠衣厂通过国家局评审，4月，接受加拿大注册检查，10月，获得加拿大注册。

2001年，四川检验检疫机关利用对俄出口猪肉解禁的有力时机，严格按卫生注册标准对全省肉联厂重新审核，帮助成都市畜联肉业有限公司等28家肉联厂获得俄罗斯方面的认可。5—9月，宜宾冻兔厂、华英肠衣厂等获得欧盟注册；9月，井研肉联厂正式通过新加坡农业食品兽医管理局（AVA）注册。全年还推荐2家鸭肉制品厂对日本注册、4家罐头厂、7家肠衣厂对斯洛伐克注册，推荐2家肉联厂对俄罗斯注册。

2002年2—3月，欧盟、俄罗斯先后以检出药残等理由，暂停进口中国肠衣、肉品，四川省供港澳猪肉也因在香港检出违禁药物暂时停止接受报检。四川出入境检验检疫局会同省有关部门清理整顿兽药市场、取缔违禁药物生产厂；投入资金建立和改造大型养猪场；培训乡镇干部、畜牧人员、养殖大户；认可合格饲料厂及饲料添加剂厂；实施统一供应猪仔、统一防疫消毒、统一供应饲料、统一使用药物、统一收购屠宰的“五统一”管理模式等措施。8月，四川21家加工企业通过中俄双方专家的共同检查，获得俄罗斯兽医局的注册。具体是：四川润丰肉食有限公司、巴中市惠昌食品有限公司、遂宁市高金食品有限公司、四川省达州市肉类联合加工厂、绵阳双汇食品有限责任公司、四川省名山县肉类联合加工厂、四川省宜宾市外贸粮油肉类食品集团有限公司、巴中市肉联厂、四川省广元肉联厂、遂宁市高金食品有限公司射洪分公司、成都市双流县东平肉联厂、达川市通川区通达食品有限责任公司、泸县吉友食品有限公司、仁寿双汇食品有限公司、四川省福润肉类食品有限公司、四川省井研县食品有限责任公司、四川光路冷冻食品有限公司、四川省绵阳市长林肉类食品有限公司梓潼西山分公司、四川省资阳市四海发展实业有限公司、成都五粮液阿福科金牛实业有限公司、自贡市华润肉类食品有限公司。年底前，6家供港澳肉品企业药残合格，恢复对香港澳门出口报检。年内，对全川7家输美低酸罐头生产企业进行检查，2家企业整改合格后推荐接受FDA复查，5家企业不予推荐。全年推荐11家肠衣厂对阿根廷注册、1家肠衣厂对新加坡注册、14家肉联厂和肠衣厂对俄罗斯注册、21家肉联厂对蒙古注册、15家肉联厂对乌拉圭注册、5家肠衣厂对瑞士注册、7家肠衣厂对加拿大注册、2家肉联厂对澳门注册并拍接受澳门官方检测。

2003年，通过对企业的技术指导、人员培训，全年3家肠衣企业新获欧盟注册。帮助成都市五粮液阿福可公司按新加坡要求整改，建立HACCP食品安全体系，接受年底新加坡来华对五粮液阿福可公司申请注册的检查。全年推荐1家禽肉企业对日本注册、3家企业对俄罗斯注册。

2004年，四川省1家禽肉制品企业获得日本注册、1家肠衣厂获得对加拿大注册。全年推荐1

家蜂产品企业对欧盟注册、1 家熟禽制品企业对日本注册、2 家肉品企业对俄罗斯注册、1 家蘑菇罐头企业对美国注册。

1999—2005 年，四川出入境检验检疫系统拓宽国际市场，分别向美国、欧盟、俄罗斯、新加坡、阿根廷等 17 个国家和地区推荐注册企业 161 家次；先后有四川省 54 家出口食品生产企业获得美国、欧盟、加拿大、新加坡等国卫生注册资格，推荐成功率达 33.54%，其中出口罐头生产企业 12 家，肉类加工企业 24 家、肠衣加工企业 16 家、果汁加工企业 1 家；按照欧盟检疫要求出口到欧盟的猪肠衣生产厂必须通过欧盟注册，截止至 2005 年，四川出口盐渍猪肠衣生产企业获得欧盟注册 14 家。

图 2 - 3　1996 年 4 月，四川省首批通过俄罗斯注册登记的出口肉类加工企业在绵阳参加总结表彰会

1999—2005 年四川出口食品生产企业对外注册一览表

表 2 - 4

序号	企业名称	企业地址	产品	出口地	注册编号	注册时间
1	四川省井研县食品有限责任公司	四川省井研县建设路 118 号	猪肉	新加坡	5100/03082	
2	四川省哈哥兔业有限公司	井研县石家桥食品工业集中区	兔肉	俄罗斯	5100/03116	
3	成都欣恩肠衣有限公司	都江堰市崇义镇	肠衣	欧盟	5100/05021	
4	四川省彭州市天然肠衣厂	四川省彭州市九尺镇	肠衣	欧盟	5100/05025	
5	成都市双流黄水畜产品加工厂	四川省成都市双流黄水镇	肠衣	欧盟	5100/05027	
6	成都市温江县天府农副产品加工厂	成都市温江台商工业区侧	肠衣	欧盟	5100/05028	
7	四川崇州华英肠衣厂	四川省崇州市羊马镇	肠衣	欧盟	5100/05029	
8	四川绵阳康茂肠衣有限公司	四川绵阳永兴金祥寺村	肠衣	欧盟	5100/05030	

续表 2－4

序号	企业名称	企业地址	产品	出口地	注册编号	注册时间
9	四川丰庆隆天然肠衣有限公司	四川德阳天元经济技术开发区	肠衣	欧盟	5100/05031	
10	成都丰盈天然肠衣限公司	成都市新都区竹友镇工业园	肠衣	欧盟	5100/05036	
11	广元市海天实业有限责任公司	广元市回龙河工业开发区群星三组	肠衣	欧盟	5100/05038	
12	四川省井研畜产有限责任公司	井研县研城镇建设路109号	肠衣	欧盟	5100/05026	
13	四川质信天然肠衣厂	成都市新都区新都镇新力路	肠衣	欧盟	5100/05039	
14	四川省宜宾市汇宝食品有限责任公司	四川省宜宾天池乡	兔肉	欧盟	5100/03021	
15	四川省兰田工业食品有限公司	大邑县韩场镇	蘑菇罐头	美国、加拿大	5100/01042	
16	四川省美宁食品有限公司	遂宁市明星大道313号	蘑菇罐头	美国、加拿大	5100/01007	
17	都江堰市兴达食品有限公司	都江堰市翠月湖镇	蘑菇罐头	美国、加拿大	5100/01073	
18	四川金鹏食品有限公司	绵竹市齐天镇三圣村	蘑菇罐头	加拿大	5100/01049	
19	四川天亿食品有限公司	大邑县蔡场镇蔡场社区	蘑菇罐头	加拿大	5100/01080	
20	四川振鹏达食品有限公司	四川省邛崃市工业集中发展区	蘑菇罐头	加拿大	5100/01053	
21	西昌富万利食品有限公司	西昌市马道镇	浓缩石榴汁	美国	5100/11002	
22	通威（成都）水产食品有限公司	新津县川浙合作工业园区新文路	冻鮰鱼(片) 冻红鳟鱼(片)	美国、欧盟	5100/02002	

第四节　封识标志标签管理

一、封识管理

1951—1987年，国家尚无较完善的、规范化的封识管理办法及标准。重庆商品检验局在对四川省出口商品实施封识管理方面，属于探索阶段。加施封识的主要对象是生丝这一大宗传统出口商品。

1951年11月29日，重庆商品检验局参照上海商检局通行的做法，对四川省丝类商品加施封识，具体作法是采用适合穿贯铅丸之孔直径的棉纱绳对生丝包装布封扎；扎口后，再将布袋口翻转，用麻绳扎紧，贯穿布袋后，加封铅丸，当不致再有松动之处。然后在布袋的检验对照票单上说明检验号数。号数的编列，采取以每批自0001起，并在检验号数之前，冠以各生产企业所在地的英文字母，如南充丝二厂为“NC”、乐山丝厂为“LS”、三台丝厂为“ST”等，便于检验成绩、统计、查考和保持各地证单格式统一，又可收到货证相符的效果。

1954年，国家商检局制定并实施《封识工作法》。1958年4月3日，国家商检局取消全国统一的出口商品封识管理办法。重庆商品检验局在国家封识管理办法废除后，针对四川的实际状况，对生丝、茶叶等大宗的传统出口商品继续加施封识。封识材料有铅丸和印有局徽的布纸腰圆标笺及对照票单3种，在每件铅封的出口商品上加施1张布纸腰圆标笺和对照票单。

1966年8月25日，重庆商品检验局通知南充缫丝厂、南充丝二厂、阆中缫丝厂、重庆丝纺厂、乐山缫丝厂、绵阳缫丝厂、遂宁缫丝厂、万县丝厂、达县丝厂、巴中丝厂、筠连丝厂、乐至丝厂、盐亭丝厂、广安丝厂、合川丝厂、铜梁丝厂等17家丝类企业及有关经营主管部门，决定从同年10月1日起，对每年出口生丝加施两个腰圆标笺：一个是沿用布纸腰圆标笺，一个采用新印制的无衬糊布的纸腰圆标笺。具体作法：两个腰圆标笺，分别采用大于2分的纱线绳同时拴于封识结口处，便于出口时，将布纸标笺包在广包之外；纸标笺包在广包之内，以统一对外。从同年10月11日开始，重庆商品检验局按照外贸部的指示，取消了腰圆标签上的局徽，并经外贸部批准，在腰圆标笺处重新加印"中华人民共和国对外贸易部重庆商品检验局"字样。同时，对生丝封识钳上的局徽也予以取消，将原来一面"局徽"，一面"商检"改为两面均为"商检"的铅封钳。

从1985年10月1日起，对丝厂白布袋缝口铅封改为结口铅封，以适应长途运输和装卸。

1987年8月22日，国家商检局正式发布《进出口商品封识管理办法》。对出口封识材料的式样、规格、种类、管理、使用方法及对象都作出了明确规定。并规定，凡经商检机关施加的封识，不得擅自启封、涂改、移动和销毁，违者由商检机关按照有关规定查处。按照国家商检局的规定，四川商检局于1988年1月1日开始实施《进出口商品封识管理办法》。

1988年10月5日，四川商检局制定并印发《关于实施〈进出口商品封识管理办法〉的规定》，对加施封识管理的主要对象作了列举：容易掺假作伪的或易发生批次混乱的出口商品或运输工具为丝类、绸匹、布匹、罐头、铁合金、集装箱等；贵重商品为金制品、罐头等；涉及人身安全和卫生的商品为毒品、食品等；质量问题较多的商品为罐头等；凭样成交、寄往国外的样品及进口索赔的签封样品；国外有规定或要求加施封识的商品。并规定由国家商检局统一式样的封识材料，包括铅丸、封条、钢卡（钢扣）、不干胶印纸、封识章、火漆章等，统一由四川商检局检务部门制备，按预定数发所属使用机构分别保管，并按规定的包装类别使用。

从1989年开始，四川商检局对四川省丝类出口商品的封识管理进一步加强。针对生丝封识标记由生产及经营企业的供销部门向商检机关购买供检验使用的管理办法存在漏洞的实际，四川商检局于同年6月20日制定印发《关于加强我省出口丝类商品封识管理的规定》。其主要内容：丝类商品的封识包括对照单、腰圆、标笺、铅丸、不干胶封识、封识钢模、封识钳等材料及工具；凡出口丝类商品，均由商检机关检验并签封，检验项目不全，或只对检验样品负责的委托检验，不得使用商检封识标记，商检机关也不予签封；在检验点扦样和三类厂扦样的，由丝绸公司、工厂指定专人向商检机关购买封识标记材料，并设专柜，指定专人管理，按季向商检机关核销使用、报废数量，凡作废的商检标记，应如数交回商检机关备查，凡在点上扦样和在三类厂扦样的，检验扦样后，应由商检人员亲自或监督封识；一、二类厂使用的封识材料，由商检机关认可的外观检验员每季度向所在地商检机关购买及保管、使用，按季向商检机关核销使用情况，凡作废的商检封识标记，应如数交回商检机关备查；一、二类厂使用的封识钢模、封识钳，由商检机关授予，封识钳必须由认可的外观检验员妥善保管，亲自或监督封识，商检人员对封识的使用实行监督管理；丝类商品的封识材料，封识工具，不得挪作他用，不允许冒用、盗用，凡未经商检检验的丝批一律不得使用商检封识标记，违者按有关规定予以罚款，直至追究刑事责任。四川商检机关按照《关于加强我省丝类商品封识管理的规定》，对全省丝类出口商品实施封识管理。

1990 年 10 月 22 日，四川商检局开始对所使用封识材料的种类、施加封识的商品种类、使用封识材料的商检人员及认可检验员的清理登记工作。此后，多次采取类似作法进行清理登记工作，对封识材料及加施封识的管理工作基本做到清楚明了。

1991 年，四川商检局先后作出决定：从 1991 年 6 月 1 日起，停止使用原成都商检局制作的标有成都商检局简称字样“成”的各种商检封识材料，四川商检机关统一使用标有四川商检局名简称字样“川”的封识材料；废除原有无编号和标有成都商检局局名简称“成”的铅丸字模，四川商检机关的商检人员和认可检验员从 1991 年 6 月 1 日，统一启用标有四川商检局局名简称“川”和实行统一编号的铅丸字模，以此增强检验人员的责任心，强化对封识的管理。

从 1993 年至 1999 年 7 月，四川商检局使用的封识有钢模、不干胶封识和铅丸封识三种。为规范四川商检系统的封识管理，1997 年四川商检局认真清理了当时使用的各类封识器具，制发了《四川商检局封识管理工作程序》，文中明确规定，封识的对外订购、对内发放工作由综合处统一管理。

1993 年至 1999 年 7 月，四川商检局各种封识使用情况见表 2 -5。

1993—1998 年四川商检封识使用情况统计表

表 2 -5

种类 数量 年份	钢模封识（副）	不干胶封识（张）	铅丸封识（批）
1993	29	26648	44882
1994	7	3800	37416
1995	5	8000	40460
1996	4	—	33944
1997	10	—	22859
1998	3	—	19527

2000 年 4 月 3 日，国家出入境检验检疫局发布《出入境检验检疫封识管理办法》，自 5 月 1 日起，统一规定封识的种类包括封条封识、卡扣封识、印章封识三种。封识标有“中国检验检疫”、“CTQ”和各直属检验检疫机构的简称字样。封识加施在需要施封的检验检疫物及其运载工具、集装箱、装载容器和包装物上，或存放检验检疫物的场所。有下列情况，根据检验检疫工作需要应加施封识：因口岸条件限制等原因，由检验检疫机构决定运往指定地点检验检疫的；进境货物在口岸已作外包装检验检疫，需运往指定地点生产、加工、存放，并由到达地检验检疫机构检验检疫和监管

的；根据出入境检验检疫法律法规规定，对禁止进境物作退回、销毁处理的；经检验检疫不合格，作退回、销毁、除害等处理的；经检验检疫合格，避免掺假作伪或发生批次混乱的；经检验检疫发现进境的船舶、飞机、车辆等运载工具和集装箱装有禁止进境或应当在中国境内控制使用的自用物品的，或者在上述运载工具上发现有传染病媒介（鼠、病媒昆虫）和危险性病虫害须密封控制、防止扩散的；对已造成食物中毒事故或有证据证明可能导致食物中毒事故的食品及生产、经营场所，需要进一步实施口岸卫生监督和调查处理的；正在进行密闭熏蒸除害处理的；装载过境检验检疫物的运载工具、集装箱、装载容器、包装物等；凭样成交的样品及进口索赔需要签封的样品；外贸合同约定或政府协议规定需要加施封识的；其他因检验检疫需要施封的。

2000 年 4 月 28 日，四川检验检疫局发出关于加强标志、封识管理的通知，决定四川检验检疫局对标志、封识实行归口管理，凡使用标志和封识的单位须向局科技与认证部门申报所需标志、封识的种类和数量，由科技与认证部门汇总到国家局制定机构定做后发放。使用标志、封识的种类必须在国家局规定的范围内选择，如需要特殊用途的标志、封识，应先向局科技与认证部门提出申请，由科技与认证部门审核后上报国家局，未经国家局许可的，不得使用；四川现行准予使用的标志、封识有 10 种，未列入该 10 种的标志，不得使用。

2001 年，全年订购 CIQ 防伪标志 78. 4 万枚，发放标志 92. 23 万枚；订购发放腰元 16. 5 万套；发放铅元 12. 5 万枚；发放钢模 2 副。

2001 年以前，按照“谁出证，谁发标志、封识”的原则使用标志、封识。标志、封识的使用单位应加强对其张贴现场的监督，加强对施贴工作的管理，确保标志、封识充分发挥作用；须指定专人负责标志、封识的领用发放，登记和核销工作。每年 11 月底前，相关单位对标志、封识的管理和使用情况进行书面总结，并报局科技与认证部门。

2002 年，四川出入境检验检疫局将标志、封识工作管理职责调整到法综处和机关服务中心。

二、标志管理

1987 年 9 月 8 日，国家商检局、国家经委、经贸部、海关总署联合发布的《进口商品质量监督管理办法》中对“安全标志”的检验、考核、批准和注册也作出规定，并明确未获得安全标志或者注册的商品，不准进口；列入《实施质量许可制度的进口商品目录》的进口商品，无安全标志或者注册标志的不得在国内市场流通。12 月 28 日，国家商检局制定并下发实行《中国进出口商品检验标志管理办法（试行）》（施行时间为 1989 年 8 月 1 日），对进出口商品标志的申请、审定和管理做出规定。四川商检局于 1988 年 1 月 12 日转发各地市州，要求做好宣传和贯彻实施的组织工作。

1989 年 7 月 31 日，国家商检局修订并正式印发《中国进出口商品检验标志管理办法》，规定：实施质量许可制度的进口商品必须申请“安全标志”，其他进口商品可以自愿申请“质量标志”；涉及安全、卫生和连续两年获得国优或省优的出口商品，申请人可以向当地商检局分别办理安全标志、卫生标志和质量标志；凡在中华人民共和国领域内从事出口商品加工生产的企业或外贸经营单位、进口商品的国外厂商或其代理人自愿或根据规定，向有关商检局申请办理；使用商检标志必须向商检机关办理申请，经审查、考核及批准后方可使用。未经批准使用商检标志的出口商品，严禁加贴商检标志，违者按《中华人民共和国进出口商品检验法》及有关法规予以惩处。

1989年8月1日，国家商检局发出公告，对“商检标志”的图样作出说明，并规定：对涉及安全、卫生和连续两年获得国优或省优的出口商品，由申请人提出申请，经商检机关检验合格或批准认证的，均可分别准予使用安全标志、卫生标志、质量标志；对实施质量许可制度的进口商品必须申请“安全标志”，其他进口商品可以自愿申请“质量标志”；商检标志应加附在出口商品的袋、盒、瓶、听等小包装的明显部位，对某些商品，经过批准，可以直接制作在有关商品或其小包装上。从1989年8月1日起，四川商检局按要求，对经检验合格的进出口商品加施“安全标志”“卫生标志”“质量标志”等三种商检标志，以保证全省出口商品符合国家或国际有关卫生、安全、质量标准。

经国家商检局批准，1993年4月，四川商检局在检验监管处新设稽查大队（正科级），职责是负责全省流通领域进口商品质量监督管理工作。同年11月，四川商检局联合四川省工商局和四川省保护消费者权益委员会发布《股对流通领域进口商品加强监督管理的通告》，规定商检、工商消委（协）联合对流通领域中列入第一批目录的两类（彩色电视和空调器）27种进口商品检验情况和CCIB安全标志加贴情况进行不定期抽查，并规定了对违规商家及个人的处理办法。1994年3月，商检、工商和消委联合对成都市人民商场、蜀都大厦、四川省五交化经营部进口家电专销柜经销的进口彩色电视机、空调器进行抽查，在抽取的30台彩电和8台（套）空调器中，加贴CCIB安全标志的仅占7.89%，在对成都、广汉和乐山市的抽查中还发现进口彩电假冒现象严重，三菱、松下、日立、三洋等进口空调器合格率仅42.5%。

1995年8—9月，四川商检局联合工商、消委对全省流通领域进口电视机、空调器加贴CCIB安全标志情况进行监督抽查，结果加贴标志的情况大有好转，已不加帖标志的进口彩电和空调器分别达85.07%和61.76%。9月21日，国家商检局修改印发了《进出口商品标志管理办法》（简称《标志管理办法》），该标志管理办法规定：标志分为认证标志和商检标志两类。认证标志分为质量认证标志、安全认证标志和卫生认证标志三种。标志使用范围为获准质量认证、安全认证或卫生认证的进出口商品，分别允许使用质量认证标志、安全认证标志、卫生认证标志。经商检机构检验合格的进出口商品允许使用商检标志。认证标志和商检标志由申报人按规定标示在产品或包装物上。同年，四川商检局制定《出口肉类检验标志管理办法》，规定对四川省检验合格的出口肉类加贴标志。

1996年6月27日，国家商检局、国家工商行政管理局印发的《关于流通领域进口商品质量监督管理工作会议纪要的通知》规定：未获得安全质量许可并未加贴CCIB安全标志的，在依法查处后，经检验合格的加贴绿色检验标志；经检查没有加贴CCIB安全标志的商品，需经商检检验合格并加贴商检检验标志（绿色）后方允许销售。

1997年6月3日，国家商检局下发的《贯彻执行〈流通领域进口商品质量监督管理办法〉有关问题的通知》，要求对实施进口安全质量许可制度目录内的商品，未获得质量许可证及未加贴黄色安全认证标志的，商检局按有关规定处罚后，抽取样品送指定的检测单位，检测合格后，加贴绿色验讫标志。同年，制定《四川商检局标志管理工作程序》。1998年，印发《四川商检局关于对出口食品标志实行统一管理的通知》，1999年上半年，按国家检验检疫局要求四川商检局规定商检标志的印制、订购对内发放工作由局综合处实行统一管理。

1995 年至 1999 年 7 月四川发放标志统计表

表 2－6

项目 时间	卫生认证标志 （万张）	商检标志 （万张）
1995 年	119.79	—
1996 年	131.40	48.00
1997 年	158.20	80.00
1998 年	111.14	50.00
1999 年 1—7 月	4.50	20.00

从 1993 年至 1999 年 7 月四川商检局实际使用的标志有三种：“卫生认证标志”“验讫标志”“出口肉类检验标志”。国家商检局规定的标志图样：

图 2－4　商检标志图样

2000 年，为加强对出入境检验检疫标志管理，国家出入境检验检疫局发布《出入境检验检疫标志管理办法》，国家质检总局发布《关于出口食品加施检验检疫标志的公告》，四川出入境检验检疫局制定《四川检验检疫局出口食品运输包装检验检疫标志管理办法》，对四川出口食品运输包装检验检疫标志的订购、保管、发放和核销做出明确规定。在新的 CIQ 标志用后，对原 CCIB 5100 验讫标志进行清理，至 2000 年 11 月，共封存 16.73 万枚 CCIB 5100 标志。

三、出口食品标签登记证

出口食品标签登记证启用于 1994 年。该年国家商检局颁发《对进出口食品所附食品标签开展检验的通知》《进出口食品所附食品标签检验管理规定》《进出口食品标签管理办法（试行）》《关于办理进出口食品所附标签登记工作的几项规定》。1995 年，四川商检局成立食品标签登记办公室。同年 8 月，召开全省出口食品标签登记工作会，会议决定：出口预包装食品报验除具备其他手续外，还需提供“出口食品标签登记证，否者不予受理”。1998 年为规范出口食品标签登记工作，四川商检局制发《出口食品标签登记工作规程》，为推动出口食品标签检验工作，完善出口食品标签管理起了重要作用。截至 1999 年 7 月，全省办证共 104 套，其中 1995 年发证 29 套，1996 年发证 58 套，1997 年发证 4 套，1998 年发证 13 套。

出 口 食 品 标 签

登 记 证 书

CERTIFICATE OF EXPORT FOOD

LABELING REGISTRATION

中华人民共和国国家进出口商品检验局

STATE ADMINISTRATION OF IMPORT AND EXPORT

COMMODITY INSPECTION OF THE PEOPLE' S REPUBLIC OF CHINA

图 2－5　食品标签登记证标式

第五节　质量管理体系认证

一、宣传与培训

1991 年 10 月 31 日，国家商检局和对外经济贸易部联合发布《关于在出口食品生产企业实行 ISO 9000 系列标准的通知》，要求各地商检局机关举办出口食品生产企业培训班，学习、宣传、退关 ISO 9000 系列标准。12 月 11 日，四川商检局和省经贸委联合发文，转发上述通知。同时，四川商检局注重自身评审队伍建设，开始在系统内部举办培训班和讲座，并选派 15 名人员参加国际商检局和英国 BSI 主任评审员培训，有 4 人取得国际认可评审员资格。此后，有分部门、分行业、先后举办外贸公司、大型出口食品生产企业 ISO 9000 系列标准培训班 11 次，参加学习的厂长、经理及质量管理人员达 850 人次，为全面推行 ISO 9000 系列标准和开展质量体系评审奠定了基础。至 1992 年底，首批列入四川商检机关 ISO 9000 标准推行试点的 4 家大中型出口创汇企业分别是长征机床厂、长江起重机厂、成都量具刃具厂和成都电缆厂。

1994 年 9 月，出口生产企业质量体系西南评审中心四川分中心未建立前，四川省出口生产企业质量体系（ISO 9000）主要开展的是宣传、培训工作，由四川商检局监管处承担。1994 年 10 月 14 日，经中国国家进出口商品企业质量体系认证机构（ISO 9000）认可委员会（NAB）审核通过，国家商检局批准、注册的出口生产企业质量体系（ISO 9000）西南评审中心四川分中心正式成立并对外办公。ISO 9000 标准宣传、培训工作改由出口生产企业质量体系西南评审中心四川分中心承担。从 1994 年 9 月至 1999 年 7 月，共举办各类培训班 337 期，参加企业 356 家，参加人数 1.77 万人次。其中，内部评审员培训 15 期，参加企业 126 家，参加人数 565 人次。标准与编写体系文件培训班 322 期，参加企业 230 家，参加人数 1.22 万人次。

1994 年至 1999 年 7 月中国质量认证中心四川评审中心举办培训统计表

表 2－7

时　　间	内部审核员培训班			标准与编写体系文件培训班		
	期数（期）	参培企业数（家）	人数（人次）	期数（期）	参培企业数（家）	人数（人次）
1994 年 9 月至 1996 年 12 月	2	3	30	6	40	820
1997 年	4	20	185	126	60	3600
1998 年	6	60	235	130	100	6000
1999 年 1—7 月	3	43	115	60	30	1800
合　　计	15	126	565	322	230	12220

为满足培训学员和出口生产企业的需要，编制了大量工作文件与规章。主要有：

1994 年 9 月至 1996 年 12 月，编制《四川质量体系评审中心简介》（约 2000 字）。

1997 年，编制《ISO 9000 质量体系内部审核员培训资料》（18 万字）和《出口商品生产企业质量体系（ISO 9000）认证基本知识》（约1.2万字）。

1998年，编制《ISO 9000标准培训高级教程》（50万字）、《质量体系内部审核员（ISO 9000）培训教程》（约30.9万字）、《ISO 9000标准培训初级教程》（约3万字）、《中国质量认证中心四川评审中心彩色画册》（约2万字）、《外经贸行业实施ISO 9000标准指南（草案）》（翻印）（约6万字）、《ISO 9001：1994标准（翻印）（约1.4万字）、《四川商检局进出口商品生产企业质量体系认证培训开发管理办法》（约3000字）和《四川商检局质量体系认证咨询财务管理办法》（约1000字）。为顺利开展ISO 9000质量体系评审工作，1998年6月中国质量认证中心四川评审中心与省乡镇企业局联合发出《关于在乡镇出口商品生产企业中组织实施ISO 9000认证的通知》；1998年6月23日与省外经贸委联合印发《关于在全省外经贸公司和出口生产企业推行ISO 9000认证的通知》；7月16日，又联合召开四川省外经贸系统出口生产企业实施ISO 9000认证会。1998年9月10日，再与省机电办联合召开四川省出口机电产品企业实施ISO 9000认证会。借助行政措施，使ISO 9000质量体系在上述3个行业中迅速健康地开展起来。

1999年4月，编制《四川商检局管理体系认证咨询中心〈质量手册〉、〈程序文件〉》《质量体系和环境体系认证咨询工作》（约1.4万字）和《环境管理体系内部审核员（ISO 14000）培训教程》（约18.2万字）。

二、ISO 9000评审

中国质量认证中心四川评审中心从1996年至1999年7月，共评审企业47家（其中ISO 14000环境管理体系认证1家），颁证45份。其中1996年3家，1997年12家，1998年14家，1999年1—7月16家。

1996年11月至1999年6月中国质量认证中心四川评审中心评审企业获证情况统计表

表2-8

发证时间或认证时间	企业名称	采用标准
1996.11	长征机床股份有限公司	ISO 9001
1996.11	四川乐山市轴承厂	ISO 9002
1996.11	长江起重机厂	ISO 9001
1997.2	成都三电股份有限公司（四川电缆厂）	ISO 9002
1997.7	射洪县肉联厂	ISO 9002
1997.7	四川电子焊接设备公司成都市电子焊接设备厂	ISO 9002
1997.7	成都玛瑞电子设备厂	ISO 9001
1997.11	成都成量集团公司	ISO 9001
1997.12	四川绵竹三箭机械制造集团有限公司	ISO 9002
1997.12	成都三电股份有限公司	ISO 9001
1997.12	中国东方电工机械股份有限公司	ISO 9001

续表 2－8

发证时间或认证时间	企　业　名　称	采用标准
1997. 12	成都倍特发展集团股份有限公司　电器制造厂	ISO 9001
1997. 12	中国四川东方绝缘材料股份有限公司	ISO 9001
1997. 12	中国核动力研究设计院　设备制造厂	ISO 9001
1997. 12	四川省双流羽绒厂	ISO 9002
1998. 3	合肥神马电工股份有限公司	ISO 9001
1998. 11	中国四川省洪雅县成洪磷化工厂	ISO 9002
1998. 11	西南电工厂	ISO 9002
1998. 11	四川稀土材料厂	ISO 9002
1998. 12	峨眉山双龙光通信有限公司	ISO 9002
1998. 12	成都飞机工业公司机电产品总公司	ISO 9001
1998. 12	四川什邡肉类联合加工厂	ISO 9002
1998. 12	国营成都旭光仪器厂	ISO 9002
1998. 12	中国四川平昌县江阳丝绸厂	ISO 9002
1998. 12	四川省威远县食品公司肉类联合加工厂	ISO 9002
1998. 12	成都新大陆散热器有限责任公司	ISO 9002
1998. 12	成都台硝化工有限公司	ISO 9002
1998. 12	四川新兴股份有限公司　电子事业部	ISO 9002
1998. 12	成都可发塑料纺织制品有限公司	ISO 9002
1999. 1	四川南宝峰产品有限公司	ISO 9002
1999. 1	四川普达电器有限公司	ISO 9002
1999. 1	四川汶川玉龙工业硅厂	ISO 9002
1999. 1	四川泸州佳誉猪鬃有限公司	ISO 9002
1999. 1	乐山华泰畜产制品有限公司	ISO 9002
1999. 2	绵阳新晨动力机械有限公司	ISO 9001
1999. 2	绵阳新华内燃机股份有限公司	ISO 9001
1999. 2	四川省绵阳印染厂	ISO 9002
1999. 3	成都盛和实业有限责任公司	ISO 9002
1999. 3	四川新兴印刷设备厂	ISO 9002
1999. 3	成都南光实业股份有限公司	ISO 9001
1999. 3	成都工程机械（集团）有限公司	ISO 9001
1999. 3	成都艾特航空制造有限公司	ISO 9002
1999. 4	四川峨眉柴油机股份有限公司	ISO 9001
1999. 5	成都瑞迪机械实业有限公司	ISO 9001
1999. 6	成都艾特航空制造有限公司	ISO 14000

1999年3月，四川省出口商品生产企业质量体系（ISO 9000）工作领导小组召开扩大会议，对1998年25家新认证注册企业进行授牌，认证企业进行了发言交流。会议要求各市（地、州）政府及有关部门要加强领导，管理规划，督促出口生产企业向中国质量认证中心四川中心申请咨询和评审，使更多的企业获国际市场通行证。其中成都、南充、泸州、宜宾、攀枝花、凉山等市（州）政府制定出认证规划，将中国质量认证中心认证工作纳入地方政府重要议事日程。全年有150家企业与中国质量认证中心四川评审中心签订了评审合同，其中60余家企业通过了注册评审。

2001年，中国质量认证中心四川评审中心完成ISO 9000体系评审177家，ISO 14000体系评审3家，监督审核234家，复审换证46家，累计评审认证企业达432家。

2005年，中国质量认证中心四川评审中心积极推行体系认证，全年共认证评审企业318家，其中ISO 9000认证企业286家，ISO 14000认证企业13家，OHSMS 18000认证企业3家，HACCP认证企业8家，两标一体认证2家，三标一体认证6家；监审与复核换证企业1140家。

第六节　其他监管制度

一、出口商品认可检验员管理

出口商品市场、供货单位认可检验员，是商检机关充分依靠市场、供货单位的检验力量，落实出口商品出厂前检验工作，将检验把关工作向企业的延伸，强化出口商品监督管理的重要手段之一。1986年7月6日，国家商检局依据《中华人民共和国进出口商品检验法》《中华人民共和国进出口商品检验法实施条例》制定发布《出口商品市场、供货单位检验员考核认可办法（试行）》，规定了认可检验员的必备条件、申请、考核、发证，认可检验员的职责及商检机关对认可检验员的监督管理等。1987年，四川商检局根据出口生产、供货单位的申请及推荐，经考核向四川省235名检验人员颁发首批四川商检局认可检验员证。

1988—1989年，全省出口丝绸、纺织、农畜、食品、化矿及轻工食品生产、供货单位的596名检验人员通过四川商检局的考核，获得四川商检局认可检验员证。

1990年5月20日，国家商检局正式发布《出口商品市场、供货单位检验员考核认可办法》。四川商检局按照相关规定开展认可检验员有效期满的复查换证工作，对已不从事出口商品检验工作和不具备条件的检验人员不予换证；未获得四川商检局认可检验员证的检验人员商检机关不承认其检验结果。截至年底，对481名认可检验员进行复查考核换证，对267名新申请认可的检验员经考核后发放认可检验员证书。

1991年，四川商检局制定印发《四川商检局出口商品市场、供货单位检验员认可管理办法实施细则》，规定规定认可检验员在有效期满前三个月向所在地商检局机构申请换证，经考核合格者由市场商检机关换发认可检验员证书；不合格者吊销证书，半年后方可申请复查考核，仍不合格者取消其认可检验员资格。同时，四川商检局按航空、机电仪、食品、农畜、四川、纺织、服装、化矿、轻工等商品类别，分地区对全省出口生产、供货单位获得认可检验员证但认可期已满及新申请认可的检验员分进行全面培训，先后有4批267名认可期满的检验员复查合格，换发四川商检局认可检验员证。1992 年，继续开展有效期满的认可检验员换证复查考核工作，并对新申请认可的检验员开展培训、考核工作，至年底，有 2 批 173 名检验员获得换发或颁发的四川商检局认可检验员证。

1986—1992 年，全省获得过四川商机局认可的检验员共 1098 人，表彰工作成绩突出的认可检验员 124 人，吊销不胜任检验工作或不称职认可检验员 578 人，持有效证书的认可检验员共 520 人。其中，食品类 170 人，机电仪类 125 人，纺织品类 35 人，金属材料类 37 人，畜产品 4 人，轻工产品 6 人，丝类 143 人。

1998 年，四川商检局对全川认可检验员进行清理整顿。组织商检业务骨干编写认可检验员专业考试试卷，并着手修订《四川商检局出口商品市场、供货单位检验员认可管理办法实施细则》。

1993 年至 1999 年 7 月，四川商检局分支机构数增加，专业检验人员增多，检测技术能力增强，认可检验员由 673 人减少到 90 人，专业主要集中在机电仪、化矿、生丝等。

1993 年至 1999 年 7 月四川认可检验员统计表

表 2 - 9

时　间 项　目	1993 年	1994 年	1995 年	1996 年	1997 年	1998 年	1999 年 1—7 月
新认可数（人）	156	92	108	37	21	18	0
复查数（人）	64	25	41	27	31	20	0
总有效数（人）	673	525	486	330	265	154	90

自 2000 年起，按照国家检验检疫局关于认可检验员的相关规定，四川出入境检验检疫局不再发放新的认可检验员证。

二、出口商品分类管理

1989 年以前，四川商检局按生产企业出口生丝产品质量等情况对出口生丝产品进行分类管理。1989 年 6 月、12 月，四川商检局先后印发《四川省出口丝织品商检注册编号试行办法》《四川省出口丝织品分类管理办法（试行）》《四川省丝织品质量监督管理实施细则》，规定直接出口丝、绢、绸（包括《种类表》内、外产品）的企业，经商检注册编号和考核合格取得出口丝类产品生产许可证、出口丝织产品生产许可证、出口纺织品质量许可证后，方准生产出口产品，外贸经营部门方可收购，商检机关可受理报检。对已取得质量许可证或只经商检编号注册的丝绸企业，由商检机关进行分类检验和监督管理。一类企业的标准：产品质量稳定，国内外反映较好，职工素质和管理水平居全国同行业前列，有一支经商检培训认可的过硬的检验队伍，检测仪器设备完好，符合规定，经商检考核符合认证条件，年商检品质抽验符合率在 80% 以上，抽验等级差异在 0. 3 级以上，每月抽验批数不少于 15%；二类企业的标准：产品质量较稳定，能分清正次品，国外无不良反映，有经过商检培训认可的外观检验员，外观检验设备符合要求，全年商检抽验外观符合率在 90% 以上，每月抽验批数不少于 15%。产品质量不稳定，用户有反映，质量问题较多，商检机关实行全项目批批检验的企业列为三类企业。同时采取对监管人员定人、定任务、定目标、分片包干，每月定时下厂检查。实行检验员定期目光校对制度：一类厂报验率不得低于 99%，二类厂报验率不得低于 97%，三类厂报验率不得低于 95%；每季度通报质量情况一次；对质量问题突出的企业及时派员进行帮促，使全省丝类企业的生产、技术、质量管理体系得到完善，质量稳中有升，综合报验率达 90% 以上。

1990 年，四川商检局根据国家商检局发布的《出口纺织品质量监督管理办法（试行）》规定，加强丝类获证企业的后续管理，及时召开出口丝类、纺织品、服装质量工作会议，讨论通过并印发《四川商检局出口丝类管理办法》规定，对已取得出口丝类商品质量许可证企业的监督管理以定量考核为主，按三种检验方式的不同要求有计划地抽查及复查，并以此作为是否保留或吊销质量许可证的依据。明确定量考核标准为一类厂：同等级符合率不低于 50%，外观抽验符合率不低于 98%，丝片疵点漏检率补偿 2%，商检报检率不低于 99%，全年抽验双余样批数不少于 156 批（每月 13 批），外观抽验每月不少于 3 批，拆把检查丝片每次不少于 100 片。二类厂：外观抽验符合率不低于 97%，丝片疵点漏检率不超过 2%，商检报检率不低于 98%，抽验数量（大件且不含共验）每月不少于 3 批，拆把检查丝片每次不少于 100 片。三类厂：外观抽验符合率不低于 95%，丝片疵点漏检不超过 4%，商检报检率不低于 97%，每季度由商检人员拆把检查丝片每次不少于 100 片。定量考核标准实施细化出口丝类商品分类考核标准，增加工作可操作性。

1993 年 3 月，全川丝检工作会议讨论通过《四川商检局丝检中心生丝生产企业编号办法》《四川商检局丝检中心丝类企业升类管理办法》，对企业的升类作出严格规定。1994 年 7 月，四川商检局下发《管用加强生丝质量管理的通知》明确：对一、二类厂要有计划稳妥发展并加强管理，达不到条件的应取消一、二类厂资格。1995 年度丝检工作会要求：对二类长度考核要严格条件，适当控制控制速度，对二类厂复查不符合条件的，必须降为三类厂。

1996 年，国家商检局取消丝类商品质量许可证以后，1997 年 6 月，四川商检局下发《四川商检局丝类商品检验管理办法（试行）》《四川商检局出口丝类商品生产企业分类管理办法（试行）》，强化对丝类生产企业的检验监督管理。

2001 年，四川商检局在出口机电产品生产企业实施分类管理。2 月，制定《出口机电产品四川企业分类管理实施细则》，在生产长虹电器股份有限公司和成都量具刃具股份有限公司进行试点。6 月，对试点的 2 家公司实施一类分类管理。

2002 年 6 月，四川商检局制定《四川局出口商品生产企业分类管理办法（试行）》，在全川出口商品生产企业中全面实施分类管理，对取得一、二类分类管理资格企业的出口产品抽查比例进行建档动态管理。到 2003 年，全川实施一类企业管理的企业增至 11 家，新增木制品、化矿、钢铁等企业，另有 3 家企业通过二类企业管理审核。加大对丝类二类企业的后续监管，采取不定期监管的措施，要求企业建立 ISO 9000 质量管理体系，从源头抓质量，创川丝名牌。

2003 年，四川商检局进一步推行出口企业分类管理制度，全年完成 5 家国有企业、4 家民营企业实施分类管理的现场考核，完成 2 家一类企业和 9 家二类企业申请资料审核、现场考核、报批和复查工作，受理 8 家出境竹木草生产企业分类管理申请。

2004 年 7 月，下发《关于加强出口企业分类管理工作力度的通知》，大力宣传，让有条件的企业尽快纳入分类管理。全年完成 12 家一类企业和 19 家二类企业分类管理审核报批工作，实施一类分类管理企业数 33 家，二类 24 家。

2005 年，实施分类管理，在风险分析和确保出口产品质量安全的基础上，推进出口免验、绿色通道等监管模式，鼓励分类管理企业积极申报实施。截至 11 月底，全川实施一类管理的企业 39 家，实施二类管理的企业 43 家，涉及电器、工具、木制品、化矿、钢铁、食品、能源、鞋类、制药等多个行业。对 17 家企业实施绿色通道制度，四川长虹公司十多个产品获得质检总局出口免验证书。

第二章　进出境动植物检疫管理

1971 年 2 月以前，由农林部重庆植物检疫站负责四川出口柑橘的检疫业务管理；1971 年 2 月至 1988 年 9 月，农林部重庆植物检疫站更名为农林部成都植物检疫站后负责四川进出口植物检疫的业务管理；1982 年，成都动物检疫站（所）成立，负责四川进出口动物检疫业务，1988 年 9 月至 1994 年 11 月，由成都植物检疫所、成都动物检疫所负责四川进出境动植物检疫业务管理；1997 年 1 月至 1999 年 8 月，由成都动植物检疫局负责四川进出境动植物检疫业务管理；1999 年 8 月至 2005 年 12 月，由“三检”职能合并后的四川省出入境检疫检疫局负责四川进出境动植物的检疫业务管理。

第一节　动物及产品检疫管理

一、进境检疫审批

检疫审批制度始于 1982 年。按照《中华人民共和国进出口动植物检疫条例》第十四条“进口动物、动物产品，进口单位应事先向检疫总所办理检疫审批手续，并在对外签订协议或贸易合同中订明国家规定的检疫要求或两国政府达成的检疫条款”和《中华人民共和国进出境动植物检疫法》第十条“输入动物、动物产品、植物种子、种苗及其他繁殖材料的，必须事先提出申请，办理检疫审批手续”规定，1985—1999 年，进境动物及动物产品检疫许可证一直由农业部动植物检疫机构审批发放。1999 年 1 月，成都动植物检疫局对辖区内的进境动物产品定点加工、存放企业及定点宾馆、饭店进行清理备案，上报 9 个进境动物产品定点加工、存放企业单位。其中原皮（含羽毛）加工企业 5 家，肉类加工 2 家，肠衣加工 2 家。1999 年“三检”合一之后，依据《进境动植物检疫审批管理办法》规定，四川出入境检验检疫局负责进境动物及动物产品检疫许可证申请初审。对进境活动物临时隔离场以及进境动物肉类、脏器、肠衣、原毛（含羽毛）、原皮、生的骨、角、蹄、蚕茧等动物产品定点生产、加工、存放企业进行考核审查，初审合格后并报国家局审批。

2003 年质检总局第 43 号公告和 2004 年第 111 号公告调整进口动物产品的审批名录，取消包括蓝湿（干）皮、鞣制皮毛、洗净羽绒、洗净毛、炭化毛、毛条、工艺品用贝壳、水产品、蜂产品、蛋制品（不含鲜蛋）、奶制品（不含鲜奶）、熟制肉类产品（如香肠、火腿、肉类罐头、食用高温炼制动物油脂）等风险相对较低动物产品的检疫许可要求。2004 年 7 月，《中华人民共和国行政许可法》施行，按照国家质检总局 2004 年第 80 号公告要求，四川出入境检验检疫局制定《四川出入境检验检疫局进境动物及动物产品检疫审批初审工作程序》和《四川出入境检验检疫局进境动物及动物产品检疫审批初审工作工作流程图》。同年9月，四川出入境检验检疫系统电子审批系统试运行，11月正式启用，结束动植物检疫纸质审批。

二、残留监控

1999年，为解除欧盟对中国输欧动物产品的禁令，农业部、国家质检总局参照欧盟指令，共同制定《中华人民共和国动物及动物源食品中残留物质监控计划》，四川人民政府、四川出入境检验检疫局分别成立出口动物源性食品残留控制领导小组。此后，四川出入境检验检疫系统动物源食品残留监控常态化。

2001年12月，香港特区政府颁布《公众卫生（动物及禽鸟）（化学物残留）规定》《食物内有害物质规例》，要求对所以供港的食用动物（包括猪、牛、羊、禽、贝类、爬行动物类）及其动物产品不得含有盐酸克伦特罗等7种禁用药，其他37种抗生素和化学药物不得超过规定的最高残留量。同年12月31日，国家质检总局下发《关于供港澳冻牛肉、猪肉、鸡肉检验检疫有关问题的通知》，要求所有供港澳冻牛肉、猪肉、鸡肉必须来自检验检疫部门登记备案的养殖场，养殖场所用的饲料、药物、饲料添加剂须经检验检疫部门检测合格认可。同年，按国家质检总局要求，完成供港澳冻猪肉的药残检测及出口新加坡冻猪肉的微生物、致病微生物、药残等安全项目检测；并按国家质检总局下达的2001年度残留监控计划，抽取10个兔肝、8个猪肝检测氯霉素、磺胺类药物。

2001年，四川出入境检验检疫局按国家质检总局下达的残留监控计划共抽10个兔肝和8个猪肝样品，均检出氯霉素，检出率为100%，同时10个兔肝样品检出磺胺类药物超标（欧盟标准），未达到香港《公众卫生（动物及禽鸟）（化学物残余）规例》的要求。从2002年1月1日起，四川出入境检验检疫局暂停接受供港澳肉类产品的报检。为此，四川出入境检验检疫局制定《四川检验检疫局供港澳肉用猪饲养场检验检疫管理办法》，对出口港澳的冻猪肉加工企业的养殖基地实施备案管理。2002年4月，四川出入境检验检疫局对双流东平、乐山井研、自贡华润、内江福润4家肉联厂和资阳四海食品有限公司建立的生猪源头控制体系进行检查，符合管理要求，首先恢复上述5家企业供港澳冻猪肉报检。

2002年2月，德国从中国进口的肠衣中检出氯霉素以后，6月，欧盟理事会通过决议对来自中国的动物源性食品和肠衣按20%的比例抽样检测残留物质，并将氯霉素的检测限量从10PPB调整为0.1PPB。据统计，1—3月，四川出口肠衣仅60批，同比减少66%。之后，欧盟停止进口来自中国的全部动物源性产品。3月，俄罗斯以从中国进口的冻肉中检出四环素族抗生素等为由，做出暂停进口中国肉类的决定。香港对供港的食用动物及产品做出不得含有盐酸克伦特罗等7种禁用药、37种抗生素及化学物质不得超标的规定。2002年，四川出入境检验检疫系统开展供港澳肉用生猪饲用饲料的检测认可工作，检测11个饲料和饲料添加剂厂的产品，其中有1个饲料厂、1个添加剂厂的产品分别检出氯霉素。四川肉类出口面临着前所未有的严峻形势，四川出入境检验检疫局及时向省政府汇报情况，在省政府的协调下，各相关部门联合行动，初步建立起对动物源性食品残留控制齐抓共管的系统工程。2—3月，出口冻肉和肠衣的氯霉素检出率为84%，二季度为67%，三季度为11%，10月份已低于10%，猪肉出口同比增长近40%。2003年1—11月，出口肠衣228批，2.37万桶，货值1360.71万美元；出口冻猪肉1110批，5.72万吨，货值7860.8万美元，提前超额完成省政府提出猪肉年出口5万吨的任务。

2002 年，按照每年国家局部署的出口动物源性食品农兽残监控计划，四川出入境检验检疫系统通过对蜂蜜原产地的养蜂户用药情况调查，提出蜂药使用的品种、用量、休药期等管理措施，开展出口蜂产品养蜂基地备案管理，出口蜂产品批批检测氯霉素。2004 年 7 月，欧盟食物链与动物卫生委员会决定部分解除对来自中国动物源性食品的进口禁令，包括虾、养殖鱼类、蜂蜜、蜂王浆、兔肉等。2005 年，四川南宝蜂产品有限公司出口蜂蜜率先通过欧盟的检查，成为中国首家获准恢复向欧盟出口蜂产品的企业。

三、风险分析及分类管理

2003 年，四川出入境检验检疫局依据国家质检总局发布的《进境动物和动物产品风险分析管理规定》和《出口工业产品企业分类管理办法》，制定《四川检验检疫局出口商品生产企业分类管理办法》，对部分商品进行风险分析和风险评估，将法检商品分成严格管理类、一般管理类和日常监管类。根据不同产品、不同国家的要求，分别确定必检项目、抽检项目和监控项目，强化对重点商品、重点项目、企业诚信度等方面的管理。在对出口生产企业综合考核基础上，实行周期检验、过程检验、监督抽查检验等检验检疫监管新模式。

（一）出境检疫管理

冻肉按照中国政府与进口国（地区）政府签订的双边检验检疫协定、议定书、备忘录等，进口国（地区）的检验检疫要求，依据《食品卫生微生物学检验肉与肉制品》（GB/T 478917－2003）、《鲜（冻）畜肉卫生标准》（GB2707－2005）、《屠宰和肉类加工厂企业卫生注册管理规范》（GB/T 20094－2006）、《出口冻猪肉及冻猪副产品检验规程》（SN/T0410－1995）、《肉类屠宰加工企业卫生注册规范》（SN/T1346－2004）和合同、信用证的要求进行检验检疫。对出口俄罗斯的冻猪肉批批检测致病性微生物、农药残留、重金属、药残、生物毒素等安全卫生项目。

盐渍猪肠衣按照中国政府与进口国（地区）政府签订的双边检验检疫协定、议定书、备忘录等，进口国（地区）的检验检疫要求，依据《天然肠衣》（GB/T7740－2006）、《天然肠衣加工良好操作规范》（GB/T22637－2008）、《进出境肉类产品检验检疫管理办法》和合同、信用证的要求批批进行检验检疫。在对出口肠衣的检验监管中，四川检验检疫局对出口企业进厂原料的收购管理，建立追溯体系，保证生产加工用水符合国家标准，加工卫生控制等过程实施监管。

饲料添加剂按照中国与进口国或地区签订的双边检验检疫协定、议定书、备忘录等，以及进口国（地区）的检验检疫要求，《饲料标签》（GB10648－1999）、《饲料卫生标准》（GB13078－2001）、《进出境饲料检疫规程》（SN/T0800.20－2002）、国务院令第 266 号《饲料和饲料添加剂管理条例》和合同、信用证的要求进行检验检疫。化工类的饲料添加剂需定期检测有效成分和重金属。饲料添加剂、预混料和饲料需定期检测违禁药物；定期检测有效成分和重金属。

非食用性动物产品（羽毛、猪鬃、骨粉、骨粒）按照中国政府与进口国（地区）政府签订的双边检验检疫协定、议定书、备忘录等，进口国（地区）的检验检疫要求，依据《羽绒羽毛》（GB/T17685－2003）、《羽绒羽毛检验方法》（GB/T10288－2003）、《猪鬃》（GB/T8211－2009）、《水煮猪鬃》（GB/T8214－2009）、《猪鬃检验方法》（GB/T8215－2009）、《出口畜产品炭疽杆菌检验方法》（SN/T0331－1994）、《出口骨粒骨粉检验检疫监督管理规程》（SN/T1576－2005）、国际羽绒羽毛局技术手册和合同、信用证的要求进行检验检疫。对输往意大利的羽绒羽毛须进行微生物检验和耗氧指数的测定。

动物源性生化制品检验检疫依据是国家质检总局《检验检疫工作手册》出口动物产品的检验检疫规定以及合同、信用证。检疫的项目主要有微生物、重金属含量等。1999 年至 2003 年 12 月，四川出入境检验检疫系统对出口动物源性生化制品实行批批检疫。2003 年 12 月 1 日，四川出入境检验检疫局下发《关于印发〈四川动物源性生化制品检验检疫分类管理实施细则〉的通知》，使四川出境动物源性生化制品由批批检验检疫向分类检验检疫过程监督管理转变。分类管理企业按照一、二、三类抽检率不同，对于国家质检总局有特殊规定或进口国、合同、信用证有特殊要求的仍实施批批检验。

动物血液及其制品检验检疫主要依据是国家质检总局《检验检疫工作手册》出口动物产品的检验检疫规定以及合同、信用证。主要检验检疫监管环节是动物产地控制、动物隔离检疫、动物血液及其制品样品制备和包装等过程监管。2003—2005 年，四川出入境检验检疫系统对出口动物血液及其制品实行批批检疫。

食用水生动物实行动态监管模式。根据《出入境动植物检验检疫风险预警及快速反应管理规定》和实施细则，四川出入境检验检疫系统参照国家质检总局发布的进境水生动物检验检疫不合格表的相关信息，对食用水生动物进行风险评估，根据评估结果实施从抽检或批批检验检疫。

（二）进境检疫管理

原皮按《进口动物产品的检验检疫》要求，对进境生皮批批检疫。依据《炭疽》（SN/T0331－1994）进行炭疽杆菌的检测，检测合格出证放行后方准予加工使用。为防止疯牛病等疫情传入，四川出入境检验检疫系统对进境盐渍生皮检验检疫监管过程进行控制。至 2005 年，四川出入境检验检疫局制定进口原皮管理制度和《四川检验检疫局进境动物、动物产品及其废弃物监管处理记录单》，监督生产企业对生产过程中产生边角余料批批进行无害化处理。

2004 年国家质检总局第 111 号公告指出洗净羽毛、羽绒不再办理检疫许可证。为防止进口企业将非洗净羽毛、羽绒产品冒充洗净羽毛、羽绒产品进境而造成禽流感等疫情的传入，四川出入境检验检疫局依据国家质检总局《关于明确洗净毛、绒和洗净羽绒判定原则等有关问题的通知》规定，对进口羽毛、羽绒进行现场查验，批批检疫。依照国家标准《羽绒羽毛检验方法》（GB/T10288－2003）进行抽样，按照国家标准《羽绒羽毛》（GB/T17685－2003）进行实验室检测。

饲料添加剂按照《饲料级 L－赖氨酸盐酸盐》（GB8245－87）、《饲料添加剂液态蛋氨酸羟基类似物》（GB/T19371.1－2003）、《饲料级 DL－蛋氨酸》（GB/T17810－1999）、《饲料添加剂烟酰胺》（GB/T7301－2002）等标准和农业部有关规定对进口饲料添加剂批批采样进行实验室检验，检测主要项目为成分含量、品质及重金属等。

水生动物产品按照国家《进境动物产品检疫管理办法》《进出境水产品检验检疫管理办法》、《进出境动物、动物产品检疫采样管理办法》、国家质检总局进出口食品安全风险警示通报等有关规定实施批批检验检疫。检验检疫项目有品质、致病微生物、重金属、药物残留及其他有毒有害物质。四川出入境检验检疫局对所有存放进口水产品的存储库进行考核备案，取得备案资格的存储库准予存放进口水产品。对存储库进行定期和不定期的抽查，对进境水生动物产品的卸运、存放等过程进行监管，并监督企业对废弃物进行无害化处理。

家禽 1986—2005 年，四川进境的动物主要品种是种鸡、种鸭、种鹅等。主要来源于法国、英国、匈牙利、荷兰等。种禽隔离时间为30天，四川检验检疫局根据中华人民共和国和输出国签订的双边检疫和卫生条件的要求进行检疫。2004年，高致病性禽流感在世界各地频发，根据中华人民共和国进境动植物检疫许可证的要求，进口家禽增加高致病性禽流感病毒H5、H7的检测。

野生动物　大熊猫按《出入境大熊猫检验检疫规程》实施检疫。其他野生动物在指定临时隔离场进行30天的隔离检疫，隔离检疫期间根据我国与输出国家（地区）签订的有关动物检疫议定书、贸易合同中签订的检验检疫项目、中华人民共和国进境动植物检疫许可证中规定的有关项目进行结核变态反应、沙门氏菌、志贺氏菌、致病性大肠杆菌、B病毒、细小病毒等动物疫病的检测，并进行驱除体内外寄生虫的检疫工作。

水生动物　种用和观赏水生动物均在指定临时隔离场进行30天的隔离检疫，在隔离期间根据中国与输出国家（地区）签订的有关动物检疫议定书、贸易合同中签订的检验检疫项目、中华人民共和国进境动植物检疫许可证中规定的有关项目进行检疫。种用水生动物进行IHN、VHS等项目的检测，观赏水生动物进行临床检查并对体表进行消毒等检疫工作。食用水生动物，进行致病性微生物、药残、重金属等项目的检测，对不符合检验检疫要求的，上报国家质检总局动植物监管司，启动进境水生动物风险预警系统。2003年食用水生动物实行动态监管模式。根据《出入境动植物检验检疫风险预警及快速反应管理规定》和实施细则，四川出入境检验检疫局参照国家质检总局发布的进境水生动物检验检疫不合格表的相关信息，对食用水生动物进行风险评估，根据评估结果实施从抽检或批批检验检疫。

伴侣动物　根据相关规定入境的伴侣动物（仅限于猫、狗）须有出境国官方机构出具的动物健康证书，注射的狂犬病疫苗须在有效期内。宠物入境后进行30天的隔离饲养，主要方式是临床检查。

四、疫情应急管理

2003年12月，韩国首次爆发由H5N1禽流感病毒引起的高致病性禽流感疫情。在不到2个月的时间内迅速蔓延到东亚、东南亚和南亚地区。韩国、越南、日本、中国台湾、泰国、柬埔寨、印度尼西亚、中国香港、巴基斯坦、中国和老挝相继报告发生高禽流感，并有感染人员死亡报告。2004年1月，国务院办公厅下发《关于加强高致病性禽流感防治工作的紧急通知》。2月，国家质检总局、国家邮政局联合下发《关于加强出入境邮寄、速递物品检验检疫工作的通知》，要求检验检疫机构严把进口检疫关，防止高致病性禽流感随邮寄、速递物品传入传出。3月，四川出入境检验检疫局成立高致病性禽流感防制工作领导小组，制定《高致病性禽流感疫情进出境检验检疫应急处理预案实施办法（试行）》《高致病性禽流感疫情监测方案（试行）》《四川检验检疫局人间禽流感防制工作实施方案（试行）》《禽流感和新城疫疫情检疫程序（试行）》等技术文件。同时，对全川40个市场和23个冻库进行7次突击检查，查处1批、36吨不按规定方式销售的来自阿根廷的禽肉；加强对所有来自疫区的旅客携带物品及其邮寄物品的查验工作，从国际邮寄物中查获来自疫病国家的鸡肉加工制品17批23.70公斤；加强出口禽类产品的检验检疫工作，要求出口羽毛企业严格执行120℃、30分钟以上高温烘干消毒程序。

2005年6月，四川发生猪链球菌病疫情。先后在资阳、内江、成都、绵阳、自贡、泸州、南充、德阳等14个市、21个县（市、区）的88个乡镇、149村发生，死亡生猪647头，并出现38人感染死亡。7月，香港、澳门先后暂停购买四川的冻猪肉，四川出入境检验检疫局暂停疫区内所有猪肉、羊肉加工企业对所有国家或地区出口报检，制定和启动《四川检验检疫局进出境重大动物疫情应急处置预案和猪链球菌病应急实施方案》《四川检验检疫局关于做好猪链球菌病检测抽样工作的通知》，对全川22家出口肉类加工企业，300余家出口肉用猪、羊备案养殖场进行“拉网式”检查。共抽取4730个血清和血液样品检测疫病。8月21日，国家质检总局派员和香港食物环境卫生署官员共赴四川，实地考察备案养猪场和四海食品有限公司，了解疫情的防控情况。8月22日，四川猪链球菌疫情解除，澳门和香港分别于当日和24日起恢复购买四川肉类产品。为表彰四川出入境检验检疫局在疫病防控过程中做出的贡献，四川省委、省政府领导专门给质检总局写去感谢信，并授予四川出入境检验检疫局和内江局“全省防控猪链球菌病疫情先进集体”称号，四川出入境检验检疫局3人被评为全省先进个人。

第二节　植物及产品检疫管理

一、出境检疫监管

（一）企业注册监管

依据《中华人民共和国进出境动植物检疫法》第七条规定：“国家动植物检疫机关和口岸动植物检疫机关对进出境动植物、动植物产品的生产、加工、存放过程，实行检疫监督制度。”1994年，成都植物检疫所开始试点出境植物检疫监管工作，在出口盐渍菜、竹木藤柳草制品和部分中药材的检疫工作中试行检疫监管工作，1995年对27家盐渍菜、竹木藤柳草制品和中药材加工企业实施了检疫监督制度，给19家企业颁发了预检许可证，并对实施检疫监督管理的企业开展年度审核。1997年实施的《中华人民共和国进出境动植物检疫法实施条例》，专门设立了检疫监督章节，其中规定口岸动植物检疫机关对进出境动植物、动植物产品的生产、加工、存放过程，实行检疫监督制度。同年，成都动植物检疫局开始实施《出境植物产品生产加工存放企业植物检疫监管注册登记》制度，对川村中药材有限公司等12家达标企业颁发了检疫监管注册登记证。为做好检疫监管工作，成都动植物检疫局1997年分别制定了《出口竹木制品植物检疫预检操作规程》《出口盐渍菜植物检疫预检操作规程》等监管办法。1998年，获得成都动植物检疫局出境植物生产加工存放植物检疫监管注册的共有38家企业，包括了盐渍菜生产加工企业12家、竹木制品生产加工企业9家、中药材生产加工企业5家、加工存放冻库12家。对于出境植物性药材的检验检疫，2000年5月制发《四川检验检疫局关于对出口植物、植物产品实施检疫卫生登记管理的通知》，在原成都动植检局对生产加工存放出境植物产品检疫监督管理要求的基础上，进一步明确对出境植物、植物产品的生产、加工、存放单位实施检疫卫生登记管理。同年7月，经复查，共有4家出境植物性药材生产企业、7家出境木制品生产企业获得注册资格。1999年8月至2005年，四川出入境检验检疫局通过检疫监管共验放出境竹木草柳及制品11007批次。

（二）产地检疫监管

对于出境种苗花卉的检疫监管，均实施在生产季节对基地实施有害生物开展监测调查，掌握出境种苗花卉的有害生物发生情况，及时指导企业进行田间管理和病虫害防治，防止有害生物爆发和检疫性有害生物的发生，确保出境种苗花卉符合进境国植物检疫的要求。2003 年以前，杂交水稻种子出境采取批批检疫的管理模式。2003 年通过实施监督，指导出境生产企业按杂交水稻制种技术标准进行规范化的生产和管理，加强杂交水稻生长期疫情的监测调查和杂交稻种仓储过程检疫监管，将检验检疫监管改为“一次报检、一次检验、分批出证核销”。

（三）检疫分类监管

2003 年 4 月，国家质检总局颁布《出境竹木草制品检验检疫管理办法》，四川出入境检验检疫局制定《出境竹木草制品检疫管理办法实施细则》。该细则规定，经考核符合要求的生产加工企业按相应级别实施分类监管。按照该模式，先后有 14 家出境木制品生产企业获得分类管理资格，其中一类企业 2 家，二类企业 12 家。2005 年因业务调整，四川出入境检验检疫局将刨花板、强化木制品类产品划由轻纺处实施检验。2000 年 7 月，四川出入境检验检疫局对获得原成都动植检局颁布发的出境植物产品生产加工企业植物检疫监管注册登记证的单位开展复查，1 家出境蔺草制品生产企业获得注册资格。2005 年 6 月四川出入境检验检疫局制定《四川出境植物提取物生产企业检疫分类管理实施细则》，对出境植物提取物生产企业实施分类管理。同年 8 月，成都华高药业有限公司经现场考核合格，成为四川第一家出口植物提取物一类监管企业。对蔬菜和水果出境产品的检验检疫监管，按照国家质检总局要求，分别开展辖区内主要出境蔬菜、瓜果种植基地有害生物监测工作和实蝇监测工作，对主要蔬菜产区及出境基地和主要水果产区及出境基地共 43 个县（市、区）设置点进行监测。

（四）熏蒸消毒监管

1998 年 10 月，成都动植物检疫局开始对四川出境货物木质包装的熏蒸处理实施检疫监管。1999 年，根据国家出入境检验检疫局的相关规定和技术标准与规范，对从事木质包装熏蒸消毒业务的企业实行资格考核制度，并向 1 家熏蒸消毒处理企业颁发首个熏蒸消毒资格证书。到 2002 年底，共向 3 家从事熏蒸消毒工作业务的企业、1 家热处理企业颁发木质包装除害处理资格证书。

2004 年，国家质检总局《出入境检验检疫熏蒸、消毒处理机构及人员核准》公告发布后，经考核，四川先后有 5 家企业获得熏蒸消毒处理资格。至 2005 年，四川获得检疫处理资格的熏蒸消毒企业达 10 家，其中从事一般熏蒸消毒处理业务的单位有 5 家，一般消毒处理业务的单位有 2 家，热处理业务的单位有 3 家。除 2 家出入境检疫处理单位分别位于自贡市（属内江局）和泸州市外，其余 8 家出入境检疫处理单位分布在成都市区及其周边。在一般熏蒸处理单位中，能在四川全省区域内开展熏蒸业务的处理单位有 3 家，限于在内江局辖区和泸州局辖区从事熏蒸处理单位各 1 家。热处理企业 3 家，仅对企业自有产品（木质包装）的处理，不对外开展检疫处理业务。

2005 年，按照国家质检总局《出境货物木质包装检疫监督管理办法》规定，对申请木质包装除害处理标识加施企业实施考核。四川对 11 家（首批）出境木质包装生产企业进行标识加施资格的考核发证工作。

二、进境检疫审批

《中华人民共和国进出境动植物检疫法》规定：“输入动物、动物产品、植物种子、种苗及其他繁殖材料的，必须事先提出申请，办理检疫审批手续。”“携带、邮寄植物种子、种苗及其他繁殖材料进境的，必须事先提出申请，办理检疫审批手续。”《中华人民共和国进出境动植物检疫法实施条例》规定："因科学研究等特殊需要，引进进出境动植物检疫法第五条第一款所列禁止进境物的，办理禁止进境物特许检疫审批手续时，货主、物主或者其代理人必须提交书面申请，说明其数量、用途、引进方式、进境后的防疫措施，并附具有关口岸动植物检疫机关签署的意见。"

作为口岸动植物检疫机关，按照相关规定，对拟进境需要审批的植物及产品的申请实施植物检疫初审及后续监管工作。

四川地处内陆，直接进境的植物及产品数量少，主要是花卉种苗及水果。1998 年 3 月，国家动植物检疫局印发《进境花卉检疫管理办法》，规定花卉种苗进境前必须办理检疫审批手续，经审批同意后，方可对外签订贸易合同或者协议，并将检疫要求列入有关条款中。携带、邮寄的花卉种苗因特殊情况事先未能办理检疫审批手续的，应在口岸补办检疫审批手续，经审批同意并检疫合格后方准进境，并由口岸动植物检疫机关对进境花卉种苗国内种植地实行检疫监督管理。

1999 年 12 月 24 日，国家出入境检验检疫局下发《关于启用新的进境动植物检疫许可证和动植物检疫审批专用章及有关问题的通知》，将进境粮食检疫许可证申请表、进口粮食检疫许可证、进口水果检疫审批单和进口植物检疫特许审批单等 9 种进境动植物检疫审批单证合并，并将边境贸易及每批 100 吨以下的进口粮食类以外的其他进境植物检疫审批权限统一收归国家出入境检验检疫局。同时，对进境动植物检疫审批单证启用时间、专用印章制式、审批机关和授权签字人，许可证编号规则、签发单位责任、许可证超期问题等做出明确规定。

2002 年，国家质检总局发布《进境动植物检疫审批管理办法》《进出境转基因产品检验检疫管理办法》，规定由国家质检总局同意管理进境动植物检疫审批工作。国家质检总局设在各地的各直属出入境检验检疫机构负责所在地的进境动植物检疫审批的初审工作。国家质检总局规定果蔬类、烟叶类、粮谷类、豆类、薯类、饲料类、栽培介质等七大类植物及植物产品必须办理检疫审批。植物检疫特许审批按照《中华人民共和国进境植物检疫禁止进境名录》执行。四川出入境检验检疫局根据国家质检总局的规定，制定《四川出入境检验检疫局进境植物检疫审批初审工作程序》。

2003 年 6 月 1 日，国家质检总局取消玉米淀粉、马铃薯淀粉、木薯淀粉及其他淀粉、变性及改性淀粉、冷冻马铃薯条（包括冷冻马铃薯球、冷冻马铃薯饼、冷冻马铃薯坯、冷冻油炸马铃薯条）、陶瓷土粉、植物生长营养液（不含动物成分或者未经加工的植物成分和有毒有害物质）等 8 类植物产的检疫审批。1999 年 8 月 31 日至 2003 年 6 月 1 日，四川出入境检验检疫共受理 8 批、1030. 16 吨马铃薯淀粉入境检疫审批初审。

2004 年 9 月 1 日，国家质检总局取消粮食加工品（大米、面粉、米粉、淀粉等）、薯类加工品（马铃薯细粉等）、植物源性饲料添加剂、乳酸菌、酵母菌等进境植物产品的检疫审批。1999 年 8 月 31 日至 2004 年 9 月 1 日，四川出入境检验检疫局受理 14 批、9254. 59 吨的进境粮食加工品检疫审批初审。

1999—2005 年，四川出入境检验检疫局共受理完成 176 批、115. 52 万吨进境植物产品检疫审批初审，完成 12 批、775 公斤、8 种参展植物生长栽培介质（包括草炭、木炭、椰子壳、水苔、苔藓、蛭石、珍珠岩等）的特许检疫审批初审手续。

第三章　国境卫生检疫管理

国境卫生检疫管理是检验检疫机关在国境口岸依照《中华人民共和国国境卫生检疫法》及其实施细则对外代表国家行驶卫生检疫主权，对内履行卫生检疫职责，对国境口岸范围内的公民、法人和其他组织遵守《中华人民共和国国境卫生检疫法》及其他相关卫生法规的情况进行督促检查，对违反《中华人民共和国国境卫生检疫法》及其实施细则的行为追究法律责任的一种卫生行政行为。

第一节　医学媒介生物监测防制

1981—1992年，成都卫生检疫站（所）开展机场口岸内病媒昆虫、啮齿动物的本底调查，共捕获蝇类标本4000多只，隶属8鼠36种；灭鼠3000多只，主要鼠种为褐家鼠、小家鼠；蟑螂种类为德国小蠊。

1982年，成都卫生检疫站整理成都市（五区、十二县）的医学昆虫、医学动物分布上报国家卫生检疫总所；开展了双流机场蚊、蝇、鼠密度调查，成蚊密度平均为43.6只/人工·小时，优势种为致乏库蚊，占62.06%，次为骚扰阿蚊、中华按蚊。

1983年6月至1984年6月，成都卫生检疫站开展为期一年的每月3次定期定点的蚊蝇种类季节消长调查，1984年11月统计，蚊为四属6种，蝇为四科七届11种。

1984年，成都卫生检疫站开展机场全年蚊蝇种类密度及季节消长情况调查。

1986年，在蚊、蝇、鼠密度种类调查的基础上，成都卫生检疫站开展大面积的鼠种密度调查。在省、市爱卫会的统一部署下，民航成都管理局成立灭鼠办公室，组织专业队开展了群众性灭鼠活动。经省、市爱民会检查验收实现“一疫达标”的奋斗目标，建成基本无鼠害的机场。

1989年9月，成都卫生检疫所采用鼠夹法，在双流机场捕鼠10只，野外鼠密度为2.5%，超过国家规定标准2.5倍。要求机场方面灭鼠降低鼠密度，以达到口岸规定的卫生标准。11月，全机场放鼠夹1100多个，投鼠药500余公斤，共灭鼠100多只，使室内鼠密度下降至0.47%，野外鼠密度下降至0.13%，灭鼠面积达2.18万平方米。同时，采取诱捕法调查蟑螂密度，共调查3种不同机型的8架飞机，机内配餐室、旅客餐厅蟑螂密度为零。候机大厅蟑螂密度较高为每盒每夜1.5只，超过中国口岸媒介最低控制标准，督促机场开展杀虫工作。

1998年，成都卫生检疫局邀请专家举办媒介生物控制学习班，并在其指导下，开展口岸病媒昆虫的本底调查。

1999年3月，成都卫生检疫局开展蚊、蝇、蟑螂、鼠、蜱、螨、跳蚤等媒介昆虫的调查，为工作所需，在双流国际机场建立两间媒介调查室。

2001 年 2 月至 2002 年 1 月，在双流国际机场不同环境选择 5 个点，四川出入境检验检疫局采用夹夜法诱捕鼠类 25 只，属啮齿目鼠科鼠属 3 种，褐家鼠占 64%，为优势种。全年平均鼠密度为 0.23%（加四川短尾鼩 0.38%），鼠密度全年最高峰是 2 月 0.56%，3—6 月鼠密度均为 0.44%，7 月、11 月、翌年 1 月密度为零。

2002 年 6 月至 2003 年 5 月，在双流国际机场按东、西、南、北、中住房及工作用房选择室内成蚊人工小时法诱捕点，全年共捕获蚊总数为 6174 只，分属二亚科四属七种，白纹伊蚊为优势种。成蚊密度全年最高峰是 6 月，密度为 33.29 只/人工·小时；次年 1 月、2 月、3 月温度下降，蚊密度分别为 3.11 只/人工·小时、2.22 只/人工·小时、0.8 只/人工·小时，年平均密度为 17.59 只/人工·小时。按东、西、南、北、中的绿化带选择布罐幼虫勺捞法诱捕点，蚊幼虫密度最高峰为 6 月和 9 月，达 37%，年平均密度为 19.24%，阳性罐率年平均为 7.94 只。

2002 年 6 月至 2003 年 5 月，在双流国际机场室内成蚊人工小时法诱捕点，共捕获蚊总数为 6174 只，分属二亚科四属七种，白纹伊蚊为优势种。成蚊密度全年最高峰是 6 月，密度为 33.29 只人工小时；次年 1 月、2 月、3 月温度下降，蚊密度分别为 3.11 只/人工·小时、2.22 只/人工·小时、0.8 只/人工·小时，年平均密度为 17.59 只/人工·小时。蚊幼虫密度最高峰为 6 月和 9 月，达 37%，年平均密度为 19.24%，阳性罐率年平均为 17.94 只。

2002 年，国家质检总局下发《关于设立检验检疫医学媒介生物监测实验室的通知》，四川出入境检验检疫局开展对国境口岸地区医学媒介生物本底调查和对出人境交通工具的医学媒介生物日常监测工作方面及人、财、物的调研，设立医学媒介生物监测实验室、标本室，定专人负责机场口岸蚊、蝇、鼠、蜚蠊等的鉴定，聘请成都市卫生防疫站消毒专家技术指导培训，向国家质检总局上报调查方案，开展蚊、蝇、鼠的本底调查和动态监测。

2003 年 7 月至 2004 年 6 月，根据双流国际机场的具体情况，结合蜚蠊生态习性，选择食源丰富的餐厅、食品加工车间等 5 个点使用粘胶法诱捕蜚蠊。共诱捕蜚蠊 4976 只，经鉴定分类属 3 科 3 属 4 种，德国小蠊占 99.88%，为优势种；黑胸大蠊、土地鳖、美洲大蠊次之。年监测密度结果，粘胶法平均为 69 只/张·夜。8 月是最高峰，为 17.12 只/张·夜；2 月密度最低，为 0.52 只/张·夜。

2001—2005 年成都双流国际机场医学媒介生物密度统计表

表 2-10

年份	鼠类密度（%）	蚊类密度（只/人工·小时）	蝇类密度（只/小时·笼）	蠊类密度（只/张·夜）
2001	0.38	—	—	—
2002	—	17.59	4.55	—
2003	—	—	—	6.99
2004	1.33	2.83	3.57	0.21
2005	0.72	1.76	1.90	0.17

2004 年，国家质检总局印发《关于加强外来传染病传播媒介预警应急工作的意见》，四川出入境检验检疫局在双流国际机场、成都火车站东站开展航空器、货物、集装箱的查验，发现输入性医

学媒介生物，并按程序上报国家质检总局。根据南方热带病联防组的要求，四川出入境检验检疫局制定并不断完善对鼠、蚊、蝇、蜚蠊四类医学媒介生物的动态监测计划和方案，在双流国际机场每月定时、定点、定人进行口岸医学媒介生物动态监测。

2005 年，四川出入境检验检疫局举办媒介生物监测培训班，并为一线检验检疫部门（单位）配发口岸媒介生物卫生检疫查验工具箱。加强对入出境人员、交通工具、集装箱、货物、邮包的检疫查验，提高传入性医学媒介生物的检出率。同年，四川出入境检验检疫局口岸截获医学媒介生物的数量较上年增长数倍，截获总量在全国各直属局中名列前十位。

第二节　公共卫生事件处置

随着《国际卫生条例（2005）》颁布及《中华人民共和国传染病防治法》的修改，卫生检疫监管工作从 2001 开始，从单一的传染病防治和管理逐步转为突发公共卫生事件的预警、应对，其中包括对核与辐射、生化恐怖的防范。2001—2005 年，四川国境口岸主要开展对炭疽、“非典”型肺炎、人感染高致病性禽流感、猪链球菌病的传染病的监测控制与处置工作。

2001 年，机场办在四川国际邮件互换局设邮检科，负责国际邮件工作。针对美国“9·11”连续发生的邮件炭疽染疫事件，与四川省邮政局联合发文，积极开展技术练兵，处置生物恐怖、核与辐射应对预案等。

2002 年，四川出入境检验检疫局建立部门协作机制，实现资源共享，应对突发公共卫生事件。

2003 年，非典型肺炎（以下简称“非典”）突如其来，四川出入境检验检疫局及时成立防治“非典”工作领导小组，建立应急机制，将口岸“非典”防控工作融入到地方政府的统一部署之中，统一指挥，统一行动。制定工作方案和技术规范，加强与口岸联检部门的协调和配合，建立紧密的联系机制，做到领导到位、制度到位、措施到位、人员到位、保障到位和体温检测一个不漏，申请卡填写一个不漏，疫情报告一个不漏，发现病人隔离一个不漏。在全国“非典”防治工作由应急转

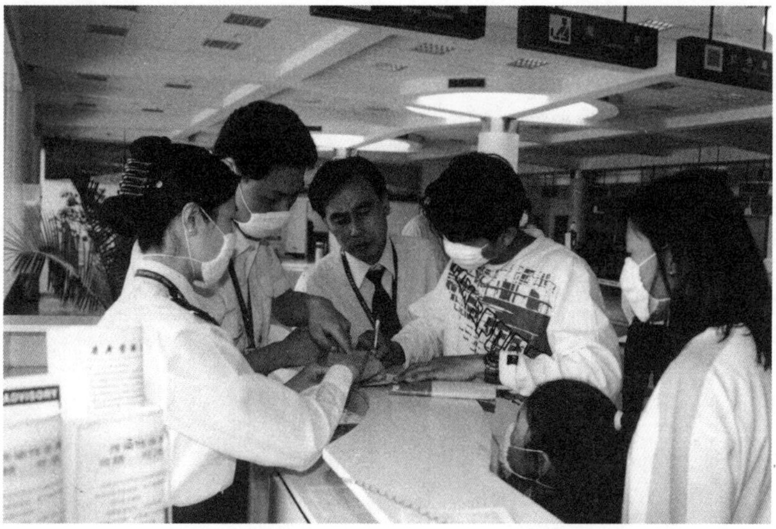

图 2－6　2003 年，为防控“非典”通过成都双流国际机场口岸传入传出，四川出入境检验检疫局副局长张祖昌（中）现场指挥疫情防控

为常态后，又制定《四川检验检疫局2003—2004年度“非典”防治工作预案（试行）》，进一步修订、完善相关的技术规范。四川出入境检验检疫局实行零报告制度，制定、发放规范性文件53个，信息、会议纪要、报告等120份，内部疫情专刊10期。

2004年，针对年初发生的高致病性禽流感疫情，四川出入境检验检疫局成立高致病性禽流感防制工作领导小组与海关配合，实行“一机两屏”，对所有来自疫区的旅客携带物品批批查验，发现问题立即开箱查验，不放过一件可疑物品。该年内，在口岸现场查出发热旅客30例、其中检出疟疾病人1例，并成功处置来自新加坡、东京航班上发生的疑似疫情。

2005年6—8月，四川省突发较为严重的猪链球菌病疫情。四川出入境检验检疫局以“高度重视、密切跟踪、适度反应、有效应对、及时调整”的工作原则，联系四川省卫生厅、地方疾病预防控制中心等部门，认真贯彻口岸防病“八项制度”对可疑病人劝阻出境。根据发展事态，调整和确定出国传染病监测体检筛查重点对象，在1400多名来自疫区的劳务输出人员发现一例疫病疫情；及时对机场口岸区域内的食品企业肉类采购、运输、加工人员的健康状况进行分类管理。同年，四川积极构建联防联控体系，筑牢口岸卫生安全屏障。安装运行国际旅行卫生保健中心管理系统，使传染病监测体检实现电子化办公；在双流国际机场口岸和四川国际旅行卫生保健中心设立与地方卫生行政主管部门和疾控中心联网，实现口岸与地方重大传染病疫情及公共卫生事件信息共享；贯彻落实新的《中华人民共和国传染病防治法》和《国际卫生条例（2005）》，成立由四川省卫生厅、省交通厅、成都铁路局、西南民航管理局、四川出入境检验检疫局等单位组成的部门协调领导小组，确定联络人员，建立联系会议制度，形成有效的部门协作机制。

第三节　特殊物品与尸体、棺柩、骸骨卫生检疫管理

一、特殊物品卫生检疫管理

在出入境物品卫生检疫中，通过携带、托运或者邮递出入境的，在传染病传播方面有特殊意义，需要特殊管理的微生物、人体组织、生物物品、血液及其制品，以及国家质检总局动态公布的其他出入境特殊物品名录规定的物品均为特殊物品。

1985年，中国专利局、卫生部、农牧渔业局联合制发《关于用于专利程序的微生物菌（毒）种培养物入境检疫暂行规定》的通知。1986年，卫生部制发关于“禁止进口Ⅷ因子制剂等血液制品的通告”的通知。1990年开始，成都卫生检疫（站）所按照文件要求接受入境特殊物品携带人、货主或其代理人报验，对其资料的进行审核、查验、放行。1990—1997年，成都卫生检疫（所）局共验放27批。

1998—2003年，成都卫生检疫局、四川出入境检验检疫局共接收118批特殊物品检疫审核、查验和放行。主要有出境的教学标本、人体组织、器官和入境的中美自愿者协会进口的自用疫苗；入境的科研用菌种、试剂和出境血清；中美自愿者协会进口的自用疫苗；成都生物制品研究所生产的向韩国、印度出口的疫苗；中国科研方面国际合作项目所需的菌种、试剂、组织、细胞；白血病人到台湾骨髓捐赠中心配型的血液标本等。

2003年，卫生部、国家质检总局下发《关于加强医用特殊物品出入境卫生检疫管理的通知》，规定，入境的医学微生物需要提供卫生部的批件原件及品名、株名、来源、特性、用途、批号、数量；人体血液需要提供输出国出具的艾滋病、传染性肝炎阴性检验证明原件；人体组织需要提供卫生部批件原件及输出国相关医疗机构出具的供体临床检验证明；血液制品需提供省级以上药品监督管理部门出具的药品注册证明及批件。入境的生物制品，应审核省级以上药品监督管理部门出具的药品注册证明、批件及该制品的成分、中英文使用说明、批号、贸易合同和输出国关于生物制品安全性的证明。出境的以科研为目的的非贸易人体血液，需要提供卫生部或科技资源部门的批件原件，以及与输入国科研合作协议性文件副本。出境的生物制品应提供中华人民共和国药品GMP证书、药品生产企业许可证批准文号通知、药品监督管理安全监管部门签发的药品销售证明书、营业执照副本复印件、中国药品生物制品检定所检验报告、出口发票。查验特殊物品是否货证相符，是否来自疫区、有无医学媒介生物，外包装是否完整、有无破损、泄漏、是否符合保存条件，内容物色泽是否正常、有无过期、变质现象。同年，四川出入境检验检疫局制定《四川局特殊物品管理实施办法》《四川局特殊物品检疫查验规程》，在工作中按照“三级审签”管理制度严格把关。并将特殊物品纳入CIQ2000系统，工作程序更加规范。

2005年10月17日，质检总局发布《出入境特殊物品卫生检疫管理规定》，要求出入境特殊物品的卫生检疫管理实行卫生检疫审批、现场查验和后续监督管理制度。对辖区内含有或可能含有病原微生物的入境特殊物品实施后续监管。需要后续监管的入境特殊物品，未经检验检疫机构的同意，不得擅自使用。

对入境特殊物品实施后续监管的内容主要有含有或者可能含有病原微生物入境特殊物品的使用单位是否具有相应等级的生物安全实验室，P3级以上实验室必须获得国家认可机构的认可；使用单位实验室操作人员是否具备相应的资质；入境特殊物品使用情况记录，是否按照审批用途使用，使用单位应当及时向检验检疫机构提供使用情况说明。在后续监管过程中发现有不符合要求，应当责令限期整改，并对已入境的特殊物品进行封存，直至整改符合要求。如经整改仍不符合要求的，责令其退运或者销毁。对后续监管过程中发现的问题，应当立即报告国家质检总局，并通报原审批的直属检验检疫局。

特殊物品检疫监管中，违反该规定有下列行为之一的，检验检疫机构可以给予警告或者处以5000元以下的罚款：瞒报或者漏报禁止进口的微生物、人体组织、生物制品、血液及其制品等特殊物品的；未经检验检疫机构许可，擅自移运、销售和使用特殊物品的；在规定时限内未向检验检疫机构申报或者拒绝接受特殊特殊物品卫生检疫后续监管的；伪造或者涂改检疫单、证的。对违反本规定，引起检疫传染病传播或者有引起检疫传染病传播严重危险的，依照《中华人民共和国刑法》的有关规定追究刑事责任。

2005年，根据国家质检总局《出入境特殊物品管理规程》，四川出入境检验检疫局有关部门对在成都的部分特殊物品生产企业进行调研和指导，了解和掌握其生产运作情况和产品在出入境方面的服务需求，并按照国家有关出入境特殊物品的卫生检疫法律法规对特殊物品进行后续管理，建立登记管理制度。

二、尸体、棺柩、骸骨卫生检疫管理

20世纪80年代中后期，成都口岸的出入境尸体、棺柩、骸骨、骨灰等的卫生检疫采取预申报。

审核市级以上医院出具死亡证明书（必须是非传染病）、护照、公证书以及包装容器、运输工具卫生状况良好后才签发尸体、棺柩、骸骨出入境卫生许可证书或尸体、棺柩、骸骨移运许可证。

1999—2005 年，四川出入境检验检疫局按照《中华人民共和国国境卫生检疫法》对入境的尸体棺柩进行检疫，合格后发给入境、出境许可证，方准运进或者运出。

2002 年，四川出入境检验检疫局对棺柩提出卫生检疫的有关要求，促使殡葬部门摒弃手工自制的简陋棺柩，订购符合检疫要求和有关殡葬要求的棺柩。

1985—2005 年，四川审批的进出境的特殊物品及尸体、棺柩、骸骨、骨灰情况，详见表 2－11。

1985—2005 年四川特殊物品和尸体、棺柩、骸骨、骨灰卫生检疫审批统计情况统计表

表 2－11

年　份	特殊物品（批）	尸体、棺柩、骸骨、骨灰（批）
1985	—	1
1986	—	1
1988	—	2
1989	—	3
1990	1	4
1991	1	14
1994	3	4
1995	3	
1996	7	12
1997	12	6
1998	2	1
1999	10	12
2000	15	9
2001	11	14
2002	19	11
2003	16	10
2004	14	22
2005	16	20
合　计	130	146

第四节　进口食品卫生监督

20 世纪 80 年代，四川的进口食品卫生监督检验工作基本由地方食品卫生监督部门管理，卫生检疫部门只对少部分进口食品进行卫生监督和抽样送检。

1986 年，成都卫生检疫所对进口的罐装啤酒、橙汁、洋酒等 27 个样品进行抽样检测，全部符合国家有关卫生标准。

1987 年，卫生部和国务院口岸领导小组将进口食品卫生监督检验任务划归卫生检疫机关负责，成都卫生检疫机关着手逐步开展此项工作。

1988 年，成都卫生检疫站（所）对进口饮料、洋酒、淡奶、咖啡等监督监测，计检测 5 批样品，均符合国家卫生标准。

1989 年，成都卫生检疫所对四川省粮油食品从香港进口的饮料、啤酒、糖等 12 个品种 80 个样品进行理化、细菌检验，除梯克料糖色素超标外，其余均符合国家标准，超标食品停止进口，禁止在国内销售。

1990 年，国务院口岸领导小组办公室、海关总署监管一司、公安部边防局、卫生检疫总所联合下发《关于进口食品卫生监督检验有关事宜的通知》，将进口食品卫生监督检验工作收归卫生部领导，在各口岸卫生检疫所加挂“中华人民共和国进口食品卫生监督检验所”的牌子，自 1991 年 1 月 1 日起正式承担进口食品卫生监督检验工作。该年对从成都口岸入境的三花淡奶、金色面粉、泰国香米、忌廉饮料、法国酒等食品、饮料抽样检验，均符合国家食品卫生法规定的标准。截至 1990 年底，共检疫查验进口食品约 20 吨，分别为大米、面粉、洋酒、葡萄酒、矿泉水、饮料、糕点、牛肉、海鲜品、调味品，经现场卫生监督及抽样检测，符合国家进口食品卫生标准。

1991 年，成都卫生检疫所对四川省粮油食品进出口公司从香港购进洋酒、葡萄酒、伊云矿泉水及海产品、调料计 8 批 2146. 64 公斤食品抽样检测，符合卫生标准。

1992 年 3 月，卫生部颁发食品添加剂使用卫生标准，成都卫生检疫所接受成都饭店等 3 个中外合资企业的进口食品申报 21. 97 吨，监督、监测 15 批 25 个品种，除日本玄米茶属过期食品外，其余均符合国家食品卫生标准。

1993 年，成都卫生检疫局实验室正式开展进口食品的检验工作。

1994 年，成都卫生检疫局对成都市大型商场经营进口食品进行监督检查，建立进口食品单位档案，建档率 100%；进口食品批验 150 批，344 个品种，总重量 1897 吨，发激光防伪标志 80 万个。处理过期不合格进口食品 2 批，特种物品 3 批，抽样检验 21 批。

1995 年，成都卫生检疫局与成都市工商局、四川省技术监督局联合行文，对成都的进口食品的商家或厂家实行许可证管理制度，登记注册商家 72 家，审发进口食品经营许可证 106 个，验检中文标签 11 个，发放激光防伪标志 100 万枚。检疫进口食品 60 批，共 430 吨，其中不合格 3 批。举办 3 期“进口食品管理培训班”；与成都市工商局、成都市技术监督局、四川商检局联合开展执法检查，限期整改了 3 家销售过期产品的商店，销毁查获的过期美国巧克力、彩虹糖 26 吨、法国进口霉变火腿肠 5 公斤、变质脂化过期黄油 10 公斤等。

1996 年，成都卫生检疫局检疫进口食品共 42 批，109 吨，发放防伪标志 100 万枚，办理进口食品经营许可证 80 余份，接收中文标签审理 12 份。

1997 年，成都卫生检疫局接受 103 家的商家进口食品申报，计 113 批、203 品种、1391 吨，分别来自美国、日本、挪威等 22 个国家和地区。同时定期对各大商场进口食品 500 余种约 433 吨进行后续卫生监督。发放激光防伪标志 100 万枚、注册商家 37 家。

1998 年，成都卫生检疫局配合全国打击走私及假冒伪劣进口食品行动，联合检查成都口岸进口食品商场（店）70 多家，查验进口酒等五大类 970 余种，1000 多吨。销毁无生产日期、无保质期进口食品 62 种，3000 多公斤。接受 103 家商家的进口食品申报，计 182 批、81 品种、706 吨，分别来自美国、日本等 13 个国家和地区。其中不合格食品 1 批，计约 0.2 吨，已按规定处理。后续卫生监督管理进口食品 360 余种约 570 吨。发放激光防伪标志 150 万枚、注册商家 307 家。查封过期进口食品 100 余种，对 3 家无卫生证书进口食品的酒店进行整改、警告、罚款等行政处罚，监督退货 3 家。

1999 年上半年，成都卫生检疫局共接收进口食品申报 81 批，总计 657.91 吨，不合格食品 2 批计 0.397 吨，已按规定处理。在春季进口食品专项检查中，检查商家 35 家，抽查进口食品、保健品 970 余种、约 1000 多吨；共查封进口食品 97 种，销毁过期变质食品 62 种 300 余公斤。

1992 年至 1998 年 7 月，成都卫生检疫局共接受进口食品检验 792 批，8929.5 吨，查出不合格进口食品 58.2 吨；审发进口食品厂、商家卫生经营许可证 300 多个；初审中文标签 23 个；发放激光防伪标志 530 万枚。

2000 年，四川出入境检验检疫局严格执行进境检验审批制度，杜绝未经检疫和检疫不合格的水果进境，降低风险，确保水果卫生质量。

2001 年，四川出入境检验检疫局严格对进口食品经营单位进行登记和验证，在做好日常检疫的同时，加强后续管理。配合有关部门开展市场巡查打假，依法查处了一批有严重质量问题的进口洋酒。同时，根据进口食品危险性程度的不同，实行不同的管理制度，重点加强对高风险食品的监控和检疫。

2002 年 1—10 月，四川出入境检验检疫局制定并施行强化进口食品的检验检疫的具体措施，对进口食品货物的集装箱，尤其是对美国、日本进口和较大型的木质包装进行重点检疫，并及时处理发现的问题，不留隐患。

2005 年，四川出入境检验检疫局加强进口食品的查验力度，在陆运现场查获一批夹带进口的法国葡萄酒未加贴中文酒标的违法行为，分别作出对产品进行销毁和责令整改的行政处罚。

第四章　出入境检验检疫监督管理

“三检”合并以后，四川出入境检验检疫系统充分发挥职能作用，建立“依法把关、监管有效、方便进出、管理科学”和适应国际通行规则的检验检疫管理体系，创新检验监管模式，不断提高检验检疫监管的有效性。

第一节　绿色通道及出口免验

2003 年，国家质检总局发布《出口货物损失检验检疫绿色通道制度管理规定》，对诚信度高、产品质量保障体系健全、质量稳定、具有较大出口规模的生产经营企业经国家质检总局审查核准后，其出口货物试行产地检验检疫合格，口岸免于查验放行。2002 年 3 月，四川出入境检验检疫局通过对 10 家大型企业的走访调研，向质检总局推荐四川长虹电器股份有限公司、五粮液集团等 9 家企业为第一批实行绿色通道制度企业。2003 年 4 月，再次推荐自贡硬质合金公司、四川峨眉柴油机公司等 8 家企业为第二批实行绿色通道制度企业。对绿色通道制度企业的出口货物，口岸检验检疫机构不再实施查验，仅凭四川出入境检验检疫局签发的放行凭单直接换发通关单予以放行。

2005 年 10 月，经国家出入境检验检疫部门审批，四川长虹股份有限公司为四川省首家获得出口产品免验证书的企业，填补了西部地区出口免验的空白。检验检疫机构对其生产的长虹 14 英寸彩色电视、43 英寸背投所涵盖的全部型号彩色电视等 10 多个产品实施出口免验。截至 2005 年底，全川实行绿色通道制度的企业有 17 家。

第二节　种植养殖基地备案

2001—2004 年，日本加强对中国输日蔬菜农药残留量的检测，为控制出口蔬菜农残，四川出入境检验检疫系统对主要出口蔬菜生产基地的农药销售使用情况、企业对蔬菜基地的生产管理情况等进行重点调查，对全川主要植物产品（蘑菇、大蒜等）50 种农药残留情况开展普查分析，基本掌握了四川出口蔬菜生产基地农药残留情况。

2002 年 8 月，国家质检总局下发《进出口蔬菜检验检疫管理办法》，要求出境蔬菜原料必须来自经检验检疫机构备案的出境蔬菜种植基地，并规定自 2003 年 6 月 1 日起，对出境新鲜、保鲜、速冻、脱水、盐渍蔬菜种植基地实行制度。9 月，四川出入境检验检疫局印发《四川检验检疫局关于加强蔬菜种植基地备案管理的通知》，对出口速冻、冻干、新鲜蔬菜（野生蔬菜除外）等高风险产品原料全面实行种植基地备案。同年，按国家质检总局要求，开始对鲜蔬菜种植基地实行备案制度，要求出口新鲜蔬菜原料必须全部来自检验检疫备案基地。定期监督检查基地农药的购买、存放、领用、施用、病虫害防治情况、基地农事超值记录集采收记录等，同时检查鲜蔬菜加工厂生产卫生状况、质量管理制度执行情况、产品溯源体系建立情况、原料进厂验收执行情况等。同年，国家质检总局在《关于加强输新蔬菜检验检疫及监督管理工作的通知》附件中提供了包括水果在内的新加坡农残限量指标。四川出入境检验检疫局按要求开展输新水果基地农药使用情况的调查和抽样检测工作，要求企业对基地实行农药管理。

2002 年 10 月 1 日，国家质检总局《进出境肉类检验检疫管理办法》开始施行，要求供屠宰动物的饲养应当有出境肉类产品生产加工企业实行“五统一管理方式”，即统一供应猪仔、统一防疫消毒、统一供应饲料、统一使用药物、统一收购屠宰。四川出入境检验检疫局与地方政府及有关部门协调配合，启动“从源头抓质量”工程，建立以出口肉类加工企业为龙头的订单式的集约化、规模化、产业化生猪养殖业。按照“五统一管理方式”的要求管理养殖场，积极推行前期监管和后续管理。在此基础上，按照“成熟一家开通一家”的原则，恢复 35 家，新批 31 家企业供港澳冻猪肉报检。是年，四川猪肉出口出境同比增长近 40%。

2003 年，四川出入境检验检疫局据此制定《四川出口冻猪肉加工企业生猪原料基地管理规定（试行）》《四川检验检疫局出口肉用猪饲养场检验检疫管理办法》，对所有冻猪肉加工企业的养殖基地实施备案管理。共考核登记大中型生猪养殖场 35 个，备案受控猪场 399 个，新开通 5 家出口肉联厂供港澳产品报检，促进了动物源食品出口。1—10 月，四川共出口冻猪肉 1080 批，5.42 万吨，货价 7560.8 万美元，是四川历史上出口猪肉最多的年份之一。同年，四川出入境检验检疫系统对冻干品蔬菜企业实行原料基地备案管理，要求所有出口加工原料必须来自企业备案基地，并建立 SSO、HACCP 及产品质量追溯体系，对原料收购、蔬菜加工、储存、运输等全过程进行严格监督管理。对出口新加坡水果开始普查甲胺磷、毒死虫蜱残留量。

2004 年，全省在遂宁召开四川出口肉类质量工作现场会，提出了加强出口基础建设的具体措施，认真落实“五统一”的基地建设管理规定，大力推行“公司 + 基地 + 标准”的出口猪肉养殖基地建设模式。对 2002 年以来登记备案的 200 家养殖场进行了全面清理，取消养殖条件差、不按规定用药、管理不到位以及不再向企业提供猪只的养殖场 8 家，新登记备案 60 家，促使 11 家出口肉类企业的养殖基地通过了无公害认证，确保了基地建设良性发展。同年，四川出口水果量增多，对出口日本、欧盟的水果成品批批检测农残。四川出入境检验检疫局按照中国政府与进口国家地区官方签订的水果检验检疫条件议定书的要求，先后对输泰、输日、供港等果园实施备案和包装厂注册登记管理。根据国家质检总局的要求、警示通报以及进口国关注的农残项目，对出口水果实施出口前的原料多项农残普查和成品重点农残抽查，对出口到日本、欧盟的水果批批检测重点农残项目。在认真做好出口蔬菜水果种植基地的登记备案工作的同时，帮助出口农产品企业建立健全种植基地管理体系，在出口蔬菜水果等农产品种植基地大力推行植保员制度，实行统一购买农药、统一管理农药、统防治病虫害的“三统一”管理模式：加强技术指导，规范用药用肥行为，用高新技术改造传统农业，推动外向型农业的发展。全年完成 6 家出口水果、蔬菜基地备案登记，对 400 余名种植大户进行技术培训。同时，配合农业部门做好四川农业产业结构的调整工作，依托龙头企业的带动作用，出口量较大的公司基本上形成“公司＋基地”模式，培育具有竞争力的出口农产品生产基地，逐步实现出口农产品原料来自于登记（备案）的受控基地。

2005年，认真落实出口农产品种植基地备案登记制度，重点抓出口水果、蔬菜（包括食用菌）基地的登记备案工作，建立农残控制体系，实现出口原料来自受控的登记备案基地。在生产基地备案中，定点帮扶出口基地管理缺乏经验的企业。拥有早熟梨和脐橙生产基地各1000余亩，年产优质早熟梨1000吨的双流康源农产品贸易公司，虽将产品销售到新加坡、马来西亚、泰国等国，但随着订单的加大，却有单不敢接，或转手给国际贸易公司受制于人，利润极低。针对康源公司的困难，四川出入境检验检疫局召集果农、种植户进行检验检疫宣传指导，现场解决果农们的相关技术问题。5月，国家质检总局下发《关于对出口茶叶种植基地实行检验检疫备案管理的通知》，要求出口欧盟、日本的茶叶原料必须来自检验检疫备案基地。四川出入境检验检疫局按要求发文，对出口欧盟、日本的茶叶加工企业原料种植基地实施检验检疫备案制度。全年完成对4家出口蔬菜、水果基地备案工作，还按照国家质检总局下达的2005年度《出口植物源性食品残留监控计划》要求，抽查出口茶叶、食用菌、辣椒、松茸、毛豆、芦笋等样品检测残留物含量，完成计划内的监控工作。

图2－7　2003年，四川检验检疫人员在出口果园基地进行检疫监测

第三节　进口食品标签审核管理

进出口食品标签管理起于1994年，依据国家商检局、外经贸部1994年5月24日发布的《进出口食品标签管理办法（试行）》和国家商检局1994年4月21日发布的《进出口食品所附食品标签检验管理规定》执行。

2000年2月，国家出入境检验检疫局发布第19号令《进出口食品标签管理办法》，办法自2000年4月1日起施行。原国家商检局、外经贸部1994年发布的《进出口食品标签管理办法（试行）》和原国家商检局发布的《进出口食品所附食品标签检验管理规定》同时废止。《进出口食品标签管理办法》规定：“进出口食品标签必须事先经过审核，取得进出口食品标签审核证书”，“进出口食品的报检人办理报检手续时，必须提供进出口食品标签审核证书”。明确“国家出入境检验检疫局主管全国进出口食品标签管理工作，负责食品标签的审核、批准、发证工作。国家检验检疫局指定的检验检疫机构负责食品标签的初审及检验工作”。同年10月1日起对糖果类、坚果炒货类、肉制品类、罐头类、面制品类、蜜饯类、蜂产品类、制品类共八类预包装食品进口时实施凭进出口食品标签审核证书报检。为保证国家局19令的实施，四川局制定《四川进出口食品标签实施方案》，对原经商品检验局登记和原卫生检疫局审核的食品标签办理换证，并受理进出口预包装食品的标签审核证书的申请。2000—2001年共经初审合格上报国家局进出口食品标签共计174份。

2005年，为落实国务院行政审批改革精神，简化程序，方便进出，国家质检总局发布公告对进口食品标签审核制度进行了调整，不再对进口食品标签实施预先审核，进口食品标签审核与进口食品检验检疫结合进行。

第四节　认证认可

一、组织领导与制度建立

2003年4月，根据2002年《国务院办公厅关于加强认证认可工作的通知》和2003年《四川省人民政府办公厅关于成立四川认证认可工作领导小组的通知》要求，成立四川省认证认可领导小组（以下简称“领导小组”）。领导小组组长由四川省政府分管外贸工作的副省长担任，成员由四川出入境检验检疫局、四川技术监督局、四川省外贸厅、四川省经贸委、四川省信息产业厅、四川省农业厅、四川省卫生厅、四川省环保厅、四川省药品监督管理局以及四川省畜牧食品局10个厅局级单位组成。领导小组办公室设在四川出入境检验检疫局，建立联系会议制度，实施定期信息沟通、资源共享的运行机制，负责全省认证认可工作的宣传和监督管理工作。

2003年，国务院《中华人民共和国认证认可条例》发布，规范了认证认可活动和对认证认可工作的监督管理。四川出入境检验检疫局认证认可可监管工作，以加强内部基础建设，建章立制为抓手，以强化队伍建设，提高认证监管人员的监管能力为支撑，以“依法行政、严格把关、服务经济、促进认证有效性”为宗旨，加大对认证企业认证有效性的执法检查和认证市场、认证机构的监管力度，先后制定了10余项认证认可内部工作规范、办事指南、工作实施细则。

二、增加入境验证及免于办理CCC产品认证证明管理

2001年12月，国家质检总局颁布《强制性产品认证管理办法》，标志中国强制性产品（英文名称China Compulsory Certification，英文缩写CCC）认证制度的正式建立和实施。国家认证认可监督管理委员会出台《关于无需办理强制性产品认证和免予办理强制性产品认证工作有关问题的通知》，按照国家质检总局和国家认监委的要求，四川出入境检验检疫机关下发了《四川局关于进一步加强入境验证工作的通知》《关于印发四川局免于办理强制性产品认证证明工作规范的通知》等规范性文件。

2004年，根据全国强制性产品认证工作会议精神，四川出入境检验检疫局会同四川省质量监督

局召开宣贯说明会，向参会人员提供了相关资料，部署了对强制性产品“目录”内产品的监管工作。分别从国内产品质量监督的市场准人和国外产品验证监管两个方面，共同力大了对全省认证市场的行政执法和监管力度。同年，四川检验检疫机关按照国家质检总局进一步加强民用商品入境验证的要求，加大对涉及安全、卫生、环保的进口机电仪产品检验监管力度，全年共验证“无需办理强制性认证产品”的机电仪产品149批，货值97.15万美元，其中12批，货值13.5万美元不符合相关条件；“免于办理强制性认证产品”25批，货值44.04万美元，其中，7批，货值38.36万美元不符合相关条件禁止入境。

2005年，四川出入境检验检疫局印发强制性产品认证和“免办证明”办理须知，并在四川出入境检验检疫局网站公布。同时印发“产品目录及产品证书样本”向企业分发和展示，以指导企业顺利办理人境验证手续。同年，开展了强制性产品认证口岸查验行政执法检查；抽查人境查验证书档案，监督检查了部分涉及CCC认证、标志施用及进口CCC产品使用情况等。

至2005年底，四川出入境检验检疫局的共办理进口商品入境验证1.04万批，入境CCC免办证明738份，实施CCC免办现场后续监管78家企业，退运14批不符合入境验证要求的货物。

三、认证执法监督

（一）执法培训

2002年4月，四川出入境检验检疫局组织召开认证认可培训工作会议，贯彻落实《四川局关于调整部分业务和职责的通知》；明确新的工作程序和评审员管理办法。

2003—2006年，四川出入境检验检疫局派出人员参加国家认监委组织举办的IS0 9001、IS0 14000、IS0 18000、HACCP体系认证标准和行政执法监管工作的培训班，有24名人员经考试合格，取得了国家认监委认证行政执法监管的资质证书。

2003年10月，四川出入境检验检疫局组织举办《中华人民共和国认证认可条例》和《中华人民共和国行政许可法》培训班，对70多名认证认可执法监管人员进行培训。同年10月，四川出入境检验检疫局召开四川省认证认可工作会议，宣传《中国人民共和国认证认可条例》，总结四川认证认可工作，对出口食品卫生注册“拉网式”监督检查工作进行阶段性总结，认证认可领导小组成员单位的负责人和认证认可相关机构人员共135人参加了会议。11月，四川省认证认可领导小组与四川电视台、《四川日报》《华西都市报》和《成都商报》等新闻媒体合作，开展《中华人民共和国认证认可条例》和管理体系认证工作的宣传活动。

2004年6月，四川出入境检验检疫局组织相关业务处检验检疫人员30人参加的认证认可相关知识培训，培训内容为《中华人民共和国认证认可条例》和强制性产品认证及入境验证的相关知识。年内，组织人员参加了强制性产品认证执法考试。

2005年6月、10月，四川出入境检验检疫局共举办5期200余人参加的认证认可执法监管培训班。培训认证认可工作的有效性和质量管理体系认证标准及相关知识。年内，有8人参加国家认监委组织的认证认可执法考试、23人参加四川检验检疫机关组织的证认可执法考试。截至年底，四川出入境检验检疫系统参加国家质检总局、国家认监委和四川出入境检验检疫局组织的认证认可行政监管人员培训共计1580人/次。

（二）执法监督

2003 年 1—4 月，根据国家认监委的统一部署，四川出入境检验检疫局任组长，派出管理体系监管人员 30 人次对安徽 7 家获证企业实施认证有效性检查。2—3 月，四川出入境检验检疫局与四川质监局联合对省内北京九千认证有限责任公司等 4 家认证机构认证的 30 家获证企业进行认证有效性稽查。年内，派员参加国家认监委对中国质量认证中心四川评审中心和方圆认证有限公司认证等 20 家企业进行 ISO 9001 质量管理体系认证有效性检查；按照国家认监委要求，查处 UKS 认证有限公司驻成都办事处的违规行为，并与四川省质监局一起共同组织专家对咨询机构进行监督检查和重新确认；组织人员调查四川千叶咨询有限公司违规情况。截至 2003 年，四川省经国家认监委审批确认的咨询机构共 23 家。

2004 年 4 月，四川出入境检验检疫局在四川省认证认可领导小组的领导下，与四川质监局一起共同开展对全省 3 家认证及认证培训机构、5 家内资认证咨询机构和 2 家外资认证咨询机构的监督检查。年内，根据国家认监委安排，四川出入境检验检疫局与四川省质监局组成联合工作组对四川省 19 家企业和福建省、安徽省的 18 家获证企业开展了认证有效性监督检查，对不符合要求的企业进行了查处；受国家认监委委托，对四川省的农产品认证企业进行认证有效性监督抽查；与四川省质监局、成都市质监局联合对成都市 5 家大型商场和农贸市场出售的“绿色食品”“无公害农产品”“有机食品”进行监督检查；与省质监局共同调查企业获得社会责任质量管理（SA 8000）认证情况，并抽查成都市 3 家认证机构的认证档案。

2005 年 3 月，四川出入境检验检疫局组织召开四川辖区内认证咨询机构座谈会，征求相关认证机构对《认证培训机构管理办法》和《认证咨询机构管理办法》的意见，并汇总上报国家认监委。9 月，四川出入境检验检疫局成立认证监管处。为落实国务院《关于进步加强食品安全工作的决定》要求，四川出入境检验检疫局组织对国家认监委指定的省内 12 家获得 ISO 9000、HACCP 体系认证的食品企业进行稽查，四川省质监局参与对其中 4 家企业的稽查。

第五章　检务管理

检务管理包括受理报检、计费、签证（含原产地签证）、放行、统计、空白证单和签证印章、检务档案管理、原产地标记保护以及对报检员和报检单位进行管理。“三检合一”后，四川检验检疫系统全面实施“六个一次”工作模式，即一次报检、一次取（采）样、一次检验检疫、一次卫生除害处理、一次收费、一次签证放行。2000 年，四川检验检疫局启用 CIQ 2000 系统对报检、计费、签证、放行、统计等检务工作进行全面改革。

第一节　报检、签证、计费、放行

一、报检

1954 年 1 月 3 日，中华人民共和国政务院颁发《输出输入商品检验暂行条例》。重庆商品检验局于 1954 年 6 月、1962 年 12 月分别制定《报验须知》《受理检验暂行规定》。规定出口商品的报检，原则上应建立在生产厂检验和经营部门验收合格的基础上，在成交条件确定、完成生产工序、包装完整、编批刷唛之后，才接受报检。未具备上述条件的报验不予受理。

各种检验的申请，报检人必须填写统一规定的检验申请单。

各种检验申请，报检人必须分别提供以下有关证件和资料：

出口商品报检。出具合同、信用证函电、买卖双方谈判记录、生产检验结果单、非疫区证明书、检疫证明、明细单、经营验收证明、凭样成交的并提供成交小样（包括买卖双方签封同意的或公司向国外发样时制备品质相同的样品）等。无合同或合同未规定商检的表外商品，由省级以上的外贸公司提供有关品质、规格和包装条件证明。

换证、查验。未派驻厂监督检查人员的查验换证，应提交统一格式的厂检结果单、非疫区证明书、检疫证明、明细单、经营验收证明。

进口到货检验报检。按国外进口到货验收索赔须知规定，提供有关证件。

委托检验报检。由报检人自送样品，凡经他处检验之物品委托复验者，应提交原检验机构的检验结果及验余样品。

出口商品的预验报检。尚无合同、信用证或暂未成交的出口商品，商检可以受理预检，在申请单上加盖“预验”图记。

随着对外贸易的发展，四川自营出口逐渐增多。根据 1984 年 1 月国务院发布的《中华人民共和国进出口商品检验条例》，四川商检局重新制定进出口商品《报验须知》，主要有出口商品报验必须填写“出口商品检验申请单”，随附对外贸易合同或售货确认书、信用证及有关单证函电等，凭样成交的应提供双方确认的成交小样；进口商品报验必须填写“进口商品检验申请单”，并提供对外贸易合同、国外发票、装运提单、装箱单和进口货物到货通知单；鉴定报验必须填写“进出口商品鉴定商品单”，根据鉴定工作需要提附有关外贸合同、国外发票、装运提单、残损单、重量明细单等有关检验标准或检验方法。

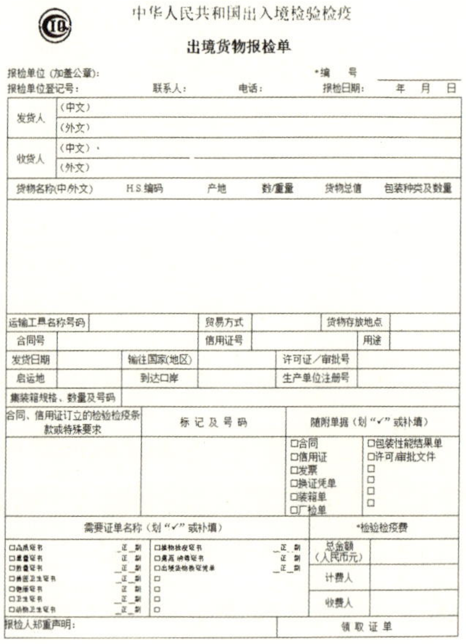
中华人民共和国出入境检验检疫
出境货物报检单
报检单位（加盖公章）： *编号
报检单位登记号： 联系人： 电话： 报检日期： 年 月 日
发货人 （中文） （外文）
收货人 （中文） （外文）
货物名称(中/外文) H.S.编码 产地 数/重量 货物总值 包装种类及数量
运输工具名称号码 贸易方式 货物存放地点
合同号 信用证号 用途
发货日期 输往国家(地区) 许可证／审批号
启运地 到达口岸 生产单位注册号
集装箱规格、数量及号码
合同、信用证订立的检验检疫条款或特殊要求 标记及号码 随附单据（划“✓”或补填）
□合同 □信用证 □发票 □换证凭单 □装箱单 □厂检单 □包装性能结果单 □许可/审批文件
需要证单名称（划“✓”或补填） *检验检疫费
总金额（人民币元） 计费人 收费人
报检人郑重声明： 领取证单

图2-8 出境货物报检单

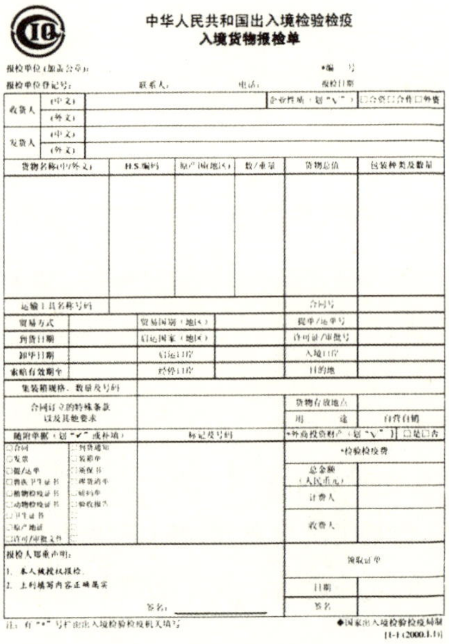
中华人民共和国出入境检验检疫
入境货物报检单
报检单位（加盖公章）： *编号
报检单位登记号： 联系人： 电话： 报检日期
收货人 （中文） （外文）
发货人 （中文） （外文）
货物名称(中/外文) H.S.编码 数/重量 货物总值 包装种类及数量
运输工具名称号码 合同号
贸易方式 提单/运单号
到货日期 许可证/审批号
入境口岸
目的地
集装箱规格、数量及号码
合同订立的特殊条款以及其他要求 货物存放地点 用途
随附单据（划“✓”或补填） 标记及号码
□合同 □发票 □提/运单 □动物检疫证书 □卫生证书 □原产地证 □许可/审批文件 □装箱单
*检验检疫费 总金额（人民币元） 计费人 收费人
报检人郑重声明：
1. 本人被授权报检。
2. 上列填写内容正确属实
签名：
领取证单 日期 签名
◆国家出入境检验检疫局制

图2-9 入境货物报检单

1987年8月，四川商检局根据检验签证工作的实际，对1984年制定的《报验须知》进行修订，明确了接受报检的范围、报检所需要提供的单据资料、不接受报检的原因、报检时间、商检证书期限等事项。

1989年9月20日，国家商检局发布《进出口商品检验规定》。同年11月28日，四川商检局根据国家商检局“关于未获得出口质量许可证的服装和纺织品不得接受报检的通知”要求作出补充规定，从1990年1月1日起。只有获得出口质量许可证的服装和纺织品，商检局才接受报检。

1990年，四川商检机关在贯彻《进出口商品检验签证管理办法》中，对报检申请人进行资格审查，对不符合注册、登记、许可制度、专管规定的商品报检，不予受理。同时，对报检人所提供的信用证、合同及有关单据资料进行审核。对查出的问题要求报检人予以更改或注明，并要求报检人提附的单据必须齐全。

1992年，本着提高报检工作质量和效率，方便外贸的精神，四川商检机关举办5期报检员培训班，参加培训的各类报检单位达300余家，计650人次。通过培训解决了以往报检中存在的问题，报检工作进一步规范。

1993年至1999年7月，四川商检局一直坚持按国家商检局发布的报检规定，由检务部门统一接受报检，实施“报检、检验、签证”相对统一的管理体制。1997年，全国商检检务工作会议以后，报检工作集中管理得到进一步加强，报检员实行由检务处集中管理。为方便出口企业，经批准也可由检务部门派员到有关检验处，直接办理报检登记。

1999年底，四川出入境检验检疫系统推行检务公开，严格一口对外，全系统实现一个窗口对外，一次申报，一次交费，一次取证，涉及多项目检验检疫的由内部一次协调完成和一次放行，简化原“三检”的工作环节，提高检验检疫工作效率。缩短检验检疫时限，平均流程比原对外公布的检验签证周期缩短1—5天，减少企业申报次数和往来取证的次数。

从2000年1月1日起，根据国家出入境检验检疫局下发《出入境检验检疫签证管理办法》，四川出入境检验检疫系统实行“先计（收）费，后实施检验检疫”的工作流程，即检务人员以有关接受报检人员对报检的有关单据进行审核，确认齐全，符合有关规定，登记编号后，先计（收）费，后将报检单及随附资料按内部流程转施检部门。针对原“三检”共同业务之间交叉较为严重的情况，按照“一件事由一个部门牵头办理”的原则对有交叉的业务进行调整。为适应调整后工作职能的需要，对原“三检”业务人员开展“一对一、一帮一”业务技术交流活动，以提高一线检验检疫人员的业务技能，并将业务学习纳入目标管理进行考核。

2001年，四川出入境检验检疫系统积极开展“电子报检、电子监管、电子转单”（以下简称“三电工程”）工作。添置有关设备、设置和调配网络，对符合条件的企业，开通电子报检，通过自动审单方式，实现“直通式电子报检”。年内实现电子报检、电子转单和产地证电子签证。该年底，全省有119家企业申请“电子单证系统”，90余家企业实现电子报检和电子转单，产地证电子签证也在长虹厂、自贡硬质合金厂等大型企业试点成功。

2002年1月1日起，四川出入境检验检疫系统根据国家质检总局《进口许可证制度民用商品入境验证管理办法》《关于实施进口许可证制度民用商品入境验证管理的通知》要求，在受理国家实施进口许可证制度和强制性认证的民用商品报检时，须审查进口许可、强制性产品证明等文件。5月，根据国家质检总局《进口旧机电产品检验监管管理办法》，对进口旧机电的报检须审查进口旧机电产品免装运前预检验证明或进口旧机电产品装运前预检验备案书、进口旧机电产品装运前预检验证书以及外经贸部门允许进口的证明文件。

2003年9月，四川出入境检验检疫系统完成CIQ 2000系统中H. S编码涉及检验检疫业务的商品与对应施检部门等基础数据维护工作。同年12月，根据国家质检总局《出入境检验检疫报检规定》《出入境检验检疫签证管理办法》《出入境检验检疫电子报检管理办法》《出口货物质量控制规范》，及“电子报检、电子监管、电子转单”有关要求，对出口货物实行“电子报检，先实施检验检疫，后计（收）费”工作流程。

2004年，四川出入境检验检疫系统继续推进“三电工程”，至年底，全省实施“三电工程”的

图2－10　1994年，出口企业在四川商检局窗口报检

企业达700余家，实现全省电子申报率100%，原产地电子签证率100%，电子转单率80%。8月，四川出入境检验检疫局在5家企业开展出境货物电子审单快速核放系统（简称快速核放）的试点工作，对质量管理水平高、质量稳定的企业的部分出口货物在有效监督的前提下，在监管有效期内的出口货物实施系统自动比对的快速验放做法。经快速核放的出境货物，从报检、制证、计费到取证仅需30分钟。在试点成功后扩大企业试点应用范围。

2005年，四川出入境检验检疫系统开展“大通关”建设，稳步扩大“快速核放系统”的应用，检验检疫证单基本上实现立等可取。年底，实施出境货物快速核放通过率达到80%以上，全省共有43家企业开通“快速核放”通道，涉及机电、化矿、纺织等200余种商品，占全川一、二类企业的41.4%，位居西南之首。

二、签证

出入境检验检疫证书是出入境检验检疫机构依法对涉及健康、卫生、安全、环保和关系国计民生的重要出入境货物、运输工具及疫病、疫情进行检验检疫或实施监督管理，签发的结果证明书，是出入境检验检疫工作的最终体现。证书格式随检验检疫的需要不断变更。1984年7月1日，国家商检局规定新的证书格式分进口、出口检验证书，兽医、卫生证书，产地证书，公证鉴定证明，丝类证书以及其他各种专用证书。到1992年，四川商检局对外签发的商检证书类别为进口索赔证书、出口品质证书、出口数量证书、出口重量证书、出口兽医医生证书、换证凭单、放行单、不合格情况通知单、一般产地证书、普惠制原产地证书。

在签证的管理上，20世纪50年代初，重庆商品检验局设立检务科专管进出口商品的报检、签证、统计计费等工作。1980年3月，重庆商品检验局制定《证单签发保管办法》，规定证单使用的范围、证单审核签发、制证保管等事项。1986年8月，四川商检机关开始使用自拟的“检验签证流程单”，从接受报检、检验、出证等各环节都在有时限的规定下进行。1987年8月，四川商检局制定《证书拟稿须知》《检验签证流程管理办法》《空白证书管理办法》等下发执行，由检务部门统一对外接受报检。1992年，四川商检局下发新的《检验签证流程管理办法》，加强进出口商品检验签证工作的管理，使商检内部工作流程规范化、程序化。

1993年，四川商检局发布检验签证周期流程时限表，对各大类进出口商品的检验签证周期作出了时限规定。1994年，商品证稿的签发改由检验科科长签发。从该年1月1日起，按国家商检局的规定一律由微机制证，放行单和放行章分别指定专人管理。为规范管理，检务处组织人员对1993年的3万多份证单进行立卷归档，添制了档案装具，编制了档案检索工具。同年3月，又专门派员前往各市（地）局抽样检查1993年度证单质量和证书档案，为提高检务工作质量起到了重要作用。同时召开四川商检系统检务工作会，要求报验、签证、放行、流程、计费、证单归档、空白证单、印鉴管理均由检务处负责。实施由检验员拟证稿，主任检验员或科长复核，部门负责人签证单的规定。对检验单证不齐全或未经检验部门负责人审签的，一律退回检验部门，不予签证放行。对丝类出口商品仍按原管理办法，由局机关检验部门接受报验、检验、签证，检务部门负责监督管理。为提高商检证书质量，在反复征求检验部门意见的基础上，1995年11月制发《四川商检局关于进一步提高检验证书质量的通知》，对8类50多种商品的包装、扦样、检验依据等问题作出了明确规定。1996年4月，又制发了《开展1996年商检证单质量检查、展览、评比的通知》，局机关派员到地市局检查证单质量并抽取证单样本进行评选，全系统共抽取 101 份证单，评出优胜单位 4 个，优秀证单 14 份。1998 年四川商检局重新拟订《空白证单管理办法》，用制度规范报验签证、放行行为。6 月 1 日，四川商检局机关完成从报验、检验、拟稿、签证、放行的全局微机联网工作，实现由单机签证向网络管理的过渡。

1999 年，为配合国家检验检疫局改革检务，启用新证单，统一业务流程的统一部署，四川出入境检验检疫局除要求检务人员重点学习国家检验检疫局有关检务新要求外，举办检务知识培训班，对全局职工开展检务新知识培训，加大对业务部门工作人员的培训力度，学习结束后对参训人员进行严格考核，并将成绩纳人年终考核内容。同时，组织相关人员及时编制新证书的计算机模版，在新证书应用前对系统反复试验，提前做好各项设备的准备工作。

2000 年 1 月 1 日起，签证工作纳人 CIQ 2000 管理系统，改变过去四川出入境检验检疫局本部、各分支机构各自独立运行的签证历史。并正式启用新版检验检疫证单，时任局长程迪龙亲手签发四川出入境检验检疫局第一份出境货物通关单。新版证单将“原三检”的检验检疫证书、凭单共 148 种进行调整、合并、简化为检验检疫证单 67 种，其中证书类 36 种、凭单类 31 种，并将监管类证单 33 种也纳入规范管理，并在全国检验检疫系统内规范证单的应用和填制。四川出入境检验检疫局年使用的各类出人境货物检验检疫证单达 57 种。

2004 年 8 月，四川出入境检验检疫局进行电子监管工作快速核放，当年快速核放签证量达 65 份。同年 8—10 月，在植检处综合业务科启动签证模式改革试点，将原来由检务部门制作的证书改由施检部门直接制作，检务部门对证书审核校对后发证。从 3 个月的试点结果来看，证书错误返单率从原 15% 下降为零。

2005 年 1 月 1 日，四川出入境检验检疫局制定《四川检验检疫局签证差错管理办法》，证稿的质量有所提高，差错率由原来 9%—10% 下降到 0.5% 以下。同年底，快速核放的签证量猛增至 1727

图 2－11　1992 年，四川商检局微机制证

份，实施出境货物快速核放通过率达80%以上。

2000—2005年，四川出入境检验检疫系统出具的检验检疫证单采用全国统一格式，由检务部门统一对外签发。签证程序包括审核、制证、校对、签署和盖章、发证、放行等环节。出境签证在2个工作日、入境签证在5个工作日完成。

2000—2005年四川检验检疫货物签证统计表

表2－12　　单位：份

年份			2000	2001	2002	2003	2004	2005
签发出境货物证单	证件	小计	1734	8948	17596	28153	30981	28201
		检验证书	593	3571	10985	20005	19927	18104
		卫生类证书	162	814	1123	1335	1308	1136
		兽医类证书	425	2414	2187	3090	4137	3245
		动物检疫类证书	8	11	20	23	22	27
		植物检疫类证书	195	481	774	1223	1808	2022
		检疫处理类证书	280	1460	2293	2388	3650	3537
		其他证书	71	197	214	89	129	130
	单	小计	3766	16048	21193	25989	30651	32484
		出境通关单	726	2080	2901	3548	3833	4018
		出境换证凭单	3038	13943	18257	22413	26773	28412
		出境货物不合格通知单	2	25	35	28	45	54
签发入境货物证单	证件	小计	95	411	424	393	387	296
		检验证书	68	288	287	292	241	177
		卫生类证书	20	60	95	59	120	102
		兽医类证书	0	0	0	0	0	0
		动物检疫类证书	0	16	5	1	0	1
		植物检疫类证书	0	0	1	0	1	0
		其他证书	7	41	36	41	25	16
	单	小计	315	2988	10210	15500	17332	19510
		入境通关单	15	1444	8272	13050	14946	16516
		入境货物检验检疫证明小计	300	1544	1938	2450	2386	2994
合计			5910	28395	49423	70035	79351	80491

三、计费

1950年3月，第一届全国商品检验会议确定收费“从值收取，费率最高不得超过3‰”的原则，同时决定费率由各地商品检验局按本地市场价格自定。重庆商品检验局根据这一原则，制定了收费办法，报西南贸易部审批后于1953年公布执行。

1955年1月29日，对外贸易部颁发“输出输入商品检验费率表”。新颁布的费率表规定，出口商品最高检验费率不超过2‰。同年3月，重庆商品检验局制定相应的法定检验费率（额）表。

1958年10月，对外贸易部公布《出进口商品检验工作细则（暂行）》规定，经商检局办理的出口商品的品质检验和出进口商品的动植物检疫工作，不收检验费。经商检局委托其他机关检验的，需要费用时应由报验人负担。外贸部征得财政部同意，取消了对出口商品检验收费，但对进口检验费、公证鉴定费、委托检验费和国外负担的出口检验费仍照收。

1973 年，外贸部规定，出口商品对外费率按 2.4% 收取，对内费率按价值不同分别采取：3 万元以下商品收 10—30 元，3 万元以上按 1% 收取。进口商品根据不同品种按 2.4%—5% 的费率收取。

1978 年外贸部对进出口商品检验、鉴定工作收费作出规定，凡经检验不合格或合同规定以商检证作为结算依据而对外出证的进口商品，以及由国外申请人直接申请或由国外负担检验费的进出口商品，一律按收费表的"对外费率或费额"计收检验费，最低费额均为 50 元。进口商品经检验合格不对外出证的，以及出口商品的检验费由国内负担的，一律按收费表的"对内费率或费额"计收检验费。

1983 年 11 月 1 日起，四川商检局对委托检验实行新的收费标准。

1986 年 7 月 9 日，为使委托检验收费更为合理，四川商检局对原收费标准进行了调整，新标准于同年 8 月 1 日起执行。

1988 年 1 月 15 日，国家商检局、国家物价局、财政部联合下发调整后的《进出口商品检验、鉴定收费办法》。对进出口商品检验、鉴定工作的费率、费额作出详细的规定，同时，对进出口商品检验、鉴定工作计费方法也作了相应的规定。同年 12 月，四川商检局对委托检验收费标准进行了调整。

1989 年《中华人民共和国进出口商品检验法》实施后，进出口商品的检验、鉴定工作作了相应的调整，为此，国家商检局、国家物价局于 1990 年 4 月 6 日联合发文，对新增加的检验、鉴定等项目的收费标准做出规定。具体规定：商检实施检验的质量、规格、数量、重量、包装、安全、卫生等项目；查验；进口成套设备；鉴定业务；封识管理；实施产品认证和商检标志；办理复验；办理免验；办理复议等项目的费率费额的收费标准。

为贯彻上述规定，四川商检局 1990 年 5 月 29 日下文，对出口商品检验费额、凭单换证、封识管理费额、实施产品认证和商检标志的样品检测费及鉴定业务收费作了进一步的规定，并下发执行。

1992 年 5 月 7 日，国家物价局、财政部联合发布了重新制定的《进出口商品检验鉴定收费办法》和《进出口商品检验鉴定收费标准》。从进出口商品品质检验、鉴定、安全（卫生）、其他等四个方面对收费标准进行了规定。四川商检局检务部门根据报验商品的合同单价、检验鉴定项目按计费标准进行计费。

1993—1999 年，国家商检局、国家计委、财政部分别下发了关于进出口商品检验鉴定收费规定的一系列文件。在具体实施计费中，四川商检局严格按国家制定的收费办法和标准，既不擅自扩大收费范围，提高标准，也不少收或不收。1996 年按照国家商检局发出的《关于在全国范围内开展口岸收费检查的通知》要求，全川商检系统认真进行了自查，并接受省物价管理部门的检查，纠正了收费中存在的问题。1997 年 8 月 26—28 日，四川商检局召开贯彻落实中央治理"三乱"工作会，成立治理"三乱"领导小组，开展学习和宣传，9 月中旬，着手对 1996 年至 1997 年上半年的收费情况进行了自查自纠。共纠正 37 项，并列出了多收费和乱收费项目，报请国家商检局审查（自验、共验、认可检验和内销丝检等），同时还对外公布治理"三乱"举报电话、收费标准和收费办法。1998 年又按国家商检局关于治理"三乱"的决定，再次进行治理和整顿，杜绝多收和少收行为的发生，防止"三乱"的反弹。

1999—2005 年，计（收）费办法及计（收）费标准由国家发展改革委员会、财政部联合制定。

1999 年 4 月，国家进出口商品检验局与国家计委、财政部共同下发《关于降低加工贸易品质检验和外商投资见产鉴定收费标准的通知》，从 5 月 1 日起，将加工贸易出口货物品质检验费降低 30%，对来料加工的进门料作不实施品质检验；共同检验按现行国家规定收费标准的 17.5% 计收：认可检验、外商投资财必鉴定费降低 35%。同年 6 月，将出口煤炭产地和口岸两次检验、两次收费改为产地监管，口岸一次检验，一次收费、降费率达 50%。10 月，对外商独资企业进口设备不再实施强制性价值鉴定和收费。11 月 1 日起，根据《国家计委、财政部关于第二批降低收费标准的通知》和国家质检总局《关于转发〈国家计委、财政部关于第二批降低收费标准的通知〉的通知》的要求，凡按《国家计委、财政部关于发布进出口商品检验鉴定收费办法及收费标准的通知》《国家计委、财政部关于发布进出境动植物检疫收费办法及收费标准的通知》、《国家计委、财政部关于发布国境卫生检疫收费管理办法及收费标准的通知》规定的收费标准收取的检验，检疫费政为按原标准的 2/3 比例收取，检验检疫收费在原有基础上下调 1/3，此前的降费文件继续执行。

自 1999 年至 2004 年 3 月 31 日，四川出入境检验检疫系统执行 1994 年《国家计委、财政部关于发布进出口商品检验鉴定收费办法及收费标准的通知》《国家计委、财政部关于发布进出境动植物检疫收费办法及收费标准的通知》《国家计委、财政部关于发布国境卫生检疫收费管理办法及收费标准的通知》规定的收费标准以及其间补充的计（收）费标准和降费规定收取检验检疫费。

自 2000 年 6 月 6 日，依据国家质检总局《出入境检验检疫标志、封识暂行收费标准》收取检验检疫标志、封识收费。

自 2002 年 5 月 20 日起，备案申请人自愿向进口涂料备案机构备案，由申请人向专项检测实验室支付专项检测费。同年 7 月，根据《国家计委、财政部关于发布进出口商品检验鉴定收费办法及收费标准的通知》的有关规定，按照《关于进口涂料、石材检验检疫收费有关问题的通知》要求，对报检的进口涂取料按现行品质检验中“其他商品”收费标准计收取检验费；需向专项检测实验室送样检测的，由四川出入境检验检疫局向专项检测实验室支付专项检测费。

2002 年 7 月 1 日起，四川出入境检验检疫局根据《国家发展计划委员会、财政部、国家质量监督检验检疫总局关于降低加工贸易出口货物品质检验收费标准的通知》要求，对加工贸易（包括来料加工和进料加工）的出口货物品质检验费收费标准，由原来《国家计委，财政部关于发们进出口商品检验鉴定收费办法及收费标准的通知》的 70% 降为按 50% 计收；共同检验由原来的 35% 计收，降为按 25% 计收：市核换证由原来的 17.5% 计收，降为按 12.5% 计收。

从 2004 年 4 月 1 日起，执行国家发改委、财政部发布的《出人境检验检疫收费办法及其收费标准》（简称“收费办法”），并根据财政部、国家发改委《关于出人境检验检疫收费问题的复函》的规定，将计（收）费项目调整为：品质检验的费率由 1.67% 降为 1.5%，动、植物产品检疫费率仍为 1.2%，食品及食品加工设备卫生检疫费率为 1.2%，卫生检疫不收费。同批货物检验检疫费超过 5000 元的，超过部分的按费率 80% 计收；换证凭单费、撤检费、外检费、查验换证费、汽车、摩托车登检费、薰蒸监管费、审批费、交通费、考核认证证书费、进境动植物产品疫情处理费、货物卫生处理费、以熏代检的不再收取检疫费；增加的收费项目有出口商品的型式试验费、特殊项目检测费、现场放射性监测费、进口涂料专项检测费、金佰利进程证书审核费、报检员考试发证费、部分项目实验费；依照《出人境检验检疫收费办法》相关规定和成都市物价局、卫生局制定的《成都市医疗服务价格（试行）》文件规定，四川出入境检验检疫局体检收费执行“二甲”医院标准收费。

自2005年12月9日起，四川出入境检验检疫局按照国家质检总局明传电报《关于转发〈财政部、国家发展改革委员会关于对家禽业成免部分政府性基金和行政事业性收费的通知〉的通知》要求，付出口禽类及其产品全额免收检验检疫费。

四、放行

检验检疫证单（章）是进出口货物通关放行的凭证。

1987年，重庆海关、四川商检局联合发文规定，经四川商检局签发的进口索赔经验证书，海关凭盖有“进口货物通关之章”的副本通关。

1988年12月，四川商检局对出口商品检验放行启用“放行之章”及“此份证书副本仅供国内通关”字样的胶皮图章。

1989年12月16日，四川商检局根据国家商检局文件精神，启用新的出口商品放行通知单、出口商品检验换证凭单集附页，明确新的放行单上不再盖“放行之章”。

1992年，根据国家商检局的同意要求，启用新的放行章，全称为“中华人民共和国四川进出口商品检验局放行章”，用于出口商品放行单和出口商品报关单。

2000年1月1日，根据进口国规定，输往美国、加拿大、巴西、澳大利亚和欧盟带木质包装的货物，海关凭检验检疫机构签发的出境货物通关单验放。同月11日，按照国家出入境检验检疫局、海关总署确定的“先报检，后报关”新检验检疫通关模式，正式启用“入境货物通关单”“出境货物通关单”，取消原“商检、动植检、卫检”以放行单、证书通关联、在报关单上加盖放行章等通关放行管理模式。列入种类表以及法律法规规定由检验检疫机构实施检验检疫的进出口商品，实施报检通关放行管理。2002年1月1日起，四川出入境检验检疫局根据国家出入境检验检疫局《进口许可证制度民用商品入境验证管理办法》《关于实施进口许可制度民用商品入境验证管理的通知》要求，对国家实行进口许可证制度和强制性认证产品的民用商品实施入境验证管理，签发“入境货物通关单”。

根据国家质检总局、海关总署、商务部、国家林业局2005年4号公告及《出境货物木质包装检疫处理管理办法》要求，从3月1日起，出境货物木质包装在出境前按国际植物保护公约组织规定进行除害处理并加施IPPC专用标识，检验检疫机构对加施有IPPC专用标识的货物木质包装放行。

第二节 原产地保护

一、原产地证书

获得外贸经营权的进出口企业，须到当地商检机构进行原产地注册登记。出口商品的产地证明书，是世界各国实行进口贸易管制和配额管理的一种手段，又是海关凭以核定减免进口关税的有价证件。

产地证的签证机构，按照国际惯例，一般要求由进口国驻出口国的使领馆签发或认证，或是由出口国官方公证鉴定机构与商会团体签发。

中华人民共和国成立后，不少国家要求由他们驻中国使领馆签证。由于中国外贸部的坚持，先后争取到由商检局和贸促会对外签证。

四川商检机关从20世纪70年代后期开始签发原产地证书。到1986年以前，签证工作是经过检验部门审查拟稿再送检务部门办理的。从1986年起，改为由检务直接办理。从1990年5月，国家商检局发出通知，要求各省商检机关自1990年5月1日起开始，按签发产地证统计表（XWO212）要求进行统计，以加强对一般产地的管理。到1990年底，由四川商检局和四川省贸促会签发原产地证书，四川省外经贸委贸管处对欧共体签发纺织品原产地证书。

1990年，四川商检机关签发原产地证书492份，签证金额1947.43万美元。该年，在四川商检机关办理原产地证书的有60家出口企业。

从1992年1月1日起，启用国家商检局下发的新的签发一般原产地证书统计表。

1993年，普惠制原产地和一般原产地签证量出现较大增大，签证总额达80535份，受惠额达23308.74万美元。1995年，四川商检局为掌握普惠制的可信度，对60家普惠制注册登记企业进行复查和审核调查，对敏感性产品有重点地实施签证抽查，办理普惠制和一般原产地证注册登记企业共138家。1996年，四川商检局将普惠制和原产地证一并办理，从而使申报企业新增了39家，其中“三资”企业14家，总计达177家。为了保证原产地证的准确性、真实性，四川商检局对药品类、皮革制品类、化工产品类、纺织品类的产地注册进行签证前调查，签证后抽查和查询调查。1997年，四川商检局又对电子产品类、食品类、服装类出口产品和新增5家企业进行注册调查和签证调查，有效提高证书的真实性。1998年，四川商检局对新申报普惠制原产地注册的轻工、工艺品的生产企业进行直接到厂实施注册调查和对部分企业的部分出口产品进行签证前调查，使普惠制原产地注册企业新增33家，进一步确保了证书质量。

1993年至1999年7月四川普惠制原产地证签证情况统计表

表2-13

时　间	普　惠　制	
	签证量（份）	受惠额（万美元）
1993年	6771	23308.74
1994年	7863	24028.94
1995年	8089	37816.49
1996年	5698	29963.22
1997年	5130	27565.78
1998年	4701	26798.66
1999年1—7月	2123	763.76
合　计	40375	170245.59

2000年前，四川出入境检验检疫局签发普惠制原产地和一般原产地两种证书。

2001年4月，四川出入境检验检疫局完成全川原产地证电子签证系统硬件环境和软件环境的建设工作，5月正式开通原产地电子签证。

2001年9月28日，四川出入境检验检疫局对四川省五粮液集团有限公司申报的“五粮液”“五粮春”“五粮醇”“尖庄”4 个产品实施原产地标记保护初审。2002 年 1 月 8 日，四川省五粮液集团有限公司申请的产品通过“原产地标记注册”，成为中国首个获得原产地标记注册的白酒产品。

2002 年 10 月 12 日，按照《中华人民共和国普遍优惠制原产地证明书签证管理办法实施细则》第十条要求，“申请单位的证书手签人员应是该单位的法人代表或法人代表指定的其他人员。原则上，每个单位可有 3 名以内手签人员，并须经过检验检疫机构培训，经考核合格者方能在证书签字”。为此，四川局举办首届“原产地证书申领员培训班”，约 90 家企业、外贸单位的 200 余名人员参加历时 2 天的培训，经考试合格，取得四川出入境检验检疫局颁发的申领员证。

2003 年 8 月，原产地证电子签证率已达 100%。

2004 年，四川出入境检验检疫系统完成 246 家企业的年审，对每家企业的注册信息、经营产品的范围以及申领人员的资料进行逐项的审核，将基础数据纳入微机管理，基本实现对相关企业信息的电子管理和全方位掌控，为下一步的无纸化签证奠定基础。同年，首次签发区域性优惠原产地证书——曼谷协定。签发中国—东盟自贸区零关税优惠原产地证，原产地书种类增至 4 种。

1999—2005 年四川原产地证明书签证情况统计表

表 2－14

项目＼年份	1999	2000	2001	2002	2003	2004	2005
普惠制（份）	4095	5056	5381	7386	10920	11492	12105
一般原产证书（份）	0	469	1009	1755	1968	1888	2058
亚太（份）	—	—	—	—	—	1	241
东盟（份）	—	—	—	—	—	41	27
减免额（万美元）	1417.04	1871.1	1960	1472.7	1899	2897	3456.2

二、原产地标记

原产地标记是世界贸易组织的《与贸易有关的知识产权协议》（TRIPS 协议）中所认可的通行保护规则。我国加入世界贸易组织后，才开展此项工作。

2001 年 3 月，国家检验检疫局《原产地标记管理规定》《原产地标记管理规定实施办法》把原产地标记分为“地理标记”（GEOGRAPHICAL INDICATION）和“原产国标记”（MARKS OF ORIGIN）并对原产地标记的申请、评审、注册、使用、保护与监督等作出规定。同年 9 月 28 日，四川检验检疫局对四川省五粮液集团有限公司申报的“五粮液”“五粮春”“五粮醇”“尖庄”4 个产品开展原产地保护初审。2002 年 1 月 8 日，这 4 个产品通过国家检验检疫局产地标记注册评审，获得“原产地标记注册”，为中国首个获得原产地标记注册的白酒产品。

2002 年，继续开展原产地标记工作。泸州老窖股份有限公司“国窖牌国窖 1573”“泸州牌泸州老窖特曲”，泸州老窖生物工程公司“久香牌”釉药，四川剑南春集团有限公司“剑南春牌”、“绵竹牌”绵竹大曲系列酒经四川检验检疫局推荐获得地理标志保护产品。汉源三九黎红食品有限公司

“黎红牌”黎红鲜花椒油、四川清香园调味品股份有限公司地理标志保护也在办理中。2004年11月，国家质检总局整合原国家检验检疫局“原产地标记保护产品”和原国家技术监督局“原产地域产品”保护为保护地理标志保护。同年，四川省4家企业的产品通过国家质检总局评审获得地理标志保护，3家企业的产品通过四川检验检疫局初审推荐。

2005年6月7日，国家质检总局发布《地理标记产品保护规定》，对地理标志产品保护的申请与受理、审核与批准、标准制定与专用标志使用、保护与监督等作出规定。

四川出入境检验检疫局推荐获得地理标志保护注册名录统计表

表2－15

商标名称	注册人	注册号	商品
“五粮液”“五粮醇”“五粮春”“尖庄”	四川省宜宾五粮液集团有限公司	0000015	酒类
“国窖牌国窖1573”“泸州牌泸州老窖特曲”	泸州老窖股份有限公司	0000072	酒类
“久香牌”釉药	泸州老窖生物工程公司	0000193	釉药
“剑南春牌”“绵竹牌”绵竹大曲系列酒	四川剑南春集团有限责任公司	0000073	酒类
“郎牌”郎酒酱香型系列酒	四川省古蔺郎酒股份有限公司	0000317	酒类
“沱牌”系列白酒 “舍得”系列白酒	四川沱牌集团有限公司	0000236 0000237	酒类
“黎红牌”黎红鲜花椒油	汉源三九黎红食品有限公司	0000197	调味品
自流井牌精制盐	四川久大制盐有限公司	0000341	调味品
“中坝牌”“清香园牌”中坝口蘑酱油系列产品	四川清香园调味品股份有限公司	0000321	调味品
临江寺豆瓣系列产品	四川资阳临江寺豆瓣公司	0000319	调味品
临江寺腐乳	四川资阳临江寺豆瓣公司	0000320	调味品
宜宾芽菜、碎米芽菜、金芽菜、五味芽菜系列产品	四川省宜宾碎米芽菜有限公司	0000196	食品
“竹叶青牌”峨眉山竹叶青茶	峨眉山竹叶青茶叶有限公司	0000341	茶叶

第三节　管理工作

一、管理规定

1984年1月28日，国务院发布的《中华人民共和国进出口商品检验条例》规定，一切进出口商品都必须经过检验。检验内容包括商品的质量、重量、数量、包装。重要的进出口商品由商检机构负责检验。未列入种类表的进出口商品由有关部门自行检验。四川商检机构根据规定，制定了进出口商品报检须知。

1989 年 2 月 21 日，《中华人民共和国进出口商品检验法》第五条规定，列入种类表的进出口商品和其他法律、行政法规规定须经商检机构检验的进出口商品，必须经过商检机构或者国家商检部门、商检机构指定的检验机构检验。

1992 年，国家商检局发布《中华人民共和国进出口商品检验法实施条例》，明确规定对列入种类表的进出口商品，出口食品卫生，出口危险货物包装容器性能和使用，装运出口易腐烂变质食品、冷冻品的船舱、集装箱运输工具等，实施法定检验及鉴定。

1993 年，四川商检局发布检验签证周期流程时限表，对各大类进出口商品的检验签证周期作出时限规定。从 1994 年 1 月 1 日起，按照国家商检局的规定一律由微机制证，放行单和放行章分别指定人专管。为规范管理，对 1993 年的证单进行立卷归档，添制了档案装具，编制了档案检索工具。同年 3 月，又派员前往各地（市）局抽样检查 1993 年度证单质量和证书档案，提高了检务工作质量。该年 7 月 1 日，四川商检局实施国家商检局发布的新种类表，并于 8 月 2—3 日召开四川商检系统检务工作会，进一步实行统一管理。报验、签证、放行、流程、计费、证单归档、空白证单和印鉴管理均由检务处负责。实行由检验员拟证稿，主任检验员复核，部门负责人签证的规定。对检验单证不齐全或未经检验部门负责人审签的，一律退回检验部门，不予签证放行。

1995 年 11 月，按照国家商检局的要求，四川商检局制发《四川商检局关于进一步提高检验证书质量的通知》，对 8 类 50 多种商品的包装、扦样、检验依据等作出明确规定。1996 年 4 月，制发《开展 1996 年商检证单质量检查、展览、评比的通知》，四川商检局派员到地（市）局检查证单质量、检验工作管理，并抽样进行评选，评出优胜单位 4 个，优秀证单 14 份。同年 9 月，针对部分报检人不如实申报货物价格或商价低报情况，经与海关协商，规定在出口商品放行单注明货值，从而减少国家检验费的流失。1998 年，四川商检局重新拟定《检务工作规程》《流程管理办法》《周期管理办法》《差错管理办法》《空白证单管理办法》，完善了检务人员的岗位责任制，用法规、制度规范报检签证、放行、计费等行为。该年 6 月 1 日，四川商检局完成从报检、检验、拟稿、签证、放行的全局微机联网工作，实行由单机签证向网络管理的过渡。

1999 年 8 月至 2005 年，四川出入境检验检疫局依照国家质检总局相关行政规章，结合四川实际，先后制定《四川出入境检验检疫局报检工作管理办法（试行）》《四川出入境检验检疫局签证管理办法（试行）》《四川出入境检验检疫局空白证单和签证印章管理办法（试行）》《四川出入境检验检疫局报检单位及报检员管理办法（试行）》等规范性文件，不断完善和规范内部管理，促进工作有序开展，保障了检务工作的整体质量。

二、报检员管理

《中华人民共和国进出境动植物检疫法》规定，货主或者其代理人在动植物、动植物产品和其他检疫物出境前，向口岸动植物检疫机关报检。根据《中华人民共和国进出境动植物检疫报检单位注册登记和报检员管理暂行办法》的规定，自 1990 年起，成都植物检疫所开始试行报检单位注册登记制度和报检员申报制度，到 1995 年，共有 118 家进出口单位进行注册登记，通过考核的报检员达

249 名。1997 年，成都动植物检疫局共对 180 多家进出口单位进行注册登记，动植物检疫报检员达 349 名。

2000 年，按照国家出入境检验检疫局《出入境检验检疫报检员管理规定》，四川出入境检验检疫局组织辖区内的近 100 家外贸企业的 300 名报检员参加报检员培训班培训学习。2003 年 1 月 1 日，国家质检总局对报检员资格实行全国统一考试制度。8 月 3 日，举行首次全国统一报检员考试。四川共 656 人参考，有 133 人获得通过。2003—2005 年，国家共举行 5 次全国报检员资格考试，四川共 3061 人参加考试，有 957 人考试合格。

三、报检单位管理

2002 年，按照国家质检总局《出入境检验检疫代理报检管理规定》，四川出入境检验检疫局对辖区内的代理报检单位及其代理报检行为进行日常监管，制定《四川局报检单位及报检员管理办法（试行）》，对全川的报检单位和报检员的管理进行统一和规范。2004 年，按照国家质检总局《关于印发报检单位和报检员管理有关工作规范（试行）的通知》要求，四川出入境检验检疫局对报检员进行年度审核。同年，在 CIQ 2000 系统内，又对四川报检单位和报检员数据进行审核和清理。2005 年 1 月，按照国家质检总局《关于印发〈出入境检验检疫代理报检单位注册登记工作规范（试行）〉的通知》要求，四川出入境检验检疫局召开四川代理报检单位工作会议，进一步规范代理报检单位的代理报检行为。同年 7 月，对报检员及代理报检单位实行注册管理，并将代理报检单位注册登记及报检员注册管理的实施办法和操作规程纳入行政许可事项管理。四川出入境检验检疫系统依照行政许可程序完成对 12 家代理报检单位的网上申报、书面确认和现场审核工作。

四、统计工作

1998 年 8 月至 2000 年 8 月，原商检统计使用 ICI 统计系统，产地证统计使用 CDZ 统计系统；原动植检统计使用 DZTJ 统计系统。需要统计人员每月将所有归档单证输入系统，再通过远程通讯逐级上报，经四川出入境检验检疫局汇总后上报国家出入境检验检疫局。

2000 年 9 月，CIQ 2000 系统正式版运行后，以往单机手工录入方式逐步转变为“大统计”工作模式。统计工作每月按要求及时进行系统升级，并采用纸质和电子数据两种形式上报。

2003 年 1 月，四川出入境检验检疫局开始向四川省委、省政府报送《统计分析报告》。

2005 年 1 月，四川出入境检验检疫局将《统计分析报告》改版成《四川出入境检验检疫局统计快报》，向四川省委、省政府报送检验检疫统计数据。

第三篇　检验检疫综合管理

四川出入境检验检疫系统全面实施依法行政、依法治检战略，从普法教育、行政执法监督和制度建设入手，提高检验检疫行政执法人员法律意识、规范执法行为，提升四川检验检疫的行政执法水平；在科技兴检中加快实验室建设步伐，把实验室资质认定和认可作为检验检疫机关为确保进出口商品符合安全、卫生，以及检测传染病、动植物疫情传入传出和出入境人员健康的一种重要手段；信息化建设、科技水平的提升，为促进贸易、服务经济发展提供了强有力的技术支撑。由诸类管理内容构成检验检疫综合管理篇目，集中记录了四川检验检疫人狠抓检验检疫基础工程建设的业绩。

第一章 法治建设

四川出入境检验检疫系统在法治建设中，把普法宣传教育和检验检疫系统专业法规宣传教育结合起来，全面提高检验检疫行政执法人员的法律意识；坚持行政执法制度和行政执法监督在实践中的贯彻运用，有效地提升了检验检疫行政执法水平。

第一节 法制宣传教育

一、普法宣传教育

1991年，四川商检局成立“二五”普法宣传教育领导小组，制定《“二五”普法规划实施方案》。领导小组下设办公室，具体负责四川商检系统的宏观指导、监督检查情况收集、汇总。“二五”普法的宣传教育，加大执法监督力度，商检执法监督工作初见成效。“二五”普法期间（1991—1995年），全川商检系统共培训行政执法人员500余人次；向社会进行专项法律、行政法规宣传达200余次。

1996年，四川商检局制定《四川商检“三五”普法规划》。该规划提出实施“三五”普法的目的、指导思想、目标和任务、普法组织领导，同时对普法对象及其要求、方法与步骤和保障措施作出规定。在“三五”普法期间（1996—2000年），四川商检局举办法制培训31次，受训人员4000人次；有294名行政执法人员参与集中培训，并参加四川省人民政府法制办组织的持证上岗考试，获得四川省行政执法证件。

1996年6月至1999年5月，四川商检局组织全体职工听取四川省人民政府法制局、四川省高级人民法院、四川省高级人民法院、四川大学法学院专家、教授的法制讲座。

1997年9—10月，四川商检局组织全川商检系统行政执法人员学习《中华人民共和国宪法》《中华人民共和国行政处罚法》《中华人民共和国行政诉讼法》《中华人民共和国国家赔偿法》等公共法律、法规。同年10月10日，全川商检系统行政执法人员参加国家商检局统一组织的商检行政执法人员资格考试，对考核合格的251名行政执法人员颁发国家商检局执法证。

1998—1999年，四川商检局对商检系统流通领域及口岸查验岗位的55名行政执法人员，乐山、泸州两局33名商检执法人员进行上岗执法培训，培训合格的颁发四川省行政执法证。

2000年，“三五”普法结束，四川出入境检验检疫局成立“法制宣传教育第四个五年规划”领导小组和工作机构，制定《四川局法制宣传教育第四个五年规划（2001—2005年）》，把《中华人民共和国宪法》《中华人民共和国立法法》《中华人民共和国行政复议法》《中华人民共和国行政诉讼法》《中华人民共和国国家赔偿法》作为普法重点。2003 年 10 月，四川出入境检验检疫局举办为期 3 天的“四五”普法教育骨干培训班，普法骨干 70 余人参加培训，为面上普法教育奠定基础；组织全川检验检疫系统人员参加全国“四五”普法考试，内容含邓小平法制理论、宪法、民法、经济法、刑法、行政法、诉讼法、国际法和 WTO 制度等。在普法工作中以普法推动依法行政、以依法行政促进普法。

2001 年 5 月，四川出入境检验检疫局对干部职工进行 WTO 知识的集中培训。同时，举办检验检疫知识竞赛，在全川系统内掀起学习检验检疫知识的热潮。6 月，举办“行政处罚案例培训班”，聘请专家授课，结合行政处罚案例做专题讲解，增强干部职工的法治观念。

2002 年 3 月，四川出入境检验检疫局邀请国家质检总局国际合作司李少卿做题为《WTO 技术性贸易壁垒及我国的应对措施》的专题讲座，重点介绍 WTO 世界贸易组织与检验检疫的关系。9 月 11—12 日，举办行政处罚案例培训班，全川行政执法人员 50 余人参加培训。

2003 年 8 月，四川出入境检验检疫局组织全局 186 名行政执法人员对《中华人民共和国行政许可法》及国家质检总局印发的行政许可的配套规章、规范性文件进行学习培训，并就四川出入境检验检疫系统的行政许可事项办理作出相应程序规定。

2004 年 8 月，根据国家质检总局要求，四川出入境检验检疫局组织对持有国家质检总局行政执法证件的人员进行《中华人民共和国行政许可法》《中华人民共和国行政复议法》《中华人民共和国行政诉讼法》《中华人民共和国国家赔偿法》的学习与培训。

2005 年 5 月，四川出入境检验检疫局组织 92 名行政执法人员就行政处罚中涉及的办案程序、自由裁量以及使用的法律条文进行分析和研讨。

二、检验检疫法规宣传教育

商检法 1989 年 2 月 21 日，第七届全国人民代表大会常务委员会第六次会议通过《中华人民共和国进出口商品检验法》（以下简称《商检法》），同年 8 月 1 日起施行。同年 6—7 月，四川商检局组成 4 个《商检法》宣传组，分赴成都、绵阳、内江、宜宾、泸州、重庆、万县、达县、南充 9 个地（市），依靠当地政府、行署力量组织召开出口生产企业、进口货物收用货单位、外贸经营公司及主管部门的局长、经理、厂长、质检科长参加的《商检法》宣讲会。参会人员共计 1035 人。7 月，四川商检局联合四川省司法厅在成都共同举办有 17 家新闻单位参加的学习宣传贯彻《商检法》新闻发布会。会上，四川商检局副局长梁世鹏结合四川省人民政府《关于学习宣传贯彻〈中华人民共和国进出口商品检验法〉的通知》精神，提出具体的贯彻措施，并接受新闻记者采访。

1989—1990 年，四川商检局在学习宣传贯彻《商检法》过程中，共翻印散发《商检法》及条文解释等资料 5625 份；举办商检系统内部执法人员学习班 14 期，95% 以上的执法人员参加培训；分地区、分行业举办认可检验单位、认可检验员学习班 27 期，共有 1158 名认可检验员参加学习；四川商检执法人员利用检验工作、监督管理、召开目光校对会和颁发出口商品质量许可证等时机，宣传《商检法》363 次，听讲人员 7358 人。

1997 年 9—10 月，四川商检局组织全川商检系统行政执法人员学习《商检法》及其实施条例，并参加了国家商检局统一组织的商检行政执法人员资格考试。

在“四五”普法教育期间，四川出入境检验检疫局突出地把与检验检疫有密切联系的WTO世界贸易组织相关知识和修改后的《中华人民共和国进出口商品检验法》列为重中之重，学法与治理并举，学用结合，把宣传教育商检法规推向深入。

2002年10月，四川出入境检验检疫系统举办为期3天的学习宣传贯彻修改后的《中华人民共和国进出口商品检验法》学习班，进行逐条、逐款的学习领会。并印制800本修改后的单行本发给外贸企业和从事进出口工作的人员，制作200余幅宣传画在外贸企业显要位置张贴。

动植检法 1991年10月30日，第七届全国人民代表大会常务委员会第二十二次会议通过《中华人民共和国进出境动植物检疫法》，自1992年4月1日起施行。

1992年3月5—14日，成都植物检疫所两次组织全所职工学习《中华人民共和国进出境动植物检疫法》，逐条逐款讨论理解。并在成都主要街道、商贸中心、涉外宾馆、机场等地悬挂巨幅宣传标语，开启“宣传月”活动的序幕。同年3月18日，四川省人大、省政府联合在省政府礼堂召开四川省宣传贯彻《中华人民共和国进出境动植物检疫法》会议，作实施前的宣传动员部署。四川省人大、省政府的有关领导，省级有关厅、局、科研、教学、海关、民航等单位，以及在成都的部分进出口外贸公司、涉外宾馆的负责人等100多人参加会议。四川省人大常委会副主任邓自力就《中华人民共和国进出境动植物检疫法》的意义发表重要讲话，副省长刘昌杰就贯彻实施《中华人民共和国进出境动植物检疫法》作重要部署；省农业厅厅长张中伟、省畜牧局局长汪懋琨分别对前十年进出境植物和动物检疫工作作简要报告。3月20日，着装整齐的成都植物检疫所的检疫工作人员在成都市闹市区人民南路设点，展示科普图片、播放录音录像、散发宣传资料，向社会开展街头咨询宣传活动。3月25—28日，成都植物检疫所举办进出境动植物检疫报检员培训班，有23个外贸、涉外宾馆等单位的53人参加培训。同时还与四川省口岸办进行贯彻实施的专题座谈。3月30日，成都植物检疫所召开省级和成都有关外贸公司经理参加的进出境动植物检疫座谈会，成都植物检疫所所长赵学谦通报《中华人民共和国进出境动植物检疫法》起草、送审、颁布过程和成都植物检疫所前十年的

图3－1 1992年，成都动物检疫所与成都植物检疫所召开四川省宣传贯彻《中华人民共和国进出境动植物检疫法》培训会议

植物检疫工作情况，解答与会人员的提问，并与与会人员就实施后可能出现的问题进行讨论。四川省电视台连续播放宣传活动情况及副省长刘昌杰题为“认真实施进出境动植物检疫法”的电视讲话。《四川日报》《四川科技报》《四川法制报》等报纸，从不同角度对《中华人民共和国进出境动植物检疫法》进行科普性、法制性的报道和宣传。

1996年12月2日，国务院发布《中华人民共和国进出境动植物检疫法实施条例》，并从1997年1月1日起施行。12月18日，成都动植物检疫局在四川省政府礼堂举行学习宣传贯彻新闻发布会。四川省委办公厅、省政府办公厅、省政协办公厅、成都市政府有关部门负责人、进出口公司加工企业代表100多人出席会议。新闻发布会后，成都动植物检疫局利用各种会议、举办培训班以及召开学会、协会等时机，大力宣传动植物检疫法规。

卫生检疫法　1986年12月2日，第六届全国人民代表大会常务委员会第十八次会议通过，由国家主席李先念签署命令，颁布《中华人民共和国国境卫生检疫法》，于1987年5月1日正式实施。

1988年，成都卫生检疫所以成都市卫生局的名义召开卫生检疫工作座谈会，全市40个单位领导和相关负责人50余人参加会议。会上学习《中华人民共和国国境卫生检疫法》，并讲解其执法和守法重要性和必要性。会后，多次走向街头，以放映艾滋病防病知识宣传片的形式宣传国境卫生检疫法。在双流机场口岸工作中反复宣传卫生检疫法律法规，并对违法者视情节轻重给予口头警告和限期整改处置。

1989年，成都卫生检疫所组织全所职工逐章逐条地认真学习、讨论《中华人民共和国国境卫生检疫法》及其实施细则，使大家掌握其内容，用于工作实际。为了使地方领导和广大群众了解《中华人民共和国国境卫生检疫法》及其实施细则的内容，成都卫生检疫所在《大众健康报》上刊登《中华人民共和国国境卫生检疫法》及其实施细则的全文，印制上万份省内省外发行；购买《中华人民共和国国境卫生检疫法》及其实施细则合订本、单行本上千份，分送给省、市外办及公安、交通、院校、厂矿，便于学习宣传。同时，召开省市公安、外事、旅游、涉外宾馆（招待所）、劳务输出单位、大厂矿、院校等单位参加的会议，学习贯彻《中华人民共和国国境卫生检疫法》及其实施细则，与会人员一致拥护卫生检疫法规，表示要按卫生检疫法规做好相关工作。

1991年，在深入学习《中华人民共和国国境卫生检疫法》及其实施细则的同时，成都卫生检疫所组织职工学习《国境卫生检疫法规行政处罚报告制度》《国境卫生检疫法规行政处罚标准》《中华人民共和国行政诉讼法》等法律法规。并派出人员参加国家卫生检疫总所和地方卫生行政部门举办的6—60天的行政诉讼法学习培训。在学习中，由成都市人民法院行政庭干部讲解《中华人民共和国行政诉讼法》并组织考试，检测学习掌握情况。

在狠抓自身学习培训之后，成都卫生检疫所根据卫生检疫法编印《检疫、检测传染病》《艾滋病防治》《出国人员卫生检疫须知》，通过成都市公安局出入境管理处向入出境外国人、港澳台籍人员发放上万份，编辑简报广泛宣传卫生检疫法规，为双流机场口岸培训从业人员1130人，到四川省内旅游市、县讲课39次，培训川西北地区饮食、食品、饮用水从业人员、导游上万人次。

1992年，运用广播、电视、报纸媒体和上街咨询、印发资料等形式，广泛开展社会宣传，动员有关部门共同守好“国门第一哨”。向四川省各地区的卫生单位、联检部门发送《中华人民共和国国境卫生检疫法》上千本，印发宣传材料5万份。

1993年12月，成都卫生检疫局召开“中国国境卫生检疫座谈会”，出席会议的有四川省省政府、成都市市政府、省口岸办、省卫生厅、市卫生局有关领导以及新闻宣传机构的代表。四川电视台、《四川日报》《成都晚报》就会议情况进行专题报道。并连续编发简报5期，办宣传橱窗3期，收到较好的社会宣传效果。

2003年，美国英特尔公司落户成都，四川出入境检验检疫局及时与之沟通，了解相关信息，宣传国境卫生检疫法律法规及相关办事程序要求。

第二节 行政执法制度

1997年，为了深入贯彻中共四川省委、省人大常委会关于依法治省的决议，按照中共十五大提出的“一切政府机关都必须依法行政，切实保障公民权利，实行执法责任制和评议考核制”的要求，四川商检局建立商检行政执法责任制。

1997年7月16日，四川商检局行政执法责任制领导小组成立。行政执法责任制领导小组负责全川商检执法工作的组织领导和监督考核，局综合处法规科是领导小组的办事机构，具体负责处理领导小组的日常事务和按照四川商检局执法责任书的要求对执法工作进行日常监督检查。

1997年8月4日，《关于实施行政执法责任制的通知》下发，四川商检行政执法责任要按照“分级负责、归口承办、责任到人”的原则，层层分解落实到各处室和各市（地）商检局、各市（地）商检局和各处室分解落实到各科室，各科室分解落实到每个岗位，做到分工明确，责任明确，各级职能机构的主要行政领导为该机构的执法责任人，岗位工作人员为该岗位执法责任人。

1998年12月21日，《行政执法责任制实施方案》印发，该实施方案规定指导思想及总体要求、内容及具体实施要求、执法规范化要求和具体措施、执法监督制度和措施、执法队伍建设、执法考评、组织实施。

1998年，四川商检局制定《行政执法责任》，使四川商检行政执法责任制得到落实，促进了商检机关依法治检、依法行政。

1997—1999年，全体商检执法人员每年度层层签订行政执法责任书。

2000年2月，四川出入境检验检疫局制定《四川局规范性文件制定办法》《四川局规范性文件备案审查办法》等规范性文件，对规范性文件的起草、审议、发布、实施、备案、解释、修改、废止、清理作出规定。同年，制定《四川局行政执法过错责任追究办法》，对行政执法中的过失、过错、渎职、失职的执法行为明确责任追究。《四川局行政处罚备案审查规定》对行政处罚的备案时限和审查的程序作进一步的明确。同年，制定《四川局检验检疫行政执法规定》《四川局检验检疫行政执法监督检查规定》和《四川局质量分析管理办法》。《四川局检验检疫行政执法规定》对行政执法主体、依据、范围、行为、程序、处罚、监督管理及奖惩作出相应规定；《四川局检验检疫行政执法监督检查规定》对抽象行政行为和具体行政行为的监督检查的方式以及奖惩做出具体规定；《四川局质量分析管理办法》对质量分析的内容、要求、管理作出规定。

2001年4月，四川出入境检验检疫局制定《四川局内部管理规定制定审议办法》《四川局空白证单领用核销规定》等规章制度，并修改、完善《四川局行政执法责任书》，明确界定执法依据、执法责任，规范执法行为。

2004 年 5 月，四川出入境检验检疫局对《四川局行政执法责任书》进一步修改、完善，组织全川检验检疫机关执法人员层层签订《四川局行政执法责任书》，更加明确执法责任。

第三节　执法监督检查

1994 年 7 月，四川省组成由省人大、四川商检局、省外经贸委、省口岸办、省法制局、成都市人大、市外经贸委、市法制局、市监察局 9 家单位 19 名人员参加的 4 个检查组，分赴川东、川西南、川北和成都市进行进出口商品依法管理和依法施检执法检查。检查组采取分片与重点抽查相结合的方式，历时 10 余天，行程万余公里，对有代表性的外贸、工贸公司，重点出口商品生产企业，进口商品收、用货部门，各市（地）商检局和商检机构指定、认可及批准的检验机构共计 50 家单位进行了检查。通过执法检查，检查组认为全省《中华人民共和国进出口商品检验法》宣传贯彻工作不平衡，不同程度存在一些问题：少数企业和外贸部门对《中华人民共和国进出口商品检验法》宣传贯彻不力，守法意识不强，认识模糊；个别进出口商品生产、经营企业和运输部门法制观念淡薄，违法行为时有发生；有的出口生产企业质检机构不健全，规章制度不严格，产品一次性合格率不高，存在短期行为；有些法检商品未经产地检验就发往口岸，质量难以保证；进口法检商品不报验，逃避商检，一旦出现质量问题，少数企业与外商“私了”，容易给不法外商以可乘之机，检查组针对存在的问题提出进一步贯彻落实《中华人民共和国进出口商品检验法》的建议和措施。一方面商检要调整修订有关执法条款，完善强制手段，加大执法力度，狠抓宏观管理；另一方面，要求各级政府、部门及出口生产企业要大力宣贯《中华人民共和国进出口商品检验法》，自觉遵守商检法律法规，提高质量意识，健全质检机构，确保出口商品质量。

1998 年 8—9 月，四川省人大常委会派出两个检查组，历时 20 多天，分赴绵阳、内江、南充、达川、泸州、乐山 6 市（地），对《中华人民共和国进出口商品检验法》《中华人民共和国进出口商品检验法实施条例》《四川省进出口商品检验管理条例》实施情况进行全面检查。执法检查中，检查组采取一听、二看、三座谈的方式，听取了各市（地）人大、政府及商检部门的情况汇报，检查了达川棉纺厂等 13 家大中型进出口商品生产经营企业，与各市（地）外经贸、工商、技监、司法、公安、财政、国有资产管理、轻工、纺织、机械、丝绸集团等有关部门以及 80 多家进出口商品生产经营单位代表进行了座谈。检查组对各市（地）商检机关依法行政、严格把关、从严治检、热情服务等方面取得的成绩给予高度评价。对各市（地）党委、人大、政府对商检法律法规的宣贯工作予以了肯定。检查组指出了各市（地）在贯彻《中华人民共和国进出口商品检验法》及其配套法规方面存在的不足：学习、宣传的深度、力度和广度不够；部分企业商检意识不强，逃避出口商品产地检验和进口商品到货检验现象时有发生；有些部门协作意识不强，存在部门利益至上和地方保护主义等问题；个别市（地）人大对商检工作监督力度不够。针对上述问题，检查组对地方党政和人大提出了要求。同时，检查组对各地市商检机关如何加大执法力度和服务力度等方面提出了新的要求。

图 3-2　1998 年 8 月，召开《四川省进出口商品检验管理条例》实施座谈会

1999—2005 年，四川出入境检验检疫系统通过开展行政执法监督和工作质量检查，规范检验检疫行为。严格依法施检、依法行政，完善各项规章制度与操作程序，提高检验检疫工作质量，具体体现在以下 5 个方面：

工作质量稽查　对内稽查坚持自查、日常检查、专项稽查相结合，确立行政执法和工作质量每季度检（自）查制度及情况通报制度、行政执法和工作质量重大问题协调制度。持续开展了 3 年行政执法监督和工作质量稽查，集中开展 2 次行政执法监督和工作质量稽查，1 次局机关业务部门检验检疫工作质量专项检查，1 次异地入境通关货物逃漏检专项稽查，从部门分工岗位定责、作业指导 3 个层次落实责任追究，重点对行政执法不作为、履行法律赋予的职责不当进行监督、检查、纠正。确保执法依据、检验检疫工作流程、进出境疫病疫情、重点敏感商品监管等重要业务环节处于受控状态。

执法证件管理　作为重要涉外经济执法部门，四川出入境检验检疫局坚持全面推进检验检疫依法行政，强化对全局行政行为监督管理，建立健全行政执法人员、行政执法监督人员持证上岗制度，严格按照国家质检总局及四川省行政执法人员证件管理的各项规定，持行政执法证开展行政执法。

清理规范性文件　2000 年 3 月，根据四川省政府办公厅《关于修改、废止有关限制准入、限制扩大内需和不合理收费》要求，四川出入境检验检疫局报省政府办公厅的《关于商检系统收取检验签证加急费的批复》《四川商机局关于印发对独联体国家旅游购物检验监管实施方案的通知》《关于加强四川省外商投资企业进口设备及物资价值鉴定工作的通知》3 个文件获准废止。

2001 年 10 月，在省政府的统一部署下，四川出入境检验检疫局 11 月向省人大、省政府报送地方性法规、规章清理的意见，建议撤销涉及检验检疫工作的地方性法规 2 件，规章 1 件。分别是：1997 年 10 月 17 日，省八届人大常委会第 29 次会议通过的《四川省进出口商品检验管理条例》；1999 年 10 月 14 日，省九届人大常委会第 11 次会议通过的《四川省外商投资财产鉴定条例》；1993 年 9 月 1 日，省政府批准发布的《四川省外商投资企业进出口商品检验管理办法》。

行政许可事项审批　《中华人民共和国行政许可法》于 2004 年 7 月 1 日起正式施行，对行政许可的基本原则、行政许可的设定，实施行政许可的机关、实施行政许可的程序、行政许可的费用，行政许可事项的监督检查和法律责任等作了明确的规定。四川出入境检验检疫局严格遵守《中华人民共和国行政许可法》及国家质检总局配套规章、规范性文件规定，保证行政许可实施的合法性。四川出入境检验检疫局实施的各项行政许可，均有明确的法律规定。

实施行政许可事项依照法律、法规收取费用的，应当公开收费项目和标准，实施行政许可事项的主体、依据、程序、期限、条件等内容，均对外公示。

行政复议　为保证检验检疫法律，法规和规章的正确执行，防止和纠正违法或者不当的检验检疫具体行政行为，保护公民、法人和其他组织的合法权益，保障和监督出入境检验检疫机关依法行使职权，四川出入境检验检疫局依照《中华人民共和国行政复议法》的规定开展行政复议工作。2000 年 8 月，成立四川出入境检验检疫局行政复议委员会，主任程迪龙，副主任张祖昌，日常工作由法综处承担。

图 3－3　2000 年，四川出入境检验检疫局执法人员对流通领域中重点领域商品进行检查

第二章　实验室建设

四川检验检疫机构坚持实验室建设，通过考核评定，认证认可符合出口商品检验条件的专业检测机构，承担委托出口商品的检验测试、分析、鉴定工作。“三检”合一后，实验室管理实行大区管理体制，四川出入境检验检疫局作为西南大区组长局单位，主要负责四川、广西、云南、重庆、贵州、西藏6个局的实验室注册考核工作、西南大区局级领导年度例会、评审员培训、注册考核、水平检测及日常管理工作。至2005年，四川出入境检验检疫共建成20个实验室，其中有国家级重点实验室1个，区域性实验室6个，常规实验室13个。

第一节　商检实验室与实验室认证认可

一、商检实验室

1937年，上海、广州两地相继被日军占领，上海商品检验局内迁，丝检设备拆运重庆。1939年3月11日，重庆商检局成立，同年6月，生丝检验组设于重庆南岸下龙门浩狮子口1号。1940年4月15日，重庆商品检验局丝检正式开始对生丝公量进行检验，9月开始检验生丝品质。

1950年，四川丝检技术非常薄弱，丝检设备最大能力日检生丝16批，重庆商品检验局丝检组只有5人，设备仅7台（套）。1951年人员增至18人。从1958年开始，切断、纤度、强伸力、抱合四个项目在建立的恒温恒湿检验室进行。1960年人员增至35人，设备增至25台（套）。

1951年，重庆商检局招收20余名人员，由汉口商检局茶检培训班培训后担任茶检员。1952年，茶检员分别派往雅邛、灌安、下关茶检组开展边销茶检验工作，检验设备、仪器、药品由商检局。1954年，此项工作交由国营中国茶叶公司办理，全部设备、仪器、药品交给当地茶叶公司或茶厂。

20世纪50年代，重庆商检局筹建了化工检验室，至1956年初搬入重庆中华路287号时，主要检验仪器设备有显微镜、折光镜、万分之一天平、普通天平、电烘箱、切断机、强力机、抱合力机、纤度机、黑板机、复摇机等，为出口化工品、生丝检验用，总值15141.9万元。

1972—1981年，重庆丝检室先后开展生丝抱合、十一篮烘炉、微波及远红外加热技术检测等技术攻关及研究取得成果。

1973年，重庆商检局按外贸部商检局开展农药残留研试要求，安排化检室负责肉类有机氯残留检测、蛋品中滴滴涕、六六六及其异构体残留量普查，烟叶中有机氯、有机磷残留量检测等工作。通过产地调查、资料收集、设备药品购置、检测方法试验摸索等，于1974年开始对四川省出口粮油、水果、茶叶、烟叶、蛋及蛋制品、家禽、肉及肉食品、蜂蜜、中药材、蔬菜等10大类24种出口食品、农副土特产品进行普查，共抽样857批，检测6873个结果，此项普查工作一直持续到1984年才结束。

20世纪60年代初，重庆商检局建立微生物实验室室，开展出口蛋品细菌总数等微生物项目检测，20世纪70年代初，建立农产品理化实验室室开展出口农产品酸度、糖度等理化项目检测。

1982年7月，四川商检局成立后，第一检验处的理化实验室、食品微生物实验室，第二检验处的理化分析室、金属材料实验室以及第三检验处的生丝实验室也正式开展检测工作。理化实验室可检测项目有水分、灰分、酸度、糖度、维生素C、二氧化硫等项目；微生物实验室可检测食品细菌总数、大肠菌群（大肠杆菌）、金黄色葡萄球菌及金黄色葡萄球菌肠毒素、沙门氏菌、四环素族抗生素、畜产品炭疽杆菌等项目；化工分析室可检测铁锰等金属及化学成分等项目，金属材料检验室可检测金属材料检物理性能指标；生丝检验室可检测全套生丝质量指标。

1983年，中苏签订清蒸猪肉罐头购销合同前，四川商检局化学分析室通过检测得出30个检测结果，为签订合同提供依据。

1989年，四川商检局将原化学分析室农残检测仪器设备划归第一检验处新成立的农畜食品实验室，至此，该实验室可开展农产品、畜产品及食品理化、微生物、农残等项目检测。

1990年1月，出口纱线列入法检商品范围，四川商检局组调人员，购买检测仪器，开展纱线物理指标检验。

截至1992年，四川商检局实验室各类检测设备545台（套），总价值达393.23万元。

1993年2月，四川商检局撤销第三检验处，成立四川商检局生丝检测中心。9月，四川商检局搬迁到成都市一环路南四段28号办公后，生丝检测中心实验室建筑面积增大到1042平方米，拥有国内一流检测仪器设备76台（套）。同年，四川商检局投资近40万元建立电器实验室，添置电器安全项目仪、音频检测仪等，对流通领域抽查的进口家用电器开展家用电器耐压、绝缘电阻、泄漏电流等安全项目检测。

1994年，四川商检局开始筹建纺织品实验室，陆续进口条干仪、纱疵仪、空调等，对实验室人员开展培训等，1996年2月，开始动工改建，6月建成并开展细度、纱疵、条干、强力、纱支、织物平方米克重、缩水率、染色牢度、棉麻混比等理化项目检测工作。

1996年12月3日，四川商检局设立成都丝类检测中心（同时挂“国家进出口商品检验局丝类检测中心”的牌子）。

1998年下半年，外商要求出口羽毛绒须提供IDFB（国际羽绒羽毛局实验室）证书，为解决四川没有IDFB认证实验室问题，四川商检局投资近20万元对建在双流羽绒厂的羽毛绒检测实验室（属农畜食品实验室下）进行改造扩建，建成后的实验室总面积196平方米，内设GB标准和TDFB实验室、精密仪器室、理化室、样品室，能承担羽毛绒全项目的检测，拥有办公检验设备56台（套），工作人员10人（含企业技术人员，其中高级工程师2人，工程师6人）基本达到IDFB认证实验室要求。同年，四川商检局在成都市簇桥福利纸箱厂内投资新建包装实验室，11月，实验室建成并部分投入使用，可开展瓦楞纸箱、塑料容器、集装袋、编织袋、钢桶、木桶及包装材料全项目检验。

二、实验室认证认可

实验室认证分为全国性和地方性两种，由国家商检局和地方商检局组织实施，认证对象有商检实验和社会实验室。

四川商检局因四川进出口商品检疫工作需要，从1983年开始对社会实验室开展认证工作，1987年起对四川商检系统内实验室开展认证工作。1990年按照国家商检局要求开展西南大区实验室认证工作。

（一）四川实验室认证认可工作

1983年，国家商检局决定自1984年1月1日起将进口钢材、铝锭、铝材、出口钢材列入种类表，实施法定检验。因四川省当年进口金属材料约30万吨，收货单位多，品种复杂，单靠商检系统的技术设备及工程技术人员进行检验是不够的。四川商检局一方面充实自身力量，搞好自身金属材料物理检验室，提高自验能力；另一方面，积极组织社会实验室认证，承担指定的检验任务。成都商检局因有物理检验室，则以自验为主，组织检验为辅的办法；重庆地区因商检无物理检验室，则采取认可检验方法。通过调查及考核，首批认可了12个地区性社会检测机构。

1984年，四川省技术力量强、检测设备较齐备的国营长安机器厂、内江锻压设备厂、89950部队575厂、自贡东方锅炉厂等52家企业的检测机构通过了四川商检局考核认证。其中机电部西南地区理化检测中心经国家商检局批准为国家级金属材料实施室。

1985年，四川商检局对四川省30个检测能力较强的金属材料检验室予以认证。其中，重庆国营长安机器厂获得国家级进口金属材料检测实验室。

1986年，国家商检局为了强化进出口商品检验工作的统一监督管理，提高商品检验测试数据的性和可靠性，根据《中华人民共和国进出口商品检验法实施条例》的有关规定，于1986年5月24日制定发布了《进出口商品检验实验室认证管理办法（试行）》，对认证考核机构、申请认证的基本条件、办理认证的有关程序、监督管理、商检实验室的基本职责任务和国际间认证等有关方面均作了明确规定。同时，国家商检局还发布了《进出口商品检验实验室认证细则》。四川商检局积极贯彻实施国家商检发布的上述认证办法及评定细则，对具备出口商品检验能力的检测单位和实验室实行地方性认证管理，为此，一方面对已认证的商检实验室按照有关规定进行复查考核，一方面商请各有关厅局按照《商检实验室认证办法》及《商检实验室认证细则》规定的基本条件推荐具备出口商品检验能力的检测单位或实验室进行考核认证，并将这些规定向各有关单位及主管部门转发。

1987年，四川商检局根据四川省有关厅局推荐，对成都、重庆、绵阳、内江、自贡、宜宾等六地市申请商检实验室认证的10个科研单位进行考核认证，报送国家商检局审批。

1988年，国家商检局为加强商检系统实验室的管理，促进商检系统实验室技术与管理水平的提高，为进出口商品检验、鉴定、科学研究、制定标准提供准确可靠的数据，并逐步创造国际间实验室检测结果相互承认的条件，强化商检基础管理及自身建设，发布了《商检系统实验室管理与考核办法》及《商检系统实验室分级条件及考核细则》，规定商检系统实验室按一、二、三级进行考核和核发合格证书。其中：一级实验室由国家商检局负责考核、审批；二级实验室由国家商检局指定的大片区（四川为西南片区）考核定级小组考核和负责审批；三级实验室由各直属商检局组织考核和负责审批，国家商检局组织抽查，经考核达不到三级要求的，不能出具检验证书。同时，对商检系统实验室的组织管理、实验室的基本条件、申请办理程序、考核与监督管理及职权范围也作了明确规定。同年6月2日，四川商检局转发了《商检系统实验室管理与考核办法》，成立以副局长蒋爵培为组长的四川商检系统实验室认证考核工作领导小组（称简四川认证考核领导小组）。按照国家商检局的规定，根据成都和南充两个地区商检局及机关各处室的申请，从1988年9月21日开始，四川认证考核领导小组对提出申请认证的南充商检局农畜食品实验室、成都商检局金属材料室、化学分析室、食畜微生物室、生丝检验室和四川商检局理化检验室、生物检验室及纤维纺织品检验室等8个实验室，逐项进行考核。其中：成都商检局生丝检验室按一线标准进行考核，其他7个实验室按二级标准进行考核，并将考核情况报送国家商检局审批。通过这次考核，各商检局实验室分别建立健全了规章制度，整理印发了质量管理资料，促进了商检系统实验室的规范化建设。同年，四川商检机关对四川省国营长安机器厂、西南理化检测中心、自贡市轻工设计研究院检测中心、成都工具研究所中国刀具产品检测中心、中国量具量仪产品质量监督检测中心进行认证复查考核，并代表国家商检局对国家级的国营长安机器厂和成都工具研究所的检测实验室进行正式认证复查审核。同时，对新申请商检实验室认证的重庆无线电三厂电子产品检测站和四川煤田地质研究所进行了考核认证。

1989年，自贡井矿盐研究所检测中心获得国家级商检实验室认证。

1990年3月，四川认证考核领导小组按照会议部署，要求本系统各实验室及时整改申报资料。通过国家商检局和西南片区认证领导组组织的考核后，国家商检局于8月6日正式批准四川商检局丝类商品实验室为国家一级实验室，重庆商检局理化实验室、南充商检局丝类商品实验室、四川商检局理化分析实验室、四川商检局食品微生物实验室和四川商检局金属材料实验室等5个实验室为国家二级实验室。同年，四川认证考核领导按照国家商检局的部署对已认证的各类实验室实施复考核工作，指出了存在的问题，限期整改，从而提高了检测手段及检测能力。如成都工具研究刀具量仪检测中心，调整了领导班子，固定了商检实验室技术人员，完善了检测设备，改善了环境，修订印制了《质量手册》；自贡井矿盐研究所检测中心投资几万元增添设施及印制《质量手册》。

1991年，四川商检局把商检系统内部实验室的认证工作视为商检技术实力的象征及商检事业发展的基础，即使在整个机关及地区局迁建或新建时，坚持按照国家商检局的部署，坚定不移地抓内部实验室建设。并于1月15日作出决定，凡1991年底，未获得三级实验室认证合格证书的各地区商检局及局机关各检验处实验室不得出具检验证书。同时，为了加强对三级实验室的考核认证工作，成立了由局长梁世鹏任组长的四川商检系统实验室认证工作领导小组（简称四川认证考核领导小组），四川商检系统的实验室认证工作全面展开。同年，航天工业部成都发动机公司理化检测中心通过四川商检机关考核认证。

1992年，国家商检局先后发出通知，要求对商检实验室实行统一归口管理；对认证到期的商检实验室进行复查考核。为此，四川商检机关进一步明确对对商检实验室的认证及管理工作由监管处负责。同年，四川认证考核领导小组还组织对申请三级实验室认证的四川商检局农畜食品实验室、南充商检局农畜食品实验室、万县商检局农畜食品实验室、万县商检局化学分析综合实验室、内江商检局丝类商品实验室、内江商检局农畜食品实验室等8个实验室开展三级认证考核，通过反复整改，全部通过考核。同年，四川认证考核领导小组受国家商检局委托，对四川省成都刀具量仪检测中心和自贡井矿盐工业设计所两个认证期满的国家级商检实验室进行复查考核。

图 3-4　1992 年，四川商检局召开四川商检局系统实验室工作会议

1983—1992 年，四川认证考核领导小组先后对四川省 98 个检测单位进行了地方性认证考核，先后代表国家商检局对四川省 5 个检测实力雄厚的单位进行了国家级实验室认证考核，并分别颁发商检实验室认证合格证书。

1988—1992 年，四川商检系统分别通过国家商检局、西南片区认证考核组和四川认证考核领导小组考核认证的一级实验室 1 个（四川商检局丝类商品实验室），二级实验室 4 个（四川商检局化学分析实验室、四川商检局农畜食品微生物实验室、四川商检局金属材料物理实验室、南充商检局丝类商品实验室），三级实验室 8 个（四川商检局农畜食品实验室、南充商检局农畜食品实验室、万县商检局线类商品实验室、万县商检局农畜食品检验室、万县商检局化学分析综合实验室、内江商检局农畜食品实验室等）。除达县商检局实验室刚新建正处于运行之中，未予申报认证外，四川商检系统的 14 个实验室的考核定级认证工作告一段落。通过考核，四川商检系统实验室的建设得到了加强，整体检测技术水平得到了提高。据统计，实验室拥有各类检测设备 545 台（套），总价值达到 393.23 万元，拥有各国技术标准 2100 多种，拥有国内技术标准 11780 种，基本适应全省进出口商品检验工作的需要。

1993 年，国家商检局下发《进出口商品检验实验室认可管理办法》，规定对商检系统实验室进行认可和定级考核，并对社会实验室进行认可。商检系统实验室的认可和定级考核已及认可社会实验室（国家级、地方级），分别由由国家商检局和商检机构组织实施。同年，四川认证领导小组组织考核三级实验室 2 个（达川商检局丝类商品实验室、达川商检局理化实验室），考核认可地方级社会实验室 1 个（四川省电子产品监督检验所），受国家商检局委托复查考核国家级认可实验室 1 个（成都工具研究所国家量具量仪产品检测中心）。

1994 年，四川认证考核领导小组考核认可地方级社会实验室 1 个（自贡东方锅炉厂研究所）、复查 1 个（成都发动机公司理化检测中心），受国家商检局委托复查考核国家级认可实验室 1 个（自贡井矿盐工业设计院）。派员 8 人参加国家商检局商检实验室计算机管理系统培训班。

1995 年，举办四川商检系统实验室建设和管理培训班，培训社会认可实验室人员 9 人，四川商检系统实验室 29 人；组织系统实验室检验设备操作人员上岗考核、颁证；考核三级实验室 3 个（四川商检局电器实验室、四川商检局纺织品实验室、达川商检局农畜食品实验室）。

1996 年初，鉴于 1995 年绵阳商检局丝类商品实验室申请三级实验室考核转年进行，四川认证考核领导小组仍按 1995 年度三级实验室考核办法对绵阳商检局丝类商品实验室进行考核，结果为通过。从 1996 年起，国家商检局对社会实验室的认可考核及管理由国家商检局组织实施。同年，四川认证考核领导小组受国家商检局委托对四川省电子产品监督检验所进行扩项认可考核，还举办了四川商检局实验室工作培训班，对 13 名实验室工作人员开展培训，并派员 1 人参加国家商检局实验室评审员培训班。年底，是此地区的成都工具研究所国家量具量仪产品检测中心、成都电焊机研究所、成都工具研究所国家刀具检测中心、自贡并矿盐工业设计所、成都发动机公司金属检测中心、四川省电子产品监督检验所、自贡东方锅炉厂材料研究所等 7 家社会实验室获得国家商检局认可实验室。

1997 年，四川认证考核领导小组制定《四川商检系统实验室考核规程（试行）》，派员 5 人参加国家商检局实验室评审员培训，并参加对社会实验室四川省电子产品监督检验所 CCIBALC 认可考核。当年，四川省电子产品监督检验所通过 CCIBLAC 认可考核。

1998 年，四川认证考核领导小组组织召开四川商检系统实验室工作会议，学习 CCIBLAC 认可/注册实验室文件。制定《四川商检系统实验室管理办法》，制定下达《四川商检系统实验室申请认可/注册考核计划》《四川商检局加强系统实验室建设、确保认可/注册考核计划实现的措施》，组织系统各实验室编写《实验室质量管理手册》。年内，还组织四川商检局丝类检测中心申请 CCIBLAC 认可实验室、四川商检局农畜食品实验室、羽毛绒检验室向国家商检局申请国际 IDFB 认证。当年，派 1 人参加国家商检局实验室评审员培训；1 人获批为 CCIBLAC 实验室评审员资格；5 人获得见习实验室评审员资格。

1999 年，四川认证考核领导小组组织四川商检局农畜食品实验室参加西南大区首次实验室测试，经 CCIBLAC 批准新增实验室评审员 1 人。到 7 月，共有实验室评审员 2 人、见习实验室评审员 5 人。

2001 年，受国家检验检疫实验室认可委员会委托，四川出入境检验检疫局承办在成都举行的实验室 ISO/IEC 170205：标准转换培训班相关工作，四川检验检疫系统派 6 人参加培训并获得 ISO/IEC 170205 评审员资格。

2002 年，四川出入境检验检疫局组织该系统实验室参加亚太国家实验室认可委员会、中国国家实验室委员会和西南大区组织的 7 个方面能力验证活动。

2003 年 4 月，国家质检总局下发《关于开展检验检疫实验室规划工作的通知》，四川出入境检验检疫局按分类规定，将四川出入境检验检疫局实验室规划为 1 个全国性实验室、2 个区域性实验室和 5 个综合实验室上报。11 月，国家质检总局批准丝检中心为全国性实验室；中心实验室和保健中心为区域实验室。年内，四川检验检疫机关完成系统 11 个注册实验室转换成计量认证实验室的申请工作，11 个实验室全部成为国家级计量认证实验室；同年，对四川出入境检验检疫系统外委托的 32 个社会实验室（不包括用检验结果单直接换证的企业检验室）进行了全面调查，受委托实验室检验检疫项目除理化外，还涉及微生物等安全卫生项目。其中，仅 5 个实验室获得能力认可或计量认证，27 个实验室无相关资质，给检验检疫工作质量带来了风险。为此四川出入境检验检疫局制定印发《四川检验检疫局委托实验室管理办法（试行）》，对委托开展进出口产品检验检疫的社会实验室考核、监管等作出规定。年底前，按新的管理办法对 4 个社会实验室进行考核并发放委托证书。

2004 年，四川出入境检验检疫局组织四川保健中心实验室向中国实验室国家认可委员会申请认可并获得中国合格评定国家认可委员会认可证书，使四川保健中心顺利取得马来西亚劳务输出体检制定单位；指导四川保健中心接受卫生部中国疾病预防控制中心评审组对保健中心艾滋病确认实验室的考核工作；组织中心实验室向国家质检总局和认监委申请胶合板检验、电池汞含量检测、农产品饲料添加剂检测制定实验室；组织中心实验室参加亚太实验室组织的乳制品能力验证测试，成绩优良；组织中心实验室参加中国国家实验室委员会组织的陶瓷检测能力测试工作，结果为满意；对5家通过考核的社会实验室发放委托证书。

为加强计量认证的后续管理，保证计量认证实验室工作质量的持续性，2005年5月，对四川检验检疫系统5家实验室进行计量认证定期检查。10月，对5个涉及食品检测的实验室进行计量认证专项检查。年内，组织3个认可实验室多次参加亚太国家实验室认可委员会、中国国家实验室委员会、卫生部以及其他机构组织的能力验证活动，结果满意。至2005年底，四川检验检疫局11个实验室取得国家级计量认证证书，3个实验室取得中国实验室国家认可委员会认可。

1996年四川商检系统实验室情况统计表

表3-1　　单位：个

单　位	实验室总数	一级实验室	二级实验室	三级实验室	无级实验室
四川商检局	6	2	2	2	—
南充商检局	3	—	2	—	1
内江商检局	3	—	—	3	—
达川商检局	3	—	—	3	—
绵阳商检局	1	—	—	1	—
合　计	16	2	4	9	1

截至1996年，四川认可社会实验室情况如表3-2所示。

1996年四川认可社会实验室情况统计表

表3-2

序　号	单　位　名　称	级　别
1	成都电焊所研究所	国家级
2	成都工具研究所国家量具量仪检测中心	国家级
3	成都工具研究所国家刀具检测中心	国家级
4	自贡井矿盐工业设计院	国家级
5	成都发动机公司金属检测中心	地方级
6	四川省电子产品监督检验所	地方级
7	自贡东方锅炉厂材料研究所	地方级

（二）西南大区实验室认证认可工作

1990年，根据国家商检局的部署，云南、贵州、四川、西藏和广西商检局于3月9—10日在成都首次召开了西南片区商检系统实验室认证工作会议。会议成立了由四川商检局局长梁世鹏任组长、云南商检局明景信为副组长，重庆商检局蒋爵培、广西商检局黄涛、贵州商检局谢德阳等有关负责人及工程技术人员为成员的西南片区商检系统实验室认证领导小组（简称西南片区认证领导组）。领导小组办公室设在四川商检局监管处，具体负责西南片区商检系统二级实验室的认证工作；成立了由云南商检局明景信任组长，广西商检局邓匡培任副组长，有关人员为成员的西南片区商检系统二级实验室认证评审组。会议对西南片区商检系统申请二级认证的实验室考核评审工作的日程作了具体部署，确定重庆商检局理化实验室为西南片区商检系统实验室认证试点单位。

西南大区有四川、云南、广西、贵州、西藏、重庆等6个直属商检局。西南大区考核领导小组组长局为四川商检局，副组长局为云南商检局。1997年增补广西商检局为副组长局。领导小组办公室设在组长局四川商检局。

1993年，成都例会调整成立第二届领导小组。由四川商检局局长梁世鹏任组长，云南商检局副局长郭晓勇任副组长，成员为贵州商检局副局长管正东、重庆商检局副局长姚伍荪、西藏商检局蔡杏崎。该年制定了《西南片区商检系统二级实验室考核定级管理办法（试行）》。

图3－5　1993年，召开西南大区商检系统实验室考核工作会议

1994年，考核实验室8个、复查和抽查实验室5个。实验室评审员续聘28人、增聘57人。

1995年，昆明例会增补四川商检局副局长赵英豪为领导小组常务副组长。考核实验室6个（含四川商检局农畜食品实验室）、复查实验室1个（四川商检局丝类物理实验室）。

截至1996年，西南大区各商检局实验室情况如表所示。

1996年西南大区各商检局实验室情况统计表

表3－3　　单位：个

单　位	实验室总数	一级实验室	二级实验室	三级实验室	无级实验室
四川商检局	16	2	4	9	1
广西商检局	21	1	11	9	—
云南商检局	18	2	3	12	1
贵州商检局	5	1	4	—	—
重庆商检局	8	1	5	1	1
西藏商检局	4	—	3	1	—
合　计	72	7	30	32	3

1997年8月，拉萨例会调整成立第三届领导小组。由四川商检局局长梁世鹏任组长，四川商检局副局长程迪龙任常务副组长，云南商检局副局长郭晓勇任副组长，成员为贵州商检局副局长管正东、西藏商检局副局长支毅隆、重庆商检局副局长王喜进、广西商检局副局长陈振鸿。同年12月召开成都会议，依据国家商检局通知调整成立第四届领导小组。由四川商检局副局长程迪龙任组长，广西商检局副局长陈振鸿、云南商检局副局长郭晓勇任副组长，成员为贵州商检局副局长管正东、重庆商检局副局长王喜进、西藏商检局副局长支毅隆。该年制定了《国家商检局注册实验室西南大区考核工作程序》。

1998年，北海例会布置大区实验室注册考核实施。与国家检验检疫局共同在昆明举办了“实验室主任及质量手册编写学习班”，培训63人。西南大区首家商检实验室（四川局丝类检测中心）向国家检验检疫局申请CCIBLAC认证。经CCIBLAC批准共有实验室评审员1人，见习实验室评审员18人。

图3－6　1998年，举办西南片区实验室内审员培训班

1999年上半年，西南大区首次组织开展实验室测试工作；经CCIBLAC批准，共有实验室评审员5人、见习实验室评审员18人。同年8月，按国家质检总局实验室管理实行大区管理体制的要求，四川出入境检验检疫局作为西南大区组长局单位，主要负责西南大区6个局的实验室注册考核工作、大区局级领导年度例会、评审员培训、注册考核、水平检测机如此管理工作。西南地区组长单位办公室设在四川出入境检验检疫局。

2000年初，西南地区按国家检验检疫局发布的《国家检验检疫局系统内实验室注册准则：2000》开展实验室注册考核工作。西南地区大区56个实验室获得国家注册实验室资格。

2001年，西南大区召开办公室会议和实验室工作例会，主要讨论西南大区实验室注册考核工作管理办法；组织对广西、云南、贵州、重庆、四川共21个实验室的注册考核工作；在广西桂林举办2001年实验室水平测试工作会；举办3期ISO/IEC 17025 1999内审员培训班，参训人员116名。

2002年，西南大区召开实验室工作例会，总结西南大区实验室注册考核工作并表彰51名优秀实验室管理工作者；组织对广西、云南、贵州、重庆、四川共25个实验室的注册考核工作；完成国家认监委西南地区注册实验室所有任可标准统计上报工作。

2003 年，西南大区组织完成对四川保健中心、绵阳检验检疫局动植检实验室考核工作；完成西南大区所有实验室任课标准的录入及上报工作；撰写大区组织的 4 次水平测试报告，并向参与测试的 60 个实验室发出结果评价；协助中国实验室国家认可委员会（CNACL）整理实验室认可技术能力申请表。

2004 年，受国家认监委委托对四川质监系统和湖北、云南、陕西检验检疫系统 6 个实验室进行实验室计量认证专项检查。

第二节　动植检实验室

一、植物检疫实验室

成都植物检疫所于 1982 年组建植物检疫实验室。从 1990 年起，在四川省技术监督局和有关单位的支持下，制定出四川省《植物检疫实验室（检验室）基础条件》和《植物检疫实验室（检验室）检验规程》两个地方标准，着手建设规范化的植物检疫实验室。

《植物检疫实验室（检验室）基础条件》规定了省、市（地、州）、县实验室（检验室）的主要任务、人员结构、技术素质、仪器设备、检验用房和环境要求。以《植物检疫条例》实施细则关于省、市、县植物检疫机构的职责范围为依据，确定出各级植物检疫实验室（检验室）的主要任务，避免相互推诿，延误检验时机；根据检疫对象和应检病、虫的特点及各种检验监测技术难度，合理配备安排与检验任务相应的高级、中级、初级专业技术人员，并对检验人员的技术素质提出相应要求；检疫实验室（检验室）工作用房面积及必须的仪器设备、环境条件是完成检验检疫任务的物质基础，在实验室建设中作为先决条件解决好。1991 年 4 月，四川省技术监督局颁布实施了《植物检疫实验室（检验室）基础条件》（DB51/12—91）。

《植物检疫实验室（检验室）检验规程》规定了农业植物检疫实验室（检验）室的检验程序和检验技术及检验样品的处理方法。对室内检验程序，从收受样品、确定检验技术到出检验结果报告和检验后的样品处理，每个环节都作出了具体规定；对室内检验的基本技术，确定出一般性检验和针对性检验两类，分别规定出不同的检验方法。1991 年 8 月，四川省技术监督局颁布实施了《植物检疫实验室（检验室）检验规程》（DB51/144—92）。

实验室的规范化建设在迈出第一步的基础上，继而建设接样室。做到审查登记的样品、标本先进入接样室，经分类和整理登记后再分送有关实验室，以避免相互污染。进而再增添设施设备，扩大用房面积，补充必须人员，建立健全各项管理制度等，以解决实验室的污水、残渣、废弃物和检验后样品的灭活处理，进行专门的贮水消毒，控制有害生物从实验室传出。1982—1992 年，成都植物检疫所实验室共检验鉴定样品 952 批、51 种植物；鉴定到属、种的病害 110 种、虫害 72 种、杂草 6 种，不能确定的病害 6 种、虫害 5 种；鉴定的样品 95% 为自行完成，5% 送请全国动植物检疫实验室及有关大专院校、科研部门协助鉴定完成。

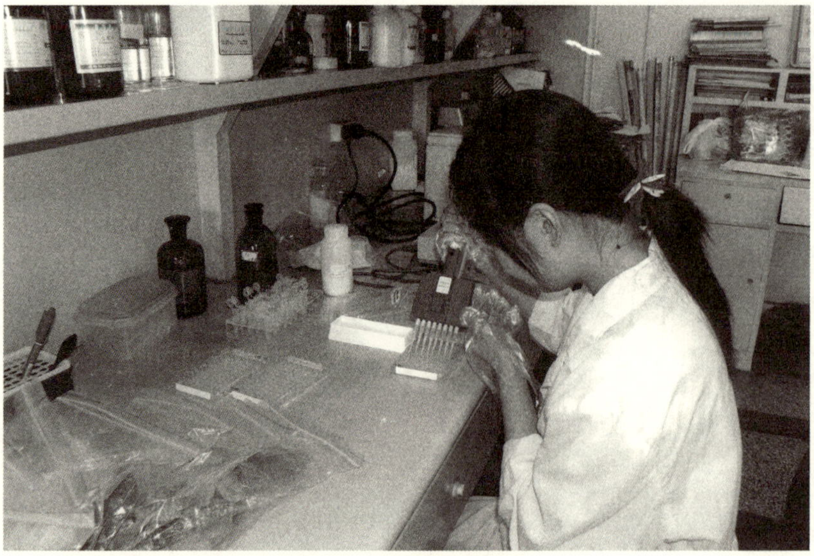

图 3－7　1995 年，成都植物检疫所植物检疫实验室进行检测

由于工作的需要，成都植物检疫所植物检疫实验室于 1995 年进行搬迁和扩建。实验用房面积由近 80 平方米扩大至 196 平方米，包括病害检验室 40 平方米、昆虫检验室 30 平方米、接种室 10 平方米、标本室 20 平方米、镜检室 20 平方米、精密仪器室 20 平方米、标本室 30 平方米和接待室 26 平方米。实验室有各种检验仪器设备 100 余（套），包括凝胶成像系统、电泳系统、梯度 PCR 仪、酶标仪、低温冷冻离心机等进口仪器和光照培养箱等常用设备。

实验室有博士 1 名，硕士 2 名，学士 1 名，实验员 3 名；在开展大量常规检验的同时，对多种检疫性有害生物已具备了成熟的免疫学和分子生物学诊断技术，居同行业领先水平，并承担了多项科研项目；实验室年检测各种有害生物数百批次，为检疫措施制订和检疫签订提供了科学的依据。

1996 年成立成都动植物检疫局，原成都植物检疫所实验室移交四川省农业厅植物检疫站管理。1998—2000 年由国家投资建设，该实验室建设为四川省区域性重点植物检疫实验室。从 2003 年起，该实验室通过审查，正式成为“四川出入境检验检疫局社会委托实验室”，承担四川出入境检验检疫局植物检疫实验室检验任务。

二、动物检疫实验室

1985 年成都动物检疫站建立初期，在四川省农牧厅畜牧局内拥有实验室约 80 平方米。1987 年由农业部投资 60 万元，四川省财政配套 60 万元，在成都外南大平园修建四川省兽医诊断中心，1990 年正式投入使用。其中动物检疫实验室占有面积约 400 平方米，拥有实验设施设备 200 多台套；设有细菌室、病毒室、禽病室等。能够开展口蹄疫、猪水泡病、猪瘟、蓝舌病、鸡新城疫等一类传染病检疫，以及炭疽、副结核、细小病毒、牛传染性鼻气管炎、牛病毒性粘膜炎、山羊关节炎/脑炎、马传染性贫血、鸡白痢、鸡传染性支气管炎、兔瘟等二类传染病检疫，基本满足出口动物及动物产品检疫需要。

三、动植物检疫实验室

1996 年 12 月 18 日，经农业部批准成立成都动植物检疫局后，1997 年 1 月正式对外办公。动、植检机构虽然合并，但实验室建设处于计划立项之中，既缺乏实验室用房，又无实验室仪器设备。为了克服无实验室给检疫工作带来的困难，又能保证进出境动植物产品的检疫质量，成都动植物检疫局采取租、借用外单位实验室（如农业厅植检站实验室、四川联大生物系实验室、四川农大实验室等）检验设施、设备的办法开展检疫实验工作。一部分动物产品、动植物及其产品均不得不停留于眼观和现场检疫的水平上，缺乏科学性和对公众的说服力。尤其是一些高风险性传出传入动植物疾病的动植物和产品，如动物的口蹄疫病，寄生虫病（施毛虫）、沙门氏杆菌病、水生动物真菌病等，无法进行疫情的检测和跟踪。因此，建立一完整的、既能满足工作之需，又能适应未来发展的综合性实验室，成为当务之急。为此，成都动植物检疫局于 1997 年 12 月向国家动植物检疫局申请立项建立现代综合性实验室，将它纳入“九五”计划之中。后因“三检”合并，此项目由新组建的出入境检验检疫局综合平衡安排。

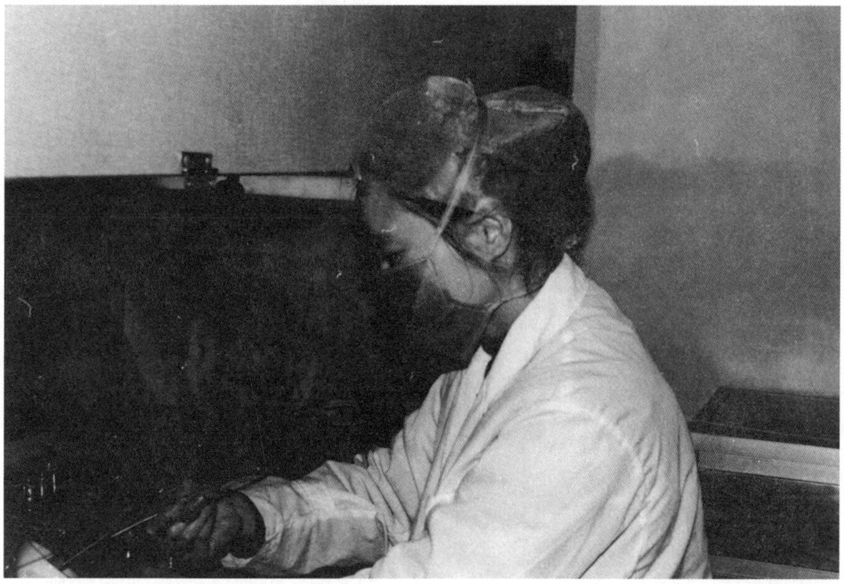

图 3－8　1993 年 10 月，成都动物检疫人员对成都饭店从美国进境的海鲜产品进行实验室致病菌检验

第三节　卫生检疫实验室

1988 年，建立卫生检疫实验室，以适应开展出国人员体检的需要。当时能检测的项目有：乙肝表面抗原、梅毒初筛、血型、血沉、肠道致病菌分离、疟原虫检测、飞机上饮用水细菌总数检测，计做标本 6627 份。其中发现疟疾患者 5 例、痢疾 5 例、伤寒 1 例、痢疾带菌 2 例、乙肝带毒 1 例。在丰水期和枯水期对双流机场 7 口饮用深水井井水采样送检；对进口的饮料、洋酒、奶制品、咖啡采样送检。配置 722 分光光度计 1 台、孵箱 2 台、水浴锅 1 台、离心机 1 台、超净工作台 1 台。

1989 年，实验室开展梅毒初筛检测 3632 人份、艾滋病初筛检测 2454 人份；对锦江宾馆夜总会舞厅等公共场所进行环境卫生监测，项目包括一氧化碳、二氧化碳、可吸入尘、风速、照明度、细菌总数。该年购置荧光显微镜 1 台，价值 6.2 万元。

1990 年，完成 7 个项目 5722 人的检测，其中血型 2911 人次、梅毒初筛 5066 人次、艾滋病初筛 3037 人次、乙肝表面抗原 5717 人次、肠道致病菌分离 1573 人次。进口食品方面开展了对三花淡奶、金象面粉、泰国香米、忌廉饮料、法国红酒的细菌学检验。对双流机场 9 口深井样、供应飞机上食品、饮水及配餐使用的 10 种盛装容器采样 50 份做了细菌总数检验。对新建和原有的候机楼进行微小气候监测，其中包括相当湿度、风速、一氧化碳、二氧化碳、可吸入颗粒、噪音、照度、细菌总数等计采样 276 个。

1991 年，完成 10 个项目 7492 人的检测；首次对双流机场游泳池水进行余氧检测。

1992 年，实验室加强基础设施的建设和质量控制，开展酶联免疫吸附试验检测乙肝表面抗原、乙肝 e 抗原，以提高检出率。首次检出艾滋病病毒携带者 1 人，为传染病监测提供了科学依据。还特邀四川省疾病预防控制中心艾滋病实验室主任秦光明来实验室进行艾滋病检测技术指导。

1993 年，检测各项血清标本 10032 份、进口食品样 34 份。

1994 年，共检测血清标本 12605 份，比 1993 年增加 25.6%；食品样 12 份，全部合格。

1995 年，共检测血清标本 17555 份，比 1994 年增加 49.5%。其中血型 8791 份，肝功 8791 份，乙肝表面抗原 8995 份，乙肝 e 抗原 8995 份，梅毒初筛 7555 份，艾滋病初筛 17555 份。检出乙肝表面抗体阳性 502 例，乙肝 e 抗原阳性 86 例，梅毒初筛、确认阳性 27 例，艾滋病初筛阳性 2 例；食品及饮用水样 58 份，餐具样 97 份。

1996 年，实验室完成监测体检 8578 人次，对 14 口深井水全项监测 2 次，管网水、机上供水监测 12 项，二次供水监测 2 次，出具各类报告 160 余份。共检测血清标本 1028 份，比上年增加 31.69%。对 29 家公共场所及食品经销单位的温度，相对湿度，风速，一氧化碳、二氧化碳浓度，照度，噪声，细菌总数的空气指标作了监测。

1997 年，实验室积极创造条件，采取走出去和请进来相结合，努力拓展业务。不但完成血常规 15 项，尿液 8 项和血涂片疟原虫、PCR 法乙肝 HBV－DNA 的检测，还开展抽样进口食品及生活饮用水的细菌指标检验。同时对 16 家公共场所及食品经销单位的温度，相对湿度，风速，一氧化碳、二氧化碳浓度，照度，细菌总数的空气指标作了监测，出具检验报告书 100 余份。开展口岸从业体检 1499 人；采集深井水 16 个样，管网水 16 个样。

1998 年，完成出国人员 11942 人及口岸从业人员 1453 人血清学及肠道菌检测，新增检验项目血常规 15 项，尿液 10 项，涂片检查 PCR 共检测 300 余人；对 32 家公共场所及食品经销单位的空气指标作了监测，并采集样品 78 个；公共用具、茶具消毒监测 2 次，采样 136 个；采集食品样品 16 批、84 个样，抽验食品包装容器 4 批，出具检验报告书 68 份；采集深井水样 24 个，管网水样 32 个。

第四节　检验检疫实验室

一、实验室整合

1999 年 11 月前，四川检验检疫局除承担丝类检测中心外，原微生物、理化、机电、电器、金属材料、纺织品、包装等实验室均由相关业务处室管理，10 月，国家检验检疫局下发《关于四川出入境检验检疫局下属事业单位设置的通知》，核准设置四川检验检疫局检验检疫技术中心（简称技术中心），下设中心实验室、丝类检测实验室 2 个专业实验室。11 月，四川检验检疫局将成都丝类检测中心与第一检验处管理的微生物实验室和理化实验室合并成立四川出入境检验检疫局检验检疫技术中心。

2000 年初，四川检验检疫系统 11 个实验室经大区考核获得国家注册实验室资格。

（一）中心实验室

中心实验室是在原四川商检局理化实验室（原国家商检局一级实验室）和微生物实验室（原国家商检局二级实验室）基础上筹建而成，主要职责：按照经验丰富、标准及合同要求，对商品的微生物、农兽药残留进行检测；对商品的物理性能、化学成分、有害元素（物质）、偶氮染料等进行化学分析或仪器分析；承担动、植物检疫各类项目的检测；承担检验检疫标准、方法的制修订，提供检验检疫技术保障和技术指导，开展检验检疫科研与技术的开发、服务，承担隔离检疫研究咨询与检疫风险分析、各类卫生除害处理单位，按照规定承担委托检验、鉴定和非法定检验检疫、鉴定和检测实验。

2002 年 5 月，转基因实验室建成正式对外开展检测业务并同时开展动植物实验室检疫工作。转基因实验室采用的转基因定量检测技术，填补了西南地区转基因检测技术空白。

（二）丝类检测实验室

丝类检测实验室（同时挂国家出入境检验检疫局四川丝类检测中心牌子，简称四川丝检中心），是由原四川商检局成都丝检中心更名而成。内设外观检验科、技术管理科、计量科、生丝物理实验室。主要职责：经四川出入境检验检疫局授权，负责全川丝类商品检验、检测工作，并提供各项技术服务；承担全川丝类商品的委托检验、检测工作；负责生丝生产厂编号工作和分类指导工作；负责生丝生产厂器械、计量器具的检测，目光校对工作。承担丝类商品检验技术的研究、开发工作，提供检验技术保障，开展丝类商品检验技术的国内外交流与合作。负责指导和规范分中心的业务工作。根据四川检验检疫工作需要，四川丝检中心还在南充、内江、达州和绵阳 4 个分支局下设 4 个丝类检测分中心。四川丝检中心具备生丝、桑蚕双宫丝、桑蚕绢丝、桑蚕经纬捻线丝、土丝等全部丝类物理项目检验能力，实行“一拖四”的管理方式，按照统一的实验室体系运行管理。

（三）保健中心实验室

四川国际旅行保健中心实验室共有人员 6 人，配置 K4500 全自动血球分析仪等医疗设备 21 台/套，价值 150 万元左右，实验室面积 500 平方米。其业务范围包括出入境人员的医学检查（血常规三分类十八项、艾滋病、梅毒、丙肝）、血清学检测、生化检测。2002 年，该实验室依据 ISO/IEC 17025 国际标准，建立质量管理体系，并于 12 月通过西南大区实验室的注册考核。2003 年，获得中国国家认证认可监督管理委员会颁发的计量认证合格证书和 CMA 标志印章。2004 年，该实验室通过中国实验室国家认可委员会组织的 ISO/IEC 17025 认可，取得认可证书。通过中国检验认证集团（CCIC）质量认证中心 ISO 9000：2000 质量管理体系评审组的评审，获得认证证书，成为西部地区首个获得实验室认可和第一个推行 ISO 9000 质量管理体系的保健中心实验室。2005 年 2 月，经中国疾病预防控制中心组织有关专家对保健中心艾滋病确认实验室进行考核和全面论证，卫生部疾病控制司批准启用该实验室为艾滋病确认实验室，成为四川省第三家具有艾滋病病毒抗体检测能力的实验室。并获得中国疾病预防控制中心颁发的全国艾滋病监测实验室能力验证优秀证书。保健中心检测实验室和结核病检测实验室被列为国家质检总局的区域性实验室。

（四）其他实验室

1999 年 11 月后，除四川出入境检验检疫局国际旅行卫生保健中心为独立的事业单位外，四川出入境检验检疫局第二检验处管理的机电和电器实验室、第三检验处管理的纺织品实验室、第四检验处管理的金属材料实验室和包装检验实验室等，按照技术中心实验室管理体系进行运行和认证认可，检验业务和人员管理仍然维持原“处带室”的管理模式。各分支局实验室仍由其自行管理。

二、实验室资质认定与认可

（一）中心实验室

2000 年 10 月起，中心实验室为满足检验检疫事业需要及检测技术与国际接轨，按 ISO/IEC 导则 17025 建立了质量体系，于 2000 年 10 月 1 日开始运行。

2001 年 6 月起，技术中心选调 4 名专业技术人员，改建实验室房屋设施，筹建转基因实验室和动植物实验室。同年 6—9 月，在建中的转基因实验室参加了国家认监组织的转基因产品定性检测水品测试（能力验证）。10 月，获得具备转基因产品定性检测实验室资格（国认实［2001］10 号）。同月，中心实验室一次性通过中国国家出入境检验检疫实验室认可委员会的专家评审。

2002 年 2 月，技术中心实验室被国家认监委批准为注册实验室，注册证书编号 Z6025M246，注册范围食品、化工品、金属材料。5 月，转基因实验室筹建完成，正式对外开展转基因检测和动植物检疫鉴定业务。7 月，转基因实验室被国家认监委推荐（共 8 家实验室）参加亚太国家实验室认可委员会组织的乳制品盲样对比验证（亚太地区 130 家实验室参加），结果为满意（中国仅 2 家实验室获得此项目认可）。9—12 月，中心实验室筹备实施质量体系 17025 转制，完成体系文件更新、质量体系的改造和试运行工作。年底，中心实验室按照国家认监委在出入境检验检疫系统内取消实验室注册制度，推行实验室认可和计量认证工作要求，积极着手筹备实验室转换工作。

2003 年初起，中心实验室按照国家认证认可监督管理委员会（英文缩写 CNCA）《实验室计量认证评审准则》和中国实验室国家认可委员会《检测和校准实验室能力认可准则》要求建立实验室管理体系，开展实验室计量认证/认可转换工作，8 月，中心实验室通过中国实验室国家认可委员会计量考核，正式转换为国家级计量认证实验室（CMA），获得认证证书〔（2003）量认（国）字（Z8197）号〕。按照国家质检总局《关于开展检验检疫实验室规划工作的通知》要求，检验检疫系统实验室规划并建立为全国性中心实验室、区域性中心实验室和综合实验室等三类实验室的规定。同年 11 月，国家质检总局批准中心实验室为区域性中心实验室，并在质检总局召开的全国质检科技工作会上获授牌。全年多次通过中国实验室国家认可委员会组织的生物、理化等项目全国性水平测试与对比试验等能力验证。

2004 年 3 月，中心实验室获中国实验室国家认可委员会认可。全年还获批质检总局“出口陶瓷制品安全卫生性能检测指定实验室”“出口木制品甲醛检测实验室”资格，取得国家认监委“饲料检测定点实验室”“CQC 签约实验室”资格。

2005 年，中心实验室多次参加亚太国家实验室认可委员会、中国实验室国家认可委员会以及其他机构组织的能力验证活动，结果均为满意。

（二）四川丝类检测中心

2000 年 5 月，四川丝类检测中心（简称“四川丝检中心”）获批国家出入境检验检疫局注册实验室（国检认〔2000〕85 号），注册编号：Z600IK071，注册业务范围：纺织品（生丝、双宫丝、捻线丝、绢丝、土丝）品质检验。6 月，四川丝检中心召开全川丝类商品检验检疫工作会议，研讨修订后的生丝国家标准、中国国家出入境检验检疫实验室认可委员会认可实验室后续管理等工作。9 月，按 ISO/IEC 导则 17025 要求和机构改革后丝检中心职能调整情况，修订发布了丝检中心质量体系文件（A 版，质量体系文件包括 4 个分中心）。

2001 年 5 月，四川丝检中心通过中国国家出入境检验检疫实验室认可委员会现场监督评审。

2002 年 9 月起，四川丝检中心筹备实施质量体系 17025 转制，完成体系文件更新、质量体系的改造和试运行工作。年底，技术中心按照国家认监委在出入境检验检疫系统内取消实验室注册制度、推行实验室认可和计量认证工作要求，四川丝检中心着手筹备实验室转换工作。

2003 年初，四川丝检中心开展实验室认可/计量认证转换工作。8 月，四川丝检中心通过中国实验室国家认可委员会计量考核，正式转换为国家级计量认证实验室，获得认证证书〔（2003）量认（国）字（Z8256）号〕。11 月，国家质检总局批准四川丝检中心为国家级检验检疫重点实验室，并在质检总局召开的全国质检科技工作会上获授牌。四川丝检中心全年通过中国实验室国家认可委员会组织的生丝相关项目全国性水平测试与对比试验等能力验证。

（三）其他实验室

2001 年，四川检验检疫局包装实验室、南充动植检实验室通过西南大区注册考核，成为国家局注册实验室。

2003 年，四川检验检疫局包装实验室、纺织品实验室、金属材料实验室、电气安全实验室；南充检验检疫局动植食实验室、泸州检验检疫局综合实验室、内江检验检疫局动植食实验室、绵阳检验检疫局动植食实验室等 8 个实验室均获评国家级计量认证实验室。

2003 年四川出入境检验检疫实验室整合规划一览表

表 3－4

实验室名称		规范实验室等级	所属机构名称	所属技术中心名称	所在地区（省市）	业务覆盖地区
整合名称	现名称					
出入境检验检疫四川丝类检测中心	四川检验检疫局丝类检测中心	全国	四川检验检疫局	四川检验检疫局技术中心	四川成都	全国
出入境检验检疫四川理化检测中心	四川检验检疫局技术中心中心实验室	区域	四川检验检疫局	四川检验检疫局技术中心	四川成都	西南
出入境检验检疫保健中心	四川检验检疫局国际旅行卫生保健中心	区域	四川检验检疫局	四川检验检疫局技术中心	四川成都	四川成都

续表3－4

实验室名称		规范实验室等级	所属机构名称	所属技术中心名称	所在地区（省市）	业务覆盖地区
整合名称	现名称					
出入境检验检疫四川综合实验室	四川检验检疫局电气产品实验室、纺织品实验室、金属材料实验屋、包装检测中心	综合	四川检验检疫局	四川检验检疫局技术中心	四川成都	四川地区
出入境检验检疫南充综合实验室	南充检验检疫局动植食实验室	综合	南充检验检疫局	南充检验检疫局动植检科	四川南充	川北地区
出入境检验检疫泸州综合实验室	泸州检验检疫局综合实验室	综合	泸州检验检疫局	泸州检验检疫局	四川泸州	泸州、宜宾地区
出入境检验检疫内江综合实验室	内江检验检疫局动植食实验室	综合	内江检验检疫局	内江检验检疫局	四川内江	内江地区
出入境检验检疫绵阳综合实验室	绵阳检验检疫局动植食实验室	综合	绵阳检验检疫局	绵阳检验检疫局	四川绵阳	绵阳、德阳地区

获实验室认可/计量认证认可检测的项目共175个。

2004年5月四川出入境检验检疫局实验室认可/计量认证一览表

表3－5

序号	实验室名称	计量认证证书号	有效期	实验室认可证书号	有效期
1	四川出入境检验检疫局丝类商品检测中心	(2003)量认(国)字(Z8256)号	2004年5月10日	L1393	2009年5月23日
2	四川检验检疫局中心实验室	(2003)量认(国)字(Z8197)号	2006年2月28日	AB00—0272	2005年12月30日
3	四川检验检疫局国际旅行卫生保健中心	(2003)量认(国)字(Z81091)号	2008年6月2日	L1063	2009年2月26日
4	四川检验检疫局包装检测中心	(2003)量认(国)字(Z8296)号	2005年6月30日	—	—
5	四川检验检疫局纺织品实验室	(2003)量认(国)字(Z8059)号	2008年5月21日	—	—
6	四川检验检疫局金属材料实验室	(2003)量认(国)字(Z8244)号	2008年8月4日	—	—
7	四川检验检疫局电气安全实验室	(2003)量认(国)字(Z8060)号	2008年5月21日	—	—
8	南充检验检疫局动植食实验室	(2003)量认(国)字(Z8130)号	2005年6月30日	—	—
9	泸州检验检疫局综合实验室	(2003)量认(国)字(Z8154)号	2008年6月3日	—	—
10	内江检验检疫局动植食实验室	(2003)量认(国)(Z8231)号	2008年7月30日	—	—
11	绵阳检验检疫局动植食实验室	(2003)量认(国)字(Z8257)号	2008年8月5日	—	—

2004 年 5 月四川出入境检验检疫局中心实验室计量认证/实验室认可技术能力认可范围一览表

表 3－6

序号	产品/产品类别	项目/参数		领域代码	检测标准（方法）名称及编号（含年号）	限制范围及说明
		序号	名称			
1	食品	1	细菌总数	0110	出口食品平板菌落计数 SN/T0168—1992	—
		2	粪大肠菌群	0110	出口食品大肠菌群，粪大肠菌群和大肠杆菌检验方法 SN/T0169—1992	—
		3	大肠菌群	0110	出口食品大肠菌群，粪大肠菌群和大肠杆菌检验方法 SN/T0169—1992	—
		4	亚硫酸盐	0110	食品中的亚硫酸盐的测定方法 GB/T5009. 34—1996	—
		5	10—HDA	0110	进出口峰王浆及蜂王浆冻干粉中 10—HAD 的检验方法 SN/T0854—2000	—
		6	大肠杆菌 O—157：H7	0110	进出口肉及肉制品中肠出血性大肠杆菌 0157：H7 的检验方法 SN/T0973—2000	—
		7	Pb	0110	食品中铅的测定方法 GB/T5009. 12—2003	仅限于火焰原子吸收光谱法
		8	As	0226	食品中砷的测定方法 GB/T5009. 11—2003	仅限于银盐法
		9	Cd	0226. 03	食品中镉的测定方法 GB/5009. 15—2003	仅限于火焰原子吸收光谱法
		10	Hg	0226. 03	食品中汞的测定方法 GB/T5009. 17—2003	—
		11	Cu	0226. 13	食品中铜的测定方法 GB/T509. 13—2003	仅限于火焰原子吸收光谱法
		12	甲醇	0226. 13	蒸馏酒与配制酒卫生标准的分析方法 GB/T5009. 48—2003	—
		13	杂醇油	0227. 02	蒸馏酒与配制酒卫生标准的分析方法 GB/T5009. 48—2003	—
2	峰王浆	14	10—DHA	0227. 02	SN/T0854—2000	—
3	化妆品	15	粪大肠菌群	0227. 02	化妆品微生物标准检验方法粪大肠菌群 GB/T7918. 3—1987	—
		16	绿脓杆菌	0227. 02	化妆品微生物标准检验方法绿脓杆菌 GB/T7918. 4—1987	—
		17	金黄色葡萄球菌	0227. 02	化妆品微生物标准检验方法金黄色葡萄球菌 GB/T7918. 5—1987	—

续表 3-6

序号	产品/产品类别	项目/参数		领域代码	检测标准（方法）名称及编号（含年号）	限制范围及说明
		序号	名称			
4	食品添加剂磷酸	18	H3PO4	0227.09	食品添加剂　磷酸 GB/T3149—1992	—
		19	色度		食品添加剂　磷酸 GB/T3149—1992	—
		20	As	0232.01	食品添加剂　磷酸 GB/T3149—1992	—
		21	硫酸盐	0232.01	食品添加剂　磷酸 GB/T3149—1992	—
		22	氯化物	0232.01	食品添加剂　磷酸 GB/T3149—1992	—
		23	氟	0232.01	食品添加剂　磷酸 GB/T3149—1992	—
		24	重金属	0203.24	食品添加剂　磷酸 GB/T3149—1992	—
		25	易氧化物	0203.24	食品添加剂　磷酸 GB/T3149—1992 化学试剂　磷酸 GB/T1282—1996	—
5	电池	26	汞	0203.24	R03，R1，R6，R14，R20 型锌—锰干电池 LR03，LR1，LR6，LR14，LR20 型碱性锌—锰干电池 GB/T7112—1998	—
6	金属硅	27	铁	0201	出口金属硅中铁，铝，钙的测定分光光度计 SN/T0550.2—1996	—
		28	铝	0201	出口金属硅中铁，铝，钙的测定分光光度计 SN/T0550.2—1996	—
		29	钙	0201	出口金属硅中铁，铝，钙的测定分光光度计 SN/T0550.2—1996	—
7	电解铝	30	硅	0201	铝及铝合金化学分析方法钼蓝光度法测定硅量 GB/T6987.6—1996	—
		31	铜	0201	铝及铝合金化学分析方法草酰二酰肼光度法测定铜量 GB/6987.2—1996	—
		32	铁	0201	铝及铝合金化学分析方法邻二氮菲光度法测定铁量 GB/T6987.4—1996	—
8	碳酸二氢钾	33	KH2PO4	0125.04	磷酸二氢钾 HG2321—1992	—
		34	PH	0125.04	磷酸二氢钾 HG2321—1992	—
		35	水分	0125.04	磷酸二氢钾 HG2321—1992	—
		36	水不溶物	0125.04	磷酸二氢钾 HG2321—1992	—
9	工业磷酸	37	H3PO4	0125.04	工业磷酸 GB/T2091—1992	—

2004年5月四川出入境检验检疫局丝类商品检测中心实验室

认可/计量认证技术能力认可范围一览表

表3－7

序号	项目名称	依据的标准名称、代号（含年号）	限制范围或说明
1	生丝	生丝　GB1797—2001 生丝试验方法　GB/T1798—2001	—
2	桑蚕双宫丝	桑蚕双宫丝　FZ/T42005—1998	—
3	桑蚕经纬捻线丝	桑蚕经纬捻丝线　GB/T14033—1992	—
4	桑蚕绢丝	桑蚕绢丝　FZ/T42002—1997 桑蚕绢丝试验方法　FZ/T40003—1997	—
5	桑蚕筒装绢丝	桑蚕筒装绢丝　FZ42003—1997	—
6	土丝	出口土丝检验规程　SN/T0516—1995	—
7	筒装桑蚕经续捻线丝	筒装桑蚕经续捻线丝　FZ/T42004—1997	—

三、实验室技术能力

（一）中心实验室

1999年，技术中心理化实验室检验量729批，检测项目4799项。2005年，理化实验室检验量2887批，检测项目12691项。

“三检”合一前，原第一检验处微生物实验室万元以上设备仅有3台（贝克曼离心机、酶标仪、荧光生物显微镜），项目仅限于食品中的细菌总数，大肠菌群（大肠杆菌），金黄色葡萄球菌，金黄色葡萄球菌肠毒素，沙门氏菌，猪肉中的四环素族抗生素（杯碟法）及畜产品中的炭疽标菌，检验周期需7天（工作日）。“三检”合一后，微生物室归属四川检验检疫局技术中心管理，新增大型设备4台（1台VITEK32全自动细菌鉴定仪，2台酶联免疫分析仪，1台荧光定量PCRABI7500型）。以前的超净工作台换成了生物安全柜，检测项目增加了空肠弯曲标菌，单增李斯特菌，大肠杆菌0157，志贺氏菌，副溶血性弧菌，霍乱弧菌，坂崎肠杆菌，蜡样芽孢杆菌，产气荚膜梭状芽孢杆菌等致病菌的检测，以及采用FLISA试剂盒检测氯霉素，四环素族，磺胺类等抗生素检测，检测周期缩短为5天。检验量也大幅度增加。

2000年，中心实验室投资150万元购进荧光计量PCR、超速离心机、气候箱等仪器设备，为筹建转基因实验室做准备。

2001年，中心实验室为建立转基因和动植物实验室进行房屋改造，并投入人民币100余万元对中心实验室环境设施进行全面改造。全年引进和更新仪器设备10余台（套）。

2002年1月，中心实验室有大型仪器设备25台（套），各类各类人员6名，其中高级职称2名，中级职称3名。同年，动植物检疫实验室对援助朝鲜的出口活猪开展疫病检测工作，为四川省首次出口活动物实验室检疫。

2003年，中心实验室被国家质检总局列为区域性实验室后，新增仪器设备8台（套）。

2004年初，禽流感在美国和亚洲部分国家爆发。中国也是疫情重灾区之一，动植物检疫实验室试验用荧光实时PCR法检测禽流感疫病取得成功，为四川省首家使用此方法检测禽流感的实验室；同年，对援助朝鲜的出口活羊进行实验室检疫。4月，中心实验室下设理化、微生物、动植物检疫和食品转基因4个实验室，人员共12名，实验室面积756平方米，仪器设备共125台（套），价值1200余万元，可满足农畜食品、动植物产品、化妆品、有机物、转基因产品等23个标准100多个项目的检测。年底，新增生物、理化设备12台（套）。

2005年6月四川资阳、内江等地爆发猪链球菌病疫情，中心实验室完成从全省300多家肉用猪、羊备案养殖场抽取的4730份血清和血液样本动物疫病检测工作。全年，中心实验室新增价值超微液质仪和液相色谱，总价值380万元，缓解了四川农产品残留监控和出口检验急需，还对微生物实验室的无菌室进行了改建。

四川出入境检验检疫局中心实验室的检测能力和1999—2005年自检业务量，详见表3－8及诸项图解说明。

1999—2005年四川出入境检验检疫局技术中心实验室检验量统计表

表3－8

年份	理化实验室		微生物实验室		转基因实验室		动植物检疫实验室		合计		
	批次（批）	项目（项）	批次（批）	项目（项）	批次（批）	项目（项）	批次（批）	项目（项）	批次（批）	项目（项）	收费（万元）
1999	729	4799	295	792	0	0	1	5	1025	5596	48.26
2000	912	4789	394	1678	8	45	15	135	1329	6647	55.28
2001	890	4899	275	846	11	38	18	151	1194	5934	57.29
2002	2654	11017	263	825	15	62	227	471	3159	12375	150.25
2003	2896	11962	313	906	18	66	24	252	3251	13186	201.15
2004	4225	14548	515	4653	28	165	35	268	4803	19634	231.89
2005	2887	12691	784	5976	76	315	5279	6071	9026	25053	291.13
合计	15193	64705	3039	15676	156	691	5589	7355	23785	88425	1035.25

1999—2005 年四川出入境检验检疫局技术中心实验室检验量分别如示意图说明。

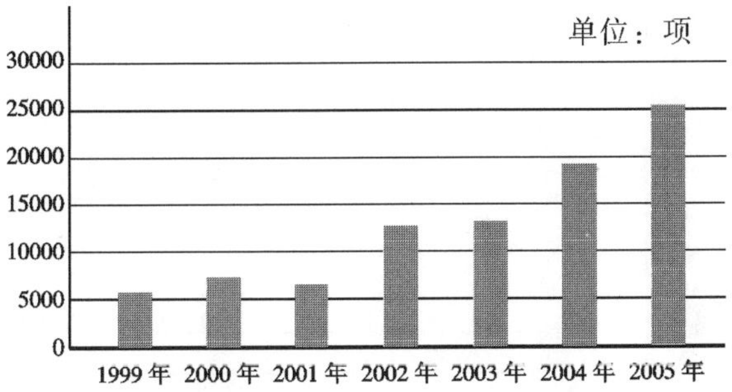

图 3－9　1999—2005 年中心实验室检验总项目示意图

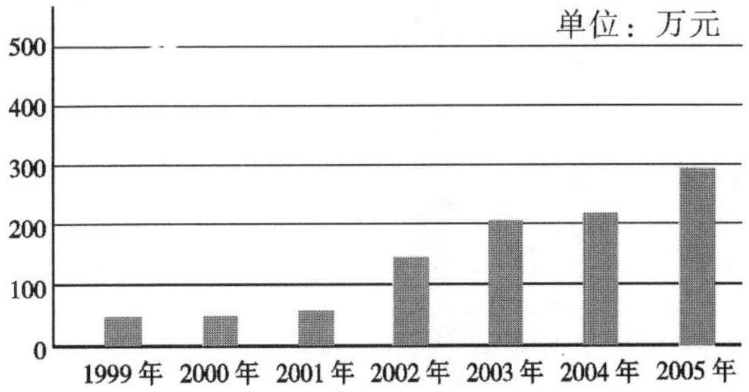

图 3－10　1999—2005 年中心实验室检验总收费示意图

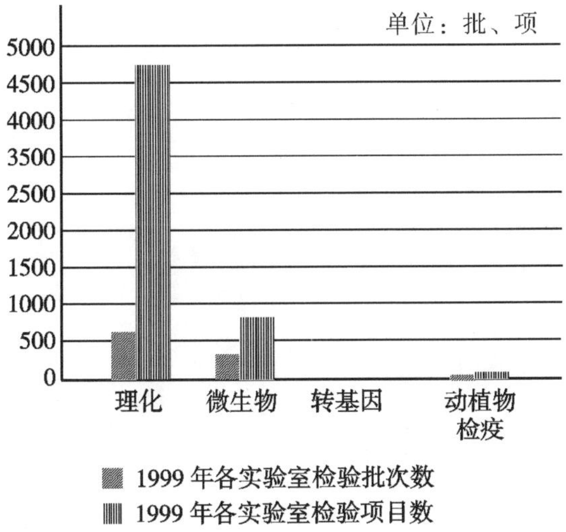

图 3－11　1999 年各实验室检验量（批、次）示意图

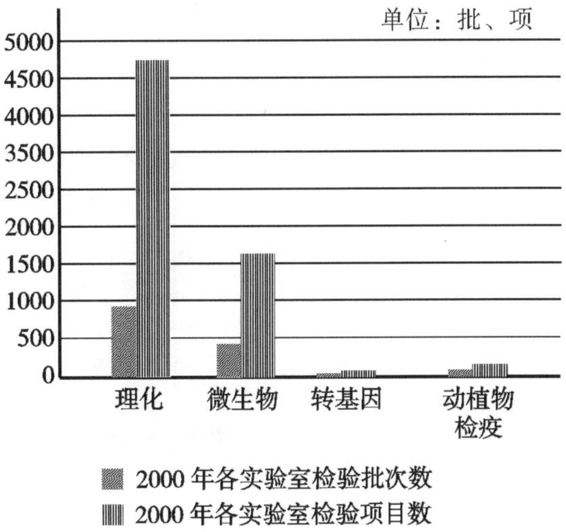

图 3－12　2000 年实验室检验量（批、次）示意图

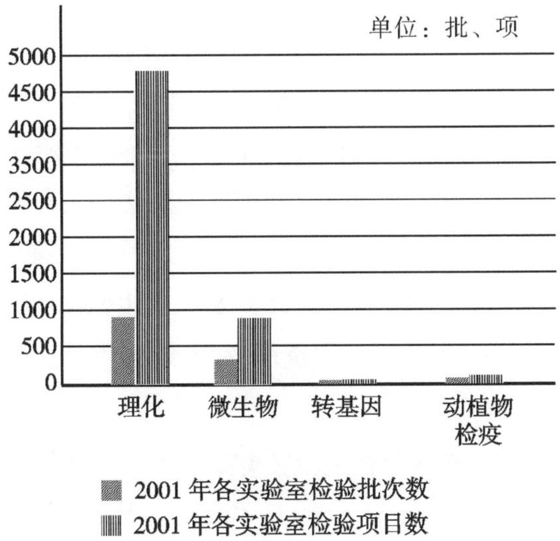

图 3－13　2001 年各实验室检验量（批、项）示意图

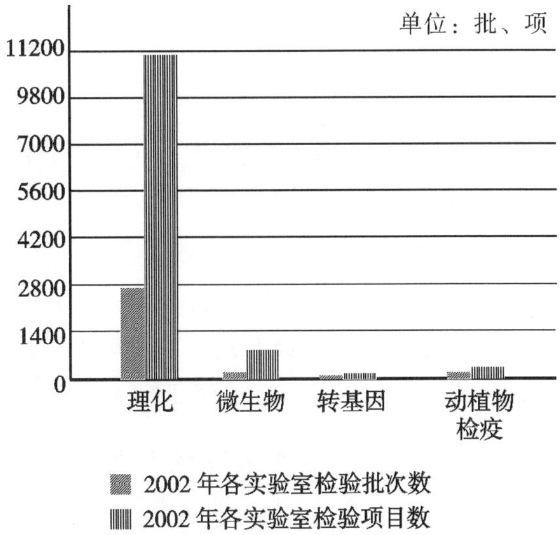

图 3－14　2002 年各实验室检验量（批、项）示意图

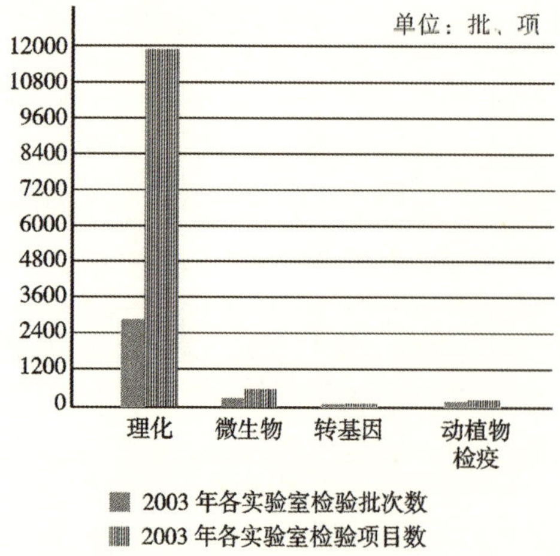

图 3－15　2003 年各实验室检验量（批、项）示意图

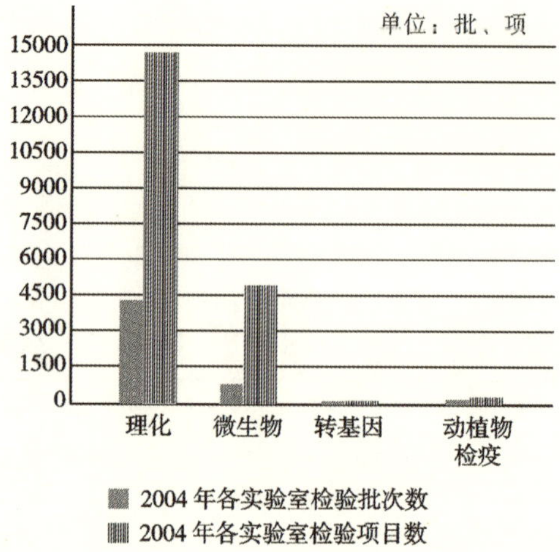

图 3－16　2004 年各实验室检验量（批、项）示意图

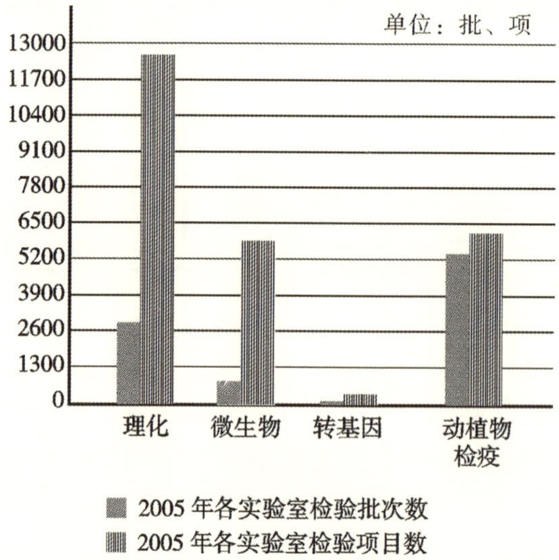

图 3－17　2005 年各实验室检验量（批、项）示意图

（二）丝检中心

至 2003 年 6 月，四川丝检中心（含 4 个分中心）共有实验室建筑面积 2980 平方米，主要仪器设备 217 台（套），价值 600 余万元。工作人员 102 名，其中，高级技术人员 4 名，中级专业技术人员 34 名。全年新增仪器设备 39 台（套）。

2004 年 4 月，四川丝检中心（含 4 个分中心）共有实验室建筑面积 3325 平方米，主要仪器设备 262 台（套），价值 400 余万元。工作人员 77 名。年底，新增丝检仪器设备 43 台（套）。

2005 年，四川丝检中心更新新型丝检仪器设备 24 台（套）。

1999—2005 年四川丝检中心出口丝类产品检验情况统计表

表 3－9　　单位：批

年份	1999	2000	2001	2002	2003	2004	2005	合　计
检验批数	17501	20487	20863	24824	25085	23791	23020	155571

第三章　科研工作

检验检疫是以专业技术手段作为后盾的行政执法。四川出入境检验检疫工作大力实施“科技兴检”战略，加强科研力量，组织科研攻关完成各类科研项目，科研工作在“三检”实践中显示出极为重要的作用并不断取得累累成果。

第一节　商检科研管理与成果

一、科研管理

20 世纪 70—80 年代，四川商检科研及管理逐步运用先进的手段和措施。1978 年，四川商检机关拥有进口仪器设备萤光显微镜、金相显微镜、超声波探伤仪、气相色谱等先进仪器设备共 4 台，改变了 20 世纪 50 年代初期只能检验少量生丝、畜产品的状况，且能承担出口商品中的生丝、罐头、冻品、蛋品、水果等 12 类 26 种农副产品和食品、畜产品、闹钟、皮鞋、搪瓷几种轻工产品和进口五金钢材、机电仪和成套设备的检验业务。

到 1992 年底，四川商检局建生丝、理化、生物、纺织、农畜土特、食品、金属材料等实验室。在主要进出口商品检验科学技术方面达到国内同类综合检验的先进水平。

1994 年 9 月，四川商检局制定《年度科技工作目标管理责任制考核办法》。1995 年 4 月，制定《四川商检系统计算机应用管理办法》；7 月，制定《四川商检系统科技项目立项奖励办法》。1996 年 4 月，制定《四川商检局科技论文奖励办法》和《四川商检“九五”科学技术发展规划》。1998 年 11 月，召开全川商检系统科技工作会，会议全面总结和研究四川商检局的科研工作，确定科研工作的方向。并出台了《四川商检局计算机及网络管理办法》。1999 年 2 月，局科技委成立农畜食品、机电仪、纺织、丝类、化矿和计算机专业小组。1999 年 3 月 9 日，制发《关于调整科技进步奖、优秀论文奖奖励等级和资金标准及相应评审标准的通知》，完善和补充了科技进步奖评审标准。同月，制定下发《四川商检局科技委 1999 年度工作计划》，通过政策倾斜，落实措施，改善科研工作环境，科技工作明显进步。

二、科研成果

中华人民共和国成立以后，从 1951 年开始对“改善汉鬃加工初探”和“蛋白片制造的几个问题的研究”发表科技论文。

1951—1992 年，科研技术人员在全国商检学术、技术刊物上发表研究论文 302 篇，科研制标 35 个，专著 27 种，译文 5 篇，总计 369 篇。

1982—1992 年，四川商检局共取得专业科研成果 78 项，其中获省（部）级以上奖励的 14 项，国家实用新型专利 1 项。

1993 年至 1999 年 7 月，四川商检局完成科研课题 13 项，制（修）订标准 21 项，撰写论文 103 篇。

1982—1998 年，四川商检局科研成果获奖情况见表 3－10。

1982—1998 年四川商检局科研成果获奖统计表

表 3－10

年份	成果名称	获奖级别	承担人
1982	F115—821 型四兰远红外生丝水份检测机	外经贸部三等奖	任州、胡伯良
1983	GH014—83 鲜柑桔	商业部二等奖	唐文定
1985	微型计算机生丝检验系统	省科技进步三等奖	张洪峰、任州、张道斌
1985	全国粮食出口与食品农药（六六六、滴滴涕）污染调查与研究	国家商检局二等奖	唐李祥、蔡国平、袁琼绮
1986	猪瘟猪水泡病二联苗免疫及免疫期试验	省重大科技奖	朱曜
1986	GB6094—85 榨菜	国家标准局二等奖	唐文定
1990	红橘橘水机理和 CA3 处理效应研究	国家商检局三等奖	李献
1990	黑板取样方法的调查研究	国家商检局三等奖	平慰庭、张文秀
1990	成都地区猪浆膜丝虫病的初步调查	国家商检局三等奖	马勇、吴鉴伟
1990	对苏出口柑桔腐烂原因的研究	国家商检局鼓励奖	赵崇源
1991	山梨酸—TC101 溶液对冷库消毒防霉研究	商业部四等奖	蒋廷魁、朱英
1991	“消化法”检验猪毛虫应用研究	国家商检局三等奖	朱英、左炜、史书声
1992	常规冷库贮藏时间对出口猪、牛、兔肉品质变化影响的研究	省科技三等奖	曹同雪、石如彦
1992	组合式多束生丝强伸力机电脑测试仪	国家实用新型专利证书	张洪峰、雷大伟、孙梅
1992	山梨酸—TC101 对冷库消毒的研究	国家商检局二等奖	朱英
1993	冷藏时间对出口猪、牛、鱼肉品质变化影响的研究	四川省科技进步三等奖	曹同雪
1993	出口柑桔检验和质量控制与提高的研究	四川商检局一等奖	骆蔚权等 43 人
1994	出口食品农产品农兽药残留量真菌毒素、有害无素问题研究	国家商检局一等奖	袁琼绮、朱晶等 16 人
1993	出口猪肉检验质量控制与提高的研究	四川商检局一等奖	石如彦等人
1993	蘑菇罐头生产中护色剂的选择	四川商检局二等奖	李献
1993	出口盐渍菜检验	四川商检局二等奖	骆蔚权等 5 人
1993	出口辣椒干检验规程	四川商检局二等奖	李若、骆蔚权

续表 3 - 10

年份	成果名称	获奖级别	承担人
1994	中国出口蘑菇罐头葡萄球菌肠毒素问题研究	国家商检局一等奖	袁琼绮、朱晶等 16 人
1994	出口安全食品工程研究	国家商检局一等奖	袁琼绮、朱晶等 16 人
1994	出口猪肉检验质量控制与提高的研究	国家商检局一等奖	石如彦等人
1994	出口柑桔检验和质量控制与提高的研究	国家商检局一等奖	骆蔚权
1994	组合式多束生丝强伸力机电脑测试仪	国家商检局三等奖 四川商检局一等奖	张洪峰、雷大伟、孙梅
1994	出口肉类中稻瘟净残留量检验方法	四川商检局二等奖	袁琼绮
1994	远红外生丝水分检测机检定规程	四川商检局二等奖	雷大伟、张洪峰、彭克等 6 人
1995	生丝三份公量的研究	四川商检局二等奖	平慰庭、吴孟茹、何力伟
1995	水煮小竹笋技术要求	四川商检局三等奖	周洪波、孟兴、贾裔禄等 5 人
1995	盐渍小竹笋技术要求	四川商检局三等奖	周洪波、孟兴、贾裔禄
1995	水煮松茸技术要求	四川商检局三等奖	孟兴、周洪波、贾裔禄
1996	SPA 协凝试验法快速检验肉中沙门氏菌	四川商检局一等奖	曹国雪、唐中令、石如彦等人
1996	生丝等级置信概率的研究	四川商检局二等奖	平慰庭、乔渝、唐豪放
1996	出口商品中青霉素残留量检验方法——杯碟法	四川商检局二等奖	石如彦、曹宗君、孟萍生
1996	出口粮谷中除虫脲残留量检验方法	四川商检局二等奖	盛毅、袁琼绮
1996	出口冻猪三腺检验规程	四川商检局三等奖	曹同雪、石如彦、曹宗君
1996	出口土丝检验规程	四川商检局三等奖	平慰庭、胡世伟、胡伯良
1997	出口速冻蔬菜食用菌检验规程	四川商检局二等奖	骆蔚权、王锦
1997	出口盐渍藠头检验规程	四川商检局三等奖	孟兴
1997	出口干羊肚菌检验规程	四川商检局三等奖	田劲、王锦
1997	出口牛肝菌干片检验规程	四川商检局三等奖	田劲、王锦
1997	出口鲜松茸检验规程	四川商检局三等奖	王开铭、贾裔禄、何龙海
1997	出口手绣面料检验规程	四川商检局三等奖	曹跃武
1997	进出口钢蕊铝绞线检验规程	四川商检局三等奖	曹跃武
1997	进出口 35 千伏及以及钢芯、铝芯塑料绝缘电力电缆检验规程	四川商检局三等奖	曹跃武
1998	出口双宫捻线丝检验规程	四川商检局一等奖	周盛波、吴孟茹

三、标准制定、修订

各类标准是进出口商品检验的重要依据之一。1946—1992 年，随着进出口商品种类、品种的增加和检验标准使用范围的不断扩大，在商检标准的收集、使用与管理等方面做了大量的工作。1980 年四川商检局开始参与商检标准的制定，并取得一定成果。截至 1992 年，已收集库存标准 1.05 万个，制定标准 32 个，其中，2 个获省（部）级奖励。

（一）标准收集使用与管理

1984 年以前，标准管理工作未设管理人员，标准的制定、修订任务由国家商检局下达，各检验科、处负责贯彻执行。

1985 年起四川商检局专设科技科归口管理该项工作。1986 年 5 月 19 日，为加强进出口商品检验标准、方法、操作的管理，加速实现商品标准化工作进程，四川商检局标准化小组成立，由张权治副局长任组长，小组成员共 11 人，负责指导现行标准、方法、操作规程的清理、分类、拟制（修）订标准，并组织实施等工作。1987 年，成立科技处，进一步加强对标准的收集、制定、落实、订购、交流，督促和检查对国家商检局所下达的有关标准任务的完成情况。1988 年，标准管理正式纳入指（目）标责任制管理范围。截至 1992 年底，四川商检局共收集库存各类检验标准 1.05 万个。

（二）参与制定标准

1980—1992 年，四川商检局共完成检验标准的制（修）订 35 个，其中，国家标准 7 个，地方标准 19 个，行业标准 9 个。

1980—1990 年四川商检局完成制定标准一览表

表 3－11

序号	标准号	标准名称	标准		主要作者
			级别	时间	
1	MQ27—1980	出口榨菜	行业标准	1980 年	唐文定
2	GH014—1983	鲜柑橘	行业标准	1983 年	唐文定
3	GB6094—1985	榨菜	国家标准	1986 年	唐文定
4	川 Q922—1996	出口柑橘包装用瓦楞纸箱	省标准	1986 年	王孝侯、骆蔚权
5	川 Q 宜 113—1986	夏橙	地区标准	1986 年	骆蔚权
6	GB8215—1987	出口猪鬃检验方法	国家标准	1987 年	黄天才
7	DB/5100X24001—1987	天府花生	省标准	1987 年	王　锦
8	GB8210—1987	出口柑橘鲜果检验方法	国家标准	1987 年	骆蔚权
9	DB/5100B39001—1988	鲜蘑菇	省标准	1988 年	王开铭
10	DB/5100B39002—1988	鲜松茸	省标准	1988 年	冷定孚
11	DB/5100X26003—1988	盐渍蘑菇	省标准	1988 年	王开铭

续表 3－11

序号	标准号	标准名称	标准		主要作者
			级别	时间	
12	DB/5100X26004—1988	盐渍松茸	省标准	1987 年	冷定孚
13	ZBB31003—1988	出口鲜橙	国家标准	1988 年	唐文定
14	ZBB31004—1988	出口鲜宽皮柑橘	国家标准	1988 年	唐文定
15	ZBB/31005—1988	出口鲜柠檬	国家标准	1988 年	唐文定
16	DB/5100B31001—1988	大蒜头	省标准	1988 年	骆蔚权
17	DB/5100B23001—1988	出口芸豆	省标准	1988 年	骆蔚权
18	JJG（川）25—1990	“FI15—系列远红外水分检测机”鉴定规程	省标准	1988 年	雷大伟、张洪峰
19	JJG（川）26—1990	“Y741 型复丝强伸力机”鉴定规程	省标准	1988 年	雷大伟、张洪峰
20	JJG（川）27—1990	“Y731 型抱合力机”鉴定规程	省标准	1988 年	雷大伟、张洪峰
21	DB/5100B31002—1989	夏橙鲜果	省标准	1988 年	骆蔚权
22	ZBB22021—1988	出口玉米中异丙胺磷残留量测定方法	国家标准	1988 年	袁琼绮
23	GBn290—1989	出口水洗羽毛	行业标准	1989 年	杜德昕
24	GBn289—1989	出口羽毛	行业标准	1989 年	杜德昕
25	DB/5100X22007—1989	出口冻兔肉	省标准	1989 年	曹同雪
26	DB/5100X22006—1989	出口冻兔副产品	省标准	1989 年	曹同雪
27	DB/5100X22005—1989	出口冻猪副产品	省标准	1989 年	曹同雪
28	ZBX26004—1990	出口榨菜检验规程	行业标准	1990 年	李文杰
29	JJG（川）28—1990	“Y741 型复丝强伸力机”检定规程	省标准	1990 年	雷大伟、张洪峰、谢丽莎
30	JJG（川）29—1990	“Y731 型抱合力机”检测规程	省标准	1990 年	雷大伟、张洪峰、谢丽莎
31	JJG（川）30—1990	FI15 系列远红外生丝水分检测机检定规程	省标准	1990 年	雷大伟、张洪峰、谢丽莎
32	ZBX22016—1990	出口猪肉旋毛虫检验方法	行业标准	1990 年	朱英
33	ZBX22017—1990	出口咸猪手检验规程	行业标准	1990 年	朱英、左炜、石如彦
34	ZBX22018—1990	出口猪蹄筋检验规程	行业标准	1990 年	马勇、蔺学伦、曹同雪、朱英
35	JXF0032—1990	ZH—1 通用型物质水分检测仪	行业标准	1990 年	张洪峰

第二节　动植检科研管理与成果

一、动检科研管理与成果

1982 年，国务院发布《中华人民共和国进出口动植物检疫条例》后，四川农牧厅畜牧局（农牧厅下属的副厅级局）设立成都动物检疫外检机构。1985 年正式设立“中华人民共和国农牧渔业部动物检疫站”，负责执行四川省内的动物及动物产品检疫及进出口动物及动物产品检疫任务。1988 年，更名为“中华人民共和国成都动物检疫所”。该机构与“四川省兽医防疫检疫总站”实行“一套机构、两块牌子”，其领导先后由四川省兽医防疫总站站长、副站长兼任，事业经费由兽医总站统一管理。直到 1993 年该机构才从四川省兽医防疫检疫站独立出来，为四川省畜牧食品局下属正处级事业单位，更名为中华人民共和国成都动物检疫所。1993 年之前其科研管理、科技项目由四川省兽医防疫总站提出课题，属四川省农牧厅畜牧局生产科教处负责主管；1993—1996 年，成都动物检疫所单独科研立项，由四川省畜牧食品局生产科教处管理；1996 年 12 月成立了成都动植物检疫局后，科研工作由动检处管理。

图 3－18　1991 年，成都动物检疫所完成“四川动物蓝舌病调查和病原分离”科研项目验收并获奖

1986—1999 年四川动物检疫科研成果统计表

表 3－12

项 目	获奖类别及等级	获奖时间	主研人员	备 注
开展市场畜禽及肉品检疫检验，控制疫病流行，保障人民身体健康	农业部技术改进四等奖	1986 年	薛孝伦、林理惠、宋航	第一主研单位
四川省扑灭猪口病综合防治技术	农业部技术改进四等奖	1988 年	薛孝伦、林理惠、宋航	第一主研单位
猪瘟免化弱毒牛肾细胞苗的研究	四川省人民政府科技进步三等奖	1990 年	黄人凤、李丹明	第二主研单位
四川省动物蓝舌病的调查和病原分离	四川省人民政府科技进步星火奖四等奖	1991 年	林理惠、黄巧玲、康长风	第一完成单位
四川鸡传染性法氏囊病流行病学调查毒核酸电泳分析及防制技术研究	四川省畜牧食品局科技成果奖一等奖	1995 年	王泽洲、严玉宝	第二主持单位
四川鸡传染性法氏囊病流行病学调查病毒核酸电泳分析及防制技术研究	四川省人民政府科技进步三等奖	1997 年	王泽洲、严玉宝	第二主研单位

1986—2004 年四川动物检疫论文、书籍出版及获奖情况统计表

表 3－13

论文题目	作 者	发表刊物或获奖	发表时间	备注
鸡新城疫 D_{10} 系鸭胚化弱毒疫苗安全免疫试验	薛孝伦、林理惠、宋航、钟莉英	畜牧与兽医（第 1 期）	1986 年	—
动物检疫的任务作用和建议	薛孝伦	动物检疫（第 4 期）	1987 年	独撰
牛腺病毒	严玉宝	中国兽医杂志	1987 年	独撰
四川省蓝舌病的调查和病原分离	林理惠、黄巧玲	云南畜牧兽医（第 4 期）	1989 年	—
四川省动物蓝舌病的诊断及防治技术的应用	林理惠、黄巧玲	云南畜牧兽医（第 2 期）	1992 年	—
四川省麝鼠门氏菌病流行及防治	严玉宝、罗若兰、张永宁	1994 年全国兽医微生物学与病毒学学术研讨会优秀论文二等奖	1994 年	—
动物防疫手册	主编文心田、副主编余勇、李丹明、曹三杰	四川科技出版社	2004 年	—

二、植检科研管理与成果

1983 年 3 月，四川省农牧厅植物检疫站与农牧渔业部成都植检站合并，实行“一套机构、两块牌子”，统一承担四川省对内对外植物检疫任务。1988 年 9 月站更名为所以后，成都植物检疫所的所有科技管理工作都统归属四川省农牧厅科技教育处管理；1996 年 12 月成立成都动植物检疫局以后，科研工作归属植检处管理。

在开展对外检疫工作中，加强了检疫检验方法的研究，制定检疫检验规程。根据《中华人民共和国进出境动植物检疫法》的有关规定，向62家省、市外贸、独资、合资企业颁发了进出境动植物检疫报验单位注册登记证明书；制定了《出口盐渍菜（榨菜）植物检疫监管办法（试行）》《出口竹、木、藤、草制品植物检疫管理办法（试行）》《出口菌类植物检疫检验方法》《出口鲜松茸植物检疫办法》；制定了四川省地方标准《出口柑橘检疫规程》。承担了四川省科委、农业部、国家动植物检疫局下达的四川主要实蝇检测技术研究、柑橘水果检疫对象检疫处理技术、芦笋枯萎病检验方法、鉴定标准及处理研究等项目。

1988—1999年，四川植检科研获得重大科技成果主要有马铃薯癌肿病调查和防治试验研究；柑橘苗木产地检疫规程；四川省柑橘主要病毒类病害及其检测技术研究；四川省柑橘无病毒良种繁育及体系研究；柑橘溃疡病、水稻细菌性条斑病检疫检验技术研究；四川中药材仓虫调查及其编著；四川省棉花枯黄萎病及菌系研究；植物检疫实验室（检验室）基础条件及检验规程编制与应用；四川省果蔬实蝇研究；出口柑橘检疫规程；四川省农业害虫及天敌资源调查研究；四川成渝两地仓贮甲虫分类鉴定等。其中农业部、国家标准局一等奖2项，四川省政府科技进步二等奖6项，省农牧厅科技进步二等奖6项、三等奖2项和市政府科技进步三等奖1项，共25项。在学报级刊物上发表论文13篇，《植物检疫》杂志上若干篇，国际会议上交流及刊物上发表的5篇，编著有《四川中药材仓贮害虫》和《果树生产实用技术》科普书籍。

第三节　卫检科研管理与成果

1992年前的科研工作统一由成都市卫生防疫站管理。1992年上划以后，由国家卫生检疫总所统一管理。

1993年实行技术人员职务聘任制。成都卫生检疫局制定《成都卫生检疫局各类人员考试试行办法》《成都卫生检疫局各级受聘卫生检疫专业职务岗位职责原则要求》，并成立成都卫生检疫局各类专业职务聘任委员会。聘委会职责是审议聘任、续聘、缓聘、解聘、终止聘任等。并制定《成都卫生检疫局各类专业技术职务聘任若干规定》。

1995年，加大科技设备投入和人才培养，鼓励参加业务技术学习、论文撰写，参加学会交流。7月，调整聘改领导小组及初评委会。

1998年8月，受中国国际旅行卫生保健协会委托，成都卫检局与拉萨国际旅行卫生保健协会共同举办了“全国高原医学专题学术研讨会”。9月，成都卫检局出版《四川省旅游健康危害因素及其预防措施》一书，完成《口岸病媒昆虫图志》部分章节的编写及统稿，按照《四川“三检”科研制标项目计划》认真开展了科研制标工作。

1982—2006 年四川卫生检疫论文论著统计表

表 3 - 14

论文论著	作　者	发表刊物、出版社或获奖	发表(获奖)时间
成都市麻疹减毒活疫苗使用前后麻疹流行特征的分析	周志贤	成都市卫生防疫站资料汇编	1982 年
成都市急性呼吸道传染病 30 年来流行趋势的分析	陈白玲	《成都医药》	1983 年
踹憋性病毒性肺炎流行病学调查处理	陈白岭	成都市 1982 年科技成果三等奖	1983 年
检疫监滥传染病管理	周志贤	在成都市卫生检疫系统交流	1984 年
传染病疫情预测和处理	陈白玲	《成都医药》	1985 年第 8 期
成都双流机场蚊类调查报告	谭　玲 周志贤	《中国国境卫生检疫杂志》	1986 年
成都双流机场蝇类调查报告	周志贤 张祖昌	《中国国境卫生检疫杂志》	1987 年
四川地区吸血蠓类的研究	张祖昌	中国人民解放军总后勤部科学技术进步三等奖	1988 年 3 月
乳牛场控制蝇类孳生地措施的探讨	张祖昌	《医学动物防制杂志》	1988 年第 3 期
中国蠓螨研究	张祖昌	中国人民解放军总后勤部科学技术进步二等奖	1989 年 7 月
我国有机磷杀虫剂防制医学昆虫概况	张祖昌	在卫生检疫交流大会发言	1989 年
旅居国外卫生行为的改变对疾病影响的研究	成都卫生检疫局	国境卫生检疫学会国际间传染病监测学组优秀论文	1992 年 11 月
成都双流机场饮用水的监督监测结果分析和建议	周志贤 黎明耕 孙　苑	《中国国境卫生检疫杂志》	1994 年
成都口岸 1992—94 年 STD 监测情况分析	陈白玲	在西南片区第二次学术会上交流	1995 年 9 月
成都口岸出入境人员艾滋病及梅毒检测分析	樊学军 赵子瑛 何　伟	《现代预防医学》	1997 年第 1 期
成都口岸进口食品现状及管理对策探讨	谭　玲 何　伟 张祖昌	《中国国境卫生检疫杂志》	1998 年第 1 期
一例 HIV 感染者的追踪调查及保健	张祖昌 谭　玲 樊学军	在 1997 年国际旅行保健学术会上交流	1998 年
高原反应的发生机理、预防、临床诊断和治疗	李嗣元 唐靓靓	在 1998 年高原医学学术会上交流	1998 年
西藏高原生态环境的特点及其与旅行卫生的关系	张祖昌	在 1998 年高原医学学术会上交流	1998 年

续表 3－14

论文论著	作　者	发表刊物、出版社或获奖	发表(获奖)时间
川藏地区媒介昆虫分布的特点及有关虫媒病的现状	张祖昌	在 1998 年高原医学学术会上交流	1998 年
应用聚合酶链反应 PCR 检测血清 HBY—DNA	樊学军	《现代预防医学》	1998 年第 3 期
300 例 HBsAg 阳性国际旅行者的血清检测分析	樊学军 赵子焕	《预防医学情报》	1999 年第 2 期
1990—1996 年成都口岸出入境传染病监测对象梅毒血清学检测结果分析	孙　苑	《旅行医学科学》	1999 年
一例妊娠合并梅毒及尖锐湿疣病例的流行病学调查	谭　玲	《旅行医学科学》，获四川出入境检验检疫局优秀论文三等奖	1999 年
一例妊娠合并梅毒及尖锐湿疣病例的流行病学调查	谭　玲 （第一作者）	《旅行医学科学》	2000 年第 1 期
高原气候特点及对人体生理功能的影响	谭　玲 （第二作者）	《旅行医学科学》	2000 年第 1 期
1174 名外籍及港台人员 HBsAg 监测结果分析	谭　玲	在第五届中国国际旅行卫生保健学术会上交流	2000 年 8 月
高原旅行与健康	谭　玲	《中国国门时报》	1998 年第 3 期
中国旅行卫生保健论著	谭　玲 （编委）	人民卫生出版社	2000 年
中国旅行卫生保健科普(丛书)	谭　玲 （主编之一）	中国旅游出版社	2000 年
四川省旅游健康危害因素及其预防措施论著	张祖昌 孙　苑	中国旅游出版社	2000 年 7 月
ELIASA 法检测 HIV 抗体的内部质量控制	樊学军	《中国国境卫生检疫杂志》	2001 年第 6 期
急性高原病的发病机制	孙　苑	在第六届国际旅行大会上交流	2001 年
成都口岸从业人员 HBsAg 结果检测分析	樊学军等	《中国国境卫生检疫杂志》	2002 年 2 月
快速检测便中沙门菌、志贺菌和大肠杆菌 0157:H7 的免疫磁性分主子—多重 PCR 系统的建立及其应用	樊学军等	国家质检总局科研立项	2004 年
结核病的快速诊断方法及临床验证研究	樊学军等	国家质检总局科研立项	2004 年
结核病实验室诊断技术的比较研究	樊学军	《中国国境卫生检疫杂志》	2005 年 6 月
沙门菌、志贺菌和大肠杆菌 0157:H7 的多重 PCR 快速检测体系的初探	樊学军等	《卫生研究》	2005 年 11 月
2003—2005 年成都口岸出入境人员传染病监测结果分析	樊学军	《中国国境卫生检疫杂志》	2006 年 8 月

第四节　检验检疫科研管理与成果

一、规划与管理

2001 年 4 月，四川检验检疫局召开第一届科学技术大会。会上通过《四川出入境检验检疫局科技发展“十五”规划和 2015 年远景规划》。

在“十五”期间（2001—2005 年），四川出入境检验检疫局先后制定 7 个科技管理办法。科研、标准计划立项 68 项，比“九五”期间增加了 41.7%。投入科研经费 118.5 万元，完成项目 62 个，其中 39 个项目获得国家出入境检验检疫局、四川出入境检验检疫局科技成果奖励。与“九五”期间相比，获奖项目增加了 62.5%。

二、立项与成果

2000—2005 年，共有 35 个项目获得立项，科研经费合计 89.4 万元。其中国家出入境检验检疫局科研立项 4 个，经费 40 万元；四川检验检疫局科研 12 个，经费 15.7 万元。四川出入境检验检疫局科研立项见表 3 – 15。

2000—2005 年四川出入境检验检疫局科研科立项统计表

表 3 – 15

年份	立项项目总数（个）	经费合计（万元）	完成项目数（个）	项目类型	项目立项数（个）	经费（万元）
2000	1	3.00	1	四川局科研项目	—	—
2001	11	23.40	11	四川局科研项目	—	—
2002	5	17.80	5	国家质检总局科研计划	1	15.00
				四川局科研项目	4	2.80
2003	3	2.40	3	四川局科研项目	—	—
2004	4	4.90	3	四川局科研项目	—	—
2005	11	37.90	6	国家质检总局科研计划	3	25.00
				四川局科研项目	8	12.90
合计	35	89.40	29	—	16	55.70

2000—2005 年，共获得国家科技兴检奖三等奖 3 项；获四川检验检疫局科技进步奖二等奖 13 项，三等奖 5 项。

1999—2005年四川出入境检验检疫局科研成果奖统计表

表3－16

年　份	获奖奖项	获奖数	国家质检总局奖励项目成果及主要完成人
1999	四川省人民政府科技进步二等奖	1	《四川省美洲斑潜蝇检疫及防治技术研究》；主要完成人：赵学谦、彭炜、范京安
2000	四川局科技进步二等奖	2	1.《生丝纤度检验中平均度与平均公量纤度允差研究》；主要完成人：贺凯平、李玉兰 2.《棉织物上染料类别鉴定方法》，主要完成人：陆军，科技进步奖二等奖
2001	四川局科技进步二等奖	3	1.《钛精矿标准样品》，主要完成人：庞万里、任小青、李国伟 2.《稀土产品中错、钕的分光光法检测研究》，主要完成人：李佐才 3.《烟用二醋酸纤维丝束中丙酮含量的快速检验方法研究》，主要完成人：胡毅、杨青、彭建忠
2002	国家质检总局科技兴检三等奖	1	《钛精矿标准样品》，主要完成人：庞万里、任小青、李国伟
	四川局科技进步二等奖	6	1.《纱线混比的乌斯特条干仪检测方法的研究》，主要完成人：温演庆、陆军 2.《纱线白度的测定方法》，主要完成人：陆军、李丽 3.《生丝电子纤度仪计量检定规程》，主要完成人：张洪峰、吴孟茹、唐豪放等 4.《生丝黑板机计量校准规范》，主要完成人：吴孟茹、张洪峰、唐豪放等 5.《生丝切断机计量校准规范》，主要完成人：童其玺、吴孟茹、唐豪放、张洪峰等 6.《生丝纤度机计量校准规范》，主要完成人：唐豪放、张洪峰、吴孟茹等
2004	四川局科技进步二等奖	3	1.《山葵主要病害及其防治技术研究》，主要完成人：何万兴、宁红、袁永成等 2.《四川地区实蝇区系动态监测》，主要完成人：范京安、何天江、何万兴 3. 胡晓琼《双宫丝外观疵点样（样照）研究及制备》，主要完成人：董伟
	四川局科技进步三等奖	1	《双宫丝外观疵点样（样照）研究及制备》，主要完成人：董伟
2005	国家质检总局科技兴检三等奖	2	1.《山葵主要病害及其防治技术研究》，主要完成人：何万兴、宁红、袁永成、吴志平、何天江、范京安 2.《四川、珠海地区检疫性实蝇区系动态监测研究》，主要完成人：何天江、范京安、何万、朱绍智、吴华昌、胡晓琼
	四川出入境检验检疫局科技进步三等奖	4	1.《牛传染性胸膜肺炎补体结合试验方法》，主要完成人：李玉冰、严玉宝、曹宗君、胡娟、马勇 2.《牛传染性胸膜肺炎病原分离鉴定》，主要完成人：李玉冰、严玉宝、曹同雪、曹宗君、胡娟 3.《出入境大熊猫检验检疫规程》，主要完成人：李玉冰、严玉宝、胡娟、马勇 4.《生丝黑板暗室装置计量校准规范》，主要完成人：吴孟茹、张洪峰、扬子君、刘灵、童其玺

三、标准制定、修订

2000—2005年，共有53个标准计划获得立项，经费合计53.2万元。其中国家标准4个，经费7万元；行业标准18个，经费31万元；四川出入境检验检疫局内部标准31个，经费15.2万元。四川出入境检验检疫局标准制定、修订见表3-17。

2000—2005年四川出入境检验检疫局标准制（修）订统计表

表3-17

年份	立项项目总项数（个）	经费合计（万元）	完成项目数（个）	项目类型	项目立项数（个）	经费（万元）
2000	4	0.80	4	四川局标准计划	0	0
2001	13	13.60	13	检验检疫行业标准计划	3	7.00
				四川局标准计划	10	6.60
2002	10	5.40	10	检验检疫行业标准计划	2	3.00
				四川局标准计划	8	2.40
2003	1	0.30	1	四川局标准计划	0	0
2004	5	5.00	7.7	检验检疫行业标准计划	3	6.00
				四川局标准计划	2	1.70
2005	5	5.00	5.1	检验检疫行业标准计划	1	3.00
				四川局标准计划	4	2.10

2000年承担标准计划4个（四川检验检疫局内部标准），经费0.8万元。

2001—2005年（“十五”期间）承担标准计划34个，标准经费32.1万元，其中行业标准计划9个，四川检验检疫局内部标准25个。

四、科技情报管理

1999—2004年，四川局科技情报以纸质资料为主要资源，馆藏图书共计9000余册。其中专业工具类资料有5000余册，包括各类汇编、手册、词典、辞典、年鉴、全鉴、论文等。国家标准、行业标准等标准类资料3000余册，涉及化矿、轻纺、机电、食品、植物、农产品、计算机、经济、化工、检验检疫等。

2005年引入“中国技术性贸易措施信息网系统”、四川省科技文献信息中心科技文献系统、国家标准委强制性国家标准免费阅读系统和中国标准咨询网系统，科技情报管理工作逐渐过渡到以网络信息系统为主，纸质材料为补充的管理阶段。

第五节 交流考察

一、出访交流考察

因公出访交流考察严格按照国家商检、动植检、卫检、检验检疫机关和四川省人民政府的系列规定对出访人员进行审批和管理。厅局级干部因公出访做到年初有计划，及时请示国家局，待批准后办理出访手续，并在回国后一个月内向国家局报告；对不符合因公出访条件或出访交流考察人员任务不明确、可去可不去的不予批准出国（境）；对批准因公出访交流考察人员在出访前进行法律法规、涉外知识、安全保密、出国（境）签证及对外宣传等学习教育、提高遵纪守法的自觉性；同时，做好因公出访交流的登记、统计、护照收缴保管以及报送各种统计资料等工作，确保因公出访交流工作的规范管理。

1985—1999 年四川商检局出境访问交流情况表

表 3－18

年份	因公出访		出访人员	出境访问地	出访任务	组团单位
	批次（批）	人数（人）				
1985	1	1	梁世鹏	苏联后贝加尔、格罗切克喔	柑橘调查	四川商检局
1988	1	1	王　锦	苏联后贝加尔	柑橘调查	四川商检局
1993	2	3	梁世鹏、刘国昌	美国、泰国	考察、技术交流	成都市人民政府、成都市人事局
1994	4	6	仲德昌、赵英豪、卢凯、骆慰权、何俭、王晓蒙	美国、泰国、俄罗斯	签订贸易合同、考察	四川治金、四川绵阳、四川畜产进出口公司、四川省口岸办
1995	7	23	仲德昌、李福生、李冀川、雷大伟、孙敏、宫福仁、骆慰权、石如彦、乐近萱、刘丛谦、袁琼绮、贺凯平、周蓓慧、苏宏伟、王晓蒙、梁世鹏、余滨、刘子英、刘彬、袁永成、刘从谦、何俭、叶玮	越南、德国、日本、美国、中国香港	边贸考察、合资项目考察（肉类）、资产评估及商检公司业务洽谈	四川商检局、四川商检分公司、省轻工公司、成都市离合器有限公司、省畜产公司、郫县县政府、四川肉类集团公司
1996	12	18	刘子英、余滨、赵英豪、李国伟、平慰亭、姚多林、赵文明、张跃聪、袁永成、刘海华、朱英、卢凯、杨刚、袁琼绮、梁世鹏、赖杨、郑文玉、程迪龙	日本、印尼、德国、泰国、澳大利亚、西班牙、俄罗斯、美国、中国香港	生丝、肉类、汽车进口生产设备及商检业务考察、洽谈及检验	国家商检局鉴定司、成都市人事局、四川商检局、成都双流羽绒厂、省贸促会、省邮电管理局、省长江企业集团、西南航空公司
1997	6	6	周蓓慧、刘子英、江海、袁琼绮、梁世鹏、赵英豪	泰国、荷兰、日本、冰岛、俄罗斯、中国香港	商检公司业务洽谈、质量认证业务、技术交流等	绵竹锦龙制衣公司、省人大、省经贸委、省口岸办、省轻工总会、国家局认证中心、四川商检公司

续表 3－18

年份	因公出访		出访人员	出境访问地	出访任务	组团单位
	批次（批）	人数（人）				
1998	4	4	蒋声凡、梁世鹏、周清华、胡世强	马来西亚、英国、俄罗斯、葡萄牙、中国香港	参加国际会议、资产评估、考察	省口岸办、省烟草公司、省贸促会、绵阳市政府
1999	1	1	赵英豪	俄罗斯、德国等	参加成都外商投资洽谈	市贸易促会
合计	38	63				

1987—1998 年成都卫检出境访问交流情况表

表 3－19

时　间	出访地	组团单位	出访人员
1987.12	中国香港	四川省口岸办	陈白玲
1989	中国香港	四川省口岸办	周志贤
1995.4	澳大利亚	国家卫检局	张祖昌
1998.3	澳大利亚	卫生部	孙　苑
1998.7	菲律宾	国家卫检局	谭　玲
1998.12	马来西亚	四川省口岸办	李　青

2001—2005 年四川出入境检验检疫出境访问交流情况表

表 3－20

年　份	因公出访		出访人员	出境访问地	出访任务
	批次（批）	人数（人）			
2001	6	7	魏继成、严玉宝、胡晓东、何万兴、严玉宝、江海、蒋声凡	韩国、泰国、日本、巴西、丹麦、美国、加拿大	装运前检验 考察学习
2002	6	9	赵英豪、李玉冰、卢凯、蔡国平、雷燕、吕平、么树娟、陈博文、严玉宝	新加坡、越南、日本、丹麦、瑞典、欧洲、澳大利亚	西航开航 考察学习
2003	18	23	张祖昌、陈博文、赵英豪、曹跃武、胡娟、袁永成、蒋声凡、罗建、赖杨、蒲彪、谬慧敏、王吉顺、严玉宝、梁平、刘云杰、朱晶、王准、江海、温演庆、张勇、胡晓东、蒲彪、龚世敏	南非、肯尼亚、罗马尼亚、保加尼亚、匈牙利、英国、德国、澳大利亚、泰国、日本、韩国、法国、阿联酋、菲律宾、美国、越南、爱尔兰	考察学习 技术交流 装运前预检验

续表3-20

年份	因公出访		出访人员	出境访问地	出访任务
	批次（批）	人数（人）			
2004	21	31	廖慧敏、韩惠东、孙敏、梁平、刘云杰、张勇、胡晓东、张五爱、李福生、刘正华、赖杨、蒲彪、何俭、何天江、江海、严玉宝、周峥、张洪峰、胡小平、攀学军、甘国成、曹跃武、郑文玉、王克、袁娟、王勇涛、曹宗君、刘灵奕、耿芹、许小平、林少敏	美国、日本、菲律宾、泰国、芬兰、西班牙、法国、新西兰、泰国、澳大利亚、韩国、北欧、加拿大、马来西亚、中国香港	考察学习、交流 装运前预检验
2005	16	25	范京安、王志杰、胡娟、何俭、王勇涛、赵英豪、幺树娟、张祖昌、方智、张勇、王克、许健、蒲彪袁、曹跃武、江海、王吉顺、曹宗君、魏继成、盛毅、林训志、李小林、杨刚、张耀聪、贺凯平、罗四维	德国、法国、澳大利亚、美国、新西兰、欧洲、加拿大、德国、比利时、墨西哥、巴西、日本、新加坡、泰国、马来西亚、菲律宾、中国台湾、中国香港	进口预检疫、会议 监督检查 工厂审查 业务交流 学习考察

二、到访交流考察

到访交流考察的接待工作统一由办公室归口管理，办公室负责全系统到访团组的接待。在接待中，坚持原则，自觉维护国家尊严，以热情优质的服务，宣传自己，了解别人，增进友谊，促进合作，服务发展。

1986—1997年四川商检局到访交流情况表

表3-21

时间	外宾情况			来访情况		
	国（境）别（地区）组织	姓名	职务	单位	洽谈事项	陪同人员
1986年3月18日	瑞典商贸公司	本德松与夫人	总经理	成都商检公司	访问	赵英豪
1986年9月6日	澳大利亚羊毛协会可发公司	维克斯·蔡		成都商检公司	参观	商检公司
1986年11月19—24日	联合国粮农组织（FAO）	约翰·Z·墨塞尔		四川商检局食品化验室，德阳冻兔厂，成都罐头厂	考察	商检公司
1987年5月25—27日	联邦德国卫生部	奥鲁普	主任兽医	德阳冻兔厂	卫生注册	商检公司
1991年2月8日	SGS中国事务部代表处	麦兆旗	经理	四川商检分公司	签证输入印尼发电设备检验事项	商检公司
1991年6月14日	SGS印度尼西亚及中国香港	陈瑞明、罗马梯、货主及商务代表	专家	四川商检分公司	关于输入印尼发电设备技术交流和对东方电机厂发电机作了检验签证	商检公司
1992年1月	乌拉圭	兽医代表团		绵阳肉联厂	考察	四川商检局

续表 3－21

时间	外宾情况			来访情况		
	国(境)别(地区)组织	姓名	职务	单位	洽谈事项	陪同人员
1992 年 11 月 9—11 日	美国 FDA	检查组		遂宁、三台出口企业	检查工作	钟德昌、骆蔚权
1992 年 11 月 11 日	美国 FDA	检查组		万县、遂宁罐头厂	检查工作	四川商检局
1992 年 11 月	德国汉堡畜产品检验局	舒尔茨	局长、博士	什邡、内江、绵阳肉联厂	注册前咨询和预查	四川商检局
1993 年	美国加州监督局	—	局长	四川省粮油公司	对四川什邡肉联厂 EEC 注册检查	仲德昌、石如彦
1993 年	德国	奥洛甫	兽医	四川省畜产公司	中德羽绒技术交流	石如彦
1995 年	日本海外贸易检验株式会社	—	—	中国机械进出品总公司	机械零部件技术交流	袁永成
1996 年	泰国驻华参赞	—	—	四川省贸促会	了解进口规定、配额及进口许可证情况	仲德昌
1997 年	日本海外贸易检验株式会社	—	—	四川眉山机车车辆厂	出口汽车委托检验	杨　刚
	英国贸易工业市场处	—	—	四川省经贸委项目办	推销折射科、偏极光计	张文超

2000—2005 年，四川出入境检验检疫系统主要到访交流考察情况如下：

2000 年 1 月 7 日，泰国驻昆明邻事馆领事彭皮蒙、商务领事曾康雅到访考察有关进口食品的检验检疫规定。4 月 28 日，加拿大食品检验属官员 L. skrinar 前往成都欣恩肠衣有限公司进行食品安全卫生检查，积极将该厂推荐向加拿大 CFAI 注册。6 月 3—24 日，国际奥比斯飞行眼科医院应成都市市长王荣轩之邀，到成都开展“光明工程行动”，四川出入境检验检疫局作为该项涉外工作的协作单位对其飞机、人员和物品入境手续及后续监管方面给予指导和方便。

2001 年 1 月 9—12 日，由新加坡农业食品兽医管理局（AVA）陈福成博士和高文良博士对井研县食品有限责任公司冻猪肉出口新加坡注册项目进行正式检查验收。新方两位专家在川期间就肉类检验监管与四川出入境检验检疫局有关人员进行交流，考察四川出入境检验检疫局微生物实验室和理化实验室，检查四川省井研县食品有限责任公司，对公司生产工艺流程、环境卫生、质量保证体系建设等给予肯定。9 月 24 日，四川省井研县食品有限责任公司获得新加坡出口冻猪肉卫生注册，成为中国中西部首家获准出口新加坡的中国猪肉生产企业。11 月 21 日，日本岩井、协同饲料株式会社一行 5 人到内江局咨询有关饲料添加剂的检验检疫。

2001 年 10 月，国际旅行者救助协会主席 Marcolongo 受中国国际旅行卫生保健协会的邀请考察四川保健中心，对中心的概况、人员结构、科室设置、设备等情况做详细的调研。

2002 年 5 月，俄罗斯兽医官对四川 16 家出口生产企业生产现场、宰前宰后、工厂加工卫生状况进行分项检查。2003 年上述 16 家出口生产企业获得俄罗斯进口注册。5 月 13—17 日，中美第十一次植物检疫双边会谈在成都举行，双方就中美植物检疫等问题进行会谈，内容涉及水果、盆景、实蝇疫区大小、TCK 合作、大豆、木材检疫等，并对有关问题进行通报、交流和澄清。6 月 10 日，加拿大国际开发署项目设计组 J. Brian Morrissey（前加拿大食品检验局局长）一行 3 人到四川出入境检验检疫局就世贸组织环境下农产品安全和质量体系的要求等有关问题进行座谈和交流。

2003 年 8 月 5 日，韩国商人李钟隆到访四川出入境检验检疫局，确认四川省首批盆景植物出口韩国。8 月 12 日，四川首批 200 余株价值 15000 元人民币的“六月雪”盆景花卉顺利发往韩国。

2004 年 9 月 23 日，泰国农业及合作部官员 RAEWAT KHONGPRADIT 一行 5 人就进出境水产品业务与四川出入境检验检疫局进行会谈。动检处相关人员就进出境水产品检验检疫的工作程序、中国进境水产品的检验检疫要求和检测项目等问题与泰方进行交流。

2004 年 4 月，国家质检总局和马来西亚卫生部共同对保健中心进行考核，成为具有赴马来西亚劳务人员进行体检资格的全国 8 家保健中心之一。

2005 年 8 月 22—23 日，国家总局食品安全局兽医处处长李春风和香港特别行政区政府食物环境卫生署官员瞿文豪、廖健文、程国仪一行 6 人到川调研，四川出入境检验检疫局向香港食环署官员介绍四川人、猪链球菌病流行及防治工作的情况国家总局食品安全局、中国香港食环署官员一行赴资阳、自贡听取资阳市、自贡市政府关于人、猪链球菌病流行及防治工作的汇报并实地考察备案养猪场、资阳四海食品有限公司和自贡华润食品有限公司。8 月 23 日，美国驻成都领事馆行政领事张珍妮一行 3 人到四川出入境检验检疫局了解动植物及其产品进出境的相关法律法规要求，并感谢四川出入境检验检疫局对美领馆工作的支持。

第四章　信息化建设

1999—2005 年，四川出入境检验检疫局信息化建设取得了长足的发展。四川出入境检验检疫系统广域网络已覆盖全川 10 个分支机构及所有对外服务窗口，实行检务工作电子化、检验检疫监管信息化、行政办公自动化。

第一节　基础性建设

1999 年，“三检”合一后，为保证机构改革后检验检疫新的检验检疫证单顺利启用和 2000 年计算机问题，四川出入境检验检疫局成立“解决检验检疫计算机 2000 年问题”工作小组和互查小组，印发《四川检验检疫系统计算机应用管理办法》。联合成都海关进行“解决计算机 2000 年问题”工作的互查，处理全局系统的计算机软、硬件和各种仪器设备存在的 2000 年问题。四川检验检疫局共设置 130 个工作站，分支机构设置 30 个工作站，编制新证单的计算机单机模板，举办“检验检疫新证单格式培训班”，配置相应出证微机，保障了 2000 年 1 月 1 日检验检疫新证单出证工作。

2003 年，受总局委托，举行“CIQ 2000 综合业务计算机管理系统 V2. 0 版培训班”，修订《四川

图 3 - 19　2004 年，四川出入境检验检疫局信息化建设成果（机房）

检验检疫局系统计算机应用管理办法》，印发《四川检验检疫局关于加强分支机构服务器及网络设备管理的通知》等管理规章。

2004年，为进一步促进全川卫生检疫监管工作的信息化建设，实现卫生检疫监管工作信息共享，提高对突发公共卫生事件和重大疫情的预警和应变能力，及时举办“口岸SARS及卫生检疫管理网络系统”信息报告员培训班，并广泛推广使用该网络系统。系统启用后各分支局、机场办、保健中心以及局卫检处、机电处等部门（单位）的相关工作情况和业务数据通过该网络进行上报和查询，在全川范围内首次实现了卫生检疫监管信息资源共享，极大地提高了各级领导、各部门（单位）了解信息、掌握情况、快速反应的能力。

在完成了保健中心电子触摸屏旅行卫生保健查询系统以及语音应答系统、保健中心计算机业务管理系统的信息化建设调研规划工作的基础上，四川出入境检验检疫局加快中心信息化设施的建设。保健中心与中国国际旅行卫生保健协会已签订合同，在2004年底开始试运行。

第二节　网络建设

1999—2005年，四川出入境检验检疫局完成局机关、机场办局域网建设和四川出入境检验检疫局至机场办、陆运办、出口加工区各办事点，泸州局口岸码头至泸州局本部的城域网建设，四川出入境检验检疫局至总局、全川各分支机构广域网建设，将全川广域网带宽由2兆提升至4兆；开通全川系统内网络IP电话，建立了9个分支机构的VPN备份线路，实现四川出入境检验检疫局到分支机构24小时网络不间断；完成四川省党政网、机要网、党政外网的接入，实现与省委、省政府的电子公文交换。

1999年，四川出入境检验检疫局完善局机关办公大楼局域网硬件环境和系统平台的建设。

2000年，四川出入境检验检疫局通过海关国家口岸专网实现与国家出入境检验检疫局的互联。

2001年，四川出入境检验检疫局完成与机场办货检科、旅检科和卫生监督科、陆运办火车东站、陆运科以及与二办公区的局域网互联的城域网建设。

2001—2003年，四川出入境检验检疫局完成攀枝花、南充、内江、乐山、达州、绵阳、泸州出入境检验检疫局广域建设。

2002年，在保证与内网物理隔离的基础上，四川出入境检验检疫局实现与互网的连接，开通全川系统内的网络IP电话。

2003年，四川出入境检验检疫局完成四川省党政网、机要网的接入。

2004年，四川出入境检验检疫局完成广元出入境检验检疫局广域网建设以及泸州局口岸码头至泸州局本部城域网建设。

2005年，四川出入境检验检疫局完成四川省党政外网的接入工作，实现与省委、省政府电子公文传输。完成四川出入境检验检疫局与总局的数据2兆E1线路、四川出入境检验检疫局与总局视频会议系统专用512K线路、四川出入境检验检疫局与省质量技术监督局2兆E1线路敷设及设备调试、宜宾办事处广域网建设。

第三节 信息化管理系统开发应用

1999—2005 年，四川出入境检验检疫局全面应用“CIQ 2000 综合业务计算机管理系统”“原产地证综合业务管理系统”“办公自动化系统”“快速核放系统”“出口货物电子监管系统”“入境内地口岸联合执法系统”“通关单联网核查系统”“进出口企业诚信系统”“电子身份认证系统”“报检单位和报检员管理系统”“实验室管理系统”“仪器设备管理系统”“电子转单系统”“丝类检验系统”“电子申报系统”“卫生检疫管理系统”等 16 套应用系统，实现电子报检、电子转单和电子签证率均达 100%；“CIQ 2000 综合业务计算机管理系统”“办公自动化系统”“出口货物电子监管系统”等重点核心业务系统均实现双机热备份，确保数据的安全性。

1999 年，四川出入境检验检疫局作为全国十个试点局之一，率先开展“CIQ 2000 综合业务计算机管理系统”（一期工程）的试点工作，用一个月时间完成现场培训、系统安装、系统初始化、上线使用等工作。

2001 年，全面开展四川出入境检验检疫局“三电工程”工作，局机关实行电子报检、电子转单和产地证电子签证工作模式，共 119 家企业申请“电子单证系统”，90 余家企业已经顺利实现电子报检、电子转单。

2001—2003 年，“三电工程”在全川各分支局全面推广应用。

2002 年，完成了 CIQ 2000 生丝子系统培训及新标准证书上网运行工作。正式启用四川检验检疫多媒体触摸屏系统，为企业提供方便快捷的报检信息、单证流程状态等查询功能。完成四川检验检疫卫生监管管理系统的安装、调试工作。

2003 年，在互联网注册 http：//www. scciq. gov. cn 四川检验检疫局域名，开展四川出入境检验检疫局公众网站。

2004 年，完成“快速核放系统”的安装、运行及培训工作。10 月正式受理 5 家企业的 14 种商品的快速核放。完成“报检单位和人员注册管理系统”的安装及运行工作。并对四川局 CIQ 2000 系统中登记的 4294 家企业数据信息按照要求进行了清理，其中规范企业 1464 家，不规范企业 2616 家，异地备案企业 214 家。

2005 年，全川电子报检、电子签证、电子转单率已达 100%。四川出入境检验检疫局完成了下属 8 个分支局的快速核放工作，新增加全川快速核放企业 51 家，建立以四川长虹电器集团公司为代表的四川 16 家企业的绿色通道工作。四川出入境检验检疫局完成局机关“办公自动化系统”的安装、调试及培训应用和四川省政府重点项目——四川省企业征信系统建设，提供 ISO 9000 企业 2033 家、ISO 18000 企业 16 家、ISO 14000 企业 63 家、HACCP 企业 64 家、分类企业 34 家、原产地保护 4 家等信息。

第五章　服务社会经济

四川检验检疫工作紧密结合四川经济社会发展大局，坚持监管与服务结合，在监管中体现服务，在服务中寓含监管，全方位促进外贸扩大出口；强化政策措施，优化服务方式，提高为出口企业排忧解难的有效性；不断创新工作机制，推动外贸增长方式的转变，促进贸易便化利，成为推动四川开放型经济发展的一支重要服务力量。

第一节　服务外贸政策

1993年，成都植物检疫所制定《出口盐渍菜（榨菜）植物检疫监管办法（试行）》《出口竹、木、藤、草制品植物检疫管理办法（试行）》《出口中药材植物检疫监管办法（试行）》，积极为外向型农业和出口贸易的发展提供政策条件；1998年9月，针对美国农业部颁布对中国所有货物木质包装和木质铺垫材料实施新的检疫措施的新法令，四川“三检”机关制定对全省木质包装生产企业进行检疫考核注册、对所有输美货物木质包装及铺垫材料落实熏蒸和简化手续，方便外贸，避免重复交叉的措施，保证四川输美货物顺利出口。

2000年，在西部大开发中，四川出台6条措施支持外贸发展。6条措施：制定优惠和便利措施，加大对外贸企业的服务力度；扩大外贸企业分类管理和认证管理，帮助企业提高技术和管理水平；积极帮助四川发展创汇农业，扩大农产品出口；支持四川出口企业利用普惠制扩大出口；充分发挥检验检疫技术、信息、人才优势，为企业提供多方面的服务；按照四川省委、省政府关于西部大开发的总体部署，发挥好各级检验检疫部门的职能和协调作用。

2003年，根据中共四川省委、省政府“出口主体多元化、出口市场多元化、出口商品多元化、出口服务多元化”战略，四川出入境检验检疫局先后制定《促进四川外贸持续发展的措施》《加快发展民营企业扩大出口的有关措施》《防治“非典”和支持外贸出口的措施》等一系列扶持措施，进一步扶持国有大中型企业，对出口民营企业实行国民待遇；废除了7个与出口民营企业发展不相适宜的文件，积极帮助中小型出口民营企业建立健全质量保证体系，按照世界贸易组织统一的原产地规则，抓好原产地保护工作。并协助外经贸部门用好用足有关政策，加强协调，在巩固四川传统的日韩、欧美出口市场的同时，努力开拓俄罗斯、中东、北非、中亚、拉美等新兴市场。

2004年，以国家质检总局与四川省政府签署《关于促进四川省农副产品出口合作备忘录》为契机，研究制定《四川检验检疫局扩大食品、农产品出口实施意见》《四川检验检疫局支持农产品扩大出口的措施》《关于进一步加强输欧动物源性食品检验检疫和监督管理工作的通知》《提高出口农产

图3－20　2004年，为保证出口肉类质量，四川检验检疫系统举办出口肉类加工企业卫检培训班

品、食品安全卫生质量的措施》《出口食品检验检疫工作七项措施》等文件，适时召开全川系统“出口农产品、食品安全卫生工作会议”和“促进食品和农产品扩大出口工作会议”，对出口食品和农产品质量安全工作实施“一把手工程”，推动四川食品、农产品扩大出口。四川出入境检验检疫局制定《出口肉用猪养殖场检验检疫管理办法》和《出口肉用猪基地管理规定》，督导企业充分发挥龙头作用，扩大受控猪场、受控区域猪只数量，推行“公司＋基地＋标准”的生产模式。对2002年以来登记备案的200余家养殖场进行全面清理，取消不合格养殖场8家，新等级备案60家，使11个出口肉类企业的养殖基地通过无公害认证。制定并组织实施《四川省出口动物源食品2004年度残留监控计划实施方案》，按计划完成了80个冻猪肉、80个肠衣的30余个卫生项目残留检测工作，对发现的问题及时通报畜牧兽医部门。对每个出口肉类加工企业收购的猪只按产地抽样进行疫情和残留监测，1—10月共抽取850个血清样品进行口蹄疫抗体监测，抽取280个样品进行盐酸克伦特罗普查。企业实行“扶优汰劣”，对自控体系健全有效、诚信度好、产品质量稳定的出口企业，实施优惠便利政策；对达不到出口食品卫生要求，多次违规的企业，取消卫生注册资格。

第二节　便利化通关措施

2002年，按照国家质检总局的统一部署，四川出入境检验检疫局制定《生产企业分类管理办法（试行）》，对机电、轻纺、化矿等出口商品，逐步在其生产企业推行分类管理；对出口农产品、食品也尝试性地在进行风险分析的基础上有选择地推行。同时运用信息、技术手段，帮助出口企业有效突破国外技术堡垒。

四川是水果生产大省，但除20世纪60—80年代柑桔大量出口东欧原社会主义国家外，2002年，水果出口几乎为零。按照《卫生与植物检疫措施》协议的要求和国家局的安排部署，四川出入境检验检疫系统深入产地调查，实施疫情监测，获取检疫解禁所必须的疫情数据资料和科学证据，使四川水果出口取得突破性进展。3月，100吨四川猕猴桃顺利出口日本，实现四川水果输日零的突破。

针对输日冻干蔬菜所面临的技术堡垒，乐山检验检疫局深入种植基地对基地病虫害防治、农药使用、土壤种植历史及周边环境等进行分析，从源头上控制蔬菜农药残留。在掌握大量一手材料的基础上，对中国输日蔬菜农药残留量的检测项目由原来的36种减少为10种，由“批批检验”改为按蔬菜种植季节进行抽样检测，使乐山天成公司输日蔬菜顺利出口，批次和货值大幅度增长。

2003年，国外名目繁多的技术堡垒，制约着蔬菜农产品的出口。四川出入境检验检疫系统充分发挥自身的技术优势和信息优势，帮助企业突破国外的技术堡垒，扩大了四川农产品的出口。协助温江盆景园地提前介入检疫程序，使四川首批200余株价值1.50万元人民币的盆景花卉“六月雪”成功出口韩国，实现四川盆景花卉出口零的突破；协助企业成功地将四川生产的50余吨猕猴桃首次出口到新加坡、马来西亚；向越南等东南亚国家和地区出口四川生产杂交水稻种子800.26吨。

2004年，四川出入境检验检疫系统推进电子申报、电子放行、电子监管（简称“三电”），实施“三电”工程企业达700余家，全省电子申报率100%，原产地电子签证率100%，电子转单率80%。推进出境货物电子审单快速核放系统试点应用，经快速核放的出境货物，从报检、制证、计费到取证仅需30分钟，为企业提供快速通关便利。扩大分类管理，在风险分析和确保出口商品质量的基础上，使检验监管模式逐步由批批检验向分类管理、商品免验、前期抽查和后期监督抽查相结合的模式转变。2004年完成了12家一类企业和19家二类企业的审核报批工作，使一类企业的数量达33家，二类企业数量达24家。改革签证模式，制定了施检部门拟制证稿—证稿审核—打制证书—施检部门负责人手签—证书档案移交检务处签证科—签证科完成证单审核校对—报检科发证的签证工作新流程。查验制度实行一次性报验、一次性抽（采）样、一次性检验检疫、一次性卫生除害处理、一次性计费、一次性计费、一次性发证放行，减轻企业负担。推广“5天上班、2天值班、7天服务、24小时预约报检”的服务承诺，做到不分节假日，企业随叫随到，确保企业产品及时出口。机场办、植检和检务等部门密切配合，深入生产基地调研，拟制应急方案，使正常完成植物产品的农残检测的时间由7个工作日缩短到4个，出证时限由正常的7个工作日缩短到1个工作日以内，做到快验快放。

2005年，落实中共四川省委、省政府“千方百计扩大出口”的指示精神，四川出入境检验检疫系统主动与外贸企业、生产厂家的沟通，切实加强“检、贸、企”三方合作。先后组织4次重点出口企业座谈会，倾听企业的呼声，切实解决企业的实际困难。通过深入企业调研和与企业的座谈交流，结合检验检疫相关法律、法规、政策依据，制定“优化服务，缩短审核周期，实施分类管理，加快绿色通道建设，扩大快速核放系统应用，加大执法稽查工作力度”等10条促进出口措施，为企业带来实实在在的便利。

第三节 促进外贸出口

1999年，国家出入检验检疫系统采取切实有效的措施，千方百计促进外贸出口：加强检务管理，规范报验制度，将报验规程公布上墙；准确掌握检验检疫工作政策，简化报验手续，缩短签证周期，急事急办、特事特办、方便外贸；实行服务承诺制；为出口生产企业严格把关，强化质量管理，扩大出口创汇，截至1999年11月底，普惠制签证4095份，为企业减免关税1417.04万美元；大力支持丝绸、食品等农产品出口，鼓励和支持民营企业拓展农副产品深加工和精加工，创办集约型农副产品加工基地，扩大农产品的出口创汇；加快 ISO 9000 及 ISO 14000 质量体系评审步伐，使更多的企业获国际市场通行证。

2000 年，四川省出口商品生产企业质量体系（ISO 9000）工作领导小组召开扩大会议，各市（地、州）政府及有关部门认真开展调查，督促出口生产企业向中国质量认证中心评审中心申请咨询和评审。全年 150 家企业与中国质量认证中心四川评审中心签订评审合同，其中，60 余家企业通过注册评审。

2001 年，四川出入境检验检疫系统主动与省外经贸厅协商，提出大力推广分类管理，加大对长虹、五粮液等重点企业服务力度，扩大四川肉食品出口份额，扶持中小企业获得 ISO 9000 质量体系认证，加强对外贸企业检验检疫知识培训以及加快“三电”工程建设等措施，促进四川国内生产总值增长和外贸出口实现 16 亿美元目标。为了扩大四川肉食品的出口份额，充分利用对俄出口猪肉解禁的有利时机，深入考察全省出口肉联厂，严格按照卫生标准要求重新审核，帮助成都市畜联肉业有限公司等 28 家肉联厂获俄罗斯方面的认可。

2005 年，自欧盟部分解除对中国动物源性食品的禁令。为确保南宝公司的产品能顺利出口欧盟，四川出入境检验检疫人员往返数十次到南宝公司，从源头管理、生产过程、产品检测等方面进行全过程详细指导、严格把关，使南宝公司出口蜂蜜成功通过欧盟的检查，成为首家获准恢复向欧盟出口蜂产品的企业。针对四川丝类轻纺产品出口贸易结构优化调整的挑战，制定《近期轻纺类产品检验监管工作总体目标和具体安排》，逐步形成技术力量扎实、竞争力强、服务到位、通关便捷的检验监管模式。截至 11 月，全川轻纺产品进出口达 4505 批，货值 19860.68 万美元，与 2004 年同比分别增加 14.5%、21.63%。在四川出入境检验检疫系统严密监管和技术指导下，兰田公司获得出口罐头分类管理一类企业的称号；四川美宁、金鹏、兰田等食品公司生产的出口低酸性蔬菜罐头食品获加拿大注册，成功登陆加拿大市场；四川振鹏达食品公司生产的青刀豆罐头顺利出口欧盟；位于阿坝州的红原耗牛乳业公司获得四川省第一张乳制品类卫生注册证书，成为四川首家有资格生产出口乳制品的生产企业。

第四节 扶助重点企业

1993 年，为保证边贸柑橘的顺利出口，在出口收购前，成都植物检疫所对 80 余名柑橘收购加工厂（站）的检验员进行检疫法规及技术培训；派员深入相橘果园了解产地疫情，到收购加工厂（站）现场指导收购和挑选。做好超前检疫的服务工作，有效地压低了发货站检验时的不合格率，保证了货物按质按量地及时发运，减少了货主的损失。全年出口到俄罗斯的边贸柑橘共 151 批、5362.95 吨，除少数因发现检疫性虫害返工外，绝大部分均一次检疫合格放行。

四川省茶叶进出口公司一批价值 30 多万美元的羊肚菌，在出口检疫时发现仓虫，需熏蒸杀虫处理。由于信用证交货期限迫近，货物的封装、搬运和蕉蒸都存在困难，货主非常着急。成都植物检疫所检疫人员主动上门开展了薰蒸服务，保证了货物的按时发出。取得外贸自营权的四川省烟草进出口公司出口到美国的烟梗、烟末，检验时发现大量烟草书虱等害虫，货主对熏蒸技术了解甚少，感到难办。成都植物检疫所又主动向货主介绍熏蒸的有关知识，并且具体指导熏蒸的操作。熏蒸服务的开展，在一定范围内缓解了外贸企业因意蒸而影响出口的矛盾。

对从国外引进的种苗、繁殖材料实施检疫的同时，开展了检疫跟踪服务。在做好引种的隔离试种疫情监控的基础上，实行先调后检，做到特事特办、急事急办，尽量将工作做在产地，将问题解决在产地，为货主排忧解难。支持外向型农业生产的发展。

1993 年，四川省种子公司首次较大规模地为美国某公司繁育杂交番茄种。在生长季节，成都植物检疫人员到产地进行疫情调查，指导病、虫害防治，提供检疫科技咨询。制种单位根据植检部门的要求采取措施，防治生长期蕃茄的病、虫害，保证了种子检疫质量，经过产地较细致的工作，该批番茄种已通过口岸检疫出口美国。

大邑县农委经审批从台湾引进山葵苗 1 批、32 公斤，发现大部分苗带有泥土。为使引进的山葵苗有可能在大邑落户，促进该县外向型农业的发展，成都植物检疫所专门对此进行了研究，制定严密的检疫防疫、处理措施，对隔离试种的环境条件进行了实地考察，派专人负责有关措施的落实。在检疫部门的大力支持下，进境的山葵苗经检疫处理后，进入了隔离试种观察。

图 3－21　2005 年，四川出入境检验检疫人员深入出口茶园进行技术帮扶

1998 年，四川商检局把成品把关转变为超前服务，深入生产第一线改造工艺流程，规范生产标准。针对四川传统工业——轴承工业因金融危机影响和产品结构老化，出口量大幅度下降，企业濒临破产的现状，四川商检局及时向省政府及有关部门提出对策建议：调整产品结构，增加新品种和规格，走“以质取胜”的发展道路；加大组织结构调整力度，清理整顿乡镇企业，把产品开发重点转移到高技术、高附加值的专用精密轴承上来；以高档优质通用轴承努力开拓欧洲市场，打破四川轴承产品仅出口东南亚市场的局限。以上建议受到省政府的高度重视想同时，在检验和监管中，四川商检局充分利用技术优势，帮助企业调整产品结构，开发新产品，提高产品质量，为振兴四川轴承工业贡献力量。为了做好松茸、中药材、盐渍菜等四川拳头产品的检疫管理，提高产品质量和检疫质量，加大服务力度，促进外贸出口，成都动植检局领导带领检疫人员深入调查研究，为出口企业提供产前产中和产后技术咨询与服务，帮助企业及时解决出口产品的检疫问题。四川省种子公司、成都台蓉农业高新技术股份有限公司等在阿坝州茂县等地繁殖出口美国的番茄 F_1 代杂交种子。由于美方对输入的种子提出了非常严格的检疫条款，加之该年产地气候异常，雨水多，病害严重。为确保番茄种子质量，植检人员在作物不同生长

期，多次深入产地，冒着酷暑高温，跋山涉水，步行10多公里到1500多米的田间实地进行疫情监测，并为农户提供检疫、植保技术服务，指导农户进行病虫害防治，确保了这些种子的顺利出口。

1999年，四川出入境检验检疫系统向企业提供产品及市场信息咨询服务，使得四川和协食品、东誉食品、东亿食品、南方食品等生产盐渍产品的加工企业引进先进设备和技术，产品由原料型转变为小包装切片型或深加工型，市场竞争力得到提高。4月，冕宁县台登农业生物化学有限公司从美国引进300公斤万寿菊种子被沿海口岸检疫机关实施试验室检验。时植播种季节，该公司担心错过农事季节，四川出入境检验检疫系统为企业解决了燃眉之急。该公司生产出万寿菊干花颗粒300余吨，全部出口墨西哥，创汇500万元人民币。成都成量集团公司作为四川国有大中型企业之一，上半年出口出现滑坡。四川出入境检验检疫局及时派员与企业一道制定对策。检验人员提出的进一步加强对出口产品的质量、价格、交货期的监控管理，提高履约率，在开拓欧美市场的同时，瞄准南非市场，进而拓展非洲市场的建议得到企业决策层的采纳，促进企业出口出现良好的发展势头。

2000年，四川出入境检验检疫系统将四川省出口大户——省丝绸公司作为重点支持企业，采取集中抽样、实行专用注册编号的货物证书、上门技术服务等方式，帮助公司创名牌，增信誉，解决技术难题，提高管理水平。新出口企业通威饲料集团，因不了解出境检疫的工作秩序，其第一批产品滞留海关。在请示国家出入境检验检疫局同意前提下，特事特办，急事急办，及时派人取样，检验，帮助企业按合同规定时间将第一批产品送到韩国客户的手中，填补中国在此产品的出口空白。根据省外贸发展的要求，8月，筛选出研、什邡肉联厂作为四川第一批对新加坡注册的定点企业。针对井研肉联厂的情况提出整改措施并派员进驻工厂进行现场指导。通过国家出入境检验检疫局异地评审和新加坡方农产品兽医食品管理局临时考察团的肯定，国家出入境检验检疫局向新加坡发出邀请函来川正式注册。欣恩肠衣厂通过国家出入境检验检疫局组织的异地评审后，接受加拿大官方兽医的注册检查，对加拿大官方兽医在检查中提出的问题，与工厂一道研究制定出整改计划和措施。10月，加拿大官方已正式对该厂进行注册。

图3-22　2000年，检验检疫人员在木质包装热处理企业进行技术指导

2001年，在进口商品检验中，四川出入境检验检疫系统重点抓好对乐山——菲尼克斯半导体有限公司、四川电信公司、成都铁路局等大型进口企业以及政府中线工程进口设备的把关和服务，建立工厂档案，不定期开展调研，随时了解掌握进口情况，帮助企业对外索赔，维护企业的利益。同时，要求各市机构以把关和服务为企业排忧解难，提高出企业的管理水平和产品质量。泸州局对中轻工业机械总公司宜宾造纸机械厂实行上门服务，帮助提高理论水平和产品质量，使该厂很快打开了机械设备出口东南亚局面；绵阳局帮助平武锰业集团改进生产工艺，建立关键控点，解决了锰粉外观质量差、含硫量偏高的问题；乐山局扶持夹江陶瓷厂成功出口20万匹地砖到菲律宾，使该厂实现了出口产品零突破；达州局为川东电缆有限责任公司等自营出口企业办实事，确保了该地区首批自营出口产品的顺利出口；南充局开展“技术帮促”活动，对辖区内丝绸企业提供技术指导，帮助解决生丝、双宫丝质量问题；攀枝花局积极扶持攀枝花煤业集团首批煤炭出口印度，填补了四川煤炭出口空白。

2002年，中国加入世贸组织后，四川外贸格局发生很大变化。四川出入境检验检疫系统通过调研，制定企业优化资源配置，在对企业的扶持上出新措施。

四川雅士食品有限公司生产的百家粉丝是四川名小吃，产品具有广阔的国际市场。四川出入境检验检疫系统帮助企业在内部逐步推行HACCP认证，企业建立起自己的绿色红薯种植基地，产品质量得到根本保障，出口也随之增加，截至2002年10月，出口创汇同比增长380%。

四川省是魔芋生产的大省，为了使这一资源优势转化成创汇优势，首先在企业办理卫生注册的过程中，认真的指导企业整改，帮助企业在最短时间内、以较低的成本投入改造，使其达到卫生注册的最基本要求，以确保其产品的出口。企业获得足够的滚动发展资金后，再进行生产条件的改造。在这一模式下，圣特蒙公司得到很大发展，该公司在具备了较强的经济实力后，主动投入大量的资金有于修建新厂房和改善生产条件，企业发展步入良性循环。

长虹集团公司在四川占有重要的经济地位，该企业积极开拓海外市场，2002年1—10月，出口创汇上年同期猛增10倍多，达5.7亿美元，一跃成为四川最大的出口创汇企业。为加强对长虹的服务。确保其产品的顺利出口，绵阳检验检疫局及时对长虹实施分类管理，对其一般性出口山沟采取过程监管和成品抽检相结合的检验监管方式；对彩电、空调等不宜进行成品检验的产品实行过程检验，在生产过程中重点对涉及安全的耐压、漏电电流、绝组织活动电阻等进行检验。为长虹公司提供全天候、无节假日等全方位的服务，确保长虹的顺利出口。

乐山蕴藏着多达3亿立方米页岩这种瓷砖生产的重要原料，依托这一资源优势，乐山的瓷砖生产得到迅猛发展，产量已占到全国的1/6。为了使这一优势产业能成为四川新的出口增长点，乐山检验检疫局特事特办，组织企业对检验检疫法规、出口报检程序等的学习培训；在陶瓷生产企业大力推行ISO 9000和ISO 14000体系认证，加强对产品的质量控制；全力帮助企业解决在出口过程中遇到的困难，为乐山陶瓷出口营造良好的外部环境。2002年1—10月，乐山市共实现陶瓷出口173万美元，同比增长430倍。

丝类商品一直是四川传统的大宗创汇商品，出口量连年增加。四川省丝绸公司作为四川最大的科技丝绸出口经营企业，为了谋求发展先后收购南充、内江、绵阳等地的许多茧丝绸企业。为简化手续节约成本，四川出入境检验检疫局将该公司的所有出口商品的检验工作及时调整为由四川出入境检验检疫局统一负责，受到企业的好评。

第四篇　机构与队伍建设

自中华人民共和国成立以后，四川出入境检验检疫机构发展变化的走向是由分设到合并为一体。其中商检、植检、动检、卫检分别是1951年设立中央人民政府贸易部重庆商品检验局，后于1955年改为中华人民共和国对外贸易部重庆商品检验局、1973年改为中华人民共和国重庆商品检验局、1980年改为中华人民共和国重庆进出口商品检验局、1984年改为四川进出口商品检验局；1965年设立中华人民共和国农林部重庆植物检疫站，后于1971年改为中华人民共和国农林部成都植物检疫站、1988年改为中华人民共和国成都植物检疫所；1982年设立中华人民共和国农业部成都动物检疫站，后于1985年改为中华人民共和国农牧渔业成都动物检疫站、1988年改为中华人民共和国成都动物检疫所，1996年与中华人民共和国成都植物检疫所合并，成立中华人民共和国成都动植物检疫局；1981年设立成都卫生检疫组，后于1983年改为中华人民共和国成都卫生检疫站，1986年建立中华人民共和国成都卫生检疫所、1992年更名为中华人民共和国成都卫生检疫局。

1999年8月，按照国务院机构改革方案，四川进出口商品检验局、成都动植物检疫局、成都卫生检疫局合并成立中华人民共和国四川出入境检验检疫局。在机构演变中，四川出入境检验检疫系统不断强化队伍建设，提高执法履职能力和业务水平。

第一章　进出口商品检验机构

中华人民共和国成立以后，四川商检机关已由1个机构发展到有四川、重庆、万县、南充、内江、达县6个。到20世纪90年代，又新增监管、鉴定等业务工作和开展科研制标工作，分支机构也增加，商品检验机构的职能扩大。其管理体制经历了三大变化：1949—1960年，省对外贸易部门及商品检验局与中央贸易部商检总局为双重领导关系；1961—1980年仍为中央与地方双重领导，但以地方领导为主；1981—1999年，省商检局收归中央建制，为国家商检局的下属机构，实行以国家商检局与省人民政府的双重领导、以国家商检局领导为主的管理体制。

第一节　四川商检局

一、机构形成

四川省境内设立商检机构是在1930年。鉴于当时经万县口岸外销的桐油数量较大，国民政府实业部在万县设立商检机构，负责川东地区出口桐油检验工作。中华人民共和国成立后，人民政府统一对外贸易，接管了原有商检机构。1952—1966年，全省商检事业稳步发展，机构延伸，四川商检局的前身重庆商品检验局下设了万县商检分处、雅安产地检验组、昆明工作组、贵阳工作组、成都工作组等商检机构。业务管辖四川、西康、云南、贵州，检验品种也由15种出口商品增加到按《现行实施检验商品种类表》中列出的40类、266种进出口必检商品实施。1978年12月中共十一届三中全会召开后，对外经济贸易快速发展，四川商检工作走向正轨而逐步壮大。1980年12月，重庆商品检验局正式收归中央建制，由国务院直属的国家进出口商品检验总局统一管理，实行国家商检总局与四川省人民政府双重领导、以国家商检总局领导为主的管理体制。

为加强对四川进出口商品检验工作的领导，中共四川省委决定，重庆商品检验局迁往四川省省会成都市。1974年，外贸部给重庆商品检验局下达了基建指标，在成都修建检验用房（检验室3000平方米，与省外贸局共享附属建筑2000平方米），1981年底建成。1982年6月底，重庆商品检验局机关迁到成都市成华街，7月1日正式对外办公。经国家商检总局同意，重庆商品检验局暂以“中华人民共和国四川进出口商品检验局”名称对外挂牌，局印章以重庆商品检验局印章代用。1983年国家商检局决定将各地商检局局名以原驻地城市命名改为以所在省、市、自治区的名称命名，并颁发各局局印。1984年1月1日，局名正式称为“中华人民共和国四川进出口商品检验局”（以下简称四川商检局），隶属国家商检局，正厅局级，并同时启用新局印。四川商检局内设5处1室：第一检验处，主管农产品、畜产品和食品；第二检验处，主管化工产品、金属材料、工业品；第三检验处，主管生丝、纺织品；第四业务处，主管办理进口商品签发证书等；人事处和办公室。除局机关外，省内还设有3个派出机构：重庆商检处、万县商检处、南充商检处，分别管辖各自地区各类进出口商品的检验业务。

1985年8月，根据中共四川省委的要求，四川商检局又由成都市迁往重庆市。局内设机构7个处：一处、二处、三处、四处、化检处、人事处和办公室；7个科：文书科、科技科、计财科、行政科、监管科、保卫科和丝检科；另设有纪检、党总支、工会、调研室等机构。

1989年，为了便于管理四川省进出口商品检验工作，有利于四川商检局与四川省有关部门及省各外贸单位协调配合，国家商检局决定四川商检局由重庆市迁回省会成都市。自同年9月21日国家商检局通知搬迁后，同年11月搬迁完毕，并正式对外办公。局机关设有12个部门：办公室、人事处、行政处、科技处、监审室、检务处、监管处、第一、第二、第三、第四检验处和商检分公司；下设12个科：文书档案科、综合科、保卫科、计财科、行政科、农检科、仪器科、畜检科、机电仪器科、轻工科、生丝检验科、纺织品科。分别设立分支机构重庆商检局、万县商检局和南充商检局。

1991年12月23日，国家商检局通知，将四川商检局在重庆的派出机构重庆商检局改为国家直属局（副厅局级），业务管辖仅限于重庆市辖区。

图4－1　1992年四川商检机关全貌

1993年初，四川商检局内设机构编制调整为行政、事业、企业三者并存的分类管理体制。局内设机构调整为5个行政管理处（室），即办公室、政治部、财务管理处、综合管理处、检验监管处，7个事业型所（中心），即农检所、机电轻工所、生物检测中心、理化检测中心、纺织服装检测所、商检科技研究所、成都口岸办事处，4家企业型公司，即商检公司、成都顺发公司、川检商务有限公司、四川科技开发总公司。

1994年12月，再次对四川商检局进行机构改革，实行政事、政企分开。局内设机构又调整为16个行政处（室），2个事业型机构和4个行政型分支机构，将4个企业型公司调整为第三产业。同年9月，国家商检局批准成立中国进出口商品质量体系认证中心西南评审中心四川分中心。

重庆市成为直辖市后，根据国家商检局通知，四川商检局下设的万县商检局自1997年1月1日划归重庆商检局，万县、涪陵、黔江三地市的检验鉴定业务由重庆商检局管辖。

1996年12月，根据国家口岸体制改革要求，实行“一体两翼”的运行模式，局内设机构调整为12个行政处（室），4个事业单位和1个企业单位。1996年12月至1999年7月，局内设机构基本保持不变，即办公室、人事教育处、计划财务处、综合处、口岸管理处、检务处、检管一处、检管二处、检管三处、检管四处、政务处、监察审计室和成都类检测中心、涉外资产评估事务所、质量体系认证评审中心及机关服务中心、四川商检分公司；下设分支机构7个，即南充商检局、内江商检局、达川商检局、绵阳商检局、攀枝花商检局、乐山商检局、泸州商检局。

二、职能职责

1996年10月，国家进出口商品检验局审核批准《中华人民共和国四川进出口商品检验局职能配置、内设机构和人员编制方案》。该方案指出：根据《中华人民共和国进出口商品检验法》赋于商检的职责任务和国家外经贸形势发展的需要，四川商检局实行职能转变。在职能转变中，贯彻精简的原则，调整组织结构，实行政事、政企分开。精减职能相近的处室；将丝类等的检测技术实验、评审评估、后勤服务等工作，交给下属事业单位；商检公司与商检机构政企职责分开。

其主要职责：

根据《中华人民共和国商品检验法》和国家商检局的有关规定，对四川地区有关单位执行《中华人民共和国商品检验法》及其实施条例的情况进行监督检查，负责办理行政处罚并组织行政复议，办理商检复验和审核免验；负责实施四川地区进出口商品的法定检验和有关法律、法规规定的其他检验检疫，负责对非法定检验的进出口商品的监督管理和抽查检验，归口管理并组织实施对外贸易合同约定和申请办理的商品检验工作，根据需要对进口商品组织实施装运前的预验、监造与监装；负责管理所属各分支机构的检验、监管、鉴定工作，统一管理认可的社会实验室的检验工作和商检公司以及经国家商检局法核准的中外合资、合作检验、鉴定机构的检验工作，对外贸出口商品生产、经营单位的检验工作实施监督；负责四川地区进出口商品检验、鉴定证书和普惠制产地证书、一般原产地证书的签证和管理，负责出口放行及计收费管理工作；负责执行国家和国家商检局签订的有关国际合作协议，组织四川地区各部门执行国家贸易技术壁垒协议中有关进出口商品检验的协调方案；根据需要对四川地区有关出口商品生产企业派出驻厂质量监督员，考核认可国内外检验机构承担检验业务，实施进出口商品质量许可证、质量认证、卫生登记注册、商检标志和封识制度，管理认可检验员、评审员；指导四川地区出口商品生产企业建立质量体系，并按ISO 9000系列标准进行考核，评审管理外商投资财产价值鉴定工作，负责管理和实施进出口商品鉴定、进出口货物包装容器鉴定工作和所辖区域的委托检验工作；会同有关部门依法对四川地区流通领域中的进口商品进行监督检查，负责实施进出口商品检验的口岸查验工作，协调口岸工作；负责四川地区商检业务统计并进行质量分析，向四川省政府及有关部门提供进出口商品质量方面的信息，提出改进工作的建议，促进外向型经济的健康发展；组织管理分支机构和下属单位的人事、纪检、政工、思想政治工作和精神文明建设、纪检监察、审计、财务、基建、国有资产、科技、制标、仪器设备等工作；承办国家商检局交办的其他工作。

图 4－2　1996 年，四川商检人员对流通领域中的进口商品进行监督检查

第二节　分支机构

一、万县商检机构

1939 年 3 月 11 日，原汉口商品检验局万县分处划归重庆商品检验局管辖，办理出口桐油检验业务。1949 年被解散。1950 年 9 月 9 日，中央贸易部批准设立万县检商分处，万县分处恢复办公。自 1952 年 8 月起 3 人留守办公。1980 年 3 月 15 日，“重庆商品检验局万县商检处”成立。1982 年 8 月 20 日，该处更名为“中华人民共和国四川进出口商品检验局万县商检处”。

1986 年 1 月 24 日，万县商检处更名为“中华人民共和国万县进出口商品检验局”，县（处）级，隶属于四川商检局。1992 年起，涪陵、黔江两地区划归万县商检局管辖。自 1997 年 1 月起，万县商检局划归重庆商检局。万县、涪陵、黔江三地（市）的检验监管监督工作交由重庆商检局管理。

二、成都商检机构

1954 年 8 月 5 日，重庆商品检验局在成都成立工作组开展烟叶产地检验业务，1958 年 8 月 13 日扩大为局属综合性工作组，承担内江、成都、雅安地区检验及监督检查工作，1964 年 8 月撤销。

1977 年 12 月，重庆商品检验局成都工作组成立，负责成都、绵阳、温江、乐山、西昌、渡口、雅安、凉山、阿坝、甘孜 10 个地区的工业区、食畜产品、纤维纺织品、农产品类品种的进出口检验业务。

1980年3月13日成都商检工作组改为“重庆商品检验局成都商检处”，并正式挂牌办公。

1982年7月1日，重庆商品检验局由重庆市迁入成都市，以中华人民共和国四川进出口商品检验局名称挂牌办公，成都商检处撤销。1985年8月，四川商检局复迁重庆市后，成立中华人民共和国成都进出口商品检验局（副厅局级），隶属四川商检局，局内设7个处（室），8个科。业务管辖成都、内江、自贡、渡口、绵阳、广元、德阳、雅安、甘孜、东山、阿坝、凉山12个地（市）。1989年9月，四川商检局迁回成都市，同年11月正式对外办公，随即撤销成都商检局。

三、南充商检机构

1980年4月10日，重庆商品检验局在南充市设立南充商检处。1982年7月，南充商检处改为“中华人民共和国四川进出口商品检验局南充处”。

1986年1月，南充商检处更名为中华人民共和国南充进出口商品检验局，县（处）级，隶属于四川商检局。业务管辖南充市、遂宁市、广安市。1993年10月至1999年7月，局内设7个科（室）。

四、重庆商检机构

1982年6月，重庆商品检验局迁往成都后，成立中华人民共和国四川进出口商品检验局重庆商检处。业务管辖重庆、宜宾、泸州、黔江、涪陵等地（市），处内设7个科室。1985年8月，四川商检局由成都迁回重庆，重庆商检处随即撤销。

1989年11月，四川商检局由重庆复迁回成都后，同时成立中华人民共和国重庆进出口商品检验局，副厅局级，隶属于四川商检局。局内设8个处室，业务管辖重庆、泸州、涪陵、黔江、达县（达川）、宜宾6个地（市）。1991年12月23日，重庆商检局改为国家直属局，业务管辖地区仅限于重庆市辖区。

五、内江商检机构

1990年12月8日，中华人民共和国内江进出口商品检验局成立，县（处）级，隶属于四川商检局。业务管辖内江、自贡、泸州、宜宾4地（市）（泸州、宜宾业务于1998年3月划归泸州商检局）。至1999年7月，局内设6个科室。

六、达县商检机构

1991年7月19日，中华人民共和国达县进出口商品检验局成立，县（处）级，隶属于四川商检局。业务管辖达县地区。1993年11月，由于地区更名，经国家商检局批准，达县商检局更名为达川进出口商品检验局，业务管辖达川、巴中两地区。至1999年7月，局内设6个科室。

七、绵阳商检机构

1996年2月28日，中华人民共和国绵阳进出口商品检验局成立，县（处）级，隶属于四川商检局。业务管辖绵阳市辖区。至1999年7月，局内设6个科室。

八、攀枝花商检机构

1996年11月18日，中华人民共和国攀枝花进出口商品检验局成立，县（处）级，隶属于四川商检局。业务管辖攀枝花市、凉山州。至1999年7月，局内设4个科室。

九、乐山商检机构

1996 年 12 月 28 日，中华人民共和国乐山进出口商品检验局成立，县（处）级，隶属于四川商检局，业务管辖乐山市、眉山地区。1998 年 7 月 1 日正式开验。至 1999 年 7 月，局内设 5 个科室。

十、泸州商检机构

1997 年 12 月 23 日，中华人民共和国泸州进出口商品检验局成立，县（处）级，隶属于四川商检局。业务管辖泸州、宜宾两市。至 1999 年 7 月，局内设 4 个科室。

第三节　直属事业、企业单位

一、四川进出口商品检验局成都丝类检测中心（国家进出口商品检验局丝类检测中心）

1989 年之前，出口丝类商品由四川商检局三处负责检验监管。1990 年，四川商检局三处丝检实验室获批成为原国家商检局一级实验室。1991 年，四川完成万县、内江、达县局丝类商品检验的筹建和开验工作，全年三地共检验丝类商品 9143 批，有效缓解成都、重庆两地检验紧张状况。

1993 年 2 月 10 日，四川商检局下发《四川商检局关于成立财务管理处和撤销第一检验处等机构的通知》中，撤销四川商检局第三检验处，成立四川商检局生丝检测中心。同年 3 月，四川商检局召开 1993 年度丝检工作会议，讨论通过《四川商检局丝检中心生丝生产企业编号办法》《四川商检局丝检中心丝类企业升类管理办法》，完善对出口丝类生产企业的管理。

1994 年 12 月 29 日，在四川商检局下发《四川商检局关于变更局机关下设机构名称的通知》中，将四川商检局生丝检测中心更名为四川商检局三处（生丝检验管理处），下设外观检验科、技术管理科、生丝（物理）检验室。主要负责辖区内生丝检验、监督管理，辖地区生丝新厂编号，一、二类厂审查与管理，器械检验，目光校对及统计，生丝检验管理的总体要求与宏观规划等工作。

1996 年 12 月 3 日，经国家商检局批复后，四川商检局在下属事业单位中设立成都丝类检测中心（同时挂“国家进出口商品检验局丝类检测中心”的牌子），主要承担四川地区进出口丝类商品的检测实验，检测技术服务和其他委托检验业务，协助相关部门进行生丝生产厂编号工作和分类指导工作，指导生丝器械、计量器具的测定、目光校对等技术工作，向有关部门提供丝类商品质量分析报告，协助相关部门制定落实丝类出口商品检测方面的规划和规定，并根据四川商检局的授权，对地区局相关业务进行指导。

1997 年 5 月 6 日，四川商检局下发《四川商检局关于授权丝类检测中心负责进出口法检丝类商品检验、监管的通知》，授权丝类检测中心上述职责。6 月 11 日，四川商检局出台《丝类商品检验管理办法》《出口丝类商品生产企业分类管理办法》，规范对出口丝类生产企业的管理。12 月 17 日，经四川商检局批准，丝类检测中心成立南充、内江、达川、绵阳 4 个分中心。

1998 年初，成都丝检中心按照 ISO 国际标准建立质量体系并运行，年底，获批成为中国进出品商品检验实验室认可委员会认可实验室。

1999 年 7 月，丝检中心各丝类实验室统一实施新的质量体系文件。10 月 27 日，在国家出入境检验检疫局下发《关于四川出入境检验检疫局下属事业单位设置的通知》中，核准设置四川出入境检验检疫局检验检疫技术中心，成都丝类检测中心作为其下设丝类检测实验室，负责四川地区丝类检验、技术开发指导，承担相关检验标准制修订及委托检验等服务工作。

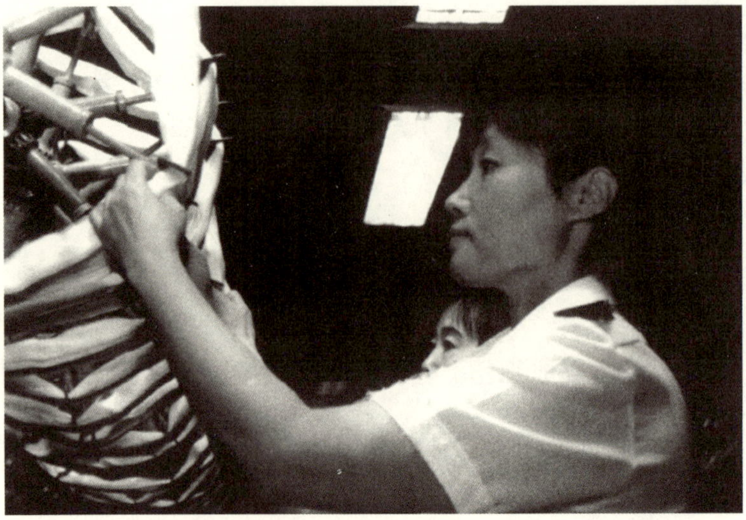

图 4－3　1996 年，成都丝类检测中心进行进出口丝类商品检验

二、中国进出口商品质量认证中心四川评审中心

1994 年 2 月 15 日，出口商品生产企业质量体系（ISO 9000）工作委员会下发《质量体系评审机构批准认可通知书》，批准认可出口商品生产企业质量体系西南评审中心为出口商品生产企业质量体系的评审机构。9 月 6 日，四川商检局下发《关于成立并启用“出口商品生产企业质量体系西南评审中心四川分中心”印章的通知》，决定正式成立出口商品生产企业质量体系西南评审中心四川分中心。10 月 14 日，出口商品生产企业质量体系（ISO 9000）西南评审中心四川分中心挂牌正式对外办公。

1995 年，评审中心于 3 月、5 月分别举办内部评审员和主任评审员培训班，10 月 17 日，四川商检局下发《出口商品生产企业质量体系（ISO 9000）西南评审中心四川分中心关于机构设置及人员组成的通知》，四川评审中心由 15 人组成，下设评审部、咨询部、财务部 3 个部门，根据工作需要另聘请评审员、咨询员若干。全年与 3 家企业正式签订咨询合同，有 5 家企业向评审中心中请咨询认证。

1996 年 11 月，四川省 3 家由四川分中心认证的企业经中国商检质量认证在审批获得注册。12 月 3 日，在根据国家商检局批复后下发《四川商检局关于印发机构改革实施方案的通知》中，四川商检局在下属事业单位中设立四川进出口商品认证中心西南评审中心四川分中心，主要承担四川地区出口生产企业质量体系的评审、咨询等工作，协助有关部门指导推行国际质量通知工作。全年有 12 家企业与评审分中心签订正式咨询和评审合同，24 家企业签订了意向性协议。

1997 年 5 月，经国家商检局批准，四川商检局将“中国进出口商品质量认证中心西南评审中心四川分中心”更名为“中国进出口商品质量认证中心四川评审中心”，更名后职责和人员编制不变。此时，分中心已拥有咨询师 56 名，主任评审员和评审员共 15 名，并建成辐射内江、泸州、自贡、德阳、绵阳、广元6个网点开展咨询评审工作。同年12月，四川商检局下发《四川商检局关于成立管理认证体系咨询中心的通知》，将评审工作与咨询工作正式分开设置，成立四川商检局管理认证体系咨询中心，负责ISO 9000质量保证体系ISO 14000环境管理体系等各项咨询服务业务，为各类组织建立质量保证体系、环境管理体系提供各项中心服务，四川评审中心不再从事咨询工作。全年共对7家企业的正式评审，对6家企业进行了预评审，有40家企业向中国进出口商品质量认证中心四川评审中心提出评审申请。年内在南充、内江、绵阳、泸州、自贡、乐山、德阳、广元建立工作站，在全川建立了100多个评审工作联系点。

1998年，中国进出口商品质量认证中心四川评审中心派员到65家企业宣贯ISO 9000质量体系，举办培训班6期，参训企业60家，人员235名，累计培训企业内审员350人。全年共注册审核企业25家，与68家企业签订了评审合同。年内可望累计（近3年）认证企业40家，认证企业已覆盖11类专业类别。全年编写刊印ISO 9001标准培训（高、中、初级）教程、内部审核员培训教程、ISO 9001标准、四川评审中心彩色画册、外经贸行业实施ISO 9000标准指南（草案）等6种资料约80万字及编印内审员培训考试题及练习题各2套，累计聘请相关行业专家80余名为注册咨询师。扩大审核人员队伍，新聘任审核员6名、技术专家4名、见习审核员27名。

1999年10月27日，在国家出入境检验检疫局下发《关于四川出入境检验检疫局下属事业单位设置的通知》，核准设置四川出入境检验检疫局质量管理体系评审中心（中国进出口商品质量认证中心四川评审中心），事业编制12名。主要职责是承担质量管理体系的评审、宣传，获证企业的业务指导和跟踪检查。

三、四川进出口商品检验局外商投资财产鉴定中心

1993年7月，四川商检局根据《中华人民共和国进出口商品检验法实施条例》要求，对辖区企业下发《关于加强四川省外商投资企业进口设备物资价值鉴定的通知》，规定“三资”企业作价出资的设备和进口商品，必须向当地商检机构报检，由当地商检机构检验，并出具价值鉴定和损失鉴定证书，该证书作为会计师事务所验资依据。11月10日，四川商检局下发《关于成立四川商检局涉外资产评估鉴定事务所的通知》，成立四川商检局涉外资产评估鉴定事务所，该所为副县（处）级事业单位，编制5人，暂由四川商检局机电、轻工检验所代管，人员在四川商检局内调剂解决。

1994年3月9日，四川进出口商品检验局涉外资产评估鉴定事务所印章正式启用。1—5月，四川商检局先后批准成立四川商检局涉外资产评估鉴定事务所达川、内江、万县、南充办事处。12月29日，四川商检局下发《四川商检局机构改革方案》，在“三资”企业管理处中下设涉外资产评估事务所（副处级机构），主要负责对合资、合作等企业进行资产评估。

1996年12月3日，根据国家商检局批复下发的《四川商检局关于印发机构改革实施方案的通知》，四川商检局设立四川进出口商品检验局涉外资产评估事务所，主要负责对外商投资财产价值评估和其他资产评估业务。由于涉外资产评估事务所和四川评审中心分别单设的条件不成熟，暂时合署办公，两块牌子，一套人马，以利于人力、物力资源的开发利用，待条件成熟后再分成两个独立的事业单位。

1998年3月，经请示国家商检局同意，四川商检局涉外资产评估事务所改名为四川商检局外商投资财产鉴定中心，其职能不变。

1998 年 4 月，四川商检局下发《四川商检局关于中国进出口商品质量认证中心四川评审中心与外商投资财产鉴定中心分开办公的通知》，外资投资财产鉴定中心实行独立对外办公。

四川外商投资财产价值鉴定工作开展以来，四川省外商投资设备报价虚高情况明显减少，价值鉴定降值率从 1993 年的 30.4% 下降到 1998 年的 6.77%，低价高报现象得到基本遏制，外商投资财产价值鉴定工作取得良好成效。

1999 年 11 月外商投资财产鉴定业务划归四川出入境检验检疫局机电检验监管处管理，不再设立外商投资财产鉴定中心。

四、四川进出口商品检验局机关服务中心

为了理顺四川商检局机关后勤管理服务工作，提高服务质量，保证全局工作顺利开展，1993 年 1 月 17 日，四川商检局下发《关于成立四川商检局事业处的通知》，成立四川商检局事业处，该处为相对独立的正县（处）级事业单位。下设行政管理科、资产管理科、成都市顺发服务总公司。人员编制事业 22 人，企业 6 人，临时工 21 人。工作职责为负责局机关的行政管理和后勤服务、全川商检系统第三产业的宏观管理及完成局领导交办的其他临时性工作等。事业处财务实行经费预算制。事业处所属的成都市顺发服务总公司实行经济承包制，自负盈亏（人员、财务与事业处脱钩）自行管理财务。

1994 年 1 月 26 日，国家商检局根据机关后勤机关改革要求，下发《关于成立四川商检局机关服务中心的批复》文件，批准成立四川商检局机关服务中心，规格为处级，暂核定人员编制 22 人（由四川局自行调剂）。同年 12 月 29 日，四川商检局下发《四川商检局机构改革方案》，服务中心增设车队（科级），改革后的机关服务中心仍为事业型机构，财务按事业单位进行管理。负责机关的行政事务与管理和后勤服务工作、全川商检系统第三产业宏观管理工作。

1996 年 12 月 3 日，根据国家商检局批复下发的《四川商检局关于印发机构改革实施方案的通知》，四川商检局机关服务中心主要职责是负责机关的接待、后勤保障、物资供应、维修、环境卫生、人防安全、消防设施、车辆管理、收发登记室、办公区及宿舍区保卫、指导第三产业等工作。实行事业单位的人事管理制度和工资制度。编制从机关行政序列中划出，但按内设机构确定相应级别，享受同等政治待遇，为自收自支的独立核算法人单位。

1999 年 10 月 27 日，国家出入境检验检疫局下发《关于四川出入境检验检疫局下属事业单位设置的通知》，在原四川商检局机关服务中心的基础上，核准设置四川出入境检验检疫局机关服务中心，事业编制 24 名。主要承担机关和下属分支机构、事业单位的后勤服务保障工作和机关委托的行政事务工作，并管理所属服务经营单位。

五、中国进出口商品检验总公司四川分公司

中国进出口商品检验总公司四川分公司为四川商检局直属企业。该分公司实行企业管理，独立承担民事责任，是独立法人单位。其主要任务是凭对外贸易关系人的申请和国外机构的委托，办理进出口商品的检验、鉴定业务，开展国际贸易中介服务和贸易业务。

第二章　进出境动植物检疫机构

四川动植物检疫工作始于20世纪30年代，机构设置始于1965年6月，其演变历经重庆植物检疫站、成都植物检疫所（站）、成都动物检疫所（站）、成都动植检疫局。成都动植检疫局于1996年12月18日正式合并成立，实行农业部和四川省人民政府双重领导，以部为主的管理体制。

第一节　成都植物检疫所

四川出入境植物检疫始于20世纪30年代末，1939年3月重庆商品检验局成立，开始实施出口农产品的检验。

1951年，重庆商品检验局在农检室下设置“植物病虫害检验组”，负责四川出口农产品病虫害检验。

1954年2月，中央人民政府对外贸易部制定并经政务院同意公布《输出入植物检疫暂行办法》和《输出入植物应施检疫种类与检疫对象名单》，并自同年4月1日起施行。该办法将“植物病虫害检验”改为“植物检疫”，使其同国际上通用名称一致。1954年4月，重庆商检局下设的“植物病虫害检组”改称“植物检疫组”。

1965年6月，经四川省人民委员会批准，在重庆设立中华人民共和国农林部重庆植物检疫站（简称重庆植检站），编制7人。1966年1月，在重庆市民族路18号正式对外办公，主要负责四川出口柑橘检疫业务。

1971年2月，为适应四川对外植物检疫工作发展的需要，农业部重庆植物检疫站由重庆迁到成都。1971年5月25日，农业部批准成立中华人民共和国农业部成都植物检疫站，撤销原重庆植物检疫站，有关人员、编制及管理不变。1972年2月25日，农林部批准更名为中华人民共和国农林部成都植物检疫站（简称成都植检站），负责四川省进出口植物检疫业务。

1983年3月，根据四川省编制委员会文件精神，四川省农牧厅植检站与农牧渔业部成都植检站实行一套机构、两块牌子（正县级事业单位），对外开展工作，负责四川进出口植物检疫和国内植物检疫工作。

1988年7月20日，农业部批准成立中华人民共和国成都植物检疫所，撤销原农林部成都植物检疫站。其机构规格、人员编制等关系不变。

1993年，根据检疫业务的需要，成都植物检疫所内设机构调整为对外植物检疫科、对内植物检疫科、旅检科、实验室，负责四川的进出境植物检疫业务及管理工作。

成都植物检疫所的职能职责是宣传贯彻执行国家的对外植物检疫法规；执行进出境植物、植物产品的检疫检验，签发检疫证件；监督检查货主或报检人对检疫不合格的进出境植物、植物产品及其受污染的运载工具、场地进行检疫除害处理；调查和监测主要出境植物及植物产品产地疫情；向农业部报告口岸植物检疫或病虫害调查中发现的重大疫情，并协助当地政府和有关部门落实防除措施；对有关检疫对象、检疫技术等开展科学试验研究。

图 4－4　成都植物检疫所旧址（1994 年）

第二节　成都动物检疫所

1982 年国务院颁布《中华人民共和国进出口动植物检疫条例》实施。随着四川对外动物检疫业务发展和成都航空口岸的开放，根据农业部 1982 年《关于在成都机场执行动检工作的复函》，“中华人民共和国农业部成都动物检疫站”成立，由四川省兽医总站检疫科 3 人组成，实行农业部与地方农（牧）业厅双重领导。

1985 年 3 月，经四川省编制委员会同意建立农牧渔业部成都动物检疫站，核定编制 15 人，为隶属四川省畜牧局管理的正县级事业单位。成都动物检疫站与四川省兽医防疫检疫总站实行一套机构、两块牌子，负责对国内动物检疫和成都口岸出入境动物检疫业务。人、财、物由地方管理，对外检疫业务受农业部动植检疫总所管理。

1988 年 9 月，经四川省编制委员会批准，农牧渔业部成都动物检疫站更名为“中华人民共和国成都动物检疫所”，其机构规格、人员编制等关系和业务范围不变。

1989 年 5 月，动植检疫总所明确重庆动植检疫所（隶属于国家动植物检疫总所管理）和成都动物检疫所的动物检疫业务管理范围。重庆动植物检疫局管理范围为四川的重庆、泸州、黔江、涪陵、万县、达县、南充、内江、宜宾等。成都动物检疫所业务范围为除上述二市七地区外的其他地区。

1993 年，经四川省畜牧食品办公室批准，成都动物检疫所机构、编制和业务从四川省兽医防疫检疫总站划分出来，负责四川出入境动物及产品检疫业务和成都机场口岸对外查验业务。内设业务一科和业务二科。

成都动物检疫所的职能职责是宣传贯彻进出境动物检疫法律、法规和规章；按照国家动植物检疫总所业务划分范围，对成都动物检疫所管辖范围进出境动物及动物产品实施检疫检验和监督管理，签发检疫证书；对成都国际航空口岸出入境旅客携带动物及动物产品实施检疫；对成都口岸入境的飞机及运输动物及动物产品的装载运输工具实施检疫和消毒处理。

图 4－5　成都动物检疫所旧址（1988 年成都太平园）

第三节　成都动植物检疫局

随着四川对外开放的迅猛发展，进出境动植检疫工作得到进一步加强，特别是 1993 年国务院批准成都航空口岸对外籍飞机开放、成都双流国际机场成为国家一类口岸后，进出境动植检疫工作更为重要。

1993 年 4 月 28 日，农业部国家动植物检疫总所与四川省政府办公厅等 8 个部门共同议定关于成立成都动植物检疫局的有关问题，并形成《关于组建中华人民共和国成都动植物检疫局有关问题座谈会议纪要》。1994 年，农业部下发《关于确定中华人民共和国成都动植物检疫局规格的通知》。

1994 年 11 月 18 日，国家动植检局决定设立成都动植物检疫局，实行农业部和地方政府双重领导，以部为主的管理体制，即人、财、物、检疫业务由国家动植检局领导。

1996年12月18日，经农业部批准，中华人民共和国成都动植物检疫局（简称成都动植检局）正式成立，原中华人民共和国成都动物检疫所和成都植物检疫所同时撤销，两所承担的进出境动植物检疫和监督管理等任务全部移交给成都动植物检疫局承担，从1997年1月1日起正式对外挂牌办公。

成都动植物检疫局为副厅（局）级单位。实行农业部和地方政府双重领导，以部为主的管理体制。

1997年4月，农业部批准成都动植物检疫局内设6个副处级机构，即办公室、综合业务处、动检处、植检处、财务处、人事处（挂党委办公室牌子）。

1997年4月，重庆市成为中央直辖市后，同年8月，经国家动植物检疫局批准，成都动植物检疫局动植物业务管辖范围为四川省行政辖区。为方便货主平稳过渡，新的动植物业务管辖范围从1998年1月1日起开始执行《〈关于对成都动植物检疫局关于请求按新的行政区域调整四川省与重庆市进出境动植物检疫管理范围的报告〉的批复》。

成都动植物检疫局的主要职能职责是贯彻执行动植物检疫法律、法规和政策，负责所辖区域的进出境动植物检疫和监督管理等行政执法工作；负责实施进出境动植物及其产品和其他检疫物的检验检疫与监督管理，负责动植物疫情监测、调查等工作，办理国家动植物检疫局授权的动植物检疫审批，实施动植物疫情的紧急预防措施；负责实施对动植物及其产品等的生产（养殖、种植）、加工和存放等单位的注册登记；负责实施进出境交通运载工具和集装箱及容器的检疫监督，负责进出境交通运载工具、集装箱、包装物及铺垫材料和货物的除害处理的管理工作；负责执行国家、国务院有关部门和国家动植物检疫局签署的有关动植物检疫的国际协议、协定和议定书等；负责签发进出境动植物检疫证单。

1997年4月，农业部批准成都动植物检疫局设置4个直属分支机构，即成都机场动植物检疫局（正处级）、成都动植物检疫局铁路办事处（副处级）、成都动植物检疫局公路办事处（副处级）、成都动植物检疫局服务中心（副处级）。

成都机场动植物检疫局，规格正处级，下设办公室、业务科。人员编制从成都动植物检疫局内调剂。负责成都航空口岸进出境旅客携带动植物检疫查验、进出境航空器材检疫查验以及动植物性废弃物处理等法定职责。成都机场动植物检疫局隶属于成都动植物检疫局管理。

图4-6　成都动植物检疫局旧址（1997年武侯祠大街）

第三章　国境卫生检疫机构

成都口岸设立卫生检疫机构始于1981年，机构演变历经成都卫生检疫站（组）、成都卫生检疫所、成都卫生检疫局三个时期。成都卫生检疫局于1992年3月成立，自1992年1月1日起，成都卫生检疫机构已上划卫生部卫生检疫总所领导。

第一节　成都卫生检疫局

1981年10月，四川省卫生厅报请卫生部批准成立成都卫生检疫站。成都市卫生防疫站按照成都市政府要求，由站防疫科抽调3名专业人员，组建国境卫生检疫组，仍设于成都市卫生防疫站防疫科内，负责成都—香港包机的卫生检疫工作。

1983年8月，经成都市卫生局研究并请示卫生部同意，由成都市卫生防疫站设立国境卫生检疫科，对外称中华人民共和国成都卫生检疫站（以下简称成都卫生检疫站）。

1986年10月，经卫生部批准，同意在成都卫生检疫站基础上组建中华人民共和国成都卫生检疫所（简称成都卫生检疫所），隶属于成都市卫生局，下设办公室、疾病监测组、卫生监督组。1987年，成都—香港包机转为正常航班，卫生检疫工作量明显增加，成都市编委正式批准建立成都卫生检疫所，所下设办公室、疾病监测组和卫生监督组，核定人员编制15人。卫生检疫业务管理划归成都市卫生局，行政、党务仍由成都市卫生防疫站统一管理，与成都市卫生防疫站合署对外办公。

1991年1月3日，根据卫生部、国务院口岸领导小组通知规定，成都市编委同意成都卫生检疫所加挂“中华人民共和国成都进口食品卫生监督检验所（简称成都进口食品监督检验所）牌子，实行一套人员、两块牌子，承担成都口岸进口食品卫生监督检验工作。1991年7月19日，成都进口食品监督检验所在成都卫生检疫所正式挂牌。

1991年，卫生部、财政部通知要求，各地卫生检疫机构一律上划卫生部领导。同年10月17日，成都市编委同意从1992年1月1日起成都卫生检疫所由卫生部卫生检疫总所（简称国家卫检总所）统一管理。

1992年1月8日，经国家卫生检疫总所批准，同意成都卫生检疫所加挂成都进口食品卫生监督检验所牌子。自此，成都进口食品卫生监督检验所正式开展成都口岸进口食品卫生监督检验及对外出证工作。

1992年3月23日，经国家卫生检疫总所批准，成都卫生检疫所更名为中华人民共和国成都卫生检疫局（简称成都卫检局）。承担的卫生检疫工作职能职责主要有卫生检疫查验、传染病监测与控制、卫生监督、卫生处理，并负责对成都口岸进口食品实施卫生监督检验。

1993 年 1 月，国家卫生检疫总所批准成都卫检局下设办公室、疾病监测处、机场办事处 3 个内设机构，进口食品的卫生监督检验业务暂由疾病监测处代管。1993 年 5 月，国家卫生检疫总所同意成都卫检局内设办公室、检疫监督处、疾病监测处、检验处 4 个正科级机构。1996 年 3 月，成都卫检局增设进口食品检验处，规格正科级，内设机构增至 5 个。

1994 年 8 月 19 日，国家卫生检疫总所批复，正式确定成都卫检局机构级别为正县（处）级。

1997 年 5 月 18 日，国家卫检局授权成都卫检局为管理局，协助国家卫检局管理四川省、重庆市、西藏拉萨卫检局的卫生检疫行政和业务工作，增加了管理职能。1998 年 1 月 12 日，国家卫检局同意成都卫检局设置副处级局管理机构 7 个，即办公室、人事处、计财处、审计处、监察（纪检）处、业务管理处、进口食品卫生监督处；局内设正科级机构 3 个，即党委办公室、卫生监督科、检疫查验科；副处级派出机构 1 个，即成都双流机场办事处。

1999 年 8 月，按国务院机构改革方案和国家出入境检验检疫局要求，成都卫检局与四川商检局、成都动植物检疫局合并组建四川出入境检验检疫局，原成都卫检局卫生检疫业务工作移交四川出入境检验检疫局管理。

第二节　直属事业单位

一、攀枝花卫生检疫局

1994 年 12 月 7 日，国家卫生检疫总所批准成立攀枝花卫生检疫局（简称攀枝花卫检局），隶属于成都卫检局。机构级别为正县（处）级，人员编制 25 人，1995 年 3 月正式成立。内设机构为办公室、业务处，规格正科级。1999 年 8 月“三检”合一后，攀枝花卫检局业务移交攀枝花出入境检验检疫局管理。

二、成都国际旅行卫生保健服务中心

1993 年，根据国家卫生检疫总所《关于深化改革国境卫生检疫工作的方案》要求，成都卫生检疫局组建成都国境口岸卫生服务中心。

1994 年，成都国境口岸卫生保健服务中心配备了班子，建立了账目，办理了收费许可证。在全局实行技术人员职务聘任制，工人劳动合同制；管理中推行目标管理责任制，在定岗、定责、定任务的基础上，将年初制定的全局总目标分解落实到处、室和个人。

1995 年，成立国境口岸卫生保健服务中心，账户分开，挂牌服务。

1996 年 5 月 15 日，经四川省民政厅同意成立四川省国际旅行卫生保健协会，并颁发了社会团体登记证。负责成都口岸卫生服务行业管理，隶属于成都卫生检疫局。

1996 年 2 月 5 日，经成都市编委批准，成立“中国国际旅行卫生保健协会成都服务中心”（简称卫生保健协会成都服务中心），性质为全民所有制事业单位，隶属于成都卫检局，人员编制 15 人，由内部调剂解决，负责成都口岸传染病监测服务工作。

1996 年 5 月，经四川省民政厅同意，正式成立四川省国际旅行卫生保健协会，并颁发了社会团

体登记证。

1997 年 1 月，按照政事、政企分开的要求，经地方卫生行政部门批准，成立“四川省国际旅行保健协会门诊部”，并领取“医疗机构执业许可证”。5 月，经四川省卫生厅批复成立以协会为主要股份的“成都国际旅行卫生保健服务中心”，对原属事业单位的成都国境卫生保健服务中心进行了股份制改造。12 月 28 日，批准成立的“攀枝花国际旅行卫生保健门诊”挂靠四川省国际旅行卫生保健协会。通过结构调整，形成了卫生检疫局、进口食品卫生监督检验局承担执法任务，服务机构承担服务任务，协会进行行业管理的新格局。

1997 年 4 月 2 日，经四川省国际旅行卫生保健协会同意，四川国际旅行卫生保健协会门诊部成立。性质为地方全民卫生事业单位。

1998 年，四川国际旅行卫生保健协会门诊部设置内、外、妇、五官、皮肤、预防保健等 8 个科目，开展了除传染病检测体检外的医疗诊治，甲、乙肝、麻风腮、百白破等其他预防接种，尿八联、尿妊娠、血常规 15 项 3 分类检查，进口食品微生物检测，0—157 溶血性大肠菌检测。经四川省卫生厅批准，成立的成都国际旅行卫生保健服务中心隶属于成都卫检局、人员编制 15 人，为全民所有制事业单位。该中心在四川国际旅行保健协会的管理下，独立法人、自收自支、自负盈亏。主要任务是健康体检、预防接种、卫生处理、旅行卫生保健、咨询服务等工作。

三、机场办事处

1992 年，成都卫生检疫所设置机场检疫组。

1993 年，成都卫生检疫局设置疾病监测处、检疫监督处，主要负责对出、入境人员的查验，交通工具、食品、饮水的卫生监督、卫生处理，对国境口岸地区的卫生状况按有关卫生法规实施卫生检查和出入境集装箱、货物、行李、邮包、尸体、骸骨实施卫生检查、卫生处理及进口食品的卫生监督管理等。

随着改革开放的发展，出入境包机由每周 5 进 5 出增加至每周 12 进 12 出、进口食品种类和数量也在不断增加。为使内部机构设置与工作任务相符，将原“检疫监督处”更名为机场办事处。

1994 年，四川省政府进一步明确了机构办事处的卫生检疫和卫生监督管理工作职责，确保了全省口岸卫生检疫工作的正常开展。

图 4－7　1992 年，成都卫生检疫人员在成都双流机场空运口岸对出境旅客进行卫生检疫监督

第四章　出入境检验检疫机构

1999年8月，由四川商检局、成都动植检局、成都卫检局合并成立四川出入境检验检疫局。将原“三检”机构承担的职能合并，强化四川出入境检验检疫机构的执法监督职能。其机构的体制为国家出入境检验检疫局的直属机构，实行由国家出入境检验检疫局直接领导的垂直管理体制。

第一节　四川出入境检验检疫局

一、“三检”合并

1998年，按照国务院机构改革方案，国家出入境检验检疫局为做好出入境检验检疫系统的机构改革，使“三检”合一工作顺序实施，在改革过渡期间保证国家出入境检验检疫局对全国各地“三检”政令畅通、步调统一，决定在各直属机构改革方案未确定和实施前，设立临时协调小组。为此，1998年5月25日，四川“三检”临时协调小组成立。四川进出口商品检验局局长梁世鹏任组长、成都动植物检疫局局长张禹安、成都卫生检疫局局长张祖昌任成员。临时协调小组主要根据国家出入境检验检疫局指示、决定，统一协调、研究、布置“三检”各单位的贯彻落实意见。不负责处理日

图4-8　1999年8月10日，四川出入境检验检疫局成立（局领导从左到右：张祖昌、程迪龙、赵英豪、刘子英）

常性工作，日常工作仍由本单位领导班子负责。临时协调小组形成的意见，各单位都必须认真贯彻执行。

1999 年 8 月 10 日，四川出入境检验检疫局正式挂牌成立。

在机构改革中，政事、政企分开，构筑四川检验检疫的新框架。根据国家检验检疫局核定行政 429 人、事业 128 人的编制人数，分流出检验检疫人员 25 人。四川检验检疫系统运行机制突出“三检”合一的特点，强化四川出入境检验检疫机构的执法监督职能，加强对涉及健康、卫生、安全、环境保护以及与国计民生关系密切的重要对象的监管工作。原“三检”机构承担的理化、微生物、生丝实验室工作及检疫风险分析、传染病监测体检、国际旅行预防接种、技术开发服务、机关后勤服务等，分别交局下属的技术中心、保健中心、服务中心等事业单位承担；非法定检验检疫、鉴定和委托检验、鉴定、涉外资产评估、卫生除害处理等职能，交给企业承担。

从 9 月 20 日上报“三定”方案，到 11 月 24 日工作交接完毕，四川出入境检验检疫局机构改革历时 3 个月。改革基本达到预期目标：实现四川“三检”在职能、思想和组织上的融合，做到思想认识到位、组织领导到位、管理措施到位、职能调整到位、人员划转到位、工作移交到位；确保了思想不散、秩序不乱、工作不断，做到工作统一安排、财务统一计收、人员统一分配、措施统一规范、学习统一布置，实现工作的顺利交接；优化人员结构，机关建设和工作作风焕然一新，树立起四川检验检疫良好形象。

新成立的四川检验检疫局内设 16 个职能处（室），即办公室、法制与综合业务处、卫生检疫处、动物检验检疫处、植物检验检疫处、食品检验监督处、机电检验处、轻纺检验处、化矿检验处、检务处、科技与认证处、人事处、财务处、机关党委办公室（政工处）、监察审计室和离退休干部处。下属 4 个事业单位即四川出入境检验检疫局检验检疫技术中心（下设中心实验室、丝类检测实验室）、四川国际旅行卫生保健服务中心、四川出入境检验检疫局质量管理体系评审中心（中国进出口商品质量认证中心四川评审中心）、四川出入境检验检疫局机关服务中心。企业单位是中国进出口商品检验总公司四川分公司。除机关外，省内设立了 8 个分支局和 1 个直属办事处（正处级），即中华人民共和国南充出入境检验检疫局、中华人民共和国内江出入境检验检疫局、中华人民共和国达川出入境检验检疫局、中华人民共和国绵阳出入境检验检疫局、中华人民共和国攀枝花出入境检验检疫局、中华人民共和国乐山出入境检验检疫局、中华人民共和国泸州出入境检验检疫局、中华人民共和国广元出入境检验检疫局和成都机场办事处，分别负责该地区检验检疫业务。

1999 年 11 月、12 月，8 个分支局分别挂牌成立。至 2005 年 12 月，四川出入境检验检疫局内设机构、分支机构略有变化，详见 1999 年组建四川出入境检验检疫局机构示意图和 2005 年四川出入境检验检疫局机构示意图的变化情况对照。

二、管理体制

1999 年 10 月 27 日，国家出入境检验检疫局转发《国务院办公室厅关于印发全国各地出入境检验检疫机构组建方案的通知》。通知指出：国务院有关部门设在四川的出入境卫生检疫与进口食品卫生监督检验、动植物检疫和进出口商品检验机构合并组建中华人民共和国四川出入境检验检疫局（正厅级），为国家出入境检验检疫局的直属机构，实行由国家出入境检验检疫局直接领导的垂直管理体制。

三、职能职责

1999年8月“三检”合并以后，四川出入境检验检疫局按照国家出入境检验检疫局的通知，对职能进行调整：将原“三检”机构承担的职能合并，由四川出入境检验检疫局承担。强化四川出入境检验检疫局机构的执法监督职能，加强对涉及健康、卫生、安全、环境保护以及与国计民生关系密切的重要对象的监管工作。全面推行“一次报检、一次取样、一次检验检疫、一次卫生除害处理、一次收费、一次签证放行”的管理模式。加强风险分析和前期监管与后续管理，根据疫情、商品质量和企业（货主）的生产经营信誉状况，积极推行分类监管制度，坚持以产地检验检疫为主、产地检验检疫与口岸查验相结合的原则，积极推行企业（货主）自控和出入境检验检疫机构依法把关相结合的监管办法。进一步简化口岸检疫申报手续和作业程序。重点对来自疫区的人员、交通工具和应检物品进行有效监管；对来自非疫区的人员、交通工具和应检物品进行必要的抽查，不再采取批批检验检疫的做法。

其主要职责：

贯彻执行出入境卫生检疫、动植物检疫和进出口商品检验法律、法规和政策规定的实施细则、办法及工作规程，负责四川省行政区域的出入境检验检疫、认证和监督管理等行政执法工作；负责实施出入境卫生检疫、传染病监测和卫生监督，负责口岸传染病的预防与控制工作，负责出入境人员的预防接种和传染病监测体检等的管理工作；负责实施出入境动植物及其产品和其他检疫物的检验检疫与监督管理，负责动植物疫情监测、调查等工作，办理有关的动植物检疫审批，实施动植物疫情的紧急预防措施；负责实施进出口商品（含食品）的法定检验和监督管理，负责实施一般包装和出口危险品货物包装检验，负责实施进出口商品鉴定管理工作，负责实施外商投资财产鉴定，办理进出口商品复验工作；负责实施对进出口食品、动植物及其产品等的生产（养殖、种植）、加工和存放等单位的卫生、检疫注册，负责实施进口安全质量许可和出口质量许可工作，负责实施进出口产品、质量体系认证评审和实验室认可、人员注册等工作，并监督管理；负责实施国家实行进口许可制度的民用商品的入境验证，负责出口、转口商品的有关出境验证；负责实施出入境交通运载工具和集装箱及容器的卫生监督、检疫监督和有关的适载检验，负责出入境交通运载工具、包装物及铺垫材料和货物的卫生除害的管理工作；负责执行国家、国务院有关部门和国家出入境检验检疫局签署的有关检疫、检验的国际协议、协定和议定书等，负责技术性贸易壁垒协定和检疫协议的实施工作；负责签发出入境检验检疫证单、签证和标识、封识，并进行监督管理。负责出口商品普惠制原产地证和一般原产地证的签证工作；负责四川省行政区域的出入境检验检疫业务统计，调查和收集国外传染病疫情、动植物疫情和国际贸易商品质量状况，提供有关信息；负责四川省行政区域内各类涉外检验检疫、鉴定和认证机构（包括中外合资、合作机构）以及卫生除害处理机构的监督管理；负责出入境检验检疫科技、标准化和信息化工作，负责有关的国际合作与交流工作；负责下属单位的干部任免与调配及其他人事工作、公务员制度、职称、机构编制、劳动工资、教育培训、纪检监察、思想政治工作与精神文明建设、外事、财务、基建、物资管理等工作；承办国家出入境检验检疫局交办的其他工作。

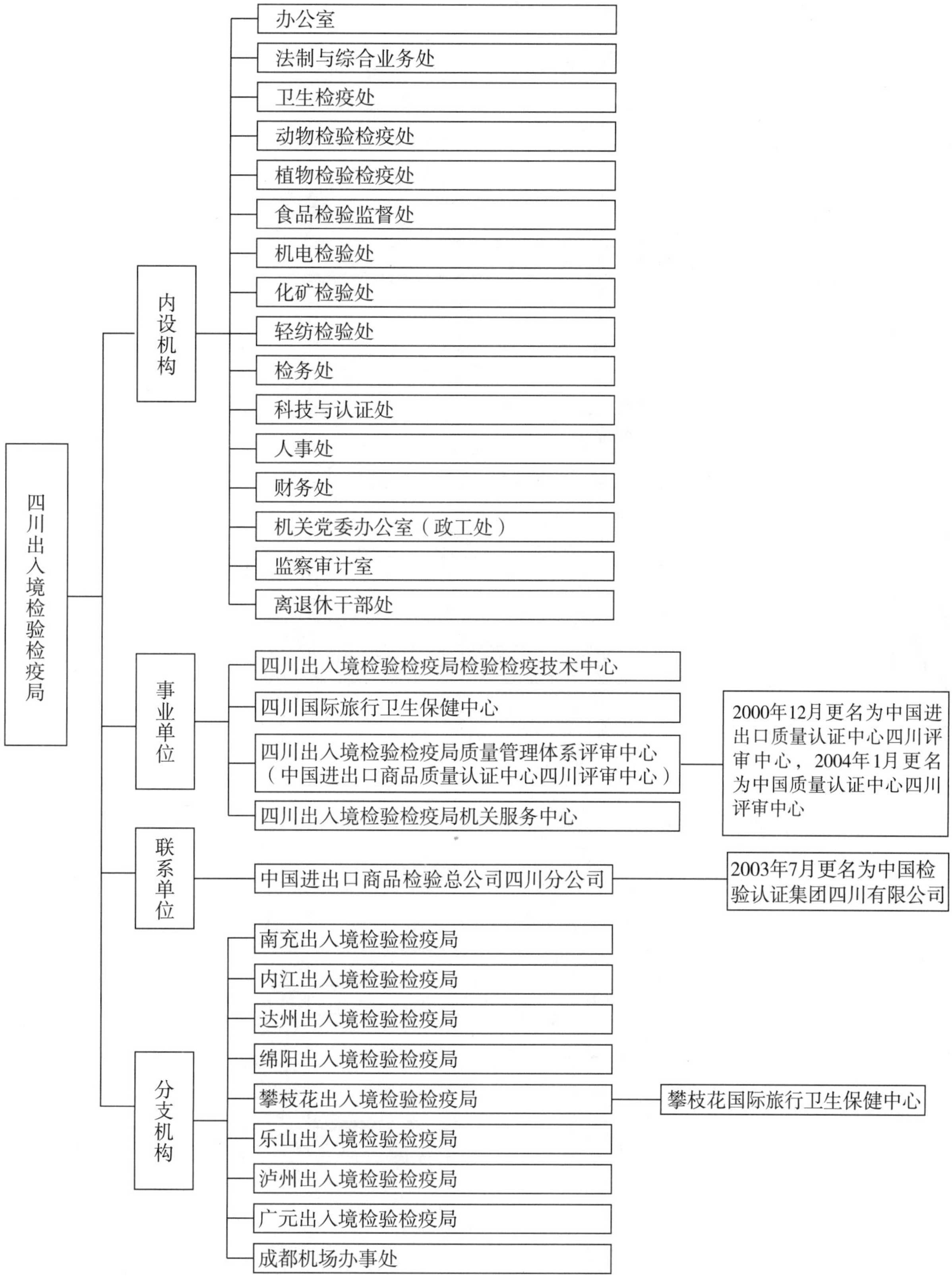

图 4－9　1999 年组建四川出入境检验检疫局机构示意图

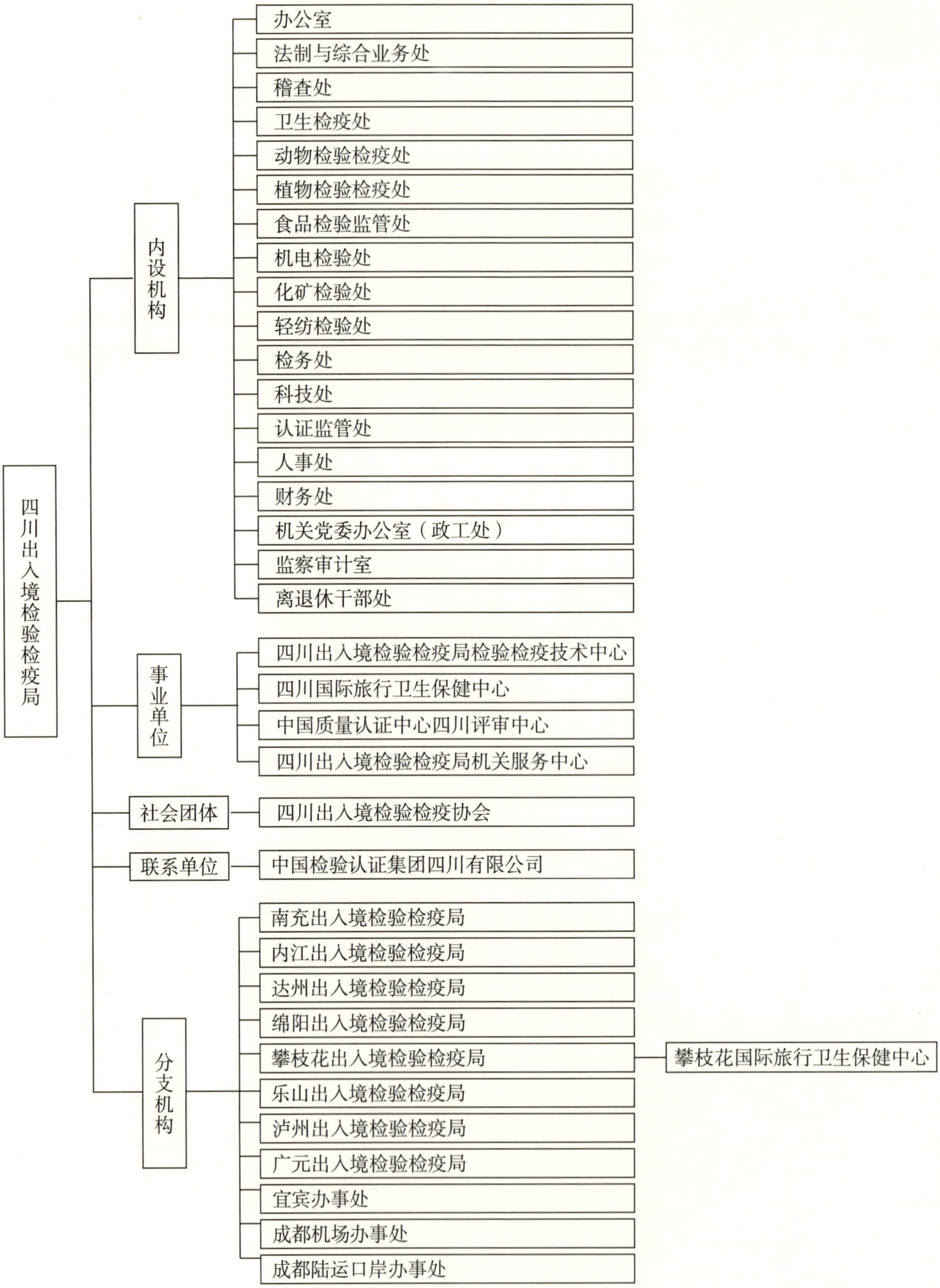

图 4－10　2005 年调整后四川出入境检验检疫局机构示意图

第二节　分支机构

一、分支机构序列

根据四川出入境检验检疫业务分布和国家一、二类口岸工作需要，四川出入境检验检疫局设置分支机构11个，机构级别为正处级。

（一）南充出入境检验检疫局

1999年11月15日，四川出入境检验检疫局《关于同意成立南充出入境检验检疫局的通知》，同意在原南充进出口商品检验局基础上组建成立南充出入境检验检疫局，并于11月25日正式对外挂牌办公。南充出入境检验检疫局为四川出入境检验检疫局设在南充的直属机构，机构级别为正处级，是负责南充市、遂宁市、广安市以及广元市苍溪县的出入境卫生检疫、动植物检疫和进出口商品检验的行政执法单位，实行由四川出入境检验检疫局直接领导的垂直管理体制。人员编制行政41人，事业18人；设处级职数1正3副。内设科室为办公室、卫生检疫监督科、动植物检疫检验科、机电检验科、轻纺科、检务科、行财科。

图4－11　南充出入境检验检疫局办公楼
（1999年11月摄）

（二）内江出入境检验检疫局

图4－12　内江出入境检验检疫局办公楼
（1999年11月摄）

1999年11月，内江出入境检验检疫局在原内江进出口商品检验局基础上组建成立。内江出入境检验检疫局为四川出入境检验检疫局设在内江的直属机构，机构级别为正处级，是负责内江、资阳、自贡三市（地）出入境卫生检疫、动植物检疫和进出口商品检验以及宜宾、泸州两市（地）的生丝检测的行政执法单位，实行由四川出入境检验检疫局直接领导的垂直管理体制。

内江出入境检验检疫局内设科室为办公室、卫生检疫监督科、动植物检疫检验科、机电检验科、轻纺科、检务科、行财科。2005年11月，根据《四川检验检疫局关于增设内江检验检疫局综合业务科的通知》，设立综合业务科。人员编制行政38人，事业11人；设处级职数1正3副。

（三）达州出入境检验检疫局

1999年11月15日，根据四川出入境检验检疫局《关于成立达州出入境检验检疫局的通知》要求，在原达川商检局基础上，组建达州出入境检验检疫局。11月26日，达州出入境检验检疫局对外挂牌。达州出入境检验检疫局为四川出入境检验检疫局设在达州的直属机构，机构级别为正处级，是负责达州、巴中两市出入境卫生检疫、动植物检疫和进出口商品检验的行政执法单位，实行由四川出入境检验检疫局直接领导的垂直管理体制。人员编制行政23人，事业1人；设处级职数1正3副。内设科室为办公室、卫生检疫监督科、动植物检疫检验科、机电检验科、轻纺科、检务科、行财科。

图4－13　达州出入境检验检疫局办公楼（1999年11月摄）

（四）绵阳出入境检验检疫局

绵阳出入境检验检疫局于1999年11月25日在原绵阳商检局的基础上组建成立。绵阳出入境检验检疫局为四川出入境检验检疫局设在绵阳的直属机构，机构级别为正处级，是负责绵阳市辖区内的出入境卫生检疫、动植物检疫和进出口商品检验的行政执

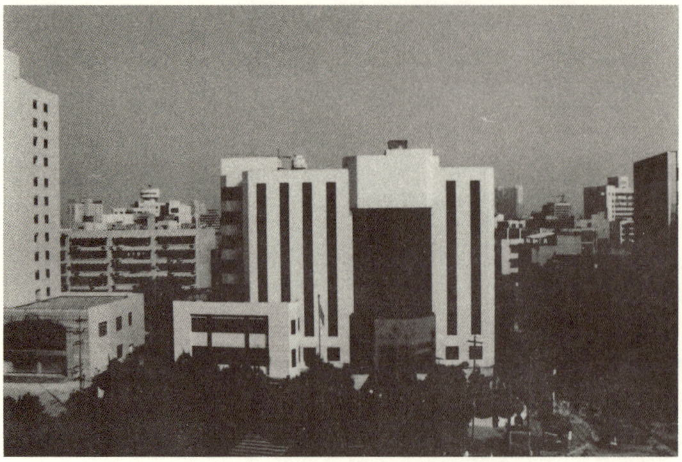

图4－14　绵阳出入境检验检疫局办公楼（1999年11月摄）

法单位，实行由四川出入境检验检疫局直接领导的垂直管理体制。内设科室为办公室、卫生检疫监督科、动植物检疫检验科、机电检验科、轻纺科、检务科、行财科。人员编制行政 28 人，事业 11 人；设处级职数 1 正 3 副。

（五）攀枝花出入境检验检疫局

1999 年 11 月 15 日，根据国家出入境检验检疫局《关于四川出入境检验检疫局下属分支机构办事处设置和人员编制的批复》和四川出入境检验检疫局《关于印发四川出入境检验检疫机构组建实施方案的通知》，在攀枝花商检局、攀枝花卫生检疫局的基础上，合并组建成立攀枝花出入境检验检疫局，为四川出入境检验检疫局设在攀枝花市的直属机构，机构级别为正处级。是负责攀枝花市、凉山州出入境卫生检疫、动植物检疫和进出口商品检验的行政执法单位，实行由四川出入境检验检疫局直接领导的垂直管理体制。人员编制行政 26 人，事业 10 人；设处级职数 1 正 3 副。内设科室为办公室、卫生检疫监督科、动植物检疫检验科、机电检验科、化矿检验监管科、检务科、行财科。同时，成立攀枝花国际旅行卫生保健中心。攀枝花国际旅行卫生保健中心承担传染病监测体验、国际旅行预防接种等职能，至相关业务停止。

图 4－15　攀枝花出入境检验检疫局办公楼
（1999 年 12 月摄）

（六）乐山出入境检验检疫局

乐山出入境检验检疫局在乐山进出口商品检验局基础上成立。1999 年 11 月，乐山出入境检验检疫局正式挂牌成立，为四川出入境检验检疫局设在乐山的直属机构，机构级别为正处级。是负责乐山、眉山两市出入境卫生检疫、动植物检疫和进出口商品检验的行政执法单位，实行由四川出入境检验检疫局直接领导的垂直管理体制。乐山检验检疫局人员编制行政 27 人，设处级职数 1 正 3 副。

图 4－16　乐山出入境检验检疫局办公楼
（1999 年 11 月摄）

内设科室为办公室、卫生检疫监督科、动植物检疫检验科、机电检验科、轻纺科、检务科、行财科。2002 年 10 月，由于业务调整，眉山地区的检验检疫业务移交四川出入境检验检疫局管理。

（七）泸州出入境检验检疫局

1999 年 8 月，泸州出入境检验检疫局在泸州进出口商品检验局基础上成立。泸州出入境检验检疫局为四川出入境检验检疫局设在泸州的直属机构，机构级别为正处级。是负责泸州辖区出入境卫生检疫、动植物检疫和进出口商品检验的行政执法单位，实行由四川出入境检验检疫局直接领导的垂直管理体制。内设科室为办公室、卫生检疫监督科、动植物检疫检验科、机电检验科、轻纺科、检务科、行财科。2003 年设立口岸监管科，2005 年 9 月，口岸监管科独立行使职能，负责泸州港国际集装箱码头进出境集装箱、木质包装及进出口商品的检疫查验工作。人员编制行政 27 人，设处级职数 1 正 3 副。

图 4－17　泸州出入境检验检疫局办公楼（1999 年摄）

（八）广元出入境检验检疫局

图 4－18　广元出入境检验检疫局办公楼（1999 年 12 月摄）

1999 年 11 月 16 日，国家出入境检验检疫局正式批复成立广元出入境检验检疫局。同年 12 月 8 日，广元出入境检验检疫局对外挂牌。广元出入境检验检疫局为四川出入境检验检疫局设在广元的直属机构，机构级别为正处级。是负责广元市部分出入境卫生检疫、动植物检疫和进出口商品检验的行政执法单位，实行由四川出入境检验检疫局直接领导的垂直管理体制。广元出入境检验检疫局内设科室为办公室、卫生检疫监督科、动植物检疫检验科、机电化矿检验科、检务科、行财科，人员编制行政27人，设处级职数1正3副。

（九）四川出入境检验检疫局宜宾办事处

2005年3月，国家质检总局正式批复同意设立“四川出入境检验检疫局宜宾办事处”。同年12月，宜宾办事处正式挂牌成立，主要承担宜宾市出入境卫生检疫、动植物检验检疫和进出口商品检验、鉴定、认证和监督管理。宜宾办事处内设科室为办公室、财务科、动植检科、机电化矿科、轻纺科、检务科。行政编制20人。宜宾办事处检验检疫综合业务大楼建筑面积5219平方米，其中，办公用房3300平方米，实验用房1161平方米，室内车库758平方米，总投资1800万元。

图4－19　宜宾办事处办公楼

（2005年12月摄）

（十）成都机场办事处

1981年8月，国务院批准国家民航总局开辟成都至香港航线的包机飞行并要求卫检、动植检、商检等部门根据情况在成都建立相应的办事机构。四川商检局、成都动物检疫站、成都植物检疫站、成都卫检局分别在成都机场建立办事机构。

1993年2月，根据国家商检局的批复，四川商检局设立成都口岸办事处（简称口岸办），机构为正县（处）级。3月，四川省口岸工作领导小组同意成都口岸办事处在双流机场“国际线”联检厅口岸现场开展货物监装、查验工作。1994年1月，口岸办更名为口岸处。1994年12月，明确口岸处内设空运科、陆运科和综合科，负责管理四川境内机场、车站、码头、仓库、保税区（库）、工业园区等进出口商品的查验及部分小批量进口商品的检验和部分鲜活出口商品的检验工作。1996年12月，四川商检局将口岸处更名为口岸业务处。

1999年11月1日，根据国家出入境检验检疫局对四川出入境检验检疫局职能配置内设机构和人员编制的批复，四川检验检疫局设立成都机场办事处，机构为正处级，行政编制20人，设处级职数1正2副。内设办公室、旅检科、货检科、卫生监管科，负责履行成都国际机场口岸出入境查验职责。

2001年10月，四川检验检疫局成立四川检验检疫局驻成都国际邮件互换局邮寄物品检疫科（简称邮检科），机构级别正科级，编制3人，人员由局内部调剂解决。邮检科隶属局机场办事处，负责对成都国际邮件互换局所辖区域内的进出境邮寄物品实施法定检疫工作。2005年5月，四川检验检疫局成立成都机场办事处公路口岸查验科（简称公路查验科），职责为负责成都公路口岸出入境货物的查验、检疫及其现场监督管理。同年9月，四川检验检疫局成立成都陆运口岸办事处，将成都机场办事处部分职能及陆运科、邮检科、公路查验科划转成都陆运口岸办事处。调整后的成都机场办事处为四川检验检疫局直属分支机构，机构规格为正处级，下设办公室、货检科、旅检科、卫生监督科4个科室。主要职责为成都机场出入境人员及其携带物检疫查验、传染病监测及卫生处理；出入境货物检疫查验及监管；对装载出入境货物运输工具、铺垫材料和集装箱的检疫、监管及检疫处理；出入境国际快件的检疫查验和现场监管；对机场出入境航班及供机食品、饮水及其他检疫物、废弃物实施检疫、监管和卫生处理；对机场口岸区域内涉外宾馆、饭店、俱乐部、为国际航班提供餐食的企业等单位及从业人员实施卫生监督；机场口岸控制区及服务区医学媒介生物及动植物疫情的监测等。

（十一）成都陆运口岸办事处

1994年3月30日，应中国外运成都公司的要求，四川商检局在成都外贸转运站设立成都口岸查验办事处并正式挂牌，成都外贸转运站口岸的进出口商品查验工作。随后又分别在新都、绵阳增设查验点，实行挂牌驻点工作，在广元、攀枝花增设查验点，实行走点工作。其中，新都查验点于同年9月1日正式对外开展业务。

1999年9月，四川出入境检验检疫局成立成都陆运口岸办事处，为四川出入境检验检疫局直属分支机构，机构为正处级。人员编制行政14人，设处级职数1正2副。内设办公室、综合科、查验科。主要职责是负责成都火车东站、青白江火车站、成都公路口岸、成都出口加工南区、成都出口加工西区等陆路口岸出入境货物的检疫查验和现场监管工作，以及上述陆路口岸出入境交通运输工具、集装箱等的适载检验和检疫，出入境货物铺垫材料的检疫和处理；负责成都火车东站、青白江火车站、成都公路口岸、成都出口加工南区、成都出口加工西区出入境货物检疫场所的检疫监管工作及其区域内陆路口岸控制区和服务区相关传染病、医学媒介生物和动植物疫情的监测工作和成都国际邮件互换局出入境邮寄物品的检疫查验工作等。

图4－20　成都陆运口岸办事处前身——成都口岸查验办事处（1994年摄）

二、分支机构职责

贯彻执行出入境卫生检疫，动植物检疫和进出口商品检验的法律、法规、政策规定及工作规程，负责所辖行政区域内出入境检验检疫、鉴定和监管工作；组织实施所辖行政区域内出入境卫生检疫、传染病监测和卫生监督；组织实施所辖区域出入境、过境动植物和其他检疫物的检验检疫和监督管理；组织实施进出口商品的法定检验和监督管理，协助四川出入境检验检疫局实施外商投资财产监定；组织实施所辖地区进出口食品及生产经营单位的卫生注册和对外注册管理，协助四川出入境检验检疫局实施有关出入境商品的安全质量许可证和质量认证认可工作，负责认可检验员、检疫员的注册等管理工作；协助四川出入境检验检疫局管理出入境检验检疫证单、标志、签证、标识、封识、印章，一般原产地证的签证工作；负责所辖行政区域内出入境检验检疫业务统计工作，收集出入境传染病疫情、动植物疫情，分析、整理、提供有关信息；承办四川出入境检验检疫局交办的其他事项。

第三节　直属事业、企业单位

一、四川出入境检验检疫局检验检疫技术中心

1999年10月27日，在国家出入境检验检疫局下发《关于四川出入境检验检疫局下属事业单位设置的通知》，核准设置四川出入境检验检疫局检验检疫技术中心（简称技术中心），主要职责是承担出入境检验检疫的实验室检测、隔离检疫、研究咨询与检疫风险分析，承担科研与技术开发、服务，提供技术指导，开展有关检验检疫法标准的制定、修订，承担委托检验、鉴定和非法定检验检疫鉴定的检测实验。事业编制32名。下设中心实验室、丝类检测实验室2个专业实验室。11月1日，四川检验检疫局下发《四川出入境检验检疫局关于印发四川出入境检验检疫机构组建实施方案的通知》，四川出入境检验检疫局检验检疫技术中心下设丝类检测实验室、中心实验室、办公室。

2001年9月，检验检疫技术中心进行法人登记，按照《四川检验检疫局独立法人事业单位管理办法》《四川检验检疫局独法人事业单位财务管理暂行办法》，技术中心实行主任负责制和全员聘任制，享有一定的人事管理自主权，建立适当的激励机制，财务实行完全独立核算。

2004年5月，技术中心在出入境检验检疫系统内推行实验室认可和计量认证的转换工作，获评国家认监委“出入境检验检疫实验室注册转换工作先进单位”。

2005年3月，四川检验检疫技术中心完成了独立法人监管的各种注册和登记手续，正式以独立法人身份对外运作。

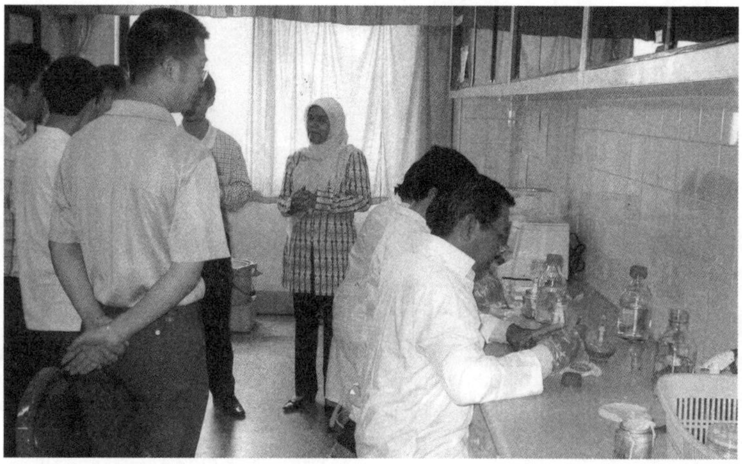

图4－21　2005年，四川出口印度尼西亚的稻种在技术中心实验室进行技术检测

检验检疫技术中心丝类检测实验室（简称丝类检测实验室）　丝类检测实验室（同时挂国家出入境检验检疫局四川丝类检测中心牌子，简称丝检中心），内设外观检验科、技术管理科、计量科、生丝物理实验室。主要职责：经四川出入境检验检疫局授权，负责全川丝类商品检验、检测工作，并提供各项技术服务；承担全川丝类商品的委托检验、检测工作；负责生丝生产厂编号工作和分类指导工作：负责生丝生产厂器械、计量器具的检测，日光校对工作。承担丝类商品检验技术的研究、开发工作，提供检验技术保障，开展丝类商品检验技术的国内外交流与合作。负责指导和规范分中

心的业务工作。根据四川检验检疫工作需要还在南充、内江、泸州和绵阳4个分支局下设了四川检验检疫技术中心的4个丝类检测分中心。

检验检疫技术中心中心实验室（简称技术中心实验室） 技术中心实验室内设微生物实验室、理化实验室，主要职责是按照标准及合同要求，对商品的微生物、农兽药残留进行检测，对食品的物理性能、化学成分、有害元素（物质）、偶氮染料等进行化学分析或仪器分析；承担动、植物检疫各类项目的检测和检验检疫标准、方法的制修订，提供检验检疫技术保障和技术指导，开展检验检疫科研与技术的开发、服务；承担隔离检疫研究咨询与检疫风险分析、各类卫生除害处理单位，按照规定承担委托检验、鉴定和非法定检验检疫、鉴定和检测实验。

二、四川国际旅行卫生保健中心

1997年5月，经四川省卫生厅批准，成立成都国际旅行卫生保健服务中心，为全民所有制事业单位。1999年8月“三检”合并后，更名为四川国际旅行卫生保健中心。

四川国际旅行卫生保健中心下设办公室、门诊部、化验室，事业编制12名。其主要职责是负责全川国际旅行卫生保健规划和计划，并组织实施；承担出入境人员健康体检、预防接种传染病监测及其他医学检查工作；提供国际旅行卫生保健用品、医疗保健门诊、技术科研、开发与技术服务咨询服务和培训；负责指导和规范分中心的业务工作；承办上级机关交办的其他事项。

1999年，在攀枝花出入境检验检疫局设置攀枝花国际旅行卫生保健中心，事业编制8名。承担该市上述职能。

图4-22 1999年，四川国际旅行卫生保健中心员工合影

三、中国进出口商品质量认证中心四川评审中心

1999年10月27日，国家出入境检验检疫局下发《关于四川出入境检验检疫局下属事业单位设置的通知》，核准设置四川出入境检验检疫局质量管理体系评审中心（中国进出口商品质量认证中心四川评审中心），事业编制12名。11月1日，四川检验检疫局下发《四川出入境检验检疫局关于印发四川出入境检验检疫机构组建实施方案的通知》，四川出入境检验检疫局质量管理体系评审中心下

设办公室、培训开发部、评审部。主要职责是：负责拟定全川外经贸企业企业质量管理体系评审工作规划和计划，并组织实施；负责全川外经贸企业（包括外经贸专业公司、工贸公司、出口商品生产型企业）ISO 9000 质量体系、ISO 14000 环境管理体系认证工作的开发、审核和认证后续监管工作；协助有关部门推行 ISO 9000、ISO 14000 体系认证工作，开展 ISO 9000、ISO 14000 体系认证国内外合作与技术交流工作；承担四川省出口商品生产企业质量体系（ISO 9000）工作领导小组的日常工作。

2000 年，按照中央机关编制委员会办公室《关于各地出入境检验检疫事业单位机构事业编制的批复》要求，四川出入境检验检疫局质量管理体系评审中心（中国进出口商品质量认证中心四川评审中心）更名为中国进出口质量认证中心四川评审中心。

2001 年 9 月，按照《四川检验检疫局独立法人事业单位管理办法》《四川检验检疫局独法人事业单位财务管理暂行办法》，评审中心实行主任负责制和全员聘任制，享有一定的人事管理自主权，建立适当的激励机制，财务实行完全独立核算。

2003 年 3 月，四川巴蜀质量认证中心与到四川评审中心合并，成立中国进出口商品质量认证中心西南评审中心。

2004 年 3 月，中国进出口质量认证中心四川评审中心更名为中国质量认证中心四川评审中心。

2005 年 2 月，四川评审中心在 2004 年中国进出品商品质量认证中心总部对全国中国进出品商品质量认证中心评审中心质量管理体系（QMS）、食品安全管理体系（HAGGP）、环境管理体系（EMS）、职业健康安全管理体系（OHSMS）方面的认证管理工作评比检查中总分名列前茅，质量管理体系单项总分排列第一，受到中国质量认证中心通报表彰。

四、四川出入境检验检疫局机关服务中心

1999 年 10 月 27 日，在国家出入境检验检疫局下发《关于四川出入境检验检疫局下属事业单位设置的通知》中，核准设置四川出入境检验检疫局机关服务中心（简称机关服务中心），事业编制 24 名。主要承担机关和下属分支机构、机关事业单位的后勤服务保障工作和机关委托的行政事务工作，并管理所属服务经营等单位。11 月 1 日，四川检验检疫局下发《四川出入境检验检疫局关于印发四川出入境检验检疫机构组建实施方案的通知》，四川出入境检验检疫局监管服务中心下设办公室、总务科、维修科、车队。主要负责机关后勤服务的日常管理工作，拟定机关后勤服务工作规划、计划和规章、管理办法，并组织实施和贯彻落实；负责局机关日常接待工作，局机关食堂、招待所、车队等管理工作；负责局机关后勤管理工作，局机关环境卫生、后勤保障、物资采购供应、房屋维修、水、电、气及电梯、通信设备的使用维修、老干部活动中心、人防安全、消防安全、收发登记室、办公区域宿舍区保卫和局机关后勤服务临时工的日常管理及年审工作：指导下属第三产业的工作等。

2001 年 9 月，机关服务中心向四川省人事厅申请取得法人登记证书，并上报国家质检总局进行法人登记。按照《四川检验检疫局独立法人事业单位管理办法》《四川检验检疫局独法人事业单位财务管理暂行办法》，机关服务中心实行主任负责制和全员聘任制，享有一定的人事管理自主权，建立适当的激励机制，财务实行完全独立核算。

五、中国进出口商品检验总公司四川分公司

中国进出口商品检验总公司四川分公司成立于1981年1月（同时挂四川进出口商品检验有限责任公司的牌子），是四川商检局直属企业。该公司实行企业管理，独立承担民事责任，是独立法人单位。其主要任务是凭对外贸易关系人的申请和国外机构的委托，办理进出口商品的检验、鉴定业务，开展国际贸易中介服务和贸易业务。

第五章　队伍建设

四川出入境检验检疫系统通过举办各类培训班、送培和在职学历教育，提高队伍整体素质；在专业技术队伍建设中，根据不同的专业技术岗位，培养能力，提高技术水平，并制定一系列管理制度，推动专业技术队伍建设；坚持以德、能、勤、绩、廉为主要内容的年度考核，不但全面了解了各级干部职工履行职责的重要情况，也是对检验检疫队伍实行管理的基本方式。

第一节　干部管理

一、商检干部管理

1949—1992 年，列入四川商检管理的人员出现过 3 次增长 2 次减少。1949 年 12 月人民政府接管重庆商检时，共有商检人员 36 人，到 1992 年，全川商检人员编制达 613 人。42 年间，人员编制增长 16 倍。人员按工作性质划分，从事检验、监管、鉴定工作的技术性人员 507 人，行政管理人员 106 人；按地域划分，四川商检局机关 243 人，重庆商检局 172 人，南充南检局 60 人，万县商检局 48 人，内江商检局 50 人，达川商检局 40 人。随着商检人员的增多和商检事业的发展，了解和评价商检人员的日常工作，推动事业发展的进程，实行年度工作考核是干部管理的重要抓手，四川商检局党组非重视此项工作。

1993—1998 年，按照干部管理权限，干部实行年度考核制度。机关处级及处级以下干部，每年度考核工作均成立以党组书记、局长为组长的考核工作领导小组，把年度考核工作作为一件大事来抓，认真组织实施。年度考核的对象为除局领导以外的全体工作人员。局领导的年度考核工作由国家商检局组织实施。年度考核工作实行逐级考核、逐级述职，处级干部向分管局长述职，科长向处长述职，一般干部向科长述职。各市（地）局正副局长、党组成员由四川商检局负责考核。对各地市商检局及局机关各部门（单位）领导的考核，坚持走群众路线，广泛地征求群众意见，进行民主测评。为便于操作，1998 年年度考核时，将考核标准细化为政策理论水平、团结协作、遵纪守法、文字表达、组织协调能力、业务能力、工作态度、学习情况、工作量、工作效率、工作质量、任务完成情况、下属积极性、本人作用等 15 个测评要素，使考核更加科学。

1995—1998 年四川商检局干部考核结果统计表

表 4－1 单位：人、%

年份	职工总数	应参加考核人数	参加考核		结果							
					优秀		称职		不称职		暂缓评定	
			人数	比例	人数	比例	人数	比例	人数	比例	人数	比例
1995	414	410	410	99	46	11.0	363	88	1	—	—	—
1996	453	450	450	99	50	11.0	398	88	1	—	1	—
1997	520	515	515	99	48	9.2	466	90	1	—	—	—
1998	523	519	519	99	49	9.4	464	89	3	0.6	3	0.6

二、动植检干部管理

1972—1981 年，成都植物检疫站干部由四川省农业厅任命和管理。从 1988 年起，更名后的成都植物检疫所干部管理隶属关系在四川省农业厅，成都植物检疫所所长由农业厅人事部门对拟任人选进行考察，报四川省农业厅党组研究任命并进行管理。

1993 年以前，成都植物检疫所下设组（室）组长由成都植物检疫所任命管理；1994—1996 年，成都植物检疫所下设科室，科级干部由农业厅任命管理。

1982—1996 年，成都动物检疫所组织人事隶属四川畜牧食品局管理，主要负责人由四川畜牧食品局考核任命。1993 年以前，成都动物检疫所主要负责人由四川省兽医防疫总站负责人兼任，业务工作及人员由四川兽医总站检疫科负责。1993 年 6 月成都动物检疫所主要负责人不再由四川兽医防疫总站负责人兼任。下设科室负责人由成都动物检疫所考核提名，四川省畜牧食品局批准。

1996 年 12 月 18 日，中华人民共和国成都动植物检疫局正式成立。根据农业部《关于确定中华人民共和国成都动植物检疫局规格的通知》和《关于成都动植物检疫局机构设置、人员编制及领导职数的批复》的精神，其机构规格确定为副厅级事业单位，内设 6 个处室，人员编制暂控制在 75 人，实行农业部和地方政府双重领导，以部为主的管理体制，干部人事由农业部直接管理，党组织关系挂靠省直机关工委管理。

三、卫检干部管理

1991 年 10 月 17 日，卫生部、财政部联合发出通知，成都卫生检疫所从 1992 年 1 月 1 日起由卫生部统一管理。1997 年，中华人民共和国卫生检疫局印发了干部人事管理规程。规程要求下属各管理局受国家局委托对所分管局拟任或调整副处级及其以上干部进行考核的，管理局人事处负责具体考核工作，写出考核意见，报国家局任命；各局拟任或调整的科级（含副科级）干部，由各自局进行考核，写出考核意见，填写干部任免审批表，连同拟任或调整干部的述职报告，提交该单位党组织和局长联席会议讨论通过后，下文任命，并报国家局和管理局备案；根据国家公务员考核办法，管理局每年负责对所分管局科级干部进行考评，并将考评报告报国家局备案；干部的免职程序参照同一层次干部的任命程序执行；各局局长、副局长的人事档案上交国家局管理，人事干部档案由各局局长管理，其他干部的人事档案由所在局人事部门管理。

各局用人指标由国家局直接审批，各局将进人申请及拟进人员基本情况报国家局，并抄管理局；国家局下达用人指标后方可进人；各局凭国家局下达的进人指标招收、调入人员；分管局应将招收、调入人员的情况，报管理局备案，并按有关规定办理手续。

四、出入境检验检疫干部管理

（一）任免

根据干部管理权限，四川出入境检验检疫局局级干部由国家质检总局管理，新任局级干部由国家质检总局人事部门对拟任人员进行考察，报国家质检总局党组研究决定。处级及以下干部由四川出入境检验检疫局管理，处级干部由四川出入境检验检疫局人事部门负责考察，报局党组研究决定。其中人事处处长、财务处处长、监察（审计）室主任的任免需征得国家质检总局人事司同意；各内设机构、事业单位、分支机构的正职和人事处、监察审计室、财务处的副职任免需向国家质检总局人事司备案。科级干部任免由四川出入境检验检疫局人事部门、各分支局、事业单位分别组织实施。行政机关干部实行任命制，事业单位干部实行聘任制。

四川出入境检验检疫局以《党政领导干部选拔任用工作条例》为依据，结合四川出入境检验检疫局的实际，制定《四川出入境检验检疫局选拔任用领导干部民主推荐与考察工作管理办法》《四川出入境检验检疫局科级领导干部任用管理规定》等文件，建立健全干部管理制度。严格遵循干部选拔工作程序，建立科学的干部选拔任用方式方法，形成以民主推荐为主体、竞争上岗为重要补充的基本格局，干部选任方式得到完善。不断稳步地推进全系统干部人才交流工作，通过轮岗、调任、转任、挂职锻炼等形式，提高干部素质和能力，优化班子配备，激活干部任用机制。

（二）调配

人员调配严格控制在规定在编制限额内进行，根据检验检疫工作需要调入工作人员、接收应届大学毕业生和军队转业干部。从2002年开始实施公务员考录工作。按照人事部和国家国家质检总局的统一安排，四川出入境检验检疫局在公务员考录工作中，认真贯彻“公开、平等、竞争、择优”的原则，顺利完成2002—2005年的公开考录公务员各项工作。同时进一步制定和完善人才引进工作的机制与政策，开辟人才引进的“绿色通道”，制定高层次人才引进计划，通过公开招录急需人才，有计划、有步骤地做好人才引进工作。

（三）考核

年度考核是全面了解各级干部和工作人员履行职责的重要方式，也是对工作人员实行管理的基础。四川出入境检疫检疫局党组高度重视工作人员年度考核工作，每年度的工作人员年度考核工作，均成立以局长、党组书记为组长，副局长、党组成员为副组长的考核工作领导小组，并由人事、监审、政工处等部门组成考核工作办公室，把年度考核工作作为年末的一件重要事项认真组织实施。对工作人员的考核按干部管理权限进行实施，年度考核的对象为除四川局级领导以外的全体工作人员。对分支局领导班子成员由四川出入境检疫检疫局负责考核。

年度考核的主要内容是全面考核工作人员的德、能、勤、绩、廉，重点是考核工作实绩。在考核工作中坚持客观公正、民主公开、注重实绩的原则。

四川出入境检疫检疫检验检疫局严格按照《公务员考核规定（试行）》，把综合评价考核体系的指导思想、要求、方法等运用于考核工作中，努力按照科学发展观的要求，全面解各级干部的履行职责情况。在年度考核工作中一是强调注重实绩，以职位职责和所承担的工作任务为基本依据，全面考核德、能、勤、绩、廉，注重工作实绩考核。二是强调突出重点，注重对考核对象在完成大项工作、急难险重工作、应对突发事件等工作的考核。同时，考核的结果作为干部使用、晋级、调资以及对工作人员奖励、培训、辞退的依据。

（四）监督

四川检验检疫局党组高度重视干部监督工作，把干部监督工作纳入重要的议事日程。坚决贯彻党中央、国家国家质检总局党组关于加强干部监督工作的各项规定，以《党政领导干部选拔任用工作条例》《干部监督条例》《中国共产党党内监督条例》《中国共产党纪律处分条例》等法规的依据，严格落实领导干部重要情况通报和报告、民主生活会、述职述廉、个人重大事项报告、个人收入申报等制度，不断加强干部监督工作机制建设，认真履行干部监督工作的各项职责，使干部监督工作稳步推进。主要是加强对干部选拔任用、考核任免、干部教育以及干部日常管理工作的监督检查；贯彻落实领导干部离任审计制度，加强对分支机构和事业单位主要负责人离任审计。

第二节　专业技术队伍建设

一、商检专业技术队伍

1987 年，四川商检局具有大专以上文化程度人员占全局人数的 30% 以上，中专以上的占 43%。同年经四川商检局推荐，上报国家商检局技术职称评审委员会评定，国家商检局批准 4 人为高级工程师，1 人为高级经济师。同年底，四川商检机关共有各级技术人员 284 人，其中高级技术职务 5 名，占技术人员总数的 1.76%；工程师 81 名，占 28. 52%；助理工程师 198 名，占 69.71%。此外，尚有新进未取得技术职称的专业干部 19 人。

1988 年，补缺评审高级技术职务 9 人，中级职务 41 人。1992 年，又增补高级技术职务 8 人，中级职务 79 人。到 1992 年，全局具有大专以上文化程度人员占总人数的 54.5%，中专占 29.29%。有各级技术人员 487 人，其中，高级技术职务 23 人，占技术人员总数的 4. 72%，中级职务 206 人，占 42.3%，助理工程师 212 人，占 43.53%，技术员 66 人，占 13.55%。在全局人员中，各类专业技术职务占总人数的 79. 45%，形成一支多专业学科、多技术门类的商检队伍。

1981—1992 年四川商检局历任高级技术人员一览表

表 4－2

姓　名	职　　务	任　职　时　间
朱　曜	高级工程师	1981. 9—1987
唐文定	高级工程师	1987—1991
陈字培	高级工程师	1987—1991
平慰亭	高级工程师	1987—1992
王定德	高级工程师	1987—1991

续表 4－2

姓　名	职　　务	任　职　时　间
骆蔚权	高级工程师	1989—1992
石如彦	高级工程师	1989—1992
李国伟	高级工程师	1989—1992
姚多林	高级工程师	1989—1992
胡伯良	高级工程师	1989—1992
乐近萱	高级工程师	1989—1992
严顺源	高级工程师	1989—1992
赵天煜	高级工程师	1989—1992
姜兴义	高级工程师	1989—1992
曹同雪	高级工程师	1991—1992
周昌黎	高级工程师	1992
雷大伟	高级工程师	1992
廖品桂	高级工程师	1992
朱　珠	高级工程师	1992
贺胜伟	高级工程师	1992
黄昌富	高级工程师	1992
赵崇源	高级工程师	1992
简官成	高级工程师	1992
姚伍荪	高级工程师	1992
刘立忠	高级经济师	1987—1992
王晓蒙	高级经济师	1992
祝子蓉	高级经济师	1992

1993—1996 年，随着对外贸易的发展，四川省进出口商品检验量逐年递增，加上绵阳、攀枝花、乐山等地市局相继成立，专业技术队伍也逐年扩大。1993 年，全局共有专业技术人员 374 人，占全局职工总数的 76.5%（企事业人员数）。其中具有高级职称的 11 人，中级职称 162 人，初级职称 189 人，大专以上学历人员占专业技术人员的 60.7%。截至 1996 年底，专业技术队伍发展壮大到 466 人，占全局职工总数的 86.7%。其中具有高级职称人员 26 人，中级职称 219 人，初级职称 221 人，大专以上学历占专业技术人员的 74.8%。1997 年，实施机构改革，四川商检局实行行政、事业、企业三种体制并存的“一体两翼”运作模式。根据当时实际情况，大部分专业技术人员过渡为国家公务员，专业技术队伍相应减少。1997 年底，专业技术人员为 87 人，占全局企事业人员总数的 84.5%。1999 年 6 月，有专业技术人员 82 人，其中具有高级职称 8 人，中级职称 36 人，初级职称 38 人，大专以上学历占专业技术人员的 82.9%。

按照商检系统惯例，对专业技术人员的职称评审每3年进行一次，1993—1999年共进行2次职称评审，即1994年度和1997年度职称评审。

在职称评审工作中，四川商检局高度重视，组织机构健全有力，实施细则严密科学，摸底测算细致深入，舆论导向引导有方，评审工作严肃认真，评审答疑权威公正，较好地完成了1994年度和1997年度职称评审工作。

在职称评审的基础上，根据企事业单位人员编制、岗位设置、岗位职责等情况，在取得专业技术职务任职资格的人员中，按照“优胜劣汰、平等竞争、德才兼备、择优聘任”的原则，经各部门（单位）行政主要负责人提出聘任建议，报局人教、政工、监审等部门审核同意后予以聘任。

1993—1998 四川商检局历任高级技术职务人员一览表

表4－3

序号	姓　名	职　　务	任职时间
1	李国伟	高级工程师	1993—1997
2	骆蔚权	高级工程师	1993—1997
3	石如彦	高级工程师	1993—1998
4	平慰亭	高级工程师	1993
5	姚多林	高级工程师	1993—1996
6	乐近萱	高级工程师	1993—1997
7	周昌黎	高级工程师	1993—1997
8	雷大伟	高级工程师	1993—1997
9	曹同雪	高级工程师	1993—1997
10	朱　珠	高级工程师	1993—1997
11	廖品桂	高级工程师	1993
12	王晓蒙	高级经济师	1993—1997
13	杨文友	高级工程师	1993—1996
14	梁世鹏	高级工程师	1993—1997
15	刘子英	高级工程师	1993—1997
16	张耀聪	高级经济师	1995—1998.3
17	温演庆	高级工程师	1993—1997
18	张洪峰	高级工程师	1993—1997
19	朱　英	高级工程师	1993—1997
20	孟萍生	高级工程师	1995—1996
21	谭康丽	高级工程师	1993—1997
22	朱　晶	高级工程师	1995
23	杨　刚	高级工程师	1995

续表 4-3

序号	姓　名	职　　务	任职时间
24	刘　彬	高级工程师	1993—1997
25	李安荣	高级工程师	1996—1997
26	庞万里	高级工程师	1996—1997
27	刘　喻	高级工程师	1996—1997
28	颜　东	高级工程师	1996—1997
29	李　跃	高级工程师	—
30	李明春	高级工程师	—
31	贺凯平	高级工程师	1998
32	周盛波	高级工程师	1998
33	徐　勤	高级工程师	1998

二、动植检专业队伍

1982 年，成都动检所（站）成立后，业务工作和专业技术队伍由四川省兽医防疫总站管理。1996 年底，有专业技术人员 10 人，其中大学本科毕业 8 人，大中专毕业 2 人。有农业部批准的推广研究员 1 人，四川省畜牧食品局批准的高级兽医师 4 人，兽医师 3 人，助理兽医 1 人。

1996 年 12 月，成都动植物检疫局成立后，截至 1998 年 12 月，共有各类专业技术人员 26 人，其中研究员 1 人，高级农艺师 3 人，高级兽医师 4 人，高级政工师 1 人，农艺师 3 人，兽医师 4 人，经济师 1 人，政工师 1 人，助理农艺师 2 人，助理兽医师 4 人，助理经济师 1 人，会计员 1 人。中高级以上专业技术职称人员占 60%。

专业技术队伍中，35 岁以下 18 人，35—45 岁 8 人，45—50 岁 2 人，50 岁以上 2 人，45 岁以下占 86%。

三、卫检专业技术队伍

1993 年 1 月，成都卫生检疫局对卫生专业技术职务聘任作出若干规定。

为搞好聘任工作，根据卫生部《卫生技术人员职称职务条例》第三十二条规定，成都卫生检疫局各类专业技术职务聘任委员会（下称聘委会）成立。聘委会的职责是审议聘任、续聘、缓聘、辞聘、解聘、中止聘任等事宜。

聘任之前必须公布各类专业（卫生专业）技术职务岗位分布和岗位职责，使获得各类专业技术职称的人员了解岗位分布和岗位要求，以决定自己要否应聘与到何部门去应聘；聘任各类专业技术职务，必须从已获得相应专业技术职务的人员中挑选，并根据考绩和职级择优高由局长聘任；应聘者必须向“聘委会”提出书面申请，填具各类专业技术职务申请表。要求续聘、延聘或辞聘者，也必须提出书面申请；聘委会主任必须召开聘委会议，对申请应聘、续聘、延聘、辞聘者逐一审议，以决定聘任、续聘、延聘、解聘；决定聘任、同意续聘、延聘者，先由本人填写《聘任专业技术人员协定书》，提出任期目标，再由行政领导向被聘者颁发聘书，或续签续聘、延聘聘会证书，聘任期限为3年，续聘不得超过2年，延聘不得超过1年；凡接受聘任的各类专业技术人员在任期内必须严格履行《成都卫生检疫局各级受聘卫生检疫专业技术职务岗位职责》原则，要求和《聘任专业技术人员协定书》或其他专业技术职务岗位职责，不履行职责者，行政领导有权直接解聘或中止聘任。或向聘委会提出解聘或终止聘任的建议；在聘期间，受聘者自受聘之下月起享受该职务工资，直接辞聘、解聘或中止聘任。聘任双方无正当理由不得中止聘任关系；聘任期届满，经聘任双方协商，可以续聘或延长聘任期，续聘、解聘或中止聘任，应当提前3个月以书面形式通知对方。

四、出入境检验检疫专业技术队伍

1999—2005年的7年间，四川出入境检验检疫专业技术队伍得到较大发展。

加强制度建设，先后制定《四川局中青年专家选拔管理办法》《四川局学科带头人选拔使用管理办法》《四川局科技顾问聘请管理办法》《四川局人才引进管理办法》等一系列管理制度，推动专业技术队伍建设。通过设置12个骨干学科培训，向国家国家质检总局推荐科技专家3人，食品专家10人，检验检疫标准技术专家4人，TBT通报评议专家21人，认证认可科技委专家4人，公共卫生和核与辐射专家4人。2人被国家国家质检总局评为质检系统优秀中青年专家，1人被评为国家国家质检总局学术技术骨干，5名专家入选《四川高级专家辞典》，5名专家被收录进《四川省人才年鉴》。

从2000年起，按照国家出入境检验检疫局的统一安排，四川出入境检验检疫局职称评审原则上每年进行一次。专业技术职称设置分为四大类，即工程系列、农业系列、卫生系列、经济系列，其中：工程系列设高级工程师、工程师、助理工程师、技术员；农业系列设高级兽医师（农艺师）、兽医师（农艺师）、助理兽医师（农艺师）、农业技术员；卫生系列设主任医（护、技）师、副主任医（护、技）师、主管（主治）医（护、技）师、医（护、技）师、初级医（护、技）师；经济系列设高级经济师、经济师、助理经济师、经济员。

四川出入境检验检疫局党组高度重视一年一度的职称评审工作，评审工作严肃认真，评审答疑权威公正，较好地完成各年度职称评审工作。

在职称评审的基础上，根据事业单位人员编制、岗位设置、岗位职责等情况，在取得专业技术职称任职资格的人员中，按照“优胜劣汰、平等竞争、德才兼备、择优聘任”的原则，经各部门（单位）主要负责人提出聘任建议，报人事、监审等部门审核后予以聘任。

截至2005年12月，四川出入境检验检疫共有专业技术岗位人员270人。其中，具有高级技术职务的人员20人，中级技术职务148人。四川出入境检验检疫局专业技术队伍学历结构、专业技术职务层次更趋合理，专业技术队伍整体素质有明显提高。

1992—2005年四川出入境检验检疫局历任高级专业技术职务人员一览表

表4-4

序号	姓 名	职 务	任职时间
1	朱 珠	高级工程师	1992.12—2002.9
2	杨 刚	高级工程师	1995.10—2005.12
3	颜 东	高级工程师	1997.1—2005.12
4	贺凯平	高级工程师	1998.5—2005.9

续表 4－4

序号	姓　名	职　　务	任职时间
5	周盛波	高级工程师	1998. 5—2005. 12
6	袁琼绮	高级工程师	2000. 3—2001. 3
7	姚明麒	高级工程师	2000. 3—2005. 12
8	盛　毅	高级工程师	2000. 4—2005. 12
9	谢锂纱	高级工程师	2000. 12—2005. 12
10	沈洪刚	高级工程师	2000. 12—2005. 12
11	刘晓康	高级工程师	2000. 12—2005. 12
12	幺树娟	高级经济师	2000. 12—2005. 12
13	樊学军	副主任技师	2001. 12—2005. 12
14	蒋小葵	高级工程师	2001. 12—2005. 12
15	邓　勇	高级工程师	2002. 2—2005. 12
16	康亚辉	高级工程师	2002. 12—2005. 12
17	王成华	高级工程师	2004. 5—2005. 12
18	倪　蓉	副主任医师	2004. 12—2005. 12

第三节　职工教育培训

一、商检人员

1986—1991 年，四川商检有 34 人参加了学历教育培训。

1993 年至 1999 年 7 月，四川商检局职工教育工作主要围绕贯彻中共十四大、十五大精神，落实《四川商检局“八五”职工教育规划》和《四川商检局“九五”职工教育规划》，以岗位培训为主，学历教育为辅，突出重点，学以致用。6 年多来，共举办各类业务培训班 135 期，参训 6500 多人次，送培 48 人次。各年教育培训情况如下。

1993 年，四川商检系统共举办各类业务培训班 17 期，参训 799 人次，送培 10 人次。36 人分别参加英语四级、出口海运危险品包装检验“资格证书”考试和涉外评估鉴定考试。1993 年三季度，四川商检局承办“复关与 ISO 9000 电视讲座”的具体工作，500 多人参加并进行考试，局内人员全部合格。坚持局中心组学习制度，把邓小平建设有中国特色社会主义理论作为学习内容，分期分批派出 4 名处以上干部到省级机关党校学习。通过自考、电大和函大等学历教育途径，职工大专以上文化程度由 52. 5% 上升到 55%。

1994 年，四川商检系统共举办各类业务培训班 21 期，参训 804 人次，送培 14 人次。26 人分别参加了商检系统英语水平（三级、六级）测试、出口海运危险品包装检验“资格证书”考试和产地证签证人员专业考试；对 34 名新进人员进行为期一周的岗前培训并进行了考核、鉴定；举办 103 名科以上干部行政管理培训班，聘请四川行政管理学院汪志友教授讲课；38 人分别参加浙江大学商检教育中心举办的“专业证书班”和四川联合大学举办的“专业证书班”学习。

1995 年，举办岗位培训班 20 期，参训 656 人次，送培 12 人。14 人参加第四次英语等级（四级）考试、第三批外商投资财产鉴定人员资格考试。1995 年 9 月，下发《四川商检局职工教育管理规定》，对职工教育的有关问题进行明确规定。全年有 12 人大专毕业，全局人员文化程度逐步提高，被国家商检局评为商检系统教育目标管理优秀局。

1996 年 2 月，四川商检局印发《四川商检局教育培训“九五”计划》，3 月，教育培训领导小组成立。全年共举办业务培训班 26 期，参训 2441 人次。其中，举办 128 名科以上干部参加的“双学”理论培训班，是历次科以上干部参加学习人数最多的一次；开展公务员知识培训，全局 476 人参加，采取看录像、听讲座、集中学习与自学相结合的形式，进行统一测试，并对 5 个单位和 13 名个人进行通报表彰；4—8 月举办外语 6 级强化培训，并组织 10 人参加第五次英语水平（六级）考试，参加考试人员全部合格；9—10 月分别举办 2 期有局、处级和业务骨干共 45 人参加的计算机培训班。1996 年，被评为全国商检系统教育目标管理优秀局。

1997 年，国家商检局下发《关于商检系统教育培训工作配套管理办法的通知》，全年举办培训班 30 期，参训 818 人次，学历培训 30 人，送培 12 人。组织第六次外语等级（四级）考试，参考 92 人，68 人及格，及格率为 74% 左右。对此次考试进行通报表彰，对成绩优秀者以资鼓励。

1998 年，四川商检系统认真贯彻中共十五大精神，紧紧围绕商检中心工作，以提高全局人员思想政治素质和业务素质为重点有计划、分层次地开展教育培训工作。全年举办业务培训班 21 期，参训 931 人次，组织 38 名人员参加全国职称外语考试；对 55 名检验出证人员重点进行计算机操作技能培训，在计算机网络上接受报验、出证、查询和修改，并于 9 月进行技能考试，合格率为 100%；举办科以上干部行政管理培训班，聘请行政学院汪志友教授讲课；4 季度开展商检知识竞赛。学历教育 69 人，已毕业 17 人（其中本科 4 人，大专 13 人），在读 51 人（其中研究生 6 人，本科 21 人，大专 24 人）。

1999 年上半年，以加强队伍建设和提高人员素质为目标，坚持教育为本的指导思想，继续以“岗位培训为主，学历教育为辅，理论联系实际，学用一致，按需施教，务求实施”的原则，扎实抓好职工教育培训工作。

二、动植检人员

1982 年，成都动物检疫所（站），对外检疫业务和培训工作由国家动植物检疫总所计划和安排，每年国家都有专题业务培训和外语培训。先后有 3 人参加国家在天津设立的外语专门培训机构进行一年的外语培训，每年派员参加国家举办各类业务培训。兽医专业技术人员管理和继续教育以及专业技术人员培训和各类专家的选拔、管理工作由四川省畜牧食品局人事劳动处统一管理。

成都植物检疫所职工教育培训工作由四川省农业厅和农业部动植物检疫所（总所）统筹管理。职工思想教育培训主要接受四川省农业厅机关党委的安排统一进行，成都植物检疫所具体实施。业务培训主要接受农业部动植物检疫所（总所）的安排，成都植物检疫所派员参加各类业务知识的培训。外语培训是成都植物检疫所职工培训的一项重要内容。按照农业部动植物检疫所（总所）的统一安排，成都植物检疫（站）所先后派遣陈永康、谢成伦、何万兴、李刚参加在天津外国语学完举办的为期一年的英语培训，何天江参加日语培训，蒋辉参加葡萄牙语培训。

三、卫检人员

1986—1988 年，在认真学习中共十二届三中全会文件的同时，成都卫检所系统地学习法律知识，职工经统一考试成绩均在 98 分以上。

1989 年，成都卫检所组织职工学习中共十三届四中全会的重要文件，狠抓廉政教育，公布检疫所职责、检疫人员守则、收费标准、办事程度、举报电话等；积极开展职业道德、职业纪律、职业技能的教育活动。

1990 年，在深入学习《中华人民共和国国境卫生检疫法》及其实施细则的同时，成都卫检所组织职工学习《国境卫生检疫法规行政处罚报告制度》《国境卫生检疫法规行政处罚标准》《中华人民共和国行政诉讼法》，并派出 5 人分别参加国家卫检总所和成都市卫生局举办的《中华人民共和国行政诉讼法》6—60 天的学习，参培人员培训学习以后，考试平均分达 96. 8 分。

1991 年，成都卫检所参加成都市卫生局党委组织的“忆传统、讲奉献、为党旗增辉”的演讲比赛，组织收看电影《焦裕禄》《开天辟地》《周恩来》革命传统片，听取先进人物事迹报告会等，增强凝聚力和奉献精神。组织职工参加成都市卫生局在蒲江县、温江县举办的公共卫生管理和食品卫生监督学习班，进行计量法、标准化法的统一考试，成绩均在 95 分以上，并获得结业证书。

1992 年，为促进职工转变观念，更好地为改革开放服务，成都卫检所全年出省学习 22 人次，其中 2 人在国家卫生检疫总所获得鼠疫培训合格岗位证书，7 人参加进口食检、文书档案、电脑、传染病监测、检验、财务、人事等学习班学习，2 人参加自学考试，职工的业务政治素质有较大提高。

1993 年 3 月，成都卫检局派出 4 人分别参加国家卫生检疫总所举办的霍乱、黄热病、卫生检疫局长学习班的学习。

1994 年，成都卫检局组织职工学习《邓小平文选》第三卷，联系实际正确对待和处理深化卫生检疫改革中遇到的各种问题，并制定出成都卫生检疫局综合目标管理责任书。派出 4 人分别参加总所举办的“国际旅行健康咨询系统”、鼠疫检验技术、进口食品监督培训，均获得岗位培训合格证书。

1995 年，成都卫检局组织安排 13 人分别参加全国进口食品卫生监督员培训、英语培训、中心主任培训、电脑操作技术培训，参学者成绩优良。

1996 年，成都卫检局先后派出 10 多人次参加国家卫检局举办的学习班，并有两名处级干部参加省直机关党委学习班学习。

1997 年，成都卫检局以“端正服务思想、增强服务意识、改善服务态度、提高服务质量”的职业道德教育为重点，制定出《成都卫生检疫局职业道德建设实施方案》。同时安排 20 多人次外出培训学习。

1998 年，成都卫检局按照国家局党组、四川省卫生厅直机关党委要求，分 5 个专题开展学习邓小平理论。并选派一人加入旅行卫生保健咨询委员会，支持外出开展学术活动。

1999 年 1—7 月，成都卫检局把学习中共十五大精神与学习邓小平理论结合起来，深入开展做人民满意公务员活动，以“讲学习、讲政治、讲正气”为主要内容对全局职工进行全面的德、能、勤、绩考核。

四、出入境检验检疫人员

1999—2005 年，四川出入境检验检疫局干部职工培训工作主要以邓小平理论和“三个代表”重要思想为指导，以提高干部职工队伍整体素质为目标，突出重点，学以致用。

2000 年，四川出入境检验检疫局共举办各类业务培训班 17 期，参训 767 人次，送培 76 人次。自编教材《行政执法的基本要求》1 万字，《行政处罚的依据及程序》1.3 万字。先后选送 76 人参加国家质检总局举办的各类培训班。通过电大、函大、自考、在职攻读等途径进行学历教育，2000 年毕业硕士生 2 人、本科生 16 人、专科生 5 人。

2001 年，四川出入境检验检疫局制定《2001—2005 年四川省检验检疫系统干部教育培训计划》《四川局职工教育培训管理暂行规定》及《四川局处以上领导干部理论学习管理办法》。举办检验检疫业务知识竞赛，全川系统 23 个代表队参赛。共举办各类业务培训班 30 余期，参训 1749 人次。学历教育毕业硕士生 1 人、无学位研究生 2 人，本科生 9 人、专科生 8 人。

2002 年，为适应加入世界贸易组织需要，结合“四五”普法教育，大力开展世界贸易组织知识、计算机知识、英语培训、法制培训，共举办各类业务培训班 25 期、参训 1529 人，并组织编写出《检验检疫实用英语教材》。学历教育 MBA 硕士毕业 1 人，党校本科和函授本科毕业 10 人，党校大专毕业 2 人。

2003 年，四川出入境检验检疫局组织修订《四川局职工教育培训暂行规定》，共举办各类业务培训 28 期，参训 1165 人次，送培 20 人次。学历教育 MBA 硕士毕业 1 人，党校本科和函授本科毕业 10 人，党校大专毕业 2 人。

2004 年，四川出入境检验检疫局制定《鼓励继续教育的实施意见》，共举办各类业务培训班 30 余期，参训 1875 人次，送培 32 人次。开展处级干部社会化选学试点课程培训，举办为期一个月的处级部领早能力培训。34 人次参加各种外语培训、其中 20 人取得各种层次的外语培训结业证书，有 6 人通过 BFT 的考试。学历教育研究生毕业 3 人，研究生进修班结业 2 人，大学本科和函授本科毕业 5 人，函授大专毕业 1 人，党校大专毕业 5 人。

2005 年，四川出入境检验检疫系统共举办各类培训班 40 余期，培训人员上千人次，送培 200 多人次。先后培训处级领导干部 121 人次，科级及以下 879 人次，专业技术人 155 人次，新进人员全部按规定参加初任培训。共有 20 余人取得各种外语培训结业证书，9 人通过 BFT 考试；研究生毕业 4 人，本科毕业 8 人，大专毕业 4 人。

附　　录

一、名录

（一）四川出入境检验检疫机构主管人员任职一览表（1986 的 1 月至 2005 年 12 月）

四川商检局（其前身为重庆商品检验局）主管人员任职表

表附 - 1

姓名	职务	任职期
张权治	四川商检局副局长	1981.3—1988.12
徐庆如	四川商检局局长	1983.7—1988.12
蒋爵培	四川商检局副局长	1984.4—1989.12
梁世鹏	四川商检局第一副局长（1988 年 12 月主持工作，兼成都商检局局长） 四川商检局局长	1985.5—1989.12 1990.1—1999.7
赵英豪	四川商检局副局长	1985.5—1989.12 1990.1—1999.7
简官成	四川商检局副局长（1990 年 1 月兼重庆局局长）	1988.12—1991.12
姚伍荪	四川商检局副局长	1988.12—1989.12
仲德昌	四川商检局副局长	1990.1—1996.8
刘子英	四川商检局局长助理	1990.1—1992.12
程迪龙	四川商检局副局长	1997.1—1999.7
王田忠	四川商检局副局长	1997.1—1998.3

成都动植物检疫局主管人员任职表

表附－2

姓　名	职　　务	任　职　期
张禹安	局　长	1996. 6—1999. 7
蔡邦裕	副局长	1995. 11—1999. 7

成都卫生检疫局主管人员任职表

表附－3

姓　名	职　　务	任　职　期
周志贤	局　长	1992. 7—1995. 1
张祖昌	局　长	1996. 8—1999. 7
张祖昌	副局长	1994. 4—1996. 8（1995. 1 主持工作）
孙　苑	副局长	1996. 8—1999. 7

四川出入境检验检疫局主管人员任职表

表附－4

姓　名	职　　务	任　职　期
程迪龙	局　长	1999. 8—2001. 3
陈博文	局　长	2001. 3—2003. 6
王吉顺	局　长	2003. 6
赵英豪	副局长 副局长（正局级）	1999. 8 2003. 9
张祖昌	副局长	1999. 8
何　俭	副局长	2003. 2

（二）中共四川出入境检验检疫机构党组、党组织任职人员一览表
（1986年1月至2005年12月）

中共四川商检局党组书记、副书记、纪检组长任职表

表附－5

姓　名	职　　务	任　职　期
徐庆如	书　记	1983.7—1989.5
梁世鹏	副书记 书　记	1985.5—1989.1 1991.7—1999.7
刘子英	纪检组长	1993.1—1999.7

中共四川商检局机关党委书记、副书记、委员任职表

表附－6

姓　名	职　　务	任　职　期
仲德昌	书　记	1993.1—1993.6
梁世鹏	书　记	1993.7—1997.2
程迪龙	副书记 书　记	1993.7—1997.2 1997.3—1999.6
罗家纯	副书记	1993.1—1993.6
赵文明	委　员 副书记	1993.1—1997.2 1997.3—1999.6
官福仁	委　员	1993.1—1993.6
田思富	委　员	1993.1—1993.6
张洁玉	委　员	1993.1—1993.6
姚多林	委　员	1993.7—1996.8
李国伟	委　员	1993.7—1997.2
魏继成	委　员	1997.3—1999.7
李冀川	委　员	1997.3—1999.7
蒋声凡	委　员	1997.3—1999.7
袁永成	委　员	1997.3—1999.7
周蓓慧	委　员	1997.3—1999.7

中共成都动植物检疫局直属机关党总支书记、副书记、委员一览表

表附－7

姓　名	职　　务	任　职　期
张禹安	党总支书记	1998. 2—1999. 7
刘　丽	副书记	1998. 2—1999. 7
蔡邦裕	总支委委员	1998. 2—1999. 7
罗　建	委　员	1998. 2—1999. 7
何天江	委　员	1998. 2—1999. 7

中共成都卫生检疫局党组书记、党组成员一览表

表附－8

姓　名	职　　务	任　职　期
张祖昌	党组书记	1996. 11—1999. 7
孙　苑	党组成员	1996. 11—1999. 7
谭　玲	党组成员	1996. 11—1999. 7

中共四川出入境检验检疫局党组书记、纪检组长、党组成员一览表

表附－9

姓　名	职　　务	任　职　期
程迪龙	党组书记	1999. 8—2001. 3
陈博文	党组书记	2001. 3—2003. 6
王吉顺	党组书记	2003. 6
赵英豪	党组成员	1999. 8
刘子英	纪检组长、党组成员	1999. 8—2003. 2
张祖昌	党组成员	1999. 8
何　俭	党组成员	2003. 2
李劲松	纪检组长、党组成员	

（三）四川出入境检验检疫系统部省级以上先进模范人物一览表

1982—2005年四川出入境检验检疫系统部省级以上先进模范人物一览表

表附－10

姓名	工作单位	荣誉称号	命名单位	命名年份
陈白玲	成都卫生防疫站	全国先进工作者	卫生部卫生检疫总所	1982
仲德昌	南充商检局	全国商检系统劳动模范	国家商检局	1989
颜帮智	四川商检局	全国商检系统先进工作者	国家商检局	1989
朱晶	四川商检局	全国商检系统先进工作者	国家商检局	1989
黄起鹏	四川商检局	全国商检系统先进工作者	国家商检局	1989
朱赖渝	四川商检局	全国商检系统先进工作者	国家商检局	1989
周志贤	成都卫生检疫所	创建国家卫生城市先进个人	成都市人民政府	1993
张祖昌	成都卫生检疫所	创建国家卫生城市先进个人	成都市人民政府	1993
黎明耕	成都卫生检疫所	创建国家卫生城市先进个人	成都市人民政府	1993
颜帮智	四川商检局	全国优秀商检工作者	国家商检局	1994
张禹安	成都动植物局	全国口岸植物检疫优秀工作者	国家动植物检疫局	1997
孙苑	四川检验检疫局	全国预防与控制艾滋病性病先进个人	卫生部、公安部、教育部、国家广电总局	1999
廉宁	四川检验检疫局	全国检验检疫系统先进工作者	国家出入境检验检疫局	2000
樊学军	四川检验检疫局	全国检验检疫系统先进工作者	国家出入境检验检疫局	2000
荣勇	达州检验检疫局	全国检验检疫系统优秀共产党员	国家质检总局党组	2001
罗建	四川检验检疫局	全国检验检疫系统优秀常务工作者	国家质检总局党组	2001
周洪波	四川检验检疫局	全国质检系统先进工作者	人事部、国家质检总局	2002
张祖昌	四川检验检疫局	国家质检总局优秀共产党员	国家质检总局党组	2003
周清华	绵阳检验检疫局	国家质检总局优秀党务工作者	国家质检总局党组	2003
张祖昌	四川检验检疫局	国家质检总局抗击“非典”先进个人	国家质检总局	2003

续表附－10

姓　名	工作单位	荣誉称号	命名单位	命名年份
孙　敏	四川检验检疫局	国家质检总局抗击“非典”先进个人	国家质检总局	2003
杨　雨	四川检验检疫局	国家质检总局抗击“非典”先进个人	国家质检总局	2003
潘旭东	四川检验检疫局	国家质检总局抗击“非典”先进个人	国家质检总局	2003
魏继成	四川检验检疫局	四川省防治“非典”先进个人	四川省人民政府	2003
谭　玲	四川检验检疫局	四川省防治“非典”先进个人	四川省人民政府	2003
陈　海	四川检验检疫局	四川省防治“非典”先进个人	四川省人民政府	2003
韩　松	四川检验检疫局	成都市“非典”先进个人	中共成都市委、成都市人民政府	2003
汪　清	四川检验检疫局	成都市“非典”先进个人	中共成都市委、成都市人民政府	2003
曹宗君	四川检验检疫局	四川省防治高致病性禽流感先进个人	四川省人民政府	2004
范京安	四川检验检疫局	全国质检系统先进个人	国家质检总局	2004
严玉宝	四川检验检疫局	全国质检系统先进个人	人事部、国家质检总局	2005

二、大 事 记

1986 年

2 月 四川商检局、四川省财政厅印发《关于对违反“商检条例”进行惩处的规定》，明确对四川省违反规定的单位，除主管部门对责任者予以行政处分外，商检机构根据违法情节按商品总值的百分率处以罚款，并要求各市（地、州）财政局、各进出口生产、经营单位贯彻执行。

3 月 18 日 瑞典贸易公司总经理本德松与夫人到成都商检公司考察。

4 月 国家商检局局长王久安到四川商检局考察进出口商品检验工作。

7 月 卫生部、四川省计划经济委员会、四川省卫生厅投资 33 万元（当时价）修建的成都卫生检疫站投入使用。该卫生检疫站共 1080 平方米。

9 月 6 日 澳大利亚羊毛协会可发公司维克斯·蔡到成都商检公司考察。

10 月 经四川省卫生厅报卫生部批准，将成都卫生检疫站改为中华人民共和国成都卫生检疫所，仍隶属成都市卫生局领导。

11 月 19—24 日 联合国粮农组织（FAO）约翰·E·墨塞尔考察四川商检局食品化验室、德阳冻兔厂、成都罐头厂。

1987 年

1 月 24 日 四川商检局、重庆海关签署无代价抵偿货物通关文件。

3 月 28 日 四川商检局、重庆海关印发《关于进口索赔货物通关的有关规定》。

4 月 24 日 四川商检局印发《四川省出口丝绸商品商检编号注册实行办法》和《生丝检验认证管理实施细则》。

5 月 25—27 日 联邦德国卫生部主任兽医奥鲁普到德阳冻兔厂考察卫生注册。

8 月 1 日 四川商检局按国家商检局规定，对出口商品实施封识管理。

11 月 根据国家商检局、国家经委、经贸部颁发的《对主要出口商品生产企业派驻厂质量监督员试行办法》规定，四川商检局确定巴中罐头厂、南充丝二厂、双流羽绒厂为国家首批派驻驻厂质量监督员的企业。

12 月 9 日 四川商检局印发《四川商检局出口丝绸商品质量监督管理实施细则》。

1988 年

6 月 3 日　四川商检局印发《出口畜产品质量许可证考核办法》。

7 月 20 日　根据农业部《关于改变设在省、自治区的农牧渔业部植物检疫站名称的通知》，农业部成都植物检疫站更名为“中华人民共和国成都植物检疫所”。

9 月 22 日　经四川省编制委员会批准，成都动物检疫站更名为“中华人民共和国成都动物检疫所”，其机构规格、人员编制等关系和业务范围不变。

1989 年

2 月 21 日　第七届全国人大常委会第六次会议通过《中华人民共和国进出口商品检验法》，自 8 月 1 日起施行。

5 月　国家动植检疫总所明确规定重庆动植检疫所（隶属国家动植物检疫总所管理）和成都动物检疫站的动物检疫业务管理范围。重庆动植物检疫所管理范围为四川的重庆（今重庆市主城区）、泸州、黔江（今重庆市黔江区）、涪陵（今重庆市涪陵区）、万县（今重庆市万州区）、达县（今达州市）、南充、内江、宜宾等；成都动物检疫站业务范围为除上述二市七地区外的其他地区。

7 月 20 日　四川商检局印发《四川省出口丝织品商检注册编号试行办法》《四川省出口丝织品分类管理办法（试行）》，从即日起对四川出口丝类产品实施商检注册编号和分类管理。

7 月　四川商检局、四川省司法厅在成都市举办 17 家新闻单位参加的学习宣传贯彻《中华人民共和国进出口商品检验法》的新闻发布会。四川商检局副局长梁世鹏发表讲话并接受采访。

9 月 21 日　国家商检局通知，四川商检局由重庆迁往成都，以成都商检局为基础组成四川商检局，成都商检局随之撤销；重庆留下的四川商检局人员组成重庆商检局，实行双重领导，以四川商检局领导为主。

11 月 9 日　国家商检局通知，四川商检局迁回成都，从 1989 年 11 月 1 日起对外办公。

12 月 30 日　南充商检局获全国商检系统“先进集体”称号。

1990 年

1 月 1 日　四川商检局制发《进口成套设备检验和监督管理办法》。

3 月　根据国家商检局部署，云南省、贵州省、四川省、西藏自治区和广西壮族自治区成立西南片区商检系统实验室认证领导小组，四川商检局局长梁世鹏任组长，云南商检局明景信任副组长。

8 月 6 日　国家商检局批准四川商检局丝类商品实验室为国家一级实验室。

12 月 19 日　经国家商检局批准成立“中华人民共和国内江进出口商品检验局”，机构级别为正县（处）级建制，隶属于四川商检局，负责内江市、自贡市、泸州市、宜宾地区的进出口商品检验、监督管理和鉴定工作，1991 年 1 月 5 日正式对外办公。

1991 年

8 月 1 日 达县商检局成立并在达县地区召开成立大会，达县地委、行署，四川商检局负责人及有关单位 220 余人参加成立大会。

8 月 29—31 日 四川商检局、四川省经贸委、四川省包装进出口公司在成都市召开全省出口包装工作会议，部署包装质量许可证的考核工作，并成立由四川商检、外贸、生产主管部门组成的出口商品包装质量许可证考核小组，负责全省出口包装质量许可证考核。150 人参会。

10 月 17 日 卫生部、财政部发文，成都卫生检疫所从 1992 年 1 月 1 日起由卫生部统一管理。

12 月 23 日 国家商检局决定，从 1992 年 1 月 1 日起，重庆商检局改为国家商检局直属局。同时成立移交工作领导小组，梁世鹏任组长，简官成任副组长，移交工作于 1992 年 2 月底以前完成。

12 月 26 日 四川商检局发布《关于四川省出口大米检验工作有关事项的通知》，对全省 23 个县的 29 个出口粮食加工厂实施监督管理并恢复中断 20 多年的粮食出口检验工作。

1992 年

1 月 1 日 卫生部、财政部发文，成都卫生检疫所从 1992 年 1 月 1 日起划归卫生部统一领导和管理。

1 月 根据卫生部、国务院口岸领导小组有关文件，经成都市机构编制委员会研究同意，在中华人民共和国成都卫生检疫所加挂“中华人民共和国成都进口食品卫生监督检疫所”的牌子，实行一套人员、两块牌子，承担成都口岸进口食品卫生监督检验工作。

同月 原属重庆商检局所辖业务范围的涪陵地区、黔江地区的进出口商品检验业务划入万县商检局管理。

3 月 23 日 经国家卫生检疫总所批准，成都卫生检疫所更名为中华人民国和国成都卫生检疫局。

7 月 卫生部部长陈敏章到成都卫生检疫局考察卫生检疫工作，并作“把好国境卫生检疫关，造福人民健康”的题词。

11 月 11 日 美国食品药品监督管理局 FDA 检查组到遂宁市、绵阳市三台县出口企业考察。四川商检局副局长仲德昌等陪同考察。

11 月 14 日 四川省《中华人民共和国进出口商品检验法实施条例》新闻发布会在成都市召开，四川省人大常委会副主任宋大凡、四川省人民政府副省长刁金祥在会上讲话。四川商检局局长梁世鹏宣讲《中华人民共和国进出口商品检验法实施条例》。

1993 年

3 月 11—14 日　国家商检局信息工作会议在成都市召开。

3 月　经四川省畜牧食品办公室批准，成都动物检疫所机构、编制和业务从四川省兽医防疫检疫总站划出，负责四川出入境动物及产品检疫业务和成都机场口岸对外查验业务。

4 月 28 日　农业部国家动植物检疫总所、四川省人民政府办公厅等 8 个部门议定成立成都动植物检疫局的有关问题，并形成《关于组建中华人民共和国成都动植物检疫局有关问题的座谈会议纪要》。

5 月 20 日　四川商检局成立“中华人民共和国四川进出口商品检验局上海工作组”，负责上海口岸的四川进出口商品查（检）验及鉴定工作，行政关系隶属于四川商检局，人员编制 4 人。

6 月 1 日　四川商检局召开口岸开验挂牌典礼大会。四川省人民政府副秘书长张宗源代表四川省人民政府到会祝贺。四川省人大财经委主任经荣生、成都市人民政府市长助理何绍华、成都市人民政府副秘书长颜承、四川省口岸办主任李毅、四川省边防局政委辛梓维及新闻单位、出口企业应邀代表百余人参会。

6 月 22 日　国家纤维检验局、四川商检局召开科技鉴定会，通过《远红外生丝水份检测规程》。成都科技大学、成都纺织专科学校、计量测试研究院等单位有关领导和专家参会。

8 月 9 日　四川商检局、四川省畜产品进出口公司召开“中美羽毛绒制品检测研讨会”。四川商检局副局长仲德昌主持会议。美国羽毛技术专家戈登・迪曼、美国五丰贸易有限公司马援农，以及四川部分羽毛制品生产厂厂长、重庆商检局、重庆市畜产公司代表参会。

8 月 13—28 日　中国植物检疫代表团到澳大利亚考察访问。成都植物检疫所所长赵学谦参加访问。

9 月 8 日　四川商检局检测中心大厦举行竣工落成典礼。中共四川省委、四川省人民政府、四川省人大、四川省政协，成都市人民政府领导和省市有关部门、各地商检局与当地领导，新闻单位代表百余人参加庆典。

9 月 21—27 日　全国商检系统基建工作会议在四川省乐山市召开，各省（区、市）商检局长参会。

9 月 26 日　国家商检局副局长许复兴考察四川商检检测中心大厦和职工宿舍，肯定大厦的造型、结构和职工宿舍的建设质量。

11 月　成都双流机场被中国民航总局授予“全国卫生机场”称号。

1994 年

3 月 21—25 日　国家商检局档案微机第三期培训班在四川商检局举办。

3 月 30 日　四川商检局成都外贸转运站查验机构举行挂牌仪式。

4月6日 国家卫生检疫总所联营集团总经理董长岭到成都卫生检疫局考察传染病保险工作。

6月7日 四川省人大财经委、四川省经贸委、四川省口岸办、四川省法制局、四川省监察厅、四川商检局、成都市人大及有关单位召开联席会议，决定成立执法检查领导小组，四川商检局局长梁世鹏任组长。

6月12—14日 全国商检系统教育工作会议在四川商检局召开。四川省人民政府副省长刁金祥出席并讲话。

9月13—15日 四川商检局举办行政管理干部第一期培训班，四川省行政管理学院副教授王志友应邀讲授“行政领导和行政决策”。全系统处级干部60人参训。

10月14日 出口商品生产企业质量体系（ISO 9000）西南评审中心四川分中心在四川商检局举行挂牌仪式。

11月1日 成都铁路口岸卫生检疫办事处成立。

11月18日 农业部批准成立中华人民共和国成都动植物检疫局。该局实行农业部和地方政府双重领导，以部为主的管理体制，人员编制60人，机构规格为副厅局级事业单位。

11月24—29日 四川商检局在成都市牵头召开国家商检局“出口冻兔肉安全食品工程研究”课题协调会，四川、山东、天津、山西商检局代表参会。

11月 四川省人民政府“关于进一步加强我省口岸卫生检疫工作”的复函明确规定，四川省的航空、水运、陆路（铁路、公路）口岸卫生检疫、卫生监督管理工作由成都卫生检疫局负责。

12月6日 全国商检系统第二届科技工作会在成都市召开，国家商检局局长田润之、副局长吕保英和中共四川省委常委、四川省人民政府副省长刁金祥，中共成都市委副书记张峰等参会。

12月7日 中共四川省委书记谢世杰，中共四川省委副书记、四川省人民政府省长宋宝瑞，会见国家商检局局长田润之、副局长吕保英，与出席全国商检科技工作会议的全体代表合影留念。

同日 中华人民共和国卫生检疫总所批准成立中华人民共和国攀枝花卫生检疫局（以下简称攀枝花卫生检疫局），机构级别正县（处）级，人员编制25人。

12月9日 四川省外经贸委主任张应文、四川省食品畜牧办主任张新琴等在成都金牛宾馆向国家商检局副局长吕保英汇报有关四川出口猪肉注册问题。

1995年

3月10日 攀枝花卫生检疫局正式挂牌成立。

5月15日 中国驻新加坡商务参赞朱震元（曾任国家商检局局长）到四川商检局参观，并与处以上干部座谈。

5月29日 《四川商检志》长编（初稿）审定会在四川商检局召开。

6月 俄罗斯对中国出口猪肉和牛肉的生产厂进行检查，成都动物检疫所管理范围的出口肉类加工企业首批通过考核并注册登记18家。

7月24日 菲律宾国家肉类检验委员会兽医官 Modesto Mopeso，D·V·M 一行3人到四川考察乐山市仁寿县、德阳什邡市肉联厂。

9 月 22—26 日　全国商检系统涉外资产评估工作经验交流会在四川省乐山市召开，全国商检系统代表 50 余人参加会议。

10 月 6—10 日　国家商检局党组成员、副局长许复兴一行 4 人考察绵阳商检筹备处和万县商检局的工作情况，参观国家 100 强企业长虹电子集团公司。

10 月 8—18 日　国家商检局实验室评审专家组到四川商检局考核复查丝类、理化实验室。四川商检局生丝、理化实验室均符合国家商检局一级实验室标准。

1996 年

2 月 28 日　绵阳商检局成立，国家商检局发来贺电。四川商检局局长梁世鹏与绵阳市人民政府市长杨海清进行绵阳商检大楼、宿舍财产移交签字。各地区商检局、局机关各部门代表 200 余人参加庆典。

2 月　经成都市编制委员会同意，成都卫生检疫局成立中国国际旅行保健协会成都服务中心，为全民所有制事业单位。

3 月 11—13 日　全川商检局长会议召开，传达贯彻全国商检局长会议精神。四川省人民政府副秘书长李朝浦代表分管副省长到会讲话。各地区局主要负责人、局机关各部门处级干部参会。

6 月 14—23 日　四川商检局副局长赵英豪率队赴日本进行生丝出口考察。

6 月 28 日　四川商检局召开《中国商检报》四川记者站成立庆祝大会。《中国商检报》副总编刘和到会祝贺并讲话。中共四川省委宣传部、四川省出版局等新闻工作部门和企业代表等 120 余人参加庆祝大会。

7 月 5 日　中共四川省委召开部、委、厅、局长会议，传达中共中央、国务院关于重庆市升格为中央直辖市并将万县、涪陵、黔江划入重庆市管辖的精神，中共四川省委、四川省人民政府成立重庆代管筹备领导小组。四川商检局局长梁世鹏参会。

7 月 12 日　卫生部副部长殷大奎考察成都卫生检疫局。四川省卫生厅厅长卓凯星、成都市卫生局局长汪良陪同考察。

10 月 15 日　国家商检局副局长葛志荣一行 3 人到四川商检局指导进出口商品检验工作。

11 月 7 日　双流国际机场及 2519 号客机通过全国爱卫会复查，保持“全国卫生机场”与“全国卫生客机”称号。

11 月 18 日　攀枝花商检局成立大会在攀枝花市召开。国家商检局副局长方培明、四川省人民政府副秘书长侯更新、四川商检局局长梁世鹏、成都海关关长沈德华、四川省口岸办副主任李毅及攀枝花市人民政府领导出席大会并讲话。四川商检局局长梁世鹏、攀枝花市人民政府市长秦万祥分别代表四川商检局和攀枝花市人民政府在攀枝花商检局检验办公楼及配套设施产权移交书上签字。省直有关部门、有关市（地、州）领导、各地区商检局局长、局机关各部门负责人 300 余人参加成立大会。

11 月　国家邮电总局、海关总署批准成都设立“成都国际邮件互换局兼交换站”。

12 月 13 日　四川省政协主席聂荣贵，副主席孔萨益多、章玉均等一行 10 人到四川商检局考察商检工作。

12 月 18 日 中华人民共和国成都动植物检疫局成立，国家动植物检疫局局长于大海参加揭牌仪式。原成都动物检疫所和成都植物检疫所同时撤销。

12 月 28 日 乐山商检局成立大会召开。四川省人民政府秘书长张宗源、四川商检局局长梁世鹏、乐山市人民政府市长刘运生出席大会并讲话。梁世鹏、刘运生分别代表四川商检局、乐山市人民政府在乐山商检办公大楼、职工宿舍等配套设施产权移交书上签字。

1997 年

1 月 1 日 农业部批准的成都动植物检疫局正式对外挂牌办公，内设办公室、综合业务处、动检处、植检处、财务处、人事处（挂党委办公室牌子）。

1 月 14 日 四川省人大常委会副主任王叔云、朱藻文等一行 11 人到四川商检局考察工作。

2 月 国家经贸委、国家外经贸委、海关总署发文，自 1997 年 3 月起，成都成为四川省唯一的丝类商品出口口岸。

3 月 10—20 日 四川省人大常委会组织相关人员到深圳市、山西省、河北省进行商检立法调研。四川商检局副局长程迪龙参加调研。

4 月 1 日 四川省人大常委会主任杨析综、副主任孟俊修、李永寿一行 49 人到四川商检局考察工作。四川商检局局长梁世鹏向省人大常委会领导汇报工作。

4 月 8 日 四川省人民政府决定成立四川省出口商品生产企业质量体系（ISO 9000）工作领导小组，四川省人民政府分管副省长任组长，梁世鹏（四川商检局局长）、姜晓婷（四川省外经贸委副主任）任副组长。

4 月 10—18 日 俄罗斯联邦农业食品部兽医局主任兽医师亚历山大·格拉西莫夫对成都商检局业务辖区的 11 家对俄出口肉类企业进行抽查。11 家受检企业均通过检查。

4 月 农业部批准成都动植物检疫局设置成都机场动植物检疫局、成都动植物检疫局铁路办事处、成都动植物检疫局公安办事处、成都动植物检疫局服务中心 4 个直属分支机构。

5 月 20 日 成都国际旅行卫生保健服务中心经四川省卫生厅批准成立。

5 月 21 日 四川省出口商品生产企业（ISO 9000）质量体系工作领导小组第一次会议在四川商检局召开。

6 月 15 日 国家卫生检疫局行文授权成都卫生检疫局为管理局，分管四川省、重庆市、西藏（拉萨、樟木、重庆、攀枝花局）的人事、财务、国有资产、审计、监察（纪检）等工作，实行统一管理。

6—8 月 四川省人民政府先后批准设立成都青白江二类铁路口岸、绵阳二类铁路口岸和成都二类公路口岸，各二类口岸建立商检、动植检、卫检查验功能的工作机构。

7 月 4 日 四川省人大常委会召开外事侨务委员会、法制工作委员会、财政经济委员会等部门负责人会议，听取四川商检局局长梁世鹏、副局长程迪龙关于草拟《四川省进出口商品检验管理条例》的情况汇报。

10 月 28 日　四川省人大常委会副主任王叔云一行出席四川商检局在成都市召开的《四川省进出口商品检验管理条例》宣传、贯彻座谈会。

12 月 4 日　西南大区实验室考核工作会议在成都市举行，四川、广西、云南、贵州、重庆、西藏商检局有关领导及检测人员参会。

12 月 9 日　四川省人大常委会、四川省人民政府在四川商检局召开《四川省进出口商品检验管理条例》新闻发布会。四川省人大常委会副主任王叔云到会讲话，25 个省直相关单位 150 余人参会。

1998 年

1 月 1 日　国家动植物检疫局调整确定成都动植物检疫局与重庆动植物检疫局的业务管辖范围，新的管辖范围从 1998 年 1 月 1 日起执行。

2 月 19 日　泸州商检局成立并召开成立大会，泸州商检局副局长何俭主持全面工作。

3 月　根据国务院机构改革方案，国家出入境检验检疫局成立，由原国家进出口商品检验局、原农业部动植物检疫局和原卫生部卫生检疫局“三检”合一。

5 月 25 日　国家出入境检验检疫局党组通知，在各直属局机构改革方案未确定和实施前，设立临时协调小组。四川“三检”临时协调小组由梁世鹏（四川商检局局长）、张禹安（成都动植物检疫局局长）、张祖昌（成都卫生检疫局局长）组成。梁世鹏任组长，其余为成员。

6 月 10 日　四川商检局局长梁世鹏主持召开“三检”临时协调小组会，学习国家出入境检验检疫局《关于在机构改革中做好有关工作的通知》和《关于各地商检、动植检、卫检局设立临时协调小组的通知》，安排部署机构改革工作。成都动植物检疫局局长张禹安、成都卫生检疫局局长张祖昌参会。

7 月 1 日　四川商检局决定，泸州商检局于 1998 年 7 月 1 日正式开验，负责泸州市进出口商品（生丝除外），宜宾市区外的南溪县、江安县、兴文县、高县、长宁县、筠连县、珙县、屏山县进出口商品的检验、鉴定、监管及外商投资财产鉴定、出口生产企业 ISO 9000 质量体系和 ISO 14000 环境管理体系评审的咨询工作。同日，乐山商检局正式开验，承担乐山市及眉山地区进出口商品（生丝除外）检验、鉴定、监管、外商投资财产鉴定和出口生产企业 ISO 9000 质量体系及 ISO 14000 环境管理体系评审的咨询工作。

7 月 8—11 日　国家出入境检验检疫局召开全国出入境检验检疫工作会。四川商检局副局长程迪龙、成都动植物检疫局局长张禹安、成都卫生检疫局局长张祖昌参会。

8 月 17 日　四川商检局对以色列 NBA 企业有限公司申请其投入生产眉山中意果品有限公司的无形资产进行价值鉴定并出具报告，为四川商检局首例。

8 月 18 日　全国高原医学专题学术研讨会在成都市召开。

9 月 29 日　四川省人大常委会副主任张国辉等检查《中华人民共和国进出口商品检验法》及《四川省进出口商品检验管理条例》执行情况。

1999 年

5 月 10—28 日 四川省人大常委会组成立法考察组，分赴广西壮族自治区、福建省、云南省、湖北省、山东省、河北省进行《四川省外商投资财产鉴定条例》立法调研。四川商检局副局长程迪龙、纪检组组长刘子英参加。

8 月 1 日 四川商检局在成都市召开纪念《中华人民共和国进出口商品检验法》实施 10 周年座谈会。28 家出口企业及局级机构处室负责人参加座谈会。

8 月 10 日 中华人民共和国四川出入境检验检疫局成立并举行揭牌仪式。

12 月 8 日 广元出入境检验检疫局成立。

12 月 24—25 日 四川出入境检验检疫局在成都市召开四川出入境动植物及其产品检验检疫工作会议，交接 18 个对俄注册肉联厂检疫工作。

2000 年

1 月 11—13 日 全国出入境检验检疫系统财务计算机管理培训会在四川省成都市召开。财政部、国家出入境检验检疫局计财司有关领导出席会议，四川出入境检验检疫局局长程迪龙致辞。

1 月 24 日 全国出入境检验检疫系统干部统计年报会在四川省成都市召开。四川出入境检验检疫局局长程迪龙出席会议并致辞。

2 月 12 日 卫生部副部长殷大奎考察四川出入境卫生检疫工作。四川出入境检验检疫局局长程迪龙汇报工作情况。

2 月 29 日—3 月 2 日 国家出入境检验检疫局副局长王凤清出席四川省出口商品生产企业质量体系（ISO 9000）工作领导小组扩大会议暨中国进出口商品质量认证中心四川评审中心认证企业突破百家新闻发布会。

4 月 6 日 四川出入境检验检疫局机场办事处对澳门航空公司正式开通的新航线成都—澳门—台北航班飞机、旅客及货物实施首次检验检疫。

5 月 9—11 日 国家出入境检验检疫局局长李长江到四川出入境检验检疫局检查指导工作。

5 月 22—26 日 全国出入境检验检疫系统进出口食品标签审核检验培训班在四川省成都市举办。

6 月 13—20 日 全国出入境检验检疫系统纪检监察干部培训班在四川省成都市举办，国家出入境检验检疫纪检监察局负责人毛志遐作动员报告。

7 月 6 日 国务委员吴仪在成都市接见四川出入境检验检疫局处级以上干部。

8 月 24—26 日 全国检验检疫系统生丝检验工作会议在四川省成都市召开。国家出入境检验检疫局监管司副司长王沛霖、全国纺织商会副主任胡敏出席会议。

10 月 9 日 全国国际认证知识培训班在四川省成都市举办。国家出入境检验检疫局总工裘亦良、国家外经贸委机电司有关领导出席。

11 月 13—19 日　国家出入境检验检疫局和部分中央新闻媒体组成“检验检疫”口岸大型采访团赴四川采访，四川出入境检验检疫局局长程迪龙接受专访。

2001 年

1 月 8—11 日　新加坡官方兽医师到四川省对有关企业进行注册预考，四川出入境检验检疫局副局长赵英豪介绍相关情况。

1 月 31 日　卫生部副部长殷大奎和四川省卫生厅厅长卓凯星到四川出入境检验检疫局指导工作。四川出入境检验检疫局局长程迪龙汇报卫生检疫工作情况。

2 月 26 日　四川省人民政府召开成都市出口加工贸易区工作协调会。四川出入境检验检疫局副局长张祖昌出席会议。

3 月 24—25 日　国家出入境检验检疫局局长李长江一行到四川省乐山市考察出入境检验检疫工作。

3 月　四川出入境检验检疫局被四川省人民政府授予省级“精神文明单位”称号。

7 月　四川出入境检验检疫局成都出口加工区办事处成立。

8 月 13 日　四川出入境检验检疫局对企业端电子报检签证试点安装并成功运行，“三电工程”全面启动。

9 月 11—13 日　国家质检总局党组书记李传卿一行到四川出入境检验检疫局检查工作。

9 月 24 日　四川乐山市井研县食品有限责任公司获新加坡卫生注册，成为四川唯一具有向新加坡出口猪肉的企业。

9 月　中国进出口商品质量认证中心四川评审中心西藏工作站在西藏自治区拉萨市正式挂牌对外办公。

11 月 14 日　中共四川省委副书记、四川省人民政府省长张中伟主持召开四川省“大通关”工作会议。四川出入境检验检疫局副局长赵英豪参会。

11 月 27 日　国家质检总局在四川省成都市举办植物有害生物风险分析（PRA）培训班，四川出入境检验检疫局局长陈博文、副局长赵英豪出席。

2002 年

1 月 14 日　四川出口肉类检验检疫暨质量工作会议召开，提出全面贯彻国家质检总局出口肉类管理规定、加强企业监督管理、加强卫生项目的监测及标志使用管理等 10 条措施。

3 月 1 日　绵阳出入境检验检疫局被中共四川省委、四川省人民政府命名为“四川省文明单位”，成为四川出入境检验检疫系统首个获得省级文明单位的分支局。

5 月 9 日　四川出入境检验检疫局召开四川检贸工作座谈会。四川省经贸厅、四川省口岸办、四川省财办、四川省经贸委、成都海关、四川省农业厅、四川省畜牧局有关负责人参加座谈。

5月14—16日 中美举行第十一次植物检疫双边会谈，中方代表22人与美方代表15人会谈。四川出入境检验检疫局局长陈博文、副局长赵英豪出席有关议题会议。

5月 通过四川出入境检验局的技术帮扶，四川产区1000吨猕猴桃打破国外技术壁垒，首次出口日本。

6月4日 四川出入境检验检疫局建成西南地区先进的转基因定量检测及分子生物学检测专业实验室。

7月12日 国家质检总局党组成员、纪检组组长郭汝斌到四川检查工作。四川出入境检验检疫局局长陈博文、副局长赵英豪、张祖昌汇报工作。

9月14—28日 四川省人民政府副省长王恒丰率四川代表团赴欧洲出席“四川—北欧招商引资洽谈会”。四川出入境检验检疫局局长陈博文出席洽谈会。

9月18日 国家质检总局在四川省成都市召开“化、矿、金”专业技术委员会工作会议。国家质检总局副局长张祖昌出席并讲话。

9月19日 国家质检总局在四川省成都市召开全国系统科技科研工作会。四川出入境检验检疫局副局长赵英豪出席并讲话。

10月17日 中国质量认证中心成都分中心举行挂牌仪式。

11月12日 四川出入境检验检疫局多服务广域网网络电话正式开通使用。

12月25—26日 国家质检总局、农业部、外经贸部联合检查组到四川检查工作。四川出入境检验检疫局副局长赵英豪向检查组汇报四川省出口动物源性食品兽药残留控制情况。

2003年

1月4—6日 国家质检总局局长李长江一行到四川调研。四川出入境检验检疫局局长陈博文汇报工作并陪同赴绵阳市、广安市考察、调研。

2月22日 国家质检总局在四川省成都市举办CIQ 2000V2.0系统培训班。四川出入境检验检疫局副局长何俭出席开班仪式。

3月 经国家质检总局批准，四川出入境检验检疫局推荐的四川长虹电器股份有限公司等9家大型企业由上海出口的产品实施绿色通道制度。

4月30日 四川出入境检验检疫局召开会议，部署四川出入境检验检疫局防“非典”工作。

6月26日 四川省认证认可工作领导小组成立暨获证企业颁证大会在成都市举行。国家质检总局党组成员、认监委主任王凤清等出席会议。

7月5日 国务院防“非典”督查组组长彭开富、成员宋明昌到成都双流国际机场检查防“非典”工作。

8月12日 四川200余株价值1.5万元人民币的盆景花卉，首次直接通过成都双流航空港出口韩国。

11月28日 国家质检总局副局长蒲长城到四川考察检验检疫工作。

2004 年

1 月 7 日　国家质检总局局长李长江，党组书记、副局长李传卿，党组成员、纪检组组长郭汝斌，党组成员、认监委主任王凤清，党组成员、标准委主任李忠海等到四川考察检验检疫工作。

2 月 9 日　四川出入境检验检疫局召开防治高致病性禽流感工作会议。四川出入境检验检疫局局长王吉顺，副局长赵英豪、张祖昌、何俭，纪检组长李劲松出席会议。

2 月　国家质检总局印发《关于同意调整南方五省登革热卫生检疫联防组名称及联防病种和范围的批复》，同意联防组改名为“南方七省热带病卫生检疫联防组”，成员单位为广东、广西、福建、云南、海南、四川、贵州、重庆、深圳、珠海、厦门局。

4 月 26—27 日　国家质检总局副局长王秦平一行赴南充市、广安市考察调研检验检疫工作。

8 月　卫生部通报国家质检总局“四川发生输入性疟疾疫情”，热带病联防组专家赶赴四川省、云南省开展深入调研，查清事件并形成情况调查报告。

2005 年

3 月　四川南宝蜂产品有限公司出口蜂蜜率先通过欧盟检查，成为中国首家获准恢复向欧盟出口蜂产品的企业。

6 月 24 日　四川资阳市、内江市等 8 个市（地）发生猪链球菌病疫情。

7 月 24—26 日　国家质检总局副局长葛志荣、党组成员夏红民一行 6 人出席在四川省成都市召开的第二届泛珠三角区域合作与发展论坛暨经贸合作洽谈会，并赴四川新希望集团、兰田公司、成都飞机制造厂考察。

8 月 11 日　中共四川省委副书记、四川省人民政府省长张中伟到四川出入境检验检疫局检查指导工作。四川出入境检验检疫局局长王吉顺作工作汇报。

8 月 23 日　美国驻成都领事馆行政领事张珍妮一行 3 人到四川出入境检验检疫局访问座谈。

9 月 2 日　四川出入境检验检疫局成立成都陆运口岸办事处。成都机场办事处部分职能和原隶属机电检验处的成都出口加工区办事处划转成都陆运口岸办事处。

9 月 28 日至 10 月 7 日　第六届中国花卉博览会在四川省成都市温江区举行。来自美国、荷兰、日本、德国、韩国和中国香港等 39 个国家和地区的 106 家企业参展。四川出入境检验检疫局成立工作领导小组和花博会检验检疫办公室，为参展企业服务。

10 月 26 日　四川长虹电器股份有限公司生产的 CRT 彩色电视机、背投影电机等十几个品种获“出口免验产品”资格。同日，国家质检总局副局长李传卿出席“长虹彩电出口免验颁证授牌”仪式。

12 月 30 日　四川出入境检验检疫局驻宜宾办事处成立。

三、文献辑存

四川省进出口商品检验管理条例

（1999年10月17日四川省第八届人民代表大会常务委员会第二十九次会议通过）

第一章　总　则

第一条　为加强进出口商品检验管理工作，保证进出口商品质量，维护对外贸易各方的合法权益，促进对外经济贸易事业的发展，根据《中华人民共和国进出口商品检验法》（以下简称《商检法》）及《中华人民共和国进出口商品检验法实施条例》（以下简称《实施条例》）等有关法律、法规的规定，结合四川省实际，制定本条例。

第二条　凡在四川省行政区域内从事进出口商品检验、监督管理、鉴定工作和与进出口商品检验有关的出口商品生产、进出口贸易及法定检验进出口商品销售等活动的单位和个人，必须遵守本条例。

第三条　四川进出口商品检验局负责全省进出口商品检验、监督管理和鉴定工作，其隶属分支机构主管所辖区域的进出口商品检验、监督管理和鉴定工作。

县级以上人民政府的有关部门在各自职责范围内，依法配合做好进出口商品检验监督管理工作。

法律、法规另有规定，从其规定。

第四条　四川进出口商品检验局及其所属分支机构（以下统称商检机构）履行下列职责：

（一）贯彻实施有关进出口商品检验的法律、法规；

（二）管理进出口商品检验工作；

（三）监督管理进出口商品的收货人、发货人及生产、经营、储运单位的检验工作；监督管理国家商检局、商检机构指定或者认可的检验机构和认可的检验人员的检验工作；

（四）依法管理进出口商品鉴定和与进出口商品有关的外商投资财产鉴定；

（五）依法开展与进出口商品有关的检验认证工作；

（六）为从事与进出口商品有关活动的当事人提供信息咨询和培训服务；

（七）法律、法规赋予的其他职责。

第五条　商检机构及其工作人员依法执行公务，可以行使下列职权：

（一）进人与进出口商品检验有关的生产、建设现场、车站、机场、港口、仓库等地点及运载工具；

（二）调查、询问当事人或者知情人；

（三）查阅、复制、提取与进出口商品检验、监督管理、鉴定有关的合同、票据、帐册、文件资料和物品等；

（四）依法查处违反商检法律、法规的行为；

（五）法律、法规规定的其他职权。

第六条　商检机构的检验人员须经考核合格，并取得证件后，方可执行检验任务。

第七条　商检人员依法执行公务时，应按国家规定着装持证。有关单位和个人应提供必要的工作条件，任何单位和个人不得干预和阻挠商检人员依法执行公务。

商检机构及其工作人员对进出口贸易关系人提供的有关情况和资产应保守商业秘密。

第八条　法定检验的进出口商品，由对外贸易关系人在规定地点和期限内向商检机构报验。

法定检验以外的进出口商品，由商检机构实施监督管理和抽查检验，实施重点抽查检验的进出口商品目录，由四川进出口商品检验局公布，并报国家局备案。

第二章　进口商品检验管理

第九条　法定检验的进口商品的收货人，应当在对外贸易合同中约定检验和索赔条款。

第十条　关系国计民生、价值较高、技术复杂的重要进口商品和大型成套设备的收货人，应当在对外贸易合同中约定离岸装运前进行预检验、鉴定、监造或监装，以及到岸后最后检验、鉴定和索赔等条款。

商检机构根据需要可以派员参加或组织实施离岸装运前的预检验、鉴定、监造或监装。

第十一条　在本省口岸入关的法定检验的进口商品的收货人，必须持到货通知单和报关单等有关证单，报经到货地商检机构办理查验登记手续后，海关据以验放。

第十二条　第十一条规定的进口商品办理登记后，收货人须在货到本省之日起 15 日内持合同、发票、装箱单和提（运）单、验收报告等证单，向商检机构报验。

法定检验以外，对外贸易合同约定由商检机构检验的进口商品，依照前款规定办理。

第十三条　进口商品需要由商检机构出具检验证书索赔的，收货人应在索赔有效期满 30 日前向商检机构申请检验出证。

对于索赔期即将届满来不及完成检验出证者，报验人须预先向国外办理延长索赔期手续后，商检机构方受理报验。

第十四条　商检机构对受理报验的进口商品，应当在素赔有效期内检验完毕，并出具检验证明。对商检机构检验不合格，需对外索赔的进口商品，收货人应在索赔结案后 20 日内将索赔结果报告商检机构。

第十五条　经本省口岸进口的机动车辆，收货人须向本省商检机构办理登记报验；经省外口岸进口的机动车辆，本省收货人须凭该口岸商检机构签发的证单向本省商检机构办理换证手续。

车辆管理机关须凭商检机构签发的进口机动车辆检验证明办理车辆验证和核发牌照。

第三章　出口商品检验管理

第十六条　凡由本省生产、加工、制造供出口的法定检验商品，发货人或供货人必须在规定时间内向产地商检机构报验。报验时应持合同、信用证、厂检合格单、外贸验收合格单等国家规定需要提供的证单。未经检验或检验不合格的商品，不准出口。

法定检验以外、对外贸易合同约定由商检机构检验的出口商品，应依照前款规定办理报验手续。

第十七条 商检机构对受理报验的出口商品，应在规定的期限内检验完毕，并签发检验证单。在本省口岸装载封关、出运的出口商品，经本省商检口岸查验机构查验后，海关封关放行。

经检验合格的出口商品，发货人应当在规定有效期内报运出口，超过规定有效期的，须重新报验。

第十八条 法定检验的出口商品实行批次管理，发货人应按产地、同一品种、规格、等级或合同确定商品的批次，并在商品外包装上注册批次编号和标记，货证必须相符。

第十九条 从本省口岸出境的民间贸易的商业性货物（海关依照客货分流规定确认的），组织单位应当在出境前2日，统一向本省商检机构报验，商检机构对其进行检验，未经检验或检验不合格的，不予放行。

第二十条 商检机构检验出证并查验放行的出口商品发生质量问题和索赔时，发货人应当及时报告商检机构。商检机构应查明原因，配合有关部门处理。

第四章 监督管理

第二十一条 商检机构根据法律、法规规定指定、认可的进出口商品检验、鉴定机构及其检验、鉴定人员，应当在商检机构指定或委托的范围内办理进出口商品的检验、鉴定业务。商检机构对指定、认可检验、鉴定机构的检测手段、检验标准、检验方法、检验质量实施监督管理。

第二十二条 外国检验鉴定机构在本省设立中外合资、合作进出口商品检验鉴定机构的，须经四川进出口商品检验局初审，报经国家有关主管部门审核、批准后，方可在指定范围内接受委托办理进出口商品检验、鉴定业务，并接受商检机构的监督管理。

省外注册的中外合资、合作检验鉴定机构在本省开展检验、鉴定业务，须向四川进出口商品检验局备案，方可开展指定业务，并接受商检机构的监督管理。

第二十三条 商检机构对从事生产、进出口贸易当事人实施监督管理的范围包括：

（一）进出口商品的质量、重量、数量、规格、包装、标志、安全、卫生状况；

（二）出口商品的原材料、生产设备、零配件和工艺、检测等的质量、安全、卫生保证情况；

（三）进出口商品的仓储、运载、装卸等条件、状况和结果；

（四）流通领域中法定检验和重点抽查检验的进口商品的质量、安全、卫生、环保等状况；

（五）法定检验进出口商品的报验情况；

（六）法律、法规规定的其他监督管理事项。

第二十四条 商检机构依法对涉及安全、卫生等重要的进出口商品及其生产企业实施进口安全质量许可制度和出口质量许可制度，并对出口食品及其生产企业实施卫生注册、登记制度。

商检机构实施监督管理时，采取抽查检验、巡回监督检查、加贴商检认证标志或商检验讫标志、加施封识、进行批次管理，以及会同有关部门和单位联合检查方式。

禁止伪造、变造、涂政、买卖、替代使用商检证单、印章、标志、封识。

第二十五条 商检机构对法定检验的出口商品，根据生产企业质量保证体系情况、产品质量情况，实行分类和免验管理。

商检机构应帮助企业改善经营管理，推行国际先进技术，建立质量保证体系，提高产品质量，对达到免验要求的企业，依法实施免验。

第二十六条 商检机构对流通领域的法定检验的进口商品实施监督检查，被检查单位应当出示商检证单或商检标志。

商检机构对消费者反映有质量问题的进口商品，应当进行监督检查。

禁止销售未按本条例规定检验和经检验被认定为不合格的进口商品。

第二十七条 法定检验商品由保税区（库）运往非保税区（库）或由非保税区（库）进入保税区（库），商检机构应依法实施检验与监督管理。

第二十八条 商检机构及其质量体系评审认证机构根据出口商品生产企业的申请或者国外的要求，对出口商品生产企业实施国际通行的质量体系评审认证。

商检机构根据国外的要求，对进口商品生产企业实施国际通行的质量体系评审认证。

第五章　进出口商品的鉴定

第二十九条 商检机构或其指定、认可的检验机构、国家进出口商品检验局批准的其他检验机构，可以接受进出口商品贸易关系人以及国内外有关单位或者外国检验机构的委托，依照《商检法》及其《实施条例》的规定，办理进出口商品鉴定业务，签发鉴定证书。鉴定业务范围，依照《实施条例》第三十三条的规定办理。

第三十条 在本省兴办外商投资企业及开展各种对外补偿贸易活动时，境外投资者投入的或者受外商投资企业委托从境外购进的财产，应当申请商检机构或其指定、认可的鉴定机构进行外商投资财产鉴定。

第三十一条 外商投资财产的收货人应当自收到提货通知之日起15日内持财产目录、报关清单、合同、发票、保险单、维修费用清单、机器设备技术文件、商品检验证单等资料，如实向商检机构或其指定、认可的鉴定机构提出鉴定申请。

商检机构或鉴定机构应在规定的期限内进行鉴定，并出具鉴定证书。

第三十二条 商检机构或其指定、认可的鉴定机构按规定出具的价值鉴定证书，是当事人申请财产验资、财产抵押、财产保险等的有效凭据，并作为司法、仲裁、工商、税务、外贸等部门办理有关手续的证明文件。

外商投资财产鉴定结果与申报内容不符的，应以鉴定结果为准。申请人对鉴定结果有异议的，可以依法申请复鉴。

第三十三条 对外贸易关系人向商检机构申请签发普惠制原产地证、一般原产地证时，应严格按照国家有关规定，做到申请和填报的内容真实、准确。

第六章　法律责任

第三十四条 违反本条例，有下列行为之一的，由商检机构给予批评教育、警告、责令限期改正；逾期未改正的，可处1000元以上5000元以下的罚款：

（一）违反本条例第十一条的规定，不向到货地商检机构办理查验登记手续的；

（二）违反本条例第十五条第一款的规定，不向商检机构办理登记报验或换证手续的。

第三十五条 违反本条例，有下列行为之一的，由商检机构根据情节轻重给予通报批评、警告或暂时停止报验，并可处以该批商品总值1%以上、5%以下的罚款：

（一）违反本条例第十二条第一款的规定，不在规定期限向商检机构报验进口商品；

（二）违反本条例第十六条第一款的规定，不在规定期限如实向产地商检机构报验出口商品；

（三）速反本条例第二十六条第一、三款的规定，销售未经商检机构检验的进口商品；

（四）违反本条例第三十一条第一款的规定，不在规定期限向商检机构申请外商投资财产鉴定的。

第三十六条 违反本条例，有下列行为之一的，由商检机构根据情节轻重给予通报批评、警告或暂时停止报验，并可处以该批商品总值5%以上20%以下的罚款：

（一）违反本条例第十八条的规定，擅自调换经商检机构检验合格的出口商品或改变其批次、品质、规格、数量、重量、包装等，造成货证不符的；

（二）违反本条例第三十一条第一款的规定，伪造有关证单、票据，隐瞒应鉴定财产真实情况的；

（三）违反本条例第三十三条的规定，申请一般原产地证和普惠制原产地证时，隐瞒事实，虚假申报、提供虚假单据，买卖出口原产地证明的。

第三十七条 违反本条例第十三条的规定，需要由商检机构检验出证但不及时申请商检机构检验出证，贻误对外索赔，造成国家或集体经济损失的，商检机构可建议有关机关对直接责任人员给予行政处分。

第三十八条 涉及安全、卫生、环境保护和劳动保护等项目的进出口商品，经检验不符合法律、法规规定的强制性标准或其他必须执行的检验标准的，必须在商检机构的监督下进行技术处理，经重新检验合格后，方可销售或使用；不能进行技术处理或者经技术处理后，重新检验仍不合格的，由商检机构责令收货人退货或者销毁。

第三十九条 违反本条例第二十四条第三款的规定，伪造、变造、涂改、买卖、替代使用商检证单、印章、标志、封识，尚未用于商品进出口的，商检机构可处以5000元以上30000元以下罚款；已经用于商品进出口的，由商检机构处以有关商品总值等值以下罚款。

第四十条 违反本条例第二十六条第三款，逃避商品检验，销售经商检机构检验不合格的进口商品的，由商检机构及有关部门依法予以登记保存，并根据有关规定进行处理。

第四十一条 拒绝、阻碍商检机构及其工作人员依法执行公务，由公安机关按照《中华人民共和国治安管理处罚条例》的规定给予处罚。

第四十二条 当事人对行政处罚决定不服的，可以依法申请行政复议，对复议决定不服的，可依法提起行政诉讼。

第四十三条 商检机构或其指定、认可的检验机构的工作人，滥用职权、徇私舞弊、伪造检验结果或者玩忽职守、延误检验出证、错误出证，由其所在单位或者上级机构视情节轻重，追究行政责任。

第四十四条 违反本条例规定，构成犯罪的，依法追究刑事责任。

第七章 附 则

第四十五条 本条例自公布之日起施行。

四川省《中华人民共和国动物防疫法》实施办法

四川省人民代表大会常务委员会

（1999 年 6 月 1 日）

第一章 总 则

第一条 根据《中华人民共和国动物防疫法》（以下简称《动物防疫法》）和国家有关规定，结合四川实际，制定本办法。

第二条 在四川省行政区域内从事动物、动物产品生产经营以及开展可能引起动物疫病传播或者与动物防疫有关活动的单位和个人，必须遵守本办法。

第三条 国家对动物疫病实行预防为主的方针。

第四条 地方各级人民政府应当加强对动物防疫工作的领导。

县级以上地方人民政府畜牧兽医行政管理部门主管本行政区域内的动物防疫工作。

县级以上地方人民政府所属动物防疫监督机构实施动物防疫和动物防疫监督。

乡镇畜牧兽医站在县级畜牧兽医行政管理部门的领导和县级动物防疫监督机构的监督、指导下，组织实施动物疫病的预防、控制、扑灭、诊疗等工作。

第二章 动物疫病的预防

第五条 县级以上动物防疫监督机构应当对本辖区的动物疫情实行定期或不定期的监测，并将监测结果逐级上报。

第六条 县级以上动物防疫监督机构应适量储备预防和扑灭动物疫病所需的药品、生物制品和物资，所需经费列入同级财政动物疫病预防控制专项预算。

第七条 对严重危害养殖业生产和人体健康的动物疫病实行计划免疫制度。

地方各级动物防疫监督机构在地方各级人民政府的组织领导下，依照国务院畜牧兽医行政管理部门公布的动物疫病病种名录实施强制免疫，其费用由当事人承担。预防所需的疫（菌）苗，由省级动物防疫监督机构统一组织。

对猪瘟等动物疫病的预防依照国家规定实行免疫证明和免疫标志管理。

第八条 农村动物疫病防治作业的服务费用，可由农村集体经济组织或者村民委员会根据农民实际受益情况，按规定的收费标准统一收取。

第九条 从事动物、动物产品生产经管以及从事动物、动物疫病科研教学的单位和个人，应当依照本办法和国家有关规定做好动物疫病的预防工作，并接受动物防疫监督机构的监测、监督。

第十条 跨县境运输动物、动物产品的运载工具、垫料、包装物在装前卸后，应当按照国家有关规定进行消毒。

染疫动物及其排泄物、染疫动物产品、病死或者死因不明的动物尸体及污染物，必须按照国家有关规定处理。

消毒、处理费用由当事人承担。

第十一条 禁止经营下列动物、动物产品：

（一）封锁疫点、疫区内与所发生动物疫病有关的；

（二）疫点、疫区内易感染的；

（三）依法应当检疫而未经检疫或者检疫不合格的；

（四）染疫的；

（五）病死或者死因不明的；

（六）其他不符合国家有关动物防疫规定的。

第三章　动物疫病的控制和扑灭

第十二条 县级以上畜牧兽医行政管理部门应当依法制定疫点或疫区控制、扑灭动物疫病预案，报同级人民政府批准后实施。

第十三条 任何单位和个人发现患有疫病或者疑似染疫的动物，应当及时向动物防疫监督机构或乡镇畜牧普医站报告。动物防疫监督机构、乡镇畜牧兽医站发现疫情或者接到疫情报告后，应当采取紧急防疫措施，并按规定上报。

任何单位和个人不得隐瞒、谎报、阻碍他人报告动物疫情。

第十四条 发生动物疫情时，当地县级以上畜牧兽医行政管理部应当立即派人到现场，划定疫点、疫区、受威胁区，采集病料，调查疫源，及时报请同级地方人民政府决定对疫点、疫区实行封锁。同级地方人民政府应及时发布封锁令，并予公告。

封锁令应包括封锁的地域范围、时间、对象、措施等内容。

县级以上地方人民政府应当立即组织畜牧兽医、卫生、公安等有关部门和单位采取相应的封锁、控制、扑灭、防治、净化等措施，迅速扑灭疫病。

疫区范围涉及两个以上行政区域的，由有关行政区域共同的上一级地方人民政府决定对疫区实行封锁，或者由各有关行政区域的上一级地方人民政府共同决定对疫区实行封锁。

第十五条 封锁的疫点必须采取以下措施：

（一）禁止染疫、疑似染疫和易感染的动物、动物产品流出疫点，禁止非疫点的动物进入疫点，并根据扑灭动物疫病的需要对出入封锁疫点的人员、运输工具及有关物品采取消毒和其他限制性措施；

（二）对染病、疑似染病和病死动物，由县级以上地方人民政府组织有关部门和单位采取扑杀、销毁或无害化处理等强制措施；

（三）疫点出入口必须有消毒措施，疫点内动物运载工具、用具、圈舍、场地必须严格消毒，动物粪便、垫草、受污染的物品，必须在动物防疫监督员监督下作无害化处理。

第十六条 封锁的疫区必须采取以下措施：

（一）出入疫区的交通要道必须设立临时性检疫消毒点，禁止染疫和易感染的动物及其产品的输出，根据扑灭疫病的需要对出入人员、物品、车辆进行消毒；

（二）停止与疫情有关的动物、动物产品的交易；

（三）对易感染的动物，必须进行检疫或预防注射，饲养的动物必须进行圈养或在指定地点放养，役用动物必须限制在疫区内使用；

（四）对染病、疑似柒病和病死动物，依照本办法第十五条第（二）项规定执行。

第十七条　受威胁区的当地人民政府应当组织有关单位、个人采取预防性措施，动物防疫监督机构、乡镇畜牧兽医站应密切监视疫情动态。

为控制毗邻行政区重大动物疫情传入，经省人民政府批准，动物防疫监督机构可以设立临时性的动物防疫监督检查站，执行监督检查任务。

第十八条　疫点、疫区内最后一头疫病动物痊愈或者被扑杀后，经过一个潜伏期以上的监测，未再出现染病动物的，经县级以上畜牧兽医行政管理部门检查合格后，报原发布封锁令的地方人民政府，由原发布封锁令的地方人民政府发布解除封锁令，井通报毗邻地区和有关部门。

第十九条　发生人畜共患疫病时，畜牧畜医行政管理部门应当与卫生行政管理部门及有关单位互相通报疫情。畜牧兽医行政管理部门、卫生行政管理部门及有关单位按照各自的职责采取控制、扑灭措施。

第二十条　重大疫情的控制和扑灭费用由地方各级人民政府列入财政开支，专款专用。

第四章　动物和动物产品的检疫

第二十一条　动物防疫监督机构按照国家标准、行业标准、地方标准、检疫管理办法和检疫对象，依法对动物、动物产品实施检疫，并按照国务院、省财政、物价行政管理部门的规定收取检疫费用，不得加收其他费用，也不得重复收费。

第二十二条　各级动物防疫监督机构设置动物检疫员。动物检疫员经市（地、州）以上畜牧兽医行政管理部门组织考核合格，取得国家或省规定的资格证书后，方可上岗检疫。

动物检疫员按照检疫规程对动物、动物产品实施检疫，并对检疫结果负责。

第二十三条　动物检疫员依法履行检疫职责时，有关单位和个人不得拒绝和阻挠。

第二十四条　对动物、动物产品的检疫实行报检制度。依法应当检疫的动物、动物产品，当事人应提前向所在地县级动物防疫监督机构或其派驻乡（镇）的动物检疫员申报检疫。申报检疫的具体办法由省畜牧兽医行政管理部门制定，报省人民政府批准后实施。

第二十五条　经检疫合格的动物、动物产品，由动物防疫监督机构出具检疫证明；对动物产品应加盖或者加封验讫标志。

经检疫不合格的动物、动物产品，由当事人在动物检疫员监督下作防疫消毒和其他无害化处理；无法作无害化处理的，予以销毁。处理、销毁费用由当事人承担。

第二十六条　动物凭有效检疫证明出售、屠宰、运输、参展、演出和比赛。动物产品凭有效检疫证明、验讫标志出售和运输。

未经检疫或无有效检疫证明的动物、动物产品，应依法补检或重检。

第二十七条　对生猪等动物实行定点屠宰、集中检疫。定点屠宰、集中检疫的动物种类和区域范围由省人民政府规定。

进入屠宰厂、肉类联合加工厂和定点屠宰场、点屠宰的生猪等动物，应具有合法有效的检疫证明，经驻厂、场、点动物检疫员验证后，方可屠宰。

屠宰后的生猪等动物产品，经动物检疫员检疫合格的，由动物防疫监督机构出具检疫证明、加盖验讫印章，准予出厂、场、点；未经检疫或检疫不合格的不准出厂、场、点。

屠率厂、肉类联合加工厂的屠宰检疫由动物防疫监督机构实施。法律法规另有规定的从其规定。

第二十八条 农民个人自宰自食本办法第二十七条第一款规定范围内的动物，应向当地县级动物防疫监督机构派驻乡（镇）的动物检疫员申报检疫。

第二十九条 需引进种用动物及其精波、胚胎、种蛋的，应到输入地动物防疫监督机构办理检疫审批手续。引进的种用动物及其精液、胚胎、种蛋，应经输出地县级动物防疫监督机构检疫合格并出具检疫证明。引进的种用动物应按照国家有关规定在输入地动物防疫监督机构的监督下隔离观察饲养，合格后方可投入使用。

按照前款规定需跨省引进的，由省动物防疫监督机构审批；跨市（地、州）引进的，由市（地、州）动物防疫监督机构审批。

第五章 动物防疫监督

第三十条 动物防疫监督机构依法对动物防疫工作进行监督。

动物防疫监督机构应当加强对动物、动物产品生产经营储运场所的监督检查。执行监测、监督任务时，可以进入动物、动物产品的生产经营储运场所；可以查阅、复制、拍摄、摘录、封存与动物防疫有关的证明，记录、运单，合同、帐簿、发票及其他有关资料；可以对动物、动物产品采样、留验、抽检；应当对没有有效检疫证明的动物、动物产品（含上市经营的动物、动物产品）进行补检或重检；应当对染疫或者疑似染疫的动物和染疫的动物产品进行隔离、封存和处理。

第三十一条 县级以上动物防疫监督机构设置动物防疫监督员。动物防疫监督员经省畜牧兽医行政管理部门组织考核合格，并取得资格证书后，方可履行动物防疫监督职责。

动物防疫监督员对《动物防疫法》和本办法的执行情况、对动物检疫员的检疫结果和处理情况依法进行监督检查。

第三十二条 动物防疫监督员依法履行监督职责时，有关单位和个人不得拒绝和阻挠。

第三十三条 动物饲养场、屠宰厂、肉类联合加工厂、定点屠宰场、点及动物产品加工、仓贮、经营的单位和个人从事动物、动物产品生产经营活动，必须取得畜牧兽医行政管理部门发放的《动物防疫合格证》，并接受动物防疫监督机构的监督检查。

从事动物诊疗活动的，必须取得畜牧兽医行政管理部门发放的《动物诊疗许可证》，并履行有关动物防疫义务。

患有人畜共患传染病的人员不得直接从事动物诊疗以及动物、动物产品生产经营活动。

第六章 法律责任

第三十四条 违反本办法第十一条规定的，由动物防疫监督机构按照《动物防疫法》第四十八条规定处罚；拒不改正的，由动物防疫监督机构报同级畜牧兽医行政管理部门同意后吊销其《动物防疫合格证》。

第三十五条　违反本办法第二十三条、第二十四条和第二十七条第二款、第三款规定的，由动物防疫监督机构给予警告，责令改正；拒不改正的，处应当检疫的动物、动物产品价值一倍以下的罚款。

第三十六条　违反本办法第二十九条规定的，由动物防疫监督机构给予警告，责令改正；拒不改正的，处货值三倍以下的罚款。

第三十七条　违反本办法第三十二条规定的，由动物防疫监督机构按照《动物防疫法》第五十七条规定处罚。

第三十八条　违反本办法第三十三条第一款规定的，由动物防疫监督机构按照《动物防疫法》第五十二条规定处罚。

违反本办法第三十三条第二款规定的，由动物防疫监督机构责令停业、没收违法所得，可并处3万元以下罚款；情节严重的，由动物防疫监督机构报同级畜牧兽医行政管理部门同意后吊销其《动物诊疗许可证》。

违反本办法第三十三条第三款规定的，由动物防疫监督机构给予警告，责令改正。

第三十九条　转让、涂改、伪造本办法规定的动物防疫、检疫证、章、标志的，由动物防疫监督机构按照《动物防疫法》第五十一条规定处罚。

第四十条　违反本办法规定，拒绝计划免疫或逃避检疫，引起重大动物疫情，致使养殖业生产遭受重大损失或者严重危害人体健康的，应当赔偿损失；构成犯罪的，依法追究刑事责任。

第四十一条　动物检疫员违反本办法规定，对未经检疫或者检疫不合格的动物、动物产品出具检疫证明、加盖验讫印章或检疫标志的，由其所在单位或者上级主管机关给予记过或者撤销动物检疫员资格的处分；情节严重的，给予开除的处分。

因前款规定的违法行为给有关当事人造成损害的，由动物检疫员所在单位承担赔偿责任。

第四十二条　动物防疫监督工作人员滥用职权，玩忽职守，徇私舞弊，隐瞒和延误疫情报告，伪造检疫结果，贪污、挪用免疫、检疫费用，构成犯罪的，依法追究刑事责任；尚不构成犯罪的，依法给予行政处分。

第七章　附　则

第四十三条　动物检疫员、动物防疫监督员及动物防疫合格证、动物诊疗许可证的管理办法由省畜牧兽医行政管理部门依照国务院畜牧兽医行政管理部门有关规定制定，报省人民政府批准后实施。

第四十四条　本办法自公布之日起施行。

四川省外商投资企业进出口商品检验管理办法

（1993 年 8 月 14 日四川省人民政府批准，1993 年
10 月 1 日四川进出口商品检验局发布）

第一条 为简化进出口商品检验手续，做好外商投资企业进出口商品检验工作，维护对外贸易有关各方的合法权益，根据《中华人民共和国进出口商品检验法》和《中华人民共和国进出口商品检验法实施条例》等法律、行政法规的规定，结合四川实际，制定本办法。

第二条 四川省行政区域内的外商投资企业进出口商品，均应遵守本办法。

外商投资企业包括中外合资经营企业、中外合作经营企业和外资企业。

第三条 四川进出口商品检验局主管四川省（除重庆外）外商投资企业进出口商品检验、鉴定和进出口商品质量检验的监督管理工作。四川进出口商品检验局派驻各地的进出口商品检验局，按照各自职责分工，负责所管辖区域内的外商投资企业进出口商品检验、鉴定和进出口商品质量检验的监督管理工作。

法律、行政法规规定由其他检验机构实施检验的，从其规定。

第四条 外商投资企业进出口下列商品，必须报经四川进出口商品检验局或其派驻各地的进出口商品检验局（以下简称商检机构）检验：

（一）中外合资经营企业、中外合作经营企业进出口属法定检验的商品；

（二）外资企业出口使用中国文字商标或者中国制造标记的法定检验商品；

（三）外商投资企业出口以来料加工、来件装配和来图来样制作等方式生产并使用中国制造标记的法定检验商品。

外商投资企业进出口前款规定之外的商品，由企业自行检验，并向商检机构提供相应证明材料。商检机构审核后，在进出口货物报关单上加盖商检放行章或发给放行单。

第五条 商检机构对按规定由外商投资企业自行检验的进出口商品，可以进行抽查检验。出口商品经抽查检验不合格的，不得出口。

第六条 中方国有企业和国有资产处于控股地位的股份有限公司、有限责任公司（以下简称中方企业、公司）与外商合资经营、合作经营，由外方投资者作价出资的进口机器设备、等部件，或者由中方企业、公司委托外方投资者进口的机器设备、零部件，中方企业、公司必须申请商检机构进行价值、品种、质量、数量和损失鉴定。商检机构接到申请后，应在五日内开展鉴定工作。

第七条 商检机构对已报验的进口商品，应当在索赔期限内检验完毕；对已报验的出口商品，应当在不延误装运的期限内检验完毕。

第八条 商检机构对外投资企业生产的经检验合格的出口商品，可以在运输包装上加施商检标志或者封识。

第九条 凡符合下列条件之一的，可以申请免验：

（一）在国际性的质量评奖会获奖且获奖未超过三年的商品；

（二）经国家商检部门认可的国际有关组织实施质量认证，并经商检机构检验质量长期稳定的商品；

（三）连续三年出厂合格率及商检机构检验合格率百分之百，且没有质量异议的出口商品；

（四）连续三年商检机构检验合格率及用户使用合格率百分之百的进口商品；

（五）法律、行政法规规定可以免验的其他商品。

第十条　下列商品不能申请免验：

（一）涉及安全、卫生的商品；

（二）实行进口商品质量许可制度的商品；

（三）品质易发生变化的商品、散装货物，以及合同约定按成份、含量计价凭商检证书结汇的商品；

（四）法律、行政法规规定不能申请免验的其他商品。

第十一条　商检机构对外商投资企业生产的服装、汽车、电视机、电冰箱等涉及人身安全方面的出口商品实行质量许可制度，具体办法按国家有关规定执行。

基本具备质量许可条件但还未办理质量许可证的外商投资企业报验出口商品时，可以边申请办证边报验，鼓励多生产多出口。

第十二条　外商投资企业可以向四川进出口商品检验局申请办理出口货物原产地证明。四川进出口商品检验局应当积极帮助需要办理普惠制产地证的外商投资企业掌握和利用普惠制的优惠待遇，对输往各给惠国的每批商品优先办理普惠制签证。

第十三条　生产出口商品的外商投资企业，在工商行政管理部门登记注册后三十日内向商检机构备案。商检机构应当协助其做好产品出口前的准备工作。

第十四条　外商投资企业违反本办法规定的，由商检机构根据《中华人民共和国进出口商品检验法》和《中华人民共和国进出口商品检验法实施条例》的规定给予处罚。

第十五条　重庆进出口商品检验局按照本办法的规定，负责重庆行政区域内外商投资企业进出口商品检验、鉴定和进出口商品质量的监督管理工作。

第十六条　本办法具体应用中的问题由四川进出口商品检验局解释。

第十七条　本办法自发布之日起施行。

四川检验检疫局检验检疫行政执法规定

（2000 年 7 月 25 日）

第一章　总　则

第一条　为进一步加强和规范检验检疫行政执法行为，完善行政执法机制，促进四川检验检疫机构依法行政和廉政建设，维护公民、法人和其他组织的合法权益，根据国家有关检验检疫法律、法规和其他法律、法规的有关规定，结合四川检验检疫行政执法工作实际，制定本规定。

第二条 四川出入境检验检疫局和所属各分支机构（下称四川检验检疫机构）及其工作人员在检验检疫行政执法中，必须遵守本规定。

第三条 检验检疫行政执法必须以事实为依据，以法律为准绳。坚持公正、高效、廉洁的原则。对公民、法人和其他组织在适用法律上一律平等。

第四条 检验检疫机构及其工作人员依法行使职权，不受其他机关、社会团体和个人的非法干涉。

第五条 公民、法人和其他组织对检验检疫机构的行政处罚决定不服申请行政复议的，行政处罚决定不停止执行，但法律、法规另有规定的除外。公民、法人和其他组织对检验检疫机构作出的行政处罚决定不服的，有权申诉或检举；检验检疫机构应当认真审查，发现行政处罚有错误的，应当主动改正。

第六条 四川检验检疫机构应当切实加强本系统的检验检疫行政执法工作的领导、指导和监督。

第二章 检验检疫行政执法主体

第一节 执法机构

第七条 根据国务院批准的《全国各地出入境检验检疫机构组建方案》和国家检验检疫局《关于四川检验检疫局职能配置内设机构和人员编制的批复》，四川出入境检验检疫局是负责四川省所辖区域的出入境卫生检疫、动植物检疫和进出口商品检验的行政执法单位。各分支机构隶属于四川检验检疫局并在指定的区域内履行检验检疫行政执法职责。

第八条 四川检验检疫局依照法律、法规和规章的规定，可以在其法定权限内委托符合本条第二款规定条件的组织实施。

受四川检验检疫机构委托实施行政执法的组织必须符合以下条件：

（一）依法成立的管理公共事务的事业组织；

（二）具有熟悉检验检疫法律、法规、规章和业务的工作人员；

（三）对违法检验检疫行为需要技术检查或技术鉴定的，应当有条件（包括人员、设备和手段）组织进行技术检查或技术鉴定。

第九条 根据《四川出入境检验检疫局机构组建实施方案》的规定，经四川检验检疫局授权，委托四川检验检疫局检验检疫技术中心负责全川出口丝类检验检疫行政执法及相关的行政管理工作。其所属丝类检验分中心在指定区域内行使检验检疫职权。

第二节 执法人员

第十条 四川检验检疫机构行政执法人员必须具备下列条件：

（一）属四川检验检疫机构的在编工作人员；

（二）具有大专以上（含大专）专业学历或初级以上技术职称资格；

（三）熟悉检验检疫法律、法规和相关的法律知识以及本专业知识；

（四）遵纪守法、忠于职守、秉公执法、清正廉洁；

（五）经过执法业务上岗培训，经考试、考核合格。

检验检疫行政执法人员的执法业务上岗培训由四川检验检疫局或经同意与国家检验检疫局或四川省政府法制工作主管部门负责组织并实施。

非在编人员不得参加行政执法。

第三章　检验检疫行政执法依据

第十一条　四川检验检疫机构行政执法的依据是：

（一）《中华人民共和国进出口商品检验法》及其配套法规和规章；

（二）《中华人民共和国进出境动植物检疫法》及其配套法规和规章；

（三）《中华人民共和国国境卫生检验法》及其配套法规和规章；

（四）与出入境检验检疫行政执法有关的《中华人民共和国食品卫生法》《中华人民共和国传染病防治法》《中华人民共和国外国人出入境管理法》《中华人民共和国中国公民出入境管理法》等法律和与它们相配套的法规和规章；

（五）与出入境检验检疫行政执法有关的《中华人民共和国行政处罚法》《中华人民共和国行政复议法》《中华人民共和国国家赔偿法》等法律；

（六）国务院发布的与检验检疫行政执法有关的行政法规以及部门规章，四川省地方性法规和政府规章。

（七）四川检验检疫机构按照规定程序制定的规范性文件；

四川检验检疫机构制定的规范性文件不得对管理相对人设定义务、行政处罚和行政强制措施；

设定检验检疫行政许可，必须依照国家检验检疫局有关规定执行。

四川检验检疫局所属各分支机构制定的规范性文件必须按照有关规定报送备案，接受备案审查。

第四章　检验检疫行政执法范围

第十二条　本规定所称检验检疫行政执法，是指四川出入境检验检疫机构及其工作人员为贯彻执行法律、法规和规章，按照法定程序和权限而实施的下列行政行为：

（一）对公民、法人和其他组织给予通报批评、警告、暂时停止接受报检、罚款、停止检验鉴定、吊销检验单证等行政处罚；

（二）对公民、法人和其他对外贸易关系人或组织实施行政事业性收费和颁发许可证；

（三）对出境、入境人员、交通工具、运输设备以及行李、货物、邮包、特殊物品实施检疫；签发出（入）境检疫和出境许可等卫生检疫证件；

（四）对国境口岸的卫生状况和停留在国境口岸的入境、出境的交通工具的卫生状况实施卫生监督；

（五）对出（入）境人员实施传染病监测；

（六）对进出境动植物、动植物产品和其他检疫物实施检疫；

（七）对进出境动植物、动植物产品和其他检疫物的装载容器、包装物等包装材料实施检疫；

（八）对来自动植物疫区的运输工具实施的检疫；

（九）对进出口商品实施检验、鉴定和认证等；

（十）对进出口商品实施抽查检验、实施质量许可、卫生注册以及对检验合格的进出口商品加贴检验检疫标志或封识等；

（十一）法律、法规授权的其他检验检疫职能。

第五章　检验检疫行政执法行为

第十三条　四川检验检疫机构及其执法人员必须在其执法范围严格依法履行法定职责，不得超越和滥用职权。

第十四条　四川检验检疫机构在执法过程中发现属于其他行政机关管辖的违法行为，应当向有管辖权的行政机关及时移送。对行政执法案件的管辖有争议的，由争议双方协商解决；协商不成的，报共同上一级法制工作部门指定管辖。与地方政府部门发生争议的，报四川省法制工作主管部门指定管辖。

第十五条　四川检验检疫机构应当建立健全检验检疫行政执法程序和行政执法案件的登记、立案、审批、审核制度，强化内部监督。

第十六条　检验检疫行政执法人员在执法时，必须按规定着装、必须出示有效的执法证件。

但前款着装的规定，有特殊和紧急情况的除外。

第十七条　检验检疫行政执法证件由四川检验检疫局按规定向四川省人民政府或国家检验检疫局申请颁发。

四川检验检疫机构不得印制和颁发行政执法证件。

第十八条　四川检验检疫机构及其执法人员不得利用职权指定行政管理相对人到特定的生产、经营、服务单位购买商品或接受服务；不得利用职权要求行政管理相对人低价销售商品给特定单位。

第十九条　检验检疫执法行为包括：

（一）采取检验检疫隔离、留验等强制措施；

（二）对检验检疫质量许可证、卫生注册证书、卫生许可的审查、办理及管理；

（三）对检验检疫使用认证资格、熏蒸消毒资格或申请检疫审批、注册登记事项的管理；

（四）对进出境商品的出（入）境放行，对进境商品的安装、使用、销售的监督管理；

（五）本规定第十二条所规定的行政执法范围的行政管理而实施的行政执法行为；

（六）依据检验检疫法律、法规和规章实施的其他行政行为。

第六章　检验检疫行政执法程序

第二十条　检验检疫执法程序是指检验检疫机构及其执法人员在行政执法过程中依法采取的方式、步骤、顺序和时限。

检验检疫执法程序分一般执法程序和检验检疫行政处罚程序。

第一节　一般检验检疫行政执法程序

第二十一条　一般执法程序是指四川检验检疫机构及其执法人员依照检验检疫法律、法规、规章和规范性文件，对管理相对人涉及出入境检验检疫的生产经营活动进行指导、管理和监督的方式、步骤、顺序以及时限。

第二十二条　检验检疫一般执法程序主要是检验检疫行政执法人员对出入境货物、运输工具、集装箱、邮寄物、特殊物品、人员、特殊物品及其携带物等依法实施受理报验、计收费、检验检疫、卫生除害处理和发证放行等行为的步骤、顺序、方式和时限。

第二十三条　检验检疫一般执法程序：

（一）受理报检程序：分受理出境报检程序和受理人境报检程序；

（二）检验检疫程序；

（三）签证程序；

（四）通关与放行程序；

（五）抽查检验检疫程序；

（六）受理申请、考核、出口质量许可、卫生注册登记等程序。

前款所列的执法程序，按照国家检验检疫局有关规定执行。

第二节 检验检疫行政处罚程序

第二十四条 检验检疫行政处罚程序是指四川检验检疫机构依照法律、法规的规定，对违反检验检疫法律、法规的公民、法人和其他组织按照一定的方式、顺序和步骤实施的惩戒性制裁。

第二十五条 检验检疫处罚程序分简易程序和一般程序。

第二十六条 简易程序即当场处罚的程序。

四川检验检疫机构认为管理相对人的违法行为事实清楚、证据确凿并有法定依据，对公民处以50元以下罚款，对法人或者其他组织处以1000元以下罚款或警告的行政处罚，可以适用简易程序，当场作出处罚决定。

第二十七条 检验检疫执法人员作出当场处罚决定的，应当向当事人出示合法有效的执法证件，填写预定格式和编有序号并盖有单位印章的当场处罚决定书，并当场交付当事人。

前款规定的当场处罚决定书应当载明当事人的违法行为、行政处罚依据、处罚种类、罚款数额、时间、地点以及行政机关名称；同时告知当事人：如不服，申请复议的时间、复议机关或提起诉讼的时间等，并由执法人员签名或盖章。

执法人员自作出当场处罚决定之日起五日内，应当将当场处罚决定书报所属检验检疫机构法制工作部门或负责法制工作的部门备案。

第二十八条 一般处罚程序即普通程序。

除本规定第二十六条、第二十七条规定的可以当场作出的行政处罚外，其他的检验检疫行政处罚均适用普通程序。

四川检验检疫机构发现公民、法人和其他组织有依法应当给予行政处罚行为的，必须全面、客观、公正的调查、收集有关证据；必要时，依照检验检疫法律、法规的规定，可以进行检查。

第二十九条 四川检验检疫机构依法对违反检验检疫法律、法规和规章的公民、法人和其他组织实施行政处罚，应遵循以下程序：

（一）表明身份、出示有效执法证件；

（二）调查取证、检查时不得少于两人；

（三）指出相对人过错，告诉其行为侵害了法律保护的社会关系；

（四）告诉相对人的权利。向当事人告知给予行政处罚的事实、理由和依据，当事人有陈述申辩或者要求听证的权利。

（五）告诉当事人对四川检验检疫机构作出的处罚决定不服，可以依法申请复议或者提起诉讼，也可以依照有关规定向四川检验检疫局或其上级机关的行政执法监督检查机关申诉或控告。

第三十条 四川检验检疫机构行政执法人员在执法时涉及本人的亲属或者本案的处理与本人有

利害关系的，应当回避。

第三十一条 四川检验检疫机构及其执法人员依法当场收缴罚款的，必须向当事人出具四川省财政部门统一制发的罚款收据；不出具四川省财政部门统一制发的罚款收据的，当事人有权拒绝缴纳罚款。

第三节 听 证

第三十二条 四川检验检疫机构在作出符合国家检验检疫局《出入境检验检疫行政处罚办法》第三十七条所列处罚种类前，应当告知当事人享有要求听证的权利。

第三十三条 听证程序的组织和实施，由四川检验检疫机构法制工作部门依照《中华人民共和国行政处罚法》和《出入境检验检疫局行政处罚办法》有关听证的规定执行。

第四节 行政处罚的执行

第三十四条 四川检验检疫机构执法人员当场收缴的罚款，应当自收缴罚款之日起二日内交至四川检验检疫机构；在水上当场收缴的罚款，应当自抵岸之日起二日内交至四川检验检疫机构；四川检验检疫机构应当自收到罚款之日起二日内将罚款交付指定银行。

第三十五条 四川检验检疫机构及其执法人员除依法应当场收缴罚款外，不得自行收缴罚款。

被处罚人应当自收到行政处罚决定书之日起十五日内，到指定的银行交纳罚款。逾期不缴纳罚款的，每日按罚款数额的百分之三加处罚款。银行收到罚款后应直接上缴国库。

第三十六条 四川检验检疫机构及其执法人员依照法律、法规和规章的规定，扣押当事人的物品、证件等的，应当造具扣押清单一式两份，同时在清单上注明执法人员的姓名、执法证件编码和扣押时间，并盖有四川检验检疫机构公章，由当事人签字，向当事人出具一份。

第三十七条 公民、法人和其他组织应当自觉遵守法律法规、规章和规范性文件的规定，积极协助四川检验检疫机构及其执法人员依法查处违法行为；对于自己的违法行为应当及时纠正，并接受四川检验检疫机构及其执法人员的查处。

第七章 检验检疫行政执法监督管理

第三十八条 四川检验检疫机构应当建立健全对行政执法的监督管理措施。四川检验检疫局法制工作部门应加强对检验检疫行政执法的监督检查。

第三十九条 四川检验检疫局法制工作部门按照规定对四川检验检疫机构的执法活动进行指导、协调、监督检查，并负责对执法证件的管理。

第四十条 四川检验检疫行政执法监督机构应当建立健全行政执法监督检查程序；完善执法监督检查工作登记，执法案件的立案、处理、审批，受理投诉、举报等制度。

第四十一条 四川检验检疫行政执法监督检查机构应依法或按规定受理公民、法人和其他组织的举报和投诉案件；不属于自己管辖的，应书面告知举报人或投诉人不予受理的事由和处理的意见。

四川检验检疫行政执法监督检查有关事项另行规定。

第八章 奖 惩

第四十二条 对符合《国家公务员暂行务例》奖励规定的检验检疫行政执法人员和行政执法监督检查人员，应给予奖励。

第四十三条　对在检验检疫行政执法和行政执法监督检查中成绩突出的检验检疫机构、部门或个人，由四川检验检疫局予以表彰或奖励。

第四十四条　对违反本规定的违法执法的人员，按照《四川检验检疫行政执法过错责任追究办法》追究行政责任。

第四十五条　有下列情形之一的执法人员，由四川检验检疫机构或行政执法监督检查部门按照规定，吊销行政执法证或委托执法证件：

（一）有重大违法执法情况的；

（二）在三年内，有两次或两次以上的违法执法情况的；

（三）该依法执法而故意不作为的；

（四）越权作为，造成不良后果的；

（五）违法要求当事人履行义务，给当事人造成损失的；

（六）其他严重违法违纪的执法行为。

第四十六条　检验检疫行政执法人员和行政执法监督检查人员违反本规定，有玩忽职守、弄虚作假、打击报复、滥用职权、索贿受贿、徇私舞弊、违法执法等行为的，依照《国家公务员暂行条例》的有关规定给予行政处分；构成犯罪的，移送司法机关追究刑事责任。

第四十七条　对违反本规定第十八条的规定的部门（单位）或个人，除给予行政处分外，还应追究经济、刑事等责任。

对违反法律、法规、规章和上级规范性文件而制定的规范性文件，按照《四川检验检疫局规范性文件制定的办法》处理。

第四十八条　对妨碍检验检疫行政执法、行政执法监督检查或扰乱检验检疫机构正常工作秩序的，移交公安机关处理；情节严重，构成犯罪的，依法移送司法机关追究刑事责任。

第九章　附　　则

第四十九条　四川检验检疫行政执法证，行政执法监督检查证的管理，按国家检验检疫局和四川省政府的有关规定执行。

第五十条　本规定在具体实施中遇到的问题，由四川检验检疫局法制与综合业务处解释。

第五十一条　本规定自印发之日起实施。

原四川商检局、原成都卫生检疫局、原成都动植物检疫局有关行政执法的规定，同时废止。

四川检验检疫局科学技术发展基金管理办法

（2000 年 11 月 28 日）

为加强四川检验检疫局科学技术基金的管理，根据国家检验检疫局《检验检疫科技发展基金管理办法》，结合四川检验检疫局的实际，制定本办法。

第一章　科学技术发展基金的设立和来源

第一条　四川检验检疫局设立四川检验检疫局科学技术发展基金（以下简称科技发展基金）。

第二条　科技发展基金来源

一、每年按四川局年度检验检疫总收入的百分之一提取科技发展基金；

二、国家局下达的专项科技补助费；

三、地方政府有关部门资助的科技经费；

四、本局促进科技发展的临时性科技拨款；

五、其他来源的科技经费。

第二章　科技发展基金的使用范围

第三条　科技发展基金金的使用范围

一、国家局和四川局下达的科技项目和制（修）订标准项目以及标准品的研制补助费；

二、地方政府下达的科技项目和制（修）订标准项目以及标准样品的研制补助费；

三、科技项目立项的奖金；

四、科技项目的鉴定费和标准及标准样品的审定费；

五、引进项目、示范性项目及科技成果在本局的应用推广经费；

六、本局科技成果及优秀论文奖励的奖金；

七、本局科技委员会及科技专业小组的科技活动补助费；

八、本局举办的科技交流活动；

九、本局举办的普及和提高科技知识培训班；

十、为推动本局科技进步提供的其他专项补助费。

第四条　国家局下达的专项科技补助费，用于国家局下达的科技项目，不足部分由本局科技发展基金支付。

第三章　科技发展基金的使用原则

第五条　科技发展基金系科技专项基金，应严格遵守“先提后用、专款专用”的原则，要量入为出，注意积累，不得超支使用。

第六条　科技发展基金可跨年度使用。

第七条　科技发展基金实行专项拨款、专项使用。专项拨款仅限于该项任务的直接支出，该项任务完成后经费有节余的，可调剂用于其他科技项目。

第四章　科技发展基金的申请与审批

第八条　申请在四川局立项的科技项目，必须在计划任务书中按科研业务费、实验材料费、仪器设备费及协作费详细列出经费预算，由四川局科技与认证处核实，并与财务处协商报主管局长审批后，下达项目科研经费。申报国家立项的科技项目，仍按此要求填报计划任务书，由四川局科技与认证处核实后，上报国家局申请专项科研经费。

第九条　科研经费可单独下达，也可以在下达科研计划任务时同时下达。

第五章　科技发展基金的管理

第十条　科技发展基金以四川局科技与认证处为主进行管理，并负责费用的申请、审核、计划使用等。四川局财务处负责财务核算和财务监督。

第十一条　凡下达的科研经费，由四川局科技与认证处按规定填写科研经费使用卡，交由项目负责人按核定金额计划使用。在科研经费使用报销时，项目负责人应提交科研经费使用卡及相关发票，经科技与认证处审核后，到财务处签字报销。

第十二条　项目完成后报送成果登记时，项目负责人应同时报送检验检疫科技发展基金课题决算报表，否则不予成果登记。

第十三条　各地、市局的科研经费由四川局计划财务处按下达该项目科研经费总金额的50%拨款；余额的30%根据项目的进度拨款；另20%由地、市局先垫支，待项目完成后，将填写好的科研经费决算表和用于该项目的各种开支发票，一并报四川局科技与认证处审核后报销。

第十四条　四川局科技与认证处会同财务处于每年一月底作出上一年度四川局科技发展基金使用年终决算。

第十五条　几省、市科委下达的科研经费，均一律按本办法进行管理。

第六章　附　则

第十六条　国家局下达的科研经费的使用，按国家局科技发展基金管理办法执行。

第十七条　本办法自公布之日起执行。

四川检验检疫局科技项目管理办法

（2000年11月28日）

为加强四川检验检疫局科技管理，使科技项目管理规范化、程序化，加快四川检验检疫工作现代化的进程，根据国家检验检疫局有关科技项目管理规定，制定本办法。

第一章　科技项目的范围

第一条　科技项目包括：

一、国家、国家检验检疫局、四川检验检疫局以及地方科委下达的科研、标准制修订项目。

二、对检验检疫方法、检验检疫技术有突破性或填补空白的项目，用于检验检疫的新技术开发、技术储备性项目。

三、对检验检疫仪器设备有明显改进的项目。

四、提高检验检疫工作质量，减轻劳动强度，节约时间、原材料、能源和费用以及改进安全操作程序的项目。

第二章　科技项目的提出、立项及审批

第二条　科技项目的提出要做好课题立项的情报调研工作，要进行充分地课题论证。对一般课题，课题负责人应写出书面论证报告；对重大课题，应组织有关专家进行论证。必要时应做中间试验，以提高立项的科学性。

第三条　四川局各业务部门、各地、市局应于每年十一月底之前，将下年度要申报的科研项目计划任务书或制（修）订标准项目计划任务书报四川局科技与认证处。在上报计划任务书时，必须同时上报该项目的论证报告，并提出项目立项等级的建议和理由。

第四条　四川局科技与认证处应对所报的计划任务书及有关材料进行严格审查，对符合申报国家局立项条件的项目，要及时上报；对符合申报四川局立项条件的项目，要及时下达立项计划。

第五条　四川局科技与认证处可根据工作需要下达年度科研、制（修）订标准项目的补充计划。

第六条　凡在省、市科委立项的项目，应抄报四川局科技与认证处备案，并纳入四川局科技管理。

第三章　项目的实施与管理

第七条　科技项目下达后，课题负责人应及时组织实施。应按计划任务书中规定的内容和进度执行，并于每季度次月的5号之前，将填写好的《科研、制修订标准计划任务完成进展表（季报）》报四川局科技与认证处。

第八条　确因特殊情况必须更改或撤消项目时，项目负责人必须写出更改申请报告或撤消申请报告，报项目审批管理部门批准后执行。被批准撤消的项目，应同时退还立项奖金；如果已发生费用，还应填写科研经费决算表，并同时退还科研经费使用卡。

第九条　四川局科技与认证处要督促检查所有科技项目的执行情况，协调解决计划执行中的问题。

第四章　科技项目的鉴定与主审

第十条　科技项目完成后，项目负责人应填写《科研项目鉴定申请表》或《标准审定申请表》，并提供相关技术资料，经项目下达部门审核批复后，进行鉴定或评审。技术资料包括：计划任务书、试验研究报告、研究工作报告、两个以上使用单位的验证报告、科技项目查新报告及其他有关技术资料，如必备的图表、照片和实物等。

第十一条　技术鉴定或评审可通过会议、通讯或视同鉴定等形式进行。

第十二条　视同鉴定的科技项目应具备下列条件之一：

一、委托项目已由委托单位验收合格并出具证明者；

二、国家专业检测机构鉴定合格并出具证明者；

三、理论成果已在国际或全国性学术刊物上发表；或在学术会议上宣读并获优秀论文证明者；

四、经专利局授予专利权的发明创造；

五、标准和计量检定规程已经发布执行的；

六、为重大科技决策提供依据或科技情报、科技管理等方面的软科学成果，使用部门出具应用

效果证明者。

第五章　其　他

第十三条　需保密的资料应予注明，并按《国家局科学技术保密管理办法》办理。

第十四条　科技成果的登记、归档、奖励均按四川检验检疫局有关管理办法办理。

第十五条　科技项目所需经费按《四川检验检疫局科学技术发展基金管理办法》执行。

第十六条　本办法自颁布之日起施行。

四川检验检疫局督查工作实施办法

（2001 年 5 月 17 日）

第一章　总　则

第一条　为加强四川检验检疫系统督查工作，保证党和国家的路线、方针、政策和国家质检总局、四川检验检疫局重大决策、重要工作部署的贯彻落实，强化督查工作制度化、程序化、规范化，促进政务工作有效运转，进一步提高工作效率和工作质量，确保政令畅通，根据国家质检总局督查工作有关规定，特制定本办法。

第二条　督查工作是督查部门通过督促、检查、协调、反馈等手段，推动领导机关重大决策、重要工作部署得以及时贯彻落实的过程，是各级领导履行领导职责，加强管理的重要组成部分，是提高工作质量和工作效率的重要环节和方法。

第二章　工作范围

第三条　督查工作的主要内容：

（一）党中央、国务院的重大方针、政策的贯彻落实情况；

（二）国家质检总局和四川省委、省政府重大决策和重要文件的贯彻落实情况；

（三）局党组的重大决策、局年度重点工作和局党组会议、局务会议、局长办公会议决定的重要事项的贯彻落实情况；

（四）上级和本局领导同志的指示、批示和交办的重要事项的落实情况；

（五）经领导批示的群众反映的突出问题、热点、难点问题以及突发事件的查办和信息反馈；

（六）省、市人大、政协委员提案、建议中涉及检验检疫工作事项的办理情况；

（七）其他需要督查的事项。

第四条　督查工作的主要任务：

（一）督促各分支局、本局各部门（单位）贯彻落实国家局和本局重要决策，确保政令畅通；

（二）检查和综合分析贯彻落实重要决策的进展情况、典型经验和存在突出问题，为局领导指导工作和科学决策提供依据。

第三章　工作原则

第五条　督查工作的原则：

（一）围绕中心。督查工作必须紧紧围绕党和国家的中心工作和检验检疫一个时期的中心任务进行，自觉服从和服务于党和国家的中心工作和检验检疫一个时期的中心任务。

（二）领导授权。督查部门的督查工作以调查了解、督促检查和反馈情况为主。要严格工作制度和工作程序。经局领导授权可直接处理问题或直接进行组织、协调落实，但不可代替承办部门（单位）的工作。

（三）实事求是。督查工作人员应一切从实际出发，深入实际、深入群众开展调查研究，摸实情，讲实话，全面、准确、客观地反映情况。既要反映成绩，也要反映存在的问题，特别是带有倾向性的问题，并积极提出解决问题的意见和建议，进一步推动领导决策的贯彻落实。反对敷衍塞责、弄虚作假。

（四）突出重点。督查工作要围绕各个时期的重点工作、重大决策、领导重要批示等，选择关系全局的重要事项进行督查，避免面面俱到，重点不突出。

（五）务求实效。督查工作必须以务求实效为出发点和落脚点，并将此贯穿于工作的全过程和各个方面，做到件件有落实，事事有回音，以改进工作作风和推动领导决策的落实，防止和克服形式主义。

（六）分级负责。督查工作实行分级负责制，由督查部门根据督查事项涉及的范围，将督查工作任务分解下达给有关部门（单位），分级负责，分级管理。对涉及几个部门（单位）的督查事项，须明确主办部门和协办部门及其责任。

（七）协调配合。督查部门和督查工作人员在督查工作中，应加强与各职能部门的联系，做好协调工作，形成合力，共同开展督查工作，促进领导决策的落实。

（八）奖惩分明。督查工作应与目标管理结合起来，重点督查项目应与重点目标项目相一致，将列入督查项目的工作完成情况作为目标考核的重要内容，严格考核和奖惩。

（九）注重实绩。督查工作应与干部人事工作结合起来，使干部的考核、选拔和任用更注重工作实绩。由督查部门对干部履行个人职责的工作实绩作出综合评价，并记录在案，为局领导和人事部门提供考核、考察干部工作实绩的重要依据。

（十）保守秘密。督查人员对督查工作的有关材料，要视同正式公文妥善管理，严格执行保密制度，做到不丢失、不误传、不泄密。

第四章　工作方式

第六条　为确保督查工作实效，应采取与督查内容相适应的行之有效的方式方法：

（一）催报检查。重点是按照领导的要求和文件的规定催促有关部门（单位）将决策贯彻落实情况作出书面报告。催报检查可采取书面通知、电话催报等方式进行。

（二）督查调研。督查调研要围绕中心工作和决策实施的全过程进行，重点是调查研究应落实而未落实的决策事项，总结经验，发现问题，提出建议，为领导推进决策的落实和完善决策提供服务。督查调研可采用座谈会、个别交谈、现场考察等方式进行。

（三）专项催办。主要是指对领导同志的有关批示和交办事项进行催办。开展专项催办应认真领会领导同志的指示精神，按规定时限及时催办、认真审核总结报告，向领导同志反馈落实或办理的情况，做到件件有回音、事事有结果。通过专项催办，推动相关决策的落实。

（四）督查服务。服务部门要为领导同志开展督查工作提供服务，协助领导同志及时提出督查预案，确定督查项目和督查方式，组织督查，搞好综合分析，反馈督查结果，为领导同志提供全方位的督查服务。

第五章　工作程序

第七条　督查工作主要遵循以下程序：

（一）立项通知。督查部门在广泛调研的基础上，根据上述列入督查项目的七项主要内容，进行督查立项。建立《督查任务下达卡》制度，由局领导将需要督查落实的事项、承办部门和协办部门、完成时限及要求填写入《督查任务下达卡》，由督查工作人员根据局领导填写的内容，及时立项，并向承办部门（单位）发出《督查事项通知书》。需几个部门、单位共同落实的事项，先由局领导或督查部门确定主办部门，由主办部门组织协调有关部门协同办理。

（二）跟踪督查。督查事项下达后，督查部门应进行跟踪督查，及时了解办理进度，分别不同情况，采取相应方式督促承办部门、单位按规定和要求完成。必要时，督查部门经局领导授权，可直接进行协调、组织落实。

（三）结果反馈。承办部门（单位）对交办的督查事项应按规定和要求将承办结果报督查部门。上报材料需全面、真实、准确，一事一报。办理时限较长的事项，可定期上报办理进度、存在问题和意见建议。对确有困难，不能在规定时限内落实的事项，应及时说明原因。涉及两个或两个以上部门（单位）负责的督查事项，承办结果由主办部门（单位）报告。主办、协办部门（单位）在办理过程中出现意见分歧时，由主办部门（单位）向分管局领导请示后协调解决，并达成一致意见后再上报承办部门。

（四）审核报告。督查部门负责对各承办部门（单位）的上报材料进行审核、汇总。对督查事项落实不好，文书格式不规范、不符合要求的，督查部门应提出处理意见，退回承办部门、单位重新办理。督查部门经审核、汇总后，采取《督查通报》和《督查专报》的形式不定期向领导上报督查结果，反馈督查情况。《督查通报》主要反映各督查事项的承办进展情况，存在的问题以及意见和建议，印发范围为局领导和全局系统各部门（单位）；《督查专报》每期一项内容，反映重点督查项目的完成情况、存在问题、意见建议、调查研究、经验总结等，印发范围为局领导和有关部门（单位）。

（五）注结归档。督查部门在督查事项办理结束并呈报有关领导审定后方可注结。如领导对办理结果有不同意见，不得予以注结，应及时将领导意见转达承办单位，要求其重新办理。督查事项办结后，督查部门应将交办原件、办理结果报告及有关材料收集齐全，并会同文档部门按文书档案管理的有关规定，将有关材料进行归纳、整理、立卷、归档。

第六章　组织领导

第八条　四川检验检疫局领导和各分支局领导是督查工作的主体，主要领导要亲自抓督查工作并明确一名领导同志分管。主要领导和分管领导应经常听取督查部门的工作汇报，定期检查督查工作，指导督查部门制定工作计划和解决工作中遇到的困难和问题。

第九条 四川检验检疫局办公室和各分支局办公室是负责本局督查工作的主管部门。各级督查部门在本级党组的领导下开展督查工作，为上级和本级领导服务，并接受上级督查部门的工作指导。各级督查部门根据工作需要应配备一定专、兼职督查工作人员，条件成熟时可据实际成立专门的督查机构。其他有关部门（单位）应配备兼职督查人员，各司其职，并加强经常性的纵向和横向间的工作联系，紧密配合，搞好协调，形成便捷、通畅、有效的督查网络。

第七章 工作要求

第十条 督查工作人员应具备的条件：政治素质好、政策水平高；有一定的理论水平；熟悉检验检疫业务；有较强的综合分析能力和组织协调能力；有较丰富的实践经验；具有实事求是、注重实效的工作作风和思想作风。

第十一条 督查工作人员应按照督查工作原则和领导意见创造性地开展工作。要发扬奉献精神，加强理论和业务学习，全面提高自身素质，扎扎实实地做好督查工作。

第十二条 督查部门应建立健全督查工作岗位责任制，做到任务清楚、责任明确，保证完成各项督查任务。

第十三条 督查部门和督查工作人员应严格执行有关保密规定，对不宜公开或暂时不宜公开的督查事项，要严守秘密，防止因泄密造成工作被动局面。

第八章 附 则

第十四条 本办法由四川检验检疫局办公室负责解释。

第十五条 本办法自发文之日起施行。

四川出口商品生产企业分类管理办法（试行）

（2002年6月7日）

第一章 总 则

第一条 为适应我国加入WTO新形势，按国际通行规则加强对四川省出口商品生产企业的监督管理，逐步调整检验检疫监管模式，实现检验检疫方式由批批检验检疫向分类检验检疫过程监管方式的转变，同时为缩短外贸流程周期，减少相关环节，方便出口商品生产企业，根据国家检验检疫局关于开展分类管理工作的要求和有关规定，结合四川实际，特制定本办法。

第二条 四川检验检疫局法制与综合业务处（以下简称法综处）负责四川出口商品生产企业分类管理的宏观综合管理工作、各地检验检疫分支机构、四川局各检验检疫处负责本辖区分类管理工作。

四川局各检验检疫处负责根据本办法制定具体商品大类的分类管理细则，指导各地检验检疫分支机构根据细则开展分类管理工作。各地检验检疫分支机构、局各检验检疫处应向法综处报送年度分类管理计划及工作总结，以便统一上报。

第二章 分类管理范围、类别及条件

第三条 凡列入法定检验的出口商品，由其生产企业提出申请，各地检验检疫分支机构、四川局各检验检疫处依照本办法的规定，实施分类管理。

第四条 四川出口商品生产企业分类管理分为一类、二类、三类管理模式。

列入一类管理的出口商品生产企业，由四川局各检验检疫处组织考核；列入二类管理的出口商品生产企业，由四川局各检验检疫处、各地分支机构在各自的业务管辖范围内分别组织考核。

同一企业生产的不同出口商品，可确定不同的管理类别。

第五条 列入一类管理条件

1. 出口商品生产已形成较大规模，连续二年出口商品质量稳定，（各大类商品应制定相应连续二年一次检验批次合格率为评定依据，例出口机电产品达98%以上）；

2. 出口商品是国际或国家（省、部级以上）品牌产品，或在行业内有较高知名度；

3. 出口的品质量信誉良好，最近二年内未发生属生产企业；

认可委员会（CNAB）等权威机构认可责任的国外质量索赔或质量事故；

4. 出口商品生产企业已获得中国国的评审机构颁发家进出口企业认证机构认可委员会（CNAB）等权威机构认可的评审机械颁发 ISO 9000 质量体系认证证书；

5. 出口商品生产企业建立了与检验检疫机构衔接良好，信息通畅的出厂检验的有关制度和机构；

6. 国家规定实施出口商品质量许可制度、出口食品卫生注册与登记、动、植物检验检疫注册与登记等制度的企业，必须获得相关证书；

7. 机电出口商品每年必须通过 ISO 9000 年审或系统内注册的实验室进行的安全型式实验且结果合格，其他大类商品应参照本条制定相应验收准则；

8. 各具体大类商品可能有的其他要求。

第六条 列入二类管理条件

1. 出口商品生产已有一定规模，连续二年出口商品质量较为稳定，（各大类商品应制定相应连续二年一次检验批次合格率为评定论据，例出口机电产品达95%以上）；

2. 出口产品质量信誉较好，最近一年来未发生属生产企业责任的质量索赔或质量事故；

3. 出口商品生产企业参照 ISO 9000 建立较健全的质量保证体系，运行正常；

4. 生产企业检验设施基本齐全，配有专职检测人员，且与检验检疫机构衔接良好；

5. 国家规定实施出口商品质量许可制度、出口食品卫生注册与登记、动、植物检验检疫注册与登记等制度的企业，必须获得相关证书；

6. 机电出口商品每年必须通过 ISO 9000 年审或系统内注册的实验室进行的安全型式实验且结果合格，其他大类商品应参照本条制定相应验收准则；

7. 各具体大类商品可能有的其他要求。

第七条 列入三类管理条件

凡列入法定检验而未达到一、二类管理条件的均列为三类管理。

第三章 分类管理的监管方式

第八条 对列入分类管理的出口商品，检验检疫机构应建立档案实施管理并按分类类别实施抽查检验或批批检验。抽检比例根据商品的实际质量状况实行动态管理。

1. 对实行一类管理的出口商品，检验检疫机构的年批次抽检率为10%—30%；

2. 对实行二类管理的出口商品，检验检疫机构的年批次抽检率为40%—70%；

3. 对实行三类管理的出口商品，原则上应由检验检疫机构实施批批检验。

第九条 列入一、二类管理的出口商品生产企业，应有企业检验员按检验检疫机构的要求进行逐批检验，并做好详细的检验记录，每月向检验检疫机构提交出口商品检验情况报表。

第十条 对列一、二类管理的企业，四川局检验检疫处及其分支机构应严格按照规定的抽检率检验，并做好抽查检验计划和抽查检验记录。对出口商品生产企业自行检验的结果，四川局检验检疫处及其分支机构每季度进行一次随机核查，同时每半年对出口商品生产企业的质量体系进行一次监督检查，对同一时间段内已由认证机构实施监督审核且整改合格的可免于监督检查。此外，如果认为适当，检验检疫机构可视工作需要对出口商品生产企业自检结果进行核查，对其质量体系进行检查。

第十一条 对于法律法规规定或合同、信用证约定由检验检疫机构检验并出具检验证书的，或依据检验检疫机构的检验结果进行计价结汇的出口商品，必须实施批批检验。

第四章 分类管理的审批程序

第十二条 凡要求实施出口商品一、二类管理的生产企业，应向四川检验检疫局及其分支机构提出申请，受理申请后，上述工作机构应按照有关办法、细则和程序组织对申请企业进行考核。考核分为书面审核、现场考核。其中申请一类管理的出口商品生产企业，由四川局各检验检疫业务处组织考核之后，其考核结论由法综处审核并呈局领导签发生效。

第十三条 四川局各检验检疫处根据本办法制定大类商品分类管理办法实施细则，并建立支持性文件体系，至少包括以下各项：

1. 考核程序文件（含文件审核、现场考核）；分类管理申请、考核及审批流程图；

2. 有关作业文件及表格：一类企业考核推荐表；出口商品生产企业分类管理申请表；现场考核通知单（含考核计划）；核查记录表；考核报告；不符合项报告；跟踪考核报告；结论审批单，随机核查情况表。

第十四条 经考核获准实行一类管理的出口商品及生产企业，由法综处负责拟文通知各检验检疫机构和企业。

第五章 分类管理类别的转换

第十五条 实行一、二类管理的企业，检验检疫机构对其出口商品抽验发现不合格批次的，即实施连续抽验不少于三批，如连续抽验中仍出现不合格的，列入一类管理的企业降级为二类管理；

列入二类管理的企业，检验检疫机构应加严检验，扩大批次抽检率或降为三类管理。

第十六条　检验检疫机构实施第十条规定的随机核查和质量体系监督检查中，如发现企业检验结果与检验检疫机构检验结果不符，或质量体系发现重大缺陷者，检验检疫机构可按第十五条执行，问题特别重大者，酌情直接予以降级或扩大批次抽验率。

第十七条　出口商品发生因生产企业责任的索赔或重大质量事故，列入一、二类管理的企业应分别降为二、三类，对于降级企业在半年内不得提出高一管理级别的申请。

第十八条　列入一、二类管理的有效期为2年，企业应在有效期截止日前60天办理维持或转换升级手续。检验检疫机构对申请办理维持手续的出口商品及其生产企业进行复审，复审可结合第十条要求进行，复审合格者对其一、二类管理给予维持。申请办理转换升级手续的出口商品及生产企业，检验检疫机构视为新申请者按本办法要求考核；

第十九条　分类管理类别的转换应逐级转换，实行二类管理的企业应执行一年且符合本办法其他条件方可申请转换升级一类管理。外经贸部确定的名牌企业或当地的重点出口企业，在满足本办法其他条件的基础上可以越级申请一类管理。出口历史不满一年的企业不能申请一类管理。

第二十条　对于升级和降级企业，由相关的检验检疫业务处考核，考核结果报法综处审核并由法综处统一拟文发布。

第六章　附　则

第二十一条　实行一、二类管理的出口商品生产企业应与检验检疫机构签定商品质量管理协议。接受检验检疫机构的监督管理，保证出口商品的检验检疫质量。若由于企业方面的原因未能履行本办法规定而造成相关纠纷者，一应法律、经济责任由企业自负。

第二十二条　本办法由四川检验检疫局负责解释。

第二十三条　本办法自发布之日起生效。

四川检验检疫局检验检疫工作质量管理办法

（2002年9月19日）

第一章　总　则

第一条　为了保证四川检验检疫局检验、检疫、监管、鉴定等各项工作质量，加强内部管理，提高执法水平，切实把好进出口商品质量关，努力保护出入境人员健康和工农业生产安全，维护检验检疫信誉，制定本办法。

第二条　本办法依据国家质检总局有关检验检疫管理的若干规定制定。

第三条　四川局法制与综合业务处（以下简称法综处）负责对四川检验检疫系统检验检疫工作质量的宏观管理，包括：制定相关的规章制度；组织工作质量的检查、抽查；查处重大的工作质量责任事故；每年组织一次检验检疫工作质量会议。

第四条 各单位、部门应由行政管理的一把手主管检验检疫工作质量，并指定专人负责管理本单位具体的检验检疫工作质量，负责本单位的自查等工作。

第二章 检验检疫工作质量要求

第五条 检验检疫工作质量是检验检疫机构及其检验检疫人员在履行检验检疫行政职责过程中，其具体执法行为的合法性、规范性、科学性和准确性的综合体现，主要包括：

（一）执行有关法律、法规、规章和政策的工作质量

严格执行《中华人民共和国进出口商品检验法》《中华人民共和国进出境动植物检疫法》《中华人民共和国国境卫生检疫法》及其实施细则，以及国家质检总局有关检验检疫管理的若干规定。

（二）检验、检疫工作质量

1. 明确检验检疫依据，经检验发现货物不符合检验检疫依据的，不准其出入境。

2. 严格按规定开展现场检验检疫

（1）必须认真做好货证核对，包括货物的品种、数量、重量、包装、规格、运输工具、标记、封识等内容。

（2）严格按照国家有关法律法规、操作规程和国外有关检验检疫要求实施检验检疫。

（3）控制对涉及进出境货物内在质量的各个环节，包括对货物生产加工、仓储、运输、口岸的检验检疫和监控。

（4）根据货物的种类、特性和有关检验检疫标准、切实落实货物质量的检验检疫工作。包括货物的性能、征状、安全性、病虫害和异物等方面。

（5）认真做好现场检验检疫记录，确保检验检疫结果的真实性和可追溯性。

3. 加强抽样工作，严格按标准操作。

（三）签证管理及证单质量

1. 严格报检程序、严格审核随附单据，包括：合同、信用证、发票、装箱单、厂检单等与检验检疫工作密切相关的单证。

2. 认真做好证稿拟制工作

（1）根据现场检验检疫的结果、实验室的检测报告，施检人员及时拟制证稿。

（2）证稿拟制要规范，评定结果和用词准确。

（3）按照国家质检总局标准证书的格式及内容拟制证稿。

（4）施检人员完成证稿拟制后，部门主管要认真复核。

3. 加强签证放行管理

（1）复审检验检疫证稿，包括如下内容：各种证单资料是否齐全；检验检疫流程、证稿审核签字是否齐全；证稿格式内容是否规范、正确等。

（2）使用正确的证单种类、按规定格式、文本和语种缮制与证稿一致的证单。

（3）校对人员负责对证单与证稿一致性，以及证单种类、格式、文本、语种进行审核。

（4）签证放行，货物经检验检疫合格，检务人员严格审核检验检疫证稿后，签发相应的证单。

（四）实验室工作质量

实验室应严格按照检测方法标准和进口国要求的检测项目，及时准确完成实验室检测项目。

（1）实验室对施检部门送检的样品和送检凭证进行核对，并做好接收和登记工作。

（2）根据业务处要求或有关规定确定检测项目，并严格执行检测。

（3）实验室的检测原始记录要齐全完整，数据要真实准确，完成检测项目后应及时出具规范的实验室检测报告。

（4）实验室要对样品负责，对送样部门负责，对数据的准确性负责，对检测原始记录与检测报告负责。

（5）样品要按照有关规定留存，实验室检测的有关数据要妥善保管，以备复检与核查。

（五）实施出口商品质量许可、卫生注册以及强制性产品认证制度的认证管理工作质量

严格对实施卫生注册、质量许可、食品标签、化妆品标签等管理货物报检的审核，应严格把关，认真审核相关资料，严禁受理非注册和未取得许可等相关证书、证明的货物报检。

（六）对出口生产企业、进口收用货单位及有关部门实施监督管理工作的质量

根据国家质检总局的规定以及本地区企业质量体系和出口产品质量的实际情况，采取分类管理检验检疫监管、批批检验检疫监管等监管模式。强化检验检疫监管模式的管理，提高检验检疫工作效率，促进企业扩大出口。

对有规定必须实施批批检验的出口产品，必须严格执行批批检验，不允许实施其他检验监管模式。

对申请分类管理的出口企业，必须根据有关规定要求进行书面审核和现场验证，确定企业的分类管理类别。

对于其他企业，按照国家局的有关规定，根据实际情况实行型式试验加跟踪检验、周期检验，过程监督检验或共同检验模式。

（七）其他与检验检疫业务相关的工作质量

第六条　四川检验检疫局法综处每年组织一到两次工作质量检查或抽查。各单位每半年组织一次工作质量自查，并及时将自查结果报四川检验检疫局法综处备案。

第七条　各部门、单位应及时报送本部门、单位的工作质量月报，以及半年、全年的质量分析报告。

第八条　工作质量检查采取随机抽样或指定范围的方法。检查的重点是涉及安全、卫生、环保、健康等项目以及品质不稳定，易发生掺杂使假的或关系国计民生的大宗进出口商品。

第九条　检查的内容包括：两证管理、取样制样、品质检验及动植物检疫、重量与包装检验、质量分析、监督管理、卫生检疫、以及证稿质量等八个方面。

第十条　工作质量检查的结果将在全系统内予以通报，并做为年终目标责任制考核或评选先进集体的重要依据。

第三章　质量事故查处

第十一条　凡经检验检疫放行或签发了检验检疫证单的进出口商品，出现质量问题或国内外提出异议、申诉的，都必须认真查处，不得隐情不查，并应及时向四川检验检疫局法综处报告。

第十二条　各单位接到四川检验检疫局法综处的工作质量事故（或申诉）查处通知后，应本着实事求是的原则认真自查，在指定的期限内写出详尽的自查报告，附上检验检疫档案全部原始资料

（报检申请单、原始记录、检验检疫结果单、证稿、证单副本、合同、信用证、厂检单等），一并报法综处，不得隐瞒事实真相或弄虚作假。

第十三条 川局法综处在调查、核实的基础上，如实写出调查报告，并提出处理意见，报经分管局领导核准后，再上报国家检验检疫局或反馈给申请调查的单位或个人。

第四章 奖 惩

第十四条 凡检验检疫工作质量出现重大失误或重大责任事故的单位或个人，实行一票否决制，在结案的当年内不得评选为先进或优秀。

第十五条 对于重视检验检疫工作质量，内部管理严格，建立了监督制约机制，并有效运行，在工作质量检查中获优胜成绩的单位，将予以表彰和奖励。

第十六条 各单位对在改进与提高检验检疫工作质量中做出显著成绩的部门与个人，可酌情予以表彰或奖励。

第十七条 对忽视工作质量、内部管理松散、缺乏监督制约机制，屡出质量事故的单位，将在全系统通报批评，并追究有关领导的责任。

第十八条 对不认真执行检验检疫标准或操作规程，以及造成工作质量事故的责任人，将视情节轻重给予批评、通报批评等处罚。

第十九条 对违反规定未经检验检疫或查验就出证放行，以及对不合格商品出人情证，对疫情查处不当造成严重后果，将予以行政处分。情节严重构成犯罪的，还将依法追究其法律责任。

第五章 附 则

第二十条 本办法中的未尽事宜，按国家质检总局的有关规定办理。

第二十一条 本办法由四川局法制与综合业务处负责解释。

第二十二条 本办法从发布之日起施行。

四川出口丝类商品生产企业分类管理实施细则

（2004年9月27日）

第一章 总 则

第一条 为适应我国加入WTO新形势，按国际通行规则加强对四川省出口丝类商品生产企业（以下简称丝类企业）的质量监督管理，方便丝类企业及时报检出口，根据国家质检总局2003年51号令《出口工业产品生产企业分类管理办法》及四川检验检疫局《四川出口工业产品生产企业分类管理实施细则》（川检综［2003］202号）的规定，结合四川省出口丝类商品检验、监管的实际情况，制定本实施细则。

第二条 本细则适用于四川检验检疫系统丝检业务部门（以下简称四川丝检部门）对丝类企业

进行类别划分、分类管理等工作；四川检验检疫局丝检业务主管部门（以下简称四川局丝检主管部门）负责主管全川出口丝类企业的分类管理工作；川内各检验检疫局丝检业务部门（以下简称所在地丝检部门）负责所辖业务区域内出口丝类企业具体分类管理工作。

第二章　分类管理类别及条件

第三条　丝检部门对出口丝类企业按一类、二类、三类管理模式进行分类管理（以下简称一、二、三类企业），根据不同类别采取不同的管理方式和考核指标。对同一企业的不同出口丝类商品，可采取不同的管理类别。

第四条　一类企业必须具备以下基本条件：

（一）严格遵守商检法及其实施条例以及国家质检总局的相关规定；

（二）具有健全的质量管理体系，获得 ISO 9000 质量体系认证或者具备相应的质量保证能力，且运行有效；

（三）取得二类企业资格二年以上；

（四）具有相当的生产和出口规模，自动缫丝机 10 组（4000 绪）及以上，或双宫丝（粗丝）生产车位 500 个及以上，年报检出口生丝 300 批（10 件型）及以上，或双宫丝（粗丝）1000 批及以上；

（五）出口丝类商品质量长期稳定，质量信誉良好、企业诚信度高，最近二年内未发生属生产企业责任的国外质量索赔或质量事故；

（六）出口丝类商品是国际或国家（省、部级以上）品牌产品，或在行业内有较高知名度；

（七）二年内，年均商检检测率 99% 及以上，大件查验符合率 97% 及以上，丝片疵点漏验率 2% 及以下，出口生丝商检年平均等级 3A50 及以上，厂商检等级开差 0.3 级及以内，或出口双宫丝年平均等级特级 98 及以上；

（八）生产企业建立了出口检验的有关制度，设立检测机构，并有完善的检验设施以及经检验检疫机构培训合格并予以备案的授权检验人员；

（九）生产企业的检测设备、场所、环境符合相应产品标准要求及丝检部门固定检验场所之外的检测控制要求。

第五条　二类企业必须具备以下基本条件：

（一）严格遵守商检法及其实施条例以及国家质检总局的相关规定；

（二）具有健全的质量管理体系，获得 ISO 9000 质量体系认证或者具备相应的质量保证能力，具运行有效；

（三）取得三类企业资格二年以上；

（四）具有较大的生产和出口规模，自动缫丝机 6 组 2400 绪及以上，或双宫丝（粗丝）生产车位 240 个，年报检出口生丝 150 批（10 件型）及以上，或双宫丝（粗丝）500 批及以上；

（五）出口丝类商品质量较为稳定、质量信誉较好，最近二年内未发生属生产企业责任的质量索赔或质量事故；

（六）二年内，商检年均检测率 98% 及以上，大件查验符合率 97% 及以上，丝片疵点漏验率 2% 及以下，出口生丝商检年平均等级 3A20 及以上，厂商检等级开差 0.5 级及以内，或出口双宫丝年平均等级特级 95 及以上；

（七）生产企业有经授权检验项目的检测设备，其检测设备、场所、环境符合相应产品标准要求及丝检部门固定检验场所之外的检测控制要求；

（八）有经检验检疫机构培训合格并予以备案的授权检验员。

第六条 三类企业必须具备以下基本条件：

（一）工商部门颁发的营业执照、税务部门的税务登记证和技监部门的组织机构代码证；

（二）具有一定的生产规模，生产设备齐全、配套、运转正常；

（三）检验设备、仪器基本齐全，检验场地、环境条件符合相应产品标准要求及丝检部门固定检验场所之外的检测控制要求，企业检验人员能正确区分正次品；

（四）正式投产，生产情况正常。

第三章 分类管理的方式和监管

第七条 分类管理方式：只有纳入分类管理的企业，四川丝检部门才可以接受其出口报检，并按不同类别分别实施不同的检验和监督管理方式。实行一类管理的丝类企业，由四川出入境检验检疫局授权该企业的检验部门及授权检验员承担指定的丝类商品的出口检验工作；实行二类管理的丝类企业，由四川出入境检验检疫局授权该企业的授权检验员承担指定丝类商品的扦样等部分项目检验工作；实行三类管理的丝类企业由所在地丝检部门对出口丝类商品实施批批检验。

第八条 一类企业的监管

（一）一类企业的抽查检验和日常监督由四川局丝检主管部门委托所在地丝检部门进行，所在地丝检部门年终将抽查、监督情况总结上报四川局丝检主管部门；

（二）所在地丝检部门应建立一类企业档案；

（三）所在地丝检部门每月对一类企业的授权检验工作按出口丝类企业综合考核评定表内容进行一次考核，大件查验不少于 3 批，丝片查验不少于 100 片，具体考核指标要求：

1. 年均丝片漏检率不超过 2%；

2. 年均外观大件查验符合率 97% 及以上；

3. 年均差错率小于 1%；

4. 年均检验原始记录完整率大于 99%；

5. 年均商检检测率 99% 以上；

6. 双余样校对同等级符合率 50%；

（四）黑板检验每季度局厂校对 1 次，单板 1 块，整批 1 批；外观校对每季度 1 次；

（五）所在地丝检部门应严格按照规定的 5%—15% 的自抽检率检验，具体抽检比例根据企业出口商品的实际质量情况实行动态管理，所在地丝检部门应做好抽查计划和抽查检验记录；

（六）对授权的企业自行检验的结果，所在地丝检部门每季度进行一次随机双余样比对（每次不少于 2 批）。此外，如果认为适当，所在地丝检部门可视工作需要随时对一类企业自检结果进行核查，对其质量体系进行检查；

（七）四川局丝检主管部门每年参照出口丝类商品生产企业分类考核表的内容对企业的质量体系进行一次监督检查，并填写《出口丝类商品生产企业分类考核报告》，对同一时间段内已由认证机构实施监督审核且整改合格的可免于监督检查；

（八）一类企业的检验部门应做好详细的检验记录、仪器设备校准记录、检验环境监测记录，每月向所在地丝检部门提交出口丝类商品检验情况报表。

第九条　二类企业的监管

（一）二类企业的抽查检验和日常监管由各所在地丝检部门负责；

（二）所在地丝检部门应建立二类企业的检验档案，各二类企业也应建立授权检验档案，内容包括：1. 外观和重量检验原始记录；2. 外观检验照度和设备校准记录表；3. 仪器设备计量检定合格证（或复印件）；4. 二类企业生丝外观查验月报表；5. 月报、年度总结；

（三）所在地丝检部门每月对二类企业的授权检验工作按出口丝类企业综合考核评定表内容进行一次考核，大件查验不少于3批，丝片查验不少于100片，具体考核指标要求：

1. 年均丝片漏检率不超过2%；

2. 年均外观大件查验符合率97%及以上；

3. 年均检验差错率小于2%；

4. 年均检验原始记录完整率大于98%；

5. 年均商检检测率98%以上；

（四）黑板检验局厂校对每年至少1次；外观局厂校对每年至少1次；

（五）所在地丝检部门根据丝类企业的实际质量状况可进行质量抽检，视需要可对二类企业自抽样丝批实行随机双样比对，并做好抽查计划和抽查检验记录；

（六）所在地丝检部门每年可参照出口丝类商品生产企业分类考核表的内容对企业的质量体系进行一次监督检查，对同一时间段内已由认证机构实施监督审核且整改合格的可免于监督检查。所在地丝检部门可视工作需要对二类企业的授权检验结果及生产控制环节进行不定期核查；

（七）二类企业的授权检验员应做好详细的检验记录、外观检验照度仪器校准记录，每月向所在地丝检部门提交出口丝类商品检验情况报表。

第十条　三类企业的监管

（一）三类企业的检验和日常监管由各所在地丝检部门负责；

（二）所在地丝检部门每季度对企业的检验工作按出口丝类企业综合考核评定表至少进行一次考核，丝片查验不少于100片。

第四章　分类管理的申请、考核和审批

第十一条　分类管理的申请：凡要求实施分类管理的生产企业，根据分类管理的类别应向所在地丝检部门提出相应的申请。

第十二条　分类管理的考核和审批：申请实施一、二类管理的企业由所在地丝检部门进行初审，初审合格的，由四川局丝检主管部门牵头，组成包括所在地丝检部门有关人员在内的考核组，进行正式考核，考核合格的，由四川局丝检主管部门将考核意见并附相关材料报四川局法综处核准。申请实施三类管理的企业由所在地丝检部门组织考核和审批，报四川局丝检主管部门备案，并取得统一的出口丝类企业检验检疫编号。

第十三条　一、二类企业的申请、考核按《出口丝类一、二类企业的申请、考核程序》办理；

三类企业的申请考核按《出口丝类三类企业申请、考核程序》办理。

第十四条 四川检验检疫局法综处对符合一、二类企业条件的申请进行核准，并将核准的企业名单对外公布。

第五章 分类管理类别的转换

第十五条 四川丝检部门对一、二、三类企业按照优升劣降的原则，根据基本条件、产品质量、日常监管抽查、质量体系监督检查、质量索赔和重大质量事故等情况相结合的评定方法，确定其类别的升降。

第十六条 四川丝检部门在实施检验、监管工作时，发现一、二类企业有下列情况之一者，将作降类处理。实施一类管理的企业降为二类管理，实施二类管理的企业降为三类管理。

（一）全年综合指标考核未达到规定要求的项目有一项及以上的根据出口丝类企业综合考核评定表；

（二）已不具备该类别“基本条件”的；

（三）超过一、二类管理的有效期，不申办接转手续的；

（四）在对丝类企业的授权检验结果的随机核查和质量体系监督检查中，发现企业检验结果与丝检部门检验结果差异超过允许范围的，或质量体系发现严重缺陷的；

（五）授权检验员不认真履行其职责或出口丝类商品发生因生产企业责任的重大的质量问题造成索赔的；

（六）一、二类企业未经丝检部门授权，为其他厂家货物代报检的。

第十七条 四川丝检部门在实施检验、监管工作时，或经举报发现实施分类管理的出口丝类企业有下列违法违规行为之一者，将直接降为实施三类管理，情节严重的，丝检部门将取消其分类管理资格，并依法进行处理。

（一）伪造、涂改、变卖检验检疫证单和封识、标志的；

（三）擅自调换、损毁丝检部门加施于受验商品、样品及其包装上的检验检疫封识、标志的；

（三）掺杂掺假、以假充真、以次充好、启封换货、调换或伪造样品的；

（四）授权检验员弄虚作假、徇私舞弊、滥用职权或违反检验检疫工作纪律的；

（五）一、二类企业不如实向丝检部门报验，伪造检验结果，骗取检验检疫证书的；

（六）其他违反有关法律法规规定的行为。

第十八条 一类企业降类，由四川局丝检主管部门考核，考核结果报四川局法综处核准公布；二类企业降类，由所在地丝检部门考核，考核结果经四川局丝检主管部门审批后报四川局法综处核准公布。

第十九条 受降类处理的丝类企业，经过整改，半年后可以提出恢复原类别的申请，丝检部门按本细则的《出口丝类一、二类企业申请、考核程序》考核。被取消实施分类管理资格的企业，经过整改，三个月后可以向所在地丝检部门提交实施出口三类管理的申请，由所在地丝检部门按《出口丝类三类企业申请、考核程序》考核。

第二十条 列入三类管理的不进行有效期管理，列入一、二类管理的有效期为五年，企业应在有效期截至日前60天按本实施细则第十一条规定办理维持或转换升级申请手续，丝检部门在组织考核中予以简化手续，对申请办理维持手续的丝类企业，复审可结合《出口丝类商品生产企业分类考核表》以及对企业的日常监管、质量体系的监督检查情况进行，经复审合格者，对其一、二类企业管理给予维持，经核准后对外公布。申请办理转换升级手续的丝类企业，丝检部门按本细则的《出口丝类一、二类企业申请、考核程序》考核。

第二十一条 一类企业的维持复审由四川丝检主管部门负责，二类企业的维持复审由所在地丝检部门负责。

第二十二条 一、二类企业发生转改制、更换法人代表、企业名称变更、企业生产规模大、授权检验员调换以及停产半年以上等重大变化时，其一、二类企业资格要参照《出口丝类一、二类企业申请、考核程序》重新考核。三类企业长期（三个月以上）不向丝检部门报验的（停产除外），其三类企业资格要参照《出口丝类三类企业申请、考核程序》重新办理。

第六章 附 则

第二十三条 实行一、二类管理的出口丝类企业应与四川丝检部门签定商品质量管理协议。接受丝检部门的监督管理，保证出口丝类商品的检验质量。若由于企业方面原因未能履行本办法规定而造成相关纠纷的，一应法律、经济责任由企业自负。

第二十四条 本实施细则由四川局丝检主管部门负责解释。

第二十五条 本实施细则自发布之日起生效。原四川商检局1997年发布的《四川商检局丝类商品检验管理办法（试行）》《四川商检局出口丝类商品生产企业分类管理办法（试行）》《丝类商品生产企业商检注册编号管理实施细则（试行）》《出口丝类商品生产企业分类管理实施细则（试行）》《出口丝类企业综合指标考核评定表（试行）》《出口丝类企业升类考核评分表（试行）》同时废止。

四川检验检疫局关于大力实施人才强检战略
加速培养专业技术人才的实施意见

（2003年11月20日）

为适应我国加入世界贸易组织的新形势和检验检疫事业发展的需要，加快建设一支担当新世纪科技进步与事业发展重任的高素质人才队伍，根据国家质检总局《关于大力实施人才强检战略加速培养专业技术人才的实施意见》，结合我局实际，提出如下实施意见：

一、指导思想和目标

（一）指导思想：以马克思列宁主义、毛泽东思想、邓小平理论为指导，按照“三个代表”重要思想的要求，大力实施人才强检战略。以人才资源能力建设为主题，重点培养人才的创新精神和创新能力；以调整和优化人才结构为主线，建立符合检验检疫事业和科技发展需要的合理人才结构；以改革创新为动力，深化人事制度改革和人才管理体制改革，将改革创新贯穿于人才队伍建设的全过程，为四川检验检疫局事业和科技发展提供人才保证。

（二）总体目标：根据总局实施意见，以改革创新为动力，以“把好入口关，引进急需人才；加大培训力度，培养好现有人才；发挥专家作用，培养未来人才”为原则，建立健全公开平等、竞争择优、充满活力的选人用人新机制，建立开放有序、灵活多样的人才引进和培养开发新机制，建立按劳分配与其他分配方式相结合的激励新机制，创造有利于人才成长的政策环境，为优秀人才脱颖而出开辟“快车道”，形成吸引人才、留住人才、人尽其才、才尽其用、人才辈出的良好局面，全面提高专业技术人才队伍素质，加速培养造就一支年龄轻、数量足、结构好、门类全、素质佳的学术技术骨干和拔尖人才队伍。

（三）具体目标：5 年内，在应用研究、基础研究、检验技术、经营管理和 WTO 等领域，按照国家质检总局的统一规划，培养 3—5 名国家局系统的中青年技术骨干，1—2 名拔尖人才和 WTO 专才；培养选拔 20 名左右优势专业的四川局中青年专家；逐步改善专业技术队伍结构，2005 年，我局检验检疫人员中大专以上学历将从目前 82.7%达到 90%，本科以上学历由目前的 51%达到 60%，硕士研究生学历由目前 4%达到 8%，博士研究生实现零的突破；高级专业技术人员力争达到事业单位人员总数的 10%以上，争取实现正高级专业技术人员零的突破。

5 年内，重点安排急需专门业务、相关专业新技术和 WTO/TBT、SPS 等方面的更新知识培训 300 人次以上；安排业务骨干参加高级外语强化培训 10 人次；努力争取总局支持，选送优秀人才到国外科研机构、高等院校在职进修或攻读博士、硕士学位 3 人左右。

5 年内，要实现全局外语水平大幅度提高，实现全局计算机应用能力的大幅度提高。

二、建立加速选拔培养优秀人才的有效机制和措施

（一）进一步完善选拔培养管理优秀人才的制度，发挥拔尖人才作用

按照总局“百千人才工程”计划的要求，加大现有人才的选拔管理力度，进一步完善《四川检验检疫局中青年专家选择管理办法》，建立选拔四川局学科带头人和专业骨干的制度，进一步健全中青年专家的选拔、管理、考核、培训、联系制度，同时完善人才素质测评、业绩测评、价值测评等人才评价管理体系。在全局范围内落实鼓励和支持学科带头人干事业的制度保障，并利用专家的传、帮、带作用，利用项目研发带动年轻同志工作，不断壮大四川检验检疫局科技队伍。

建立专家学术休假制度和培训制度，增进专家的交流和学习。组织专家休养、休假期间开展一些学术交流、专业考察活动；结合当前形势和中心工作，确定专题，举办专家研修班、培训班和著名专家学者讲座等，增进他们与国内外高层次专业权威的交流和相互之间的交流，加强政治理论学习和对质检科技前沿问题的研讨，加深对形势和任务的认识，提高思想政治素质和创新能力，增强为质检科技进步服务的责任感。

严格管理，不断提高专家队伍水平。实行专家动态管理和跟踪考核，适时筛选、调整，确保人选质量。对 2 年内工作无进展、无成果，不能完成科研任务，传、帮、带作用不明显的，予以淘汰；对在科技工作中贡献突出或重大突破和解决重大技术难题的，将给予特殊奖励并加大支持力度。

（二）进一步把好人员入口关，改善队伍机构，建立符合事业发展需要的合理人才结构。

继续实施严把人员入口关工程，充分利用有限的编制，从人员学历和专业考虑，补充高学历和紧缺人才。今后录用公务员和招聘专业技术人员，要切实按照总局的要求，引进科研岗位人员硕士以上学历人员比例不低于 60%，其他岗位不低于 30%；争取吸引 2 名左右高层次技术人才。

另一方面，要充分利用事业单位改革的成果，继续开放事业单位用人模式，要充分地借助社会力量，根据工作需要利用兼职、顾问、聘用、返聘等方式解决检验检疫急需人才引进问题，拓展引

才渠道。

（三）继续鼓励学历教育，加强现有人员的继续教育，培养一批复合型检验检疫人才

在急需和紧缺专业方面，要加大鼓励力度。要按照四川局的专业配置实际情况，积极选送有发展潜力和培养前途的优秀年轻干部脱产学习提高学历；要根据急需紧缺岗位的需要，有针对性地选派培养对象进行专业进修；要积极引导、鼓励、支持干部职工利用业余时间在职学习，进一步改善文化和专业结构，提高学历层次。

在教育培训方面，要达到不断以新知识、新理论拓宽现有人员的视野，增强现有人员的学习能力、创新能力、信息技术应用能力、以及应对入世能力。要进一步健全和完善培训登记制度，逐步做到不经培训不上岗，不经培训不任职，不经培训不提拔，以能力建设带动培训工作全局，逐步形成四川检验检疫有重点、分层次、多渠道、大规模、有特色的培训工作新格局和单位、个人双方负担培训费用的培训新机制。进一步建立和完善考核机制，增加专业技术人员的压力和动力，在年度考核时，按照公务员和事业人员的特点，建立有区别的培训考核制度，在考核中增加科研和专业技能方面的分量，促使大家自觉地进行知识更新，督促大家自觉投入培训和继续教育。

在外语方面，一是要加紧口语水平提高培训，要制定和实施加强外语培训的若干意见，要鼓励全体职工利用业余时间参加外语和口语提高班的学习，在指定高等院校取得一事实上资格证书或者取得国家证书的给子报销培训费用；二是除保证每年选送 2 名同志参加国家总局组织的外语骨干培训班，还要积极选送参加其他外语强化培训班脱产学习，要在全局系统培养 2—3 名高级英语专才。要通过五年的努力，逐步形成四川检验检疫系统高级外语梯级人才队伍。

在计算机应用等专项技能能力方面，要求 45 岁以下的同志必须达到熟练应用 Office 办公软件，熟练操作 CIQ 2000 系统，鼓励大家参加计算机等级考试，在 5 年内，基本达到 40 岁以下的同志拥有计算机应用二级水平证书。

在培训方式方面要大胆突破，一些技术含量高、知识更新快的专业要争取与高校合作，采用委托或共同培养检验检疫急需的硕士研究生、跨学科的双学位人员的方式进行知识更新。

保证每年选送 2－4 名同志参加中央党校、中央党校国家机关分校以及四川省委党校组织的处级、科级干部学习；同时要按照中组部的大规模培训干部的要求，以省直机关党校或行政学院培训班为依托，突出安排“三个代表”重要思想的培训内容，在 5 年内将全局的所有处级领导干部轮训一遍。

5 年内，要通过卓有成效的培训措施，在现有人员中培养出一批专业技术精湛、懂法律、外语好、计算机应用能力强的高级复合型人才。

（四）加快事业单位用人制度改革和职称改革，全面推行专业技术人员聘用制度

按照总局的部署，加快事业单位用人制度改革，实行按需设岗，由身份管理向岗位管理过渡，建立和完善竞争择优能上能下的专业技术人员聘任制，逐步全面实行专业技术岗位内部竞聘和公开招聘相结合的人员聘用制度。

加快职称改革步伐，实行评聘分离，实行任职资格与专业技术职务分离的按岗聘任制度。

（五）探索新型的分配机制，努力建立分配与工作业绩、科研成果挂钩的激励机制

在事业单位和企业分配中要体现对人才的激励，3 年内逐步实现分配机制的突破，将现有的分配体制完善为与岗位职责挂钩的效益工资，实现工资待遇按受聘岗位确定，不再与任职资格挂钩的管

理制度，逐步按工作业绩实行效益分配制度。

科研方面，要按照《四川检验检疫局科技进步奖奖励办法》《四川检验检疫系统科技项目立项奖励管理办法》，对重大科技发明、贡献突出人才实现重奖，继续实行四川局中青年专家津贴制度。

（六）加大教育经费投入，改善教育培训的基础条件

各单位要制定切实可行的教育培训规划和计划，要将教育培训费用列入预算，确保经费落实，专款专用，保证培训项目实施到位。

局新办公大楼修建后，要设立专用的教育培训场所，改善培训条件；充分利用局域网的条件，大力推行干部教育培训“上网”工程，逐步建立网络培训通道，拓宽培训渠道。

三、加强领导，注重实效，抓好落实，努力提高我局人才工作水平

（一）各分支局、局内各部门（单位）要按党管人才要求，提高认识，增强责任感和紧迫感，加强对人才培养工作的领导，要按照本实施意见的要求，努力探索新的人才管理机制，建立健全制度，确保人才工作落到实处；

（二）各单位要大力宣传尊重劳动、尊重知识、尊重人才、尊重创造的重大方针，营造良好的人才环境；

（三）建立领导干部人才工作目标责任制，实行一把手抓第一资源。把人才工作纳入领导干部考核指标体系，把人才队伍建设工作情况作为政绩考核的重要内容。

四、限外植物检疫补遗

1951年，四川省重庆商品检验局农检室设置“植物病虫害检验组”。1953年，首批经过植物检疫的400吨柑橘输往苏联和朝鲜；1954年4月，四川省重庆商品检验局农检室设置的“植物病虫害检验组”改称“植物检疫组”。

1965年5月15日，四川省人民委员会根据国务院文件精神，批准成立中华人民共和国农业部重庆植物检疫站。1966年1月，中华人民共和国农业部重庆植物检疫站在重庆市民族路18号正式对外挂牌，关长春任中华人民共和国农业部重庆植物检疫站站长。四川省重庆商品检验局将植物检疫设备仪器、药品、标本、图书资料等移交给中华人民共和国农业部重庆植物检疫站。1966年2月1日，中华人民共和国农业部重庆植物检疫站开始办理植物检疫工作，同年，中华人民共和国农业部重庆植物检疫站检疫的6319吨柑橘输往苏联和蒙古。1966年9月，四川植物检疫开始执行中华人民共和国农业部颁发的《农业部关于执行对外植物检疫工作的几项规定（草案）》和《农业部关于执行对外植物检疫工作的几项规定（草案）的补充意见》以及《进口植物检疫对象名单（草案）》。1967年11月，开始执行中华人民共和国农业部发布的《中华人民共和国国境口岸动植物检疫试行办法（草案）》以及中华人民共和国国境口岸动植物检疫试行办法“实施细则”》，《农业部关于执行对外植物检疫工作的几项规定（草案）》。

1971年2月，中华人民共和国农业部重庆植物检疫站由重庆迁至成都。1971年5月25日，中华人民共和国农林部批准成立中华人民共和国农业部成都植物检疫站，原重庆植物检疫站撤销。1972年2月25日，中华人民共和国农林部批准，中华人民共和国农业部成都植物检疫站更名为中华人民共和国农林部成都植物检疫站；同年，关长春任中华人民共和国农业部成都植物检疫站站长。1978年，江式富任中华人民共和国农业部成都植物检疫站站长和四川省农牧厅植物检疫站站长。

1980年3月22日，中华人民共和国农业部成都植物检疫站开始执行农业部《关于对外植物检疫工作的几项补充规定》《进口植物检疫对象名单》的对外植物检疫规定。1981年11月，成都—香港定期或不定期包机航线开通，中华人民共和国农林部成都植物检疫站进驻成都双流国际机场，开展旅客携带物植物检疫工作。1982年6月4日，成都植物检疫所按照《中华人民共和国进出口动植物检疫条例》实施进出口植物检疫工作。1983年3月，经四川省编委批准，四川省农牧厅植物检疫站与中华人民共和国农牧渔业部成都植物检疫站实行一套机构、两块牌子对外开展工作，负责四川进出口植物检疫和国内植物检疫工作。1983年10月15日，成都植物检疫所开始执行中华人民共和国农牧渔业部颁发《中华人民共和国进出口动植物检疫条例实施细则》。

编后记

《四川省志·出入境检验检疫志（1986—2005）》（以下简称《出入境检验检疫志》）面世了，值得祝贺。

《出入境检验检疫志》以篇章为结构，事以类聚，分概述、检验检疫业务、检验检疫监管、检验检疫综合管理、机构与队伍建设及附录。全书以志为主，述、记、志、图、表、录兼用，图文配合、文表互补，计54万字，翔实反映了1986—2005年四川进出口商品检验、进出境动植物检疫、进出境卫生检疫和出入境检验检疫工作业绩。作为一部真实、科学的资料性著述，字里行间彰显出事物变化的轨迹，历史前进的步伐，从中清楚地展现了四川出入境检验检疫人过去风雨兼程、继往开来的征途，进而赢得今日奋发图强、开拓创新的精神渊源。《出入境检验检疫志》的编纂成功，成都海关、四川检验检疫人制定了用工匠精神锻造志书精品的目标，倾注了精心谋划、众手助力的心血，显示了攻坚克难、追求卓越的智慧。

组织领导 编纂《出入境检验检疫志》是四川省第二轮修志任务。四川出入境检验检疫局于2017年下半年着手启动《出入境检验检疫志》编纂前期准备工作。2017年底，省政府批复拨出专项编纂工作经费。2018年初，四川出入境检验检疫局办公室派专人到四川省地方志工作办公室（以下简称省地方志办）对接工作，就编纂模式、进度安排、编纂规范、存在困难等进行详细沟通。在省地方志办党组成员、副主任、《出入境检验检疫志》责任总编赵行，责任编辑冯国梅等的指导下，2月底，四川出入境检验检疫局向省地方志办报送编纂工作方案，并于3月初获省地方志办批准。2018年4月，四川出入境检验检疫局成立《出入境检验检疫志》编纂委员会，四川出入境检验检疫局党组书记、局长孙颖杰任主任，其他局领导任副主任，全川出入境检验检疫系统各部门（单位）主要负责人任成员，组织领导修志工作。编委会下设办公室，具体负责编纂工作的筹备、组织、协调、实施、总结、评审等日常工作。四川出入境检验检疫局与成都海关合并后，2019年3月，为加强《四川省志·海关志（1986—2005）》和《四川省志·出入境检验检疫志（1986—2005）》（以下简称"两志"）编纂组织工作，成都海关党组研究决定，将“两志”编纂委员会及其办公室合二为一，将原来的“两委两办”整合为“一委一办”，并对编委会成员作相应调整，成立“两志”编纂委员会。成都海关党组书记、关长王文喜任主任，其他关党组成员任副主任，副巡视员、总工程师、总关各部门（含事业单位）及各隶属海关主要负责人为编纂委员会委员，聘请部分离退休老干部为顾问。编纂委员会负责决定修志工作重大事项、审定“两志”文稿。编纂委员会下设办公室（以下简称关志办），设在成都海关学会。成都海关学会会长肖力兼任关志办名誉主任，副关长蔡文彪兼任关志办主任，副巡视员刘海华、总关办公室主任、成都海关学会秘书长和副秘书长兼任副主任，总关办公室相关人员和各板块（篇章）牵头部门负责人为成员。关志办承担编纂委员会日常工作，负责制定和完善志书编写方案、修志工作中的组织协调，以及与省地方志办的联系沟通。

人员分工 根据四川出入境检验检疫局制定的《出入境检验检疫志》编写工作方案和成都海关关于“两志”编写整合方案，四川出入境检验检疫局和成都海关先后成立《出入境检验检疫志》编纂办公室和出入境检验检疫志编辑室，《出入境检验检疫志》外聘总纂人员，由检验检疫业务专家和工作经验丰富的谭玲、李丹明、范京安、田劲任编辑。其中，谭玲负责国境卫生检疫部分的业务、监督管理、科技、机构与队伍建设、口岸检验检疫等方面资料的收集和编辑；李丹明负责进出境动物检疫部分的业务、监督管理、科技、机构与队伍建设等方面资料的收集和编辑；范京安负责进出境植物检疫部分的业务、监督管理、科技、机构与队伍建设，信息化建设等方面资料的收集和编辑；田劲负责进出口商品检验部分的业务、监督管理、科技、机构与队伍建设、出入境检验检疫监督管理等方面资料的收集和编辑。詹放、黄苑舒、袁娟为志书目录做英文编辑，彭纳为志书档案资料管理人员。

布局谋篇 根据20年间四川出入境检验检疫业务开展情况，经多方征求意见，编辑室将检验检疫机构多变、业务纷繁的检验检疫志设置为4篇19章66节。第一篇、第二篇记述四川出入境检验检疫的“三检”主要业务和监管职能史实，第三篇主要记述四川出入境检验检疫综合管理，第四篇介绍四川出入境检验检疫的机构、体制、职能和队伍建设。鉴于四川出入境检验检疫在1986—2005年中出现“三检”分设和“三检合一”而形成两段历史、四个机构形式，且各自业务工作有差异有重点的情况，章节的结构分为四个机构板块和按事类划分设立章节的基本模式，便于记事叙述。按“纵述史实把握事物发端、变化和现状，不缺失主要事物、事物的主要方面和事物发展的重要阶段”的要求，本志记事基本按机构变化和业务工作开展情况分为1992年以前、1993年至1999年7月、1999年8月至2005年三个重要阶段展开记事叙述。为明晰层次条理，在篇与章、章与节之间设置小序，提挈精要。小序内容将篇、章、节有机地连缀在一起，增强史实记述的著述性。记事中，对于“三检”的主要业务检验检疫史实，记述时横不缺要项、纵不断主线，详记重写；对于监管、鉴定、认证、注册等重要职能业务，专篇内作为主要内容；同时，将科技科研工作、机构与队伍建设，摆在一定的地位，交代清楚明白，详近明远。四川出入境检验检疫为首次修志，故记述事物基本追溯到源头，以反映其发展变化全貌。

编纂进程　（一）篇目制定与资料收集。2018年4月，四川出入境检验检疫局着手筹划编著机构，组建编纂办公室，落实修志总纂人员和编辑、资料收集人员。赓即召开了由四川省地方志办、四川出入境检验检疫局分管领导及编纂办公室修志工作人员参加的修志动员暨启动会议。2018年5月，编纂办公室集思广益制定篇目，六易其稿，反复征求意见后定稿。编纂资料人员从商检、动检、植检、卫检和检验检疫五个方面广泛收集资料，并坚持每月一次的编纂工作会议制度，落实工作任务。据统计，先后收集原始资料220万余字，各类照片400多张，为志书编纂奠定了扎实基础。（二）初稿分纂与调整修改。按照确定的篇目框架，2018年6月至2019年7月，分篇进行编纂。在分篇编纂过程中，省地方志办副主任赵行、陶利辉，责任编辑冯国梅详尽审稿、精心指导，付出了大量心血，对志稿质量的提升起到了至关重要的作用。按省地方志办审查意见，编纂人员集中时间从初稿的结构微调、立目分述、内容改写、史料补充、芜杂删除、行文规范六个方面进行调整修改。商检史料以组合连缀为主，动植检史料以通纂补写为主，卫检史料以分类调整为主，检验检疫史料以提炼加工为主。通过调整修改，商检、动植检、卫检和检验检疫各部分的容量基本相当；检验检疫业务、监管业务重点突出，科技、机构和队伍建设资料翔实；从而使编纂的初稿产生了三大变化：章节调整更加合理得体，史料补充鉴别更加准确，硬伤消除、表述规范的品相更加优化。（三）总纂提炼与评审深加工。2019年8月，总纂人员集中精力对志稿进行总纂。总纂的主要任务是酌定章节、完善篇目，删除芜杂、处理重复，充实资料、补充缺失，熔裁信息、考定正误，规范行文和图表，通核全稿。通过总纂后，形成了送审稿。送审稿经成都海关组织力量初审、省地方志办复审后，按双边的审查意见对志稿进行深加工而成终审稿。

《四川省志·出入境检验检疫志（1986—2005）》编纂是一项浩繁的文化工程。在编纂过程中，始终得到成都海关党组、关领导和省地方志办的重视和支持；原四川商检、成都动植检、成都卫检和四川出入境检验检疫局的老领导梁世鹏、张禹安、张祖昌、程迪龙、陈博文、王吉顺等给予了极大的关注和支持。在此，我们表示衷心感谢！

编纂省一级的检验检疫志书我们是第一次。在编纂过程中，尽管做了大量工作，付出了艰辛劳动，但因理论准备不足，编辑人员思想和业务水平有限，其疏漏乃至错误之处难免，我们真诚希望关心、支持本书的专家学者和广大读者批评指正。

《四川省志·出入境检验检疫志（1986—2005）》编辑室

2020 年 6 月